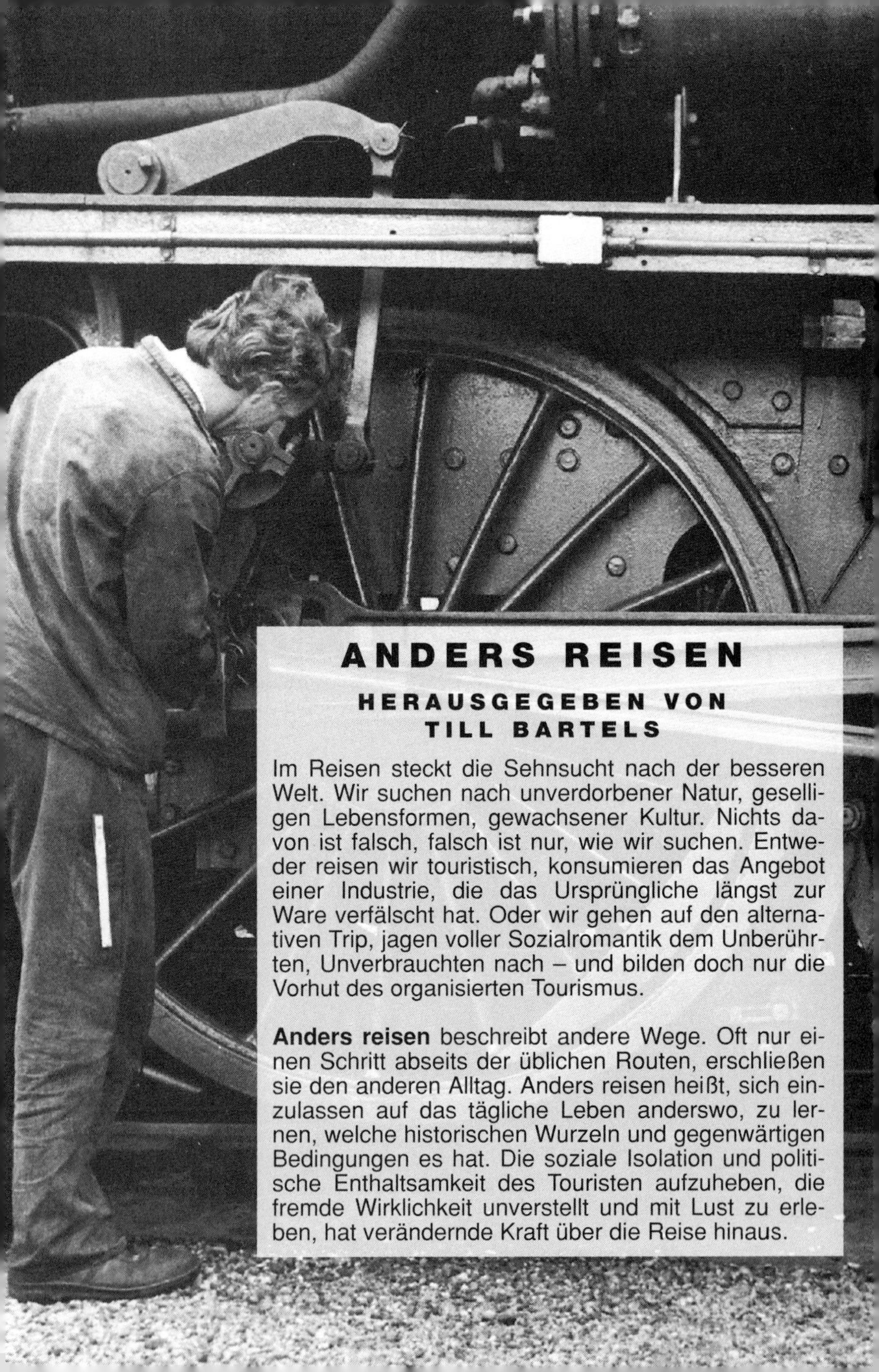

ANDERS REISEN

HERAUSGEGEBEN VON TILL BARTELS

Im Reisen steckt die Sehnsucht nach der besseren Welt. Wir suchen nach unverdorbener Natur, geselligen Lebensformen, gewachsener Kultur. Nichts davon ist falsch, falsch ist nur, wie wir suchen. Entweder reisen wir touristisch, konsumieren das Angebot einer Industrie, die das Ursprüngliche längst zur Ware verfälscht hat. Oder wir gehen auf den alternativen Trip, jagen voller Sozialromantik dem Unberührten, Unverbrauchten nach – und bilden doch nur die Vorhut des organisierten Tourismus.

Anders reisen beschreibt andere Wege. Oft nur einen Schritt abseits der üblichen Routen, erschließen sie den anderen Alltag. Anders reisen heißt, sich einzulassen auf das tägliche Leben anderswo, zu lernen, welche historischen Wurzeln und gegenwärtigen Bedingungen es hat. Die soziale Isolation und politische Enthaltsamkeit des Touristen aufzuheben, die fremde Wirklichkeit unverstellt und mit Lust zu erleben, hat verändernde Kraft über die Reise hinaus.

MATTHIAS SCHOSSIG

Thüringen

EIN REISEBUCH
IN DEN ALLTAG

ROWOHLT

Inhalt

UNTERWEGS

SERVICE

Originalausgabe

Veröffentlicht im Rowohlt Taschenbuch Verlag GmbH,
Reinbek bei Hamburg, Januar 1995

Umschlaggestaltung: Alexander Urban (Foto: Jens Rötzsch / Ost-Kreuz)
Layout und Grafik: Alexander Urban
Karten: Elsner & Schichor, Karlsruhe
Satz Times, PostScript Linotype Library, QuarkXPress 3.3
(Dolev 800)
Druck und Bindung: Clausen & Bosse, Leck
Printed in Germany
2290-ISBN 3 499 19076 9

Vorab

Es ist längst kein Geheimtip mehr, wenn man beim Reisen durch die deutschen Landschaften das Gute im Naheliegenden sucht. Dies gilt um so mehr für Thüringen. In den ersten Jahren des vereinten Deutschland war es noch die Neugier auf das Unbekannte, die Besucher aus dem Westen nach Thüringen und in die «neuen» Bundesländer und jene aus dem Osten in unbekannte Fernen trieb. Doch mittlerweile ist es ein zunehmend qualifiziertes Interesse, eine Lust auf Land und Leute, auf Museen und Theater, auf geschichtsträchtige Städte und unverbrauchte Landschaften, die besonders Thüringen für alle interessant macht. Allmählich spricht sich herum, daß es vor der eigenen Haustür mindestens ebensoviel zu entdecken gibt wie an exotischen Plätzen.

Ernst-Otto Luthardt führt uns in seinem Artikel «Im Reich der Burgen und Schlösser – von Gärten, Geistern und Gewölben» auf eine erlebnisreiche Rundtour durch das Labyrinth der thüringischen Geschichte, zu pikanten, skurrilen, tragischen, absurden, großen und kleinen, bekannten und unbekannten Orten. Wir bleiben, wie es sich für Thüringen gehört, noch eine Weile bei der Vergangenheit, gehen kleinstaatlichen Besonderheiten und Absonderlichkeiten auf den Grund und stellen in «Wer war wer in Thüringen?» eine kleine Auswahl bedeutender historischer Persönlichkeiten vor. «Grünes Herz oder Staublunge?» zeigt eine unübersehbare Schattenseite Thüringens auf, Kersti Schwarze führt uns in «Zurück in die Zukunft» hinter die Kulissen der thüringischen Theaterlandschaft, und Udo Scheer gibt «Zwischen den Zeilen» erstmals in einem Reisebuch über Thüringen tiefe Einblicke in die literarische Szene der späten DDR und Ausblicke auf die Literatur der Gegenwart in Thüringen.

Der Serviceteil für «Anders reisen: Thüringen» beschränkt sich naturgemäß auf eine Auswahl an nützlichen Tips, Adressen, Telefonnummern und Hinweisen; die vollständige Auflistung aller Sehenswürdigkeiten war nicht unser Anliegen. Trotzdem wird man einen repräsentativen Querschnitt auch durch die «touristischen» Ziele in Thüringen finden, bei denen nicht das Ziel selbst, sondern die Perspektive des Reisenden das «andere» Reisen ausmacht. Der beste Führer, gerade in Thüringen, ist und bleibt dabei der Kontakt zu Land und Leuten. Ihnen gilt unser Dank für die Hilfe beim Zustandekommen des Buches.

Matthias Schossig
Meuselwitz, im Oktober 1994

Licht und Schatten einer deutschen Landschaft

DAS NEUE UND DAS ALTE THÜRINGEN

Thüringen, das Land in der Mitte Deutschlands, das vielzitierte «Grüne Herz», pulsiert mittlerweile recht kräftig. Für Reisende aus den alten Bundesländern lag Thüringen lange Zeit in weiter Ferne, und für Einheimische und Besucher aus den benachbarten Bundesländern Sachsen-Anhalt und Sachsen ist nichts mehr so, wie es einmal war. Nur der Reiz und die Schönheit der thüringischen Landschaft, die Bodenständigkeit und Kontaktfreudigkeit, die Muße und der Humor der Thüringer sind dieselben geblieben wie schon seit Generationen.

Vierzig Jahre DDR sind nicht spurlos an dem Land vorübergegangen. Vieles wurde zerstört, um einer industriellen Einöde Platz zu machen. Anderes – insbesondere in

den Innenstadtkernen – wurde in bescheidenem Rahmen erhalten, gepflegt und behutsam erneuert. Die Sünden der Vergangenheit sind immer noch unübersehbar, wenn auch mancherorts mittlerweile die Anzahl der Baukräne die der halbverfallenen Gebäuderuinen übersteigt. Die Sünden der Gegenwart sind anderer Art: Auf grüner Wiese werden am Bedarf vorbei gigantische Konsumflächen eingerichtet, und jede noch so kleine Gemeinde meint, einen «Gewerbepark» einrichten zu müssen. Schon jetzt übersteigt die Verkaufsfläche pro Kopf bei weitem westdeutsche Verhältnisse; nur die Hälfte der Supermärkte wird überleben. Betrügerische Pleiten, Schiebereien und organisierte Kriminalität sind auch hierzulande anzutreffen. Für den

Besucher gibt es mehr teure Tagungs- und Kongreßhotels als Tagungen und Kongresse und kaum preiswerte Gasthöfe. Noch immer gibt es ungeklärte Besitzverhältnisse, verschleppte Restitutionsansprüche. Eine eingespielte touristische Infrastruktur und ein gesundes Preis-Leistungs-Verhältnis werden trotz der rasanten Entwicklung der letzten Jahre wohl etwas auf sich warten lassen.

Reisebüros und Touristeninformationen verschweigen wie überall gern die Probleme der Region, die sie verkaufen. Thüringen ist in dieser Hinsicht keine Ausnahme. Vor lauter Klassik, hochadliger Geschichte, weihevoller Traditionspflege und wanderlustigem Naturerleben übersieht man allzugern, daß sich die Wipfel in den Höhenlagen des Thüringer Waldes genauso lichten wie in Schwarzwald, Harz und Erzgebirge und daß im Osten Thüringens die Probleme mit einer atomar verseuchten Umwelt durch die Uranhalden und Schwermetallseen der Wismut so groß sind, daß man am liebsten wegsehen möchte.

Eine Region im Wandel

Die Liste der nach der Währungsunion in Thüringen zusammengebrochenen Großunternehmen, die man viele Jahre den «industriellen Kernen» zurechnete, ist lang: Textilfaserwerk «Wilhelm Pieck» in Schwarza, die Kaligrube «Thomas Müntzer» in Bischofferode, die Textilwerke in Apolda, die Büromaschinenwerke in Sömmerda, die Lederwarenwerke Waida, die Porzellanwerke Kahla, die Jagdwaffenfabrik in Suhl, die technische Glasherstellung in Ilmenau und natürlich die Fahrzeughersteller in Eisenach, Suhl und Nordhausen, in denen vieles hergestellt wurde, was einst «im Dreivierteltakt» durch die Republik knatterte. Die Umstände, unter denen die «Abwicklung» dieser Großbetriebe stattfand, waren zum Teil höchst zwielichtig und eher Stoff für einen Wirtschaftskrimi als beispielhafte Strukturveränderung. Dazu kommen zahlreiche kleine, aber bedenkliche Pleiten wie die des renommierten Greifenverlags in Rudolstadt, eines der wichtigsten Verlage für Reise- und Thüringenliteratur der ehemaligen DDR. Die meisten Betriebe wurden «abgewickelt», wobei bestenfalls ein Zehntel der Angestellten übernommen wurden. Auf der anderen Seite fanden viele der hochqualifizierten Frauen und Männer aus den Automobilwerken Eisenach, dem Hersteller des «Wartburg», eine Beschäftigung in den neuen Werken von Opel und BMW am Rande Eisenachs. Neue High-Tech-Unternehmen entstehen, wie der diversifizierte Konzern Jenoptik oder das hochmoderne Pilz-CD-Werk in Albrechts, das wie von einem außerirdischen Raumschiff abgesetzt in die Landschaft gebaut wurde und im strukturschwachen Südthüringen immerhin dreihundert Menschen einen Arbeitsplatz bietet, sowie das neue Schokoladenwerk in Saalfeld. Dennoch scheint der High-Tech-Schuh bisweilen noch ein wenig zu groß zu sein für Thüringen: Die besagte CD-Fabrik hing mangels Auslastung monatelang am staatlichen Subventions-Tropf, statt der erhofften «Produktion rund um die Uhr» kam im Oktober 1994 das Aus für das deutsch-deutsche Joint-Venture. Hoffnung gibt es trotzdem. Womöglich kommen ja schon bald, wenn die Elektronenröhre als Bildschirm

Thüringen ist schön, bereits auf den ersten Blick. Der zweite zieht schärfere Konturen. Zwischen Licht und Schatten treten Grenzlinien und Übergänge hervor. Mit dem nie zu bezwingenden Widerspruch der Geschichte stellt sich Tiefenschärfe ein. Von der Mündung der Weser, die altdeutsch Werra heißt, bin ich bis in die Berge gelangt, wo sie entspringt. Manchmal folge ich ihr im Traum bis ans Meer. In meinem sechzigsten Jahr habe ich die kleine Straße wiedergesehen, wo ich einst laufen lernte und zum erstenmal über Zäune stieg. Auch bin ich südwärts gefahren. In der Nürnberger Jacobskirche, wo Tannhäuser begraben sein soll, schauten alte Holzbildwerke mich an. Ich habe an die Wartburg und an meine lange Wanderschaft gedacht, von der ich glaubte, daß sie in Thüringen zu Ende sei. Aber der Kreis will sich nicht schließen. Noch immer – oder genauer: erneut schrecken Züge im Tal mich nachts aus dem Schlaf.

Klaus Steinhaußen: *Mitten in Deutschland*; in: *Mein Thüringen.* Greifenverlag 1992

Aus alt mach neu: urbane Kontraste in Gothas Altstadt

ausgedient hat, LCD-Flachbildschirme für die Büroangestellten aller Länder aus Jena? Das Tief auf dem thüringischen Arbeitsmarkt scheint jedenfalls durchschritten zu sein. Der «Strukturanpassungsprozeß», heißt es im Wirtschaftsministerium, sei «im wesentlichen abgeschlossen». Die Produktivität der verbliebenen Betriebe hat sich drastisch erhöht, ein jährliches Wachstum von um die acht Prozent stimmt ermutigend.

Land der Gegensätze

Thüringen ist gerade wegen seiner Kontraste so interessant: reizvolle Altstädte neben Plattenbausiedlungen, architektonische Kleinodien neben zerfallenden Ruinen, eine traditionsreiche Kurbäderlandschaft neben Agrarsteppen und Industriewüsten, Kultstätten der deutschen Klassik neben Geburtsorten der Moderne, Zeugnisse duodezfürstlicher Dekadenz neben Gedenkstätten der Arbeiterbewegung, Hochburgen von Humanismus und Bildung neben Mahnmalen von Faschismus und Holocaust.

Ein Besuch in Thüringen ist immer in erster Linie ein Besuch bei den Thüringern. Die Menschen sind geprägt von ihrer wechselvollen Geschichte und der Vielfalt ihrer Region. Nicht umsonst lebten in Thüringen nicht nur die Großen der

deutschen Philosophie und Geistesgeschichte von Martin Luther bis Georg Wilhelm Friedrich Hegel, die Begründer der neuzeitlichen Pädagogik von Johannes Falk bis Friedrich Fröbel, sondern auch Willibald Alexis mit seinen historischen Romanen und Karl May, die vielschreibenden Fabulierer romantisch-trivialer Abenteuer. Gustav Freytag widmete eine ganze Romantrilogie den Intrigen und Affären der mittelalterlichen Geschlechter im mittelthüringischen Burgenland, und die romantisch verklärten Liebesgeschichten adliger Töchter machten den Lieblingsstoff Eugenie Johns, alias «Marlitt» aus, einer der meistgelesenen Autorinnen der Jahrhundertwende.

Queen Victoria von England kam aus Gotha, die Dunkelgräfin von Hildburghausen war angeblich die Tochter Marie Antoinettes von Frankreich, und Maria Paulowna, die in der goldenen russisch-orthodoxen Kapelle hinter der Weimarer Fürstengruft begraben ist, die Tochter des Zaren Peters des Großen aus Rußland. Scheinbar war alles, was in Thüringen Rang und Namen hatte, von außerhalb.

Aber Thüringen war eben nicht nur Tummelplatz von kleinen und großen Gestalten des europäischen Hochadels vom Mittelalter bis in die Neuzeit, sondern auch der Ort der Gegenbewegung, der Revolutionäre und ihrer Anhänger, von Thomas Müntzer bis August Bebel. Nachdem in den vergangenen vierzig Jahren eher der «fortschrittlichen» Kräfte gedacht und die anderen unter den Tisch der Geschichte gekehrt wurden, scheint jetzt das Pendel in die andere Richtung auszuschlagen. Die «Kongreßsäle» in Erfurt sind plötzlich wieder die «Kaisersäle», die Gedenkstätte «Eisenacher Parteitag 1869» heißt nun nach dem früheren Hotel «Goldener Löwe», die «Goethe-und-Schiller-Gruft» wird wieder «Fürstengruft» genannt, während viele Gedenkstätten der Arbeiterbewegung völlig in der Versenkung verschwunden sind. Auffällig sind die hellen Flecken an mancher Häuserwand, die anzeigen, daß da bis vor kurzem eine Gedenktafel hing: «Hier wohnte Ernst Thälmann...» oder «Hier sprach Karl Liebknecht...». Die wirkliche Aneignung dieser Orte steht nach vierzig Jahren verordneter Heldenverehrung noch aus.

Die dichteste Kulturlandschaft Deutschlands

Mit knapp zwei Millionen Besuchern jährlich – fast so viele wie Thüringen Einwohner hat – erwirtschaftet das kleine Bundesland fast vier Prozent seines Bruttosozialproduktes in der Tourismusbranche. Andere, wie Bayern, sind bereits bei acht Prozent. Das touristisch engagierte Wirtschaftsministerium will jedoch noch viel höher hinaus. Von zwanzig Prozent war die Rede, mittlerweile pendelt man sich auf durchaus realistische sieben bis acht ein. Das Pfund, mit dem in Thüringen gewuchert werden kann, ist beträchtlich. Eine Klassikerstraße ist hier eigentlich überflüssig, denn ganz Thüringen ist bereits eine Klassikerstraße. Das Kapitel «Wer war wer in Thüringen» kann nur einen kleinen Vorgeschmack auf den Reichtum an wohldokumentierten und interessanten Biographien geben, auf deren Spuren man sich in diesem Land begeben kann.

Thüringen ist *das* Land der Schlösser, Burgen und Gärten. Ernst Otto Luthard, der Autor des Kapitels «Im Land der Burgen und Schlösser», kennt die Kunstdenkmäler seiner Heimat wie kaum ein anderer. Selbst auf den ausgetretensten Pfaden des touristisch erschlossenen Thüringen wird man auf überraschende Entdeckungen stoßen, wenn man sich die Zeit nimmt, genauer hinzuschauen. Natürlich wissen die Thüringer, was sie an ihrem kulturellen Erbe haben, und setzen verständlicherweise alles daran, ihre Schätze nicht nur zu pflegen, sondern auch angemessen zu vermarkten. Vom «Kultourismus» ist bereits die Rede, wobei ungewollt signalisiert wird, daß Kultur leicht zum Kult werden kann. Genau das soll jedoch vermieden werden. «Goethekugeln wird es nicht geben», prophezeit Bernd Kauffmann von der «Stiftung Weimarer Klassik» hoffnungsvoll. Vielmehr soll den zwanzig Museen – darunter Goethehaus, Schillerhaus, Wittumspalais und Wielandmuseum –, zahlreichen Schlössern (Ettersburg, Belvedere, Kochberg und den Dornburger Schlössern), den 120 Archiven und Nachlässen sowie der Anna-Amalia-Bibliothek, die unter dem Dach der Stiftung zusammengefaßt sind, zu einer zeitgemäßen, lebendigen Rezeption verholfen werden. Kein «gehobenes Talk-Show-Unternehmen» ist gefragt, sondern Buchveröffentlichungen, Förderung von Stipendien, Theateraufführungen, Kongressen, Tagungen und Seminaren, Lesungen und Jubiläumsfeiern. Die Zahl der prominenten Geister ist so groß, daß sich jedes Jahr eine Liste von Geburts-, Todes- und Gedenktagen zusammenstellen läßt, so auch 1999, dem Jahr, in dem Weimar die Kulturhauptstadt Europas sein wird. Daß die Zeit kurz, aber der Weg noch weit ist, hin zu einer funktionierenden attraktiven Infrastruktur, die dem kulturell interessierten Gast entgegenkommt, wird in dem Kapitel «Goethe und Schiller GmbH» deutlich.

Die neue Mitte

Thüringen ist nahe, keine zwei Stunden von Frankfurt, Nürnberg, Göttingen, selbst von München, Köln, Berlin und Hamburg aus in greifbarer Entfernung. Besucher aus Kassel und Würzburg fahren abends gar nach Meiningen ins Theater und anschließend wieder nach Hause.

«Kapitalismus, Nein Danke». Ein linientreuer Sprayer macht auch vor dem deutschen Wald nicht halt

Der Rennsteig lockt, ihn nun wieder in voller Länge zu erwandern, auch wenn wir in dem Kapitel «Anders wandern rechts und links des Rennsteigs» empfehlen, auf weniger ausgetretenen Pfaden zu laufen. Und nicht zuletzt sind in den letzten Jahren überall gastfreundliche Wirtshäuser, Restaurants, Kneipen und Cafés entstanden, in denen eine Neubegegnung nicht nur mit der teilweise ausgezeichneten Küche Thüringens, sondern auch mit Menschen stattfindet. Wir merken sehr schnell, daß auf allen Seiten zahlreiche Klischees in den Köpfen stecken, die nur darauf warten, über den Haufen geworfen zu werden. *Anders Reisen Thüringen* soll aber nicht nur «Auswärtigen», sondern auch Thüringern Appetit machen auf ihr Land, das für so viele Überraschungen gut ist. In der Begegnung mit den Menschen, im Genießen einer neuen Aufgeschlossenheit, die uns nach vierzig Jahren der Verunsicherung allenthalben herzlich entgegenkommt, und in der Beobachtung und Teilnahme an einer der aufregendsten Epochen der deutschen Geschichte, die wir gegenwärtig erleben, können wir alle unser eigenes Thüringen entdecken. Daß dies für viele das *andere* Thüringen sein wird, ist gewiß.

D
J
NUR
NICHT
NERVÖS
WER-
DEN!

Geschichte und Politik

VON GÄRTEN, GEISTERN UND GEWÖLBEN

Im Reich der Burgen und Schlösser

Spätestens seitdem Franz Kugler im Überschwang seines achtzehnten Lebensjahres das Lied von der «Saale hellem Strande» dichtete, sucht man dort «Burgen, stolz und kühn». Man findet sie auch – im Gegensatz zum hellen Strande, der inzwischen ebenso wie der Fluß seine Farbe geändert hat.

Wer in Thüringen auf Mittelalter aus ist, trifft sich zuvörderst und zuhauf an der Saale. Die verdankt ihre damalige Wehrhaftigkeit und heutige Aufmerksamkeit ihrer gewesenen Grenzlage. Schied sie doch über Jahrhunderte Franken, Thüringen und Sachsen von den slawischen Sorben, die Christen von den Heiden. Der slawische Druck auf linkssaalisches Gebiet hatte mehrere fränkische Kreuzzüge zur Folge. Karl der Große schließlich zwang die Slawen zur Anerkennung seines neuen Herrschaftsbereiches, der einst ihrer gewesen war. Zu den bestehenden Königshöfen an strategisch wichtigen Straßen und Furten kamen Burgen am westlichen Saaleufer. Als Heinrich I. weiter gen Osten vorstieß, wurde auch das Rechtssaalische bewehrt.

Nun ist aber die Saale nicht der

einzige thüringische Fluß, der sich als Grenze anbot, wenngleich nicht als Reichsgrenze, sondern als solche von Herrschaften und Besitzungen verschiedener Ausdehnung. Bezogen auf ihre Länge hat die Werra nicht weniger Wehrbauten aufzuweisen als ihre Schwester, darunter zahlreiche als Burgen erbaute Kirchen.

Außerdem verlockten die natürlichen Barrieren der Landschaft, Berge, gut einsehbare Täler und Hügel über Klöstern zur Bekrönung durch einen Festungsbau. Hier gab es besonders viele Täler und Wege zu sperren, Höhen zu besetzen. Man könnte meinen, daß diese Landschaft, mit ihren ständigen Anfängen und Abbrüchen, mit dem offenbaren Hang sich querzulegen, den Menschen ihren Charakter aufgezwungen hat. So mag es denn auch Ernsts des Frommen zahlreichen Söhnen nicht nur Frust, sondern auch Lust gewesen sein, das Land des Vaters unter sich aufzuteilen und das – relativ – Große kleinzumachen, Schlösser zu errichten, an denen nicht nur der Marmor durch hölzerne Attrappen ersetzt wurde.

Die Burgen der Heiligen

Gern versichern sich Reisende auf ihren Wegen großkopfeter Vorhut – nicht nur auf ihren Reisewegen, sondern auch auf ihrem Weg durchs Leben. Goethes Gärten, Goethes Frauen, Goethes Burgen und Schlösser – kein Problem. Dieser Mensch war fast überall. Begegnungen sind garantiert, Bildungshunger kann gesättigt werden.

Eine Alternative dazu wäre die Begleitung einer Heiligen. Elisabeth von Thüringen ist zwar nicht halb soviel herumgekommen wie Goethe, aber ihre thüringische Zeit war keineswegs nur wartburgisch – wie gemeinhin vermutet wird.

Die erste und eigentlich zentrale Station dabei ist die Creuzburg über dem gleichnamigen Städtlein. Dort oben bietet sich ein guter Anlaß, über das alte Thema Zufall und Fügung nachzudenken. Was wäre, wenn nicht die halb verfallene Wartburg, sondern eben die Creuzburg restauriert worden wäre? Immerhin behaupten manche Historiker, daß die nicht erst seit vierzig Jahren im Schatten ihrer weltbekannten Konkurrentin stehende Burg zu ihrer aktiven Zeit weit mehr Regierungshandlungen gesehen habe als diese. Auch soll sie Elisabethens häufigster Aufenthaltsort außerhalb der Stammburg gewesen sein. Mit fünfzehn brachte sie dort ihren Sohn Hermann zur Welt. Vier Jahre später, 1227, rief ihr Gemahl auf der Creuzburg die thüringischen Adeligen zusammen und initiierte jene Heerfahrt, von der er nicht mehr zurückkehren sollte.

Elisabeth hat ihn ein ganzes Stück Weges über den Thüringer Wald nach Schmalkalden begleitet. Dort nahm man Abschied. Die alte Wallrabsburg mag als Staffage gedient haben. Auf ihren Ruinen wuchs 1585 bis 1589 die imposante Wilhelmsburg. Auch wer sich in Museen an seine Schulzeit erinnert fühlt und diese lieber meidet, sollte sich den Anblick jener herrlich bemalten und stukkatierten Räumlichkeiten aus der Renaissance – mit der Kapelle als Höhepunkt und Abschluß – nicht entgehen lassen, denn Museum heißt hier mehr und anderes als sonst üblich.

Bis heute – und vermeintlich bis in die Ewigkeit – streitet man, ob sich Elisabeth doch erst in Meiningen von ihrem Gatten verabschiedet hat. Die dortigen lokalen Patrioten jedenfalls halten dies für sicher und verweisen auf entsprechende Gemälde im neugotischen Märchenschloß Landsberg, das als Hotel genutzt wird und ein guter Ort zu sein scheint für Neuvermählte. Da aber diese Bilder keine einhundert Jahre zählen, sind sie als Beweis absolut untauglich.

Historisch verbürgt und zweifelsohne wahrhaftig ist die Verbindung Elisabeths mit Reinhardsbrunn. Das damalige Kloster diente den Ludowingern als Grablege. Hier endete auch jener Leichenzug, der Ludwigs des Vierten vom Fleisch gelöste, weißgekochte Knochen aus der Fremde zurückbrachte.

Wer heute jene Stätte sucht, findet ein neugotisches Schloß, das den Gothaer Herzögen als Sommerfrische diente und seit längerem Hotel geworden ist. Die Grabplatten der Landgrafen indes sind in die Eisenacher Georgenkirche gekommen.

Weiße Frauen und Gespenster

Selten genug, daß die Herren Chronisten eine mutige oder kluge Frau

Hier trafen sich Albert von Sachsen-Coburg und Queen Victoria: Schloß Reinhardsbrunn

der Erwähnung für würdig erachteten. Eine der wenigen Ausnahmen geschah in Rudolstadt und mit Friedrich Schillers Hilfe, der tapfer dem Staub der Archive widerstand und die längst vergessene Geschichte wieder ans Licht brachte.

Schauplatz: die Heidecksburg, anno 1547. Für eine kaiserliche Garantie, Leben und Gut ihrer Untertanen nicht anzutasten, stellte die verwitwete schwarzburgische Fürstin Katharina II. durchziehenden spanischen Truppen Viktualien zur Verfügung und lud deren Anführer, den berühmt-berüchtigten Herzog Alba, auf ihr Schloß. Auf die Nachricht vom Wortbruch der Kaiserlichen hin ließ sie ihre Leute bewaffnen und die Türen des Festsaals verriegeln. Sodann trug sie dem finsteren Kriegsmanne die Sache vor, erntete jedoch nur Lachen und das Argument, daß bei großen Kriegen kleine Entgleisungen nicht zu vermeiden seien.

Dieser Meinung war Katharina allerdings nicht. Sie gab ihrem Diener Befehl, blank zu ziehen, und rief: «Meinen armen Untertanen muß das Ihrige wieder werden, oder, bei Gott, Fürstenblut für Ochsenblut!» Ein solches Geschäft war denn auch Alba zuwider, der beigab und Ersatz leistete.

Eine andere Schwarzburgische Frauengeschichte hat Arnstädter Koordinaten. Die Fürstin Auguste Dorothea (1668–1751) erreichte ein für die damalige Zeit legendäres Alter. Ihre beneidenswerte Konstitution war allerdings eine Katastrophe für ihr Ländchen – und ein Glück für die Nachwelt. Wer da meint, die Sache sei ein Fall für den Psychiater, der damals noch «Irrenarzt» hieß, vergißt, daß nur außergewöhnliche Menschen der Nachwelt in Erinnerung bleiben. Fest steht, daß die kinderlose Fürstin enorme Energien entwickelte. Mit aller Konsequenz und ohne Rücksicht auf Portefeuille und Untertanen ließ sie die sie umgebende Welt im Diminutiv festhalten. Ihr «Mon Plaisir», 83 Puppenhäuser mit dem Hofe original nachgebildeter Personnage, war einst im mittlerweile untergegangenen Lustschloß Augustenburg und ist heute im Neuen Palais mitten im Herzen Arnstadts zu bewundern.

Zurück nach Rudolstadt. Mit einer verblichenen Prinzessin namens Christine beziehungsweise deren Geist ist noch heute nicht gut Kirschen essen. Die Dame besaß zu Lebzeiten die unselige Gabe, bei Trauerfällen des Fürstenhauses «statt der wirklichen Leiche, die eben auf dem Paradebett lag, die nächstfolgende darauf gebettet zu erblicken, mithin genau zu wissen, an wen nun zunächst die Reihe kommen werde» (Ludwig Bechstein). Freilich behielt sie stets ihr schreckliches Geheimnis für sich. Verlor auch kein Wort darüber, als sie sich selber auf der Bahre erblickte.

Noch im Grabe nicht zur Ruhe kommend, zeigt sie sich mitunter den Touristen, die den Anstieg schon fast überwunden wähnen und nichtsahnend jene letzte Wegstrecke begehen, welche unter dem Schloß hindurchführt und die entsprechende, dunkle Szenerie für das Erscheinen der weißgewandeten Christine bildet.

Stichwort «Weiße Frau»: Deren Prototyp wurde zuerst auf einer thüringischen Burg gesichtet. Daran gibt es keinerlei Zweifel – auch wenn man hierzulande noch um den rechten Ort streitet.

Die erste Variante ist die Orlamünder Kemenate, ein massiger Wohnturm, der – zusammen mit anderen Burgenbauten – die Erinnerung an jenes einst so bedeutende Geschlecht wachhält, für dessen Untergang Graf Ottos Witwe die Schuld tragen soll. Hatte die grausame, machtgierige Dame doch vorschnell ihre beiden Kinder – als vermeintliches Hindernis für eine neuerliche Vermählung mit einem Nürnberger Burggrafen aus dem Geschlechte der Zollern – umbringen lassen. Die Sache beruhte freilich auf einem Mißverständnis. Mit der Äußerung «Gern wollt ich dem schönen Weib meinen Leib zuwenden, wo nicht vier Augen wären», hatte der Graf nicht die Kinder, sondern seine Eltern gemeint.

Auch diese Dame konnte nach ihrem Tode keine Ruhe finden. Während sie ursprünglich nur in Orlamünde sowie auf der Plassenburg und auf der Burg Lauenstein – die letzten beiden sind auf bayerischem Terrain – gesehen wurde, zog sie dann, offenbar aus alter Anhänglichkeit mit den fränkischen Zollern, nach Brandenburg und an den preußischen Königshof.

Nie mehr aufgetaucht ist hingegen jene weißgekleidete Dame, die 1559 unter fürstlichem Geleit und auf Befehl des Herzogs Johann Friedrich des Mittleren von Gotha im Waltershausener Schloß Tenneberg Quartier nahm.

Da besagter Herzog den verlorenen Kurhut mit allen Mitteln wiedergewinnen wollte, suchte er nach allerlei Vorzeichen und den seltsamsten Verbündeten. Da klopfte eine

Königin an das Tor seines Gothaer Schlosses. Gab sich als Geist der hingerichteten Gemahlin Heinrichs VIII. von England zu erkennen und wußte von verborgenen Schätzen und hilfreichen politischen Verbindungen zu erzählen. So etwas wollte Johann Friedrich gerade hören. Bis er herausfand, daß er nur die Zofe vor sich hatte, dauerte es seine Zeit. Seither spukt die enttarnte Betrügerin auf Schloß Tenneberg.

Schlösser und Gärten

Die Geschichte entbehrt weder der Pikanterie noch der Handgreiflichkeit: Kaum angekommen in Weimar, zertrümmerte Goethe neben zahlreichen Tabus am weimarischen Hofe auch einige Barockfiguren im Park von Belvedere. So geschehen 1776 im Verein mit Gleichgesinnten – doch er zweifellos der Anstifter.

Die Angelegenheit war ein wenig kriminell und sehr revolutionär. Die Haltung zur Natur erwies sich als Maß und Ziel eines völlig neuen Lebensgefühls. Die Seele spürte die Ankunft der bürgerlichen Zeit voraus. Die vielzitierte «Gartenrevolution» war mehr als eine Sache des Geschmacks, und wenn man über Blumen und Bäume sprach und vom Aussehen der Gärten und Parks, zielte man auch auf deren fürstliche Besitzer. Dichter und Maler, besonders in England, hielten das, was bislang als vollkommen und schön gegolten hatte, für Mißgriffe und Verirrungen. Man riß die Mauern zwischen den Gärten und der sie umgebenden Landschaft nieder und suchte beide miteinander auszusöhnen. Aber man entfernte sie auch von den Schlössern, als deren räumliche Fortsetzung sie bislang gegolten hatten.

Siehe Belvedere. Das dazumal «Bellevue» genannte Rokokoschlößchen an Weimars Taille gehörte zu den vielen Prunkbauten Herzog Ernst Augusts und zu den wenigen, die so stabil waren, daß sie ihn überlebten. Und – es war eine Kopie. Im Kopf Versailles und das große Frankreich, in Händen nur das kleine Sachsen-Weimar, wollte der Fürst erst recht alles. Zum Schloß kamen Reit- und Ballhaus, Orangerie, Menagerie und Zwinger sowie ein Park in barocker Fülle. Mit zurechtgestutzter Natur als künstlichem Raum, der vollgestellt war mit Blumen-, Baum und Strauchinventar nebst steinernem Bildwerk – als wäre es das Haus selbst. Das Original wurde durch Anna Amalia, Carl August und Goethe begründet und von Konrad Sckell – der Familienname steht für große deutsche Gartenkunst – nach dem Vorbild des Ilmparks und jenem von Tiefurt verwirklicht.

Hier wie dort verwandelte man ein Schloß beziehungsweise dörfliches Gut in Musenhöfe und rief Weimars große Geister. Man floh der höfischen Enge und «rustizierte» nach Rousseauschem Beispiel. Fühlte sich der Poesie und Philosophie, der Schauspielerei, der Kunst und Musik verbunden. War, abgelegen von der Residenz und dem Alltag, mit den Idealen und Utopien zusammen. «Erhabenes verehrend, Schönes genießend, Gutes wirkend», umschrieb Goethe Tiefurts Geist, der auch jener von Belvedere war und der von Ettersburg.

An ersteren beiden Orten ist er noch allenthalben zu spüren, sind Begegnungen mit der steingewordenen Personnage und den Ideen jener Zeit gewiß. Hier Wieland und

In jenen alten Zeiten suchte man Gewölbe und Brücken durch Menschenopfer (später Tieropfer) unzerstörbar, Burgen uneinnehmbar zu machen. Die Sage vom eingemauerten Kind kehrt ungemein oft wieder, nur in den Nebenumständen verschieden. Die Eulen, die den alten Liebenstein klagend umflattern, sollen die Maurer sein, die solch eine Untat verübten. Auf der Kraienburg zeigte sich das eingemauerte Kind in einem weißen Kleidchen, und eine Frau, die danach griff, sah an seiner Stelle einen blauen Schmetterling, der zum Himmel schwebte. Erst nachdem beim Abbruch eines Gemäuers ein kleiner steinerner Sarg mit einem Kindergerippe zutage kam, hat man nichts mehr von der Erscheinung gesehen. Auf der Hennenburg soll ein Maurer den eigenen Sohn verkauft und eigenhändig eingemauert haben, und am Gemäuer des Reichenfelser Schlosses stieß sich die Mutter in Reue den Schädel ein, nachdem das ruchlose Werk getan war. – Die Brücke zu Vacha war im Jahre 1342 durch die Werra zerstört worden, und da beim Neubau die Bogen immer wieder einstürzten, entschloß man sich auch da zu einem Kindesopfer. Während nun der Steinmetz das Kind einmauerte, aß es ruhig von einer Semmel und bat um ein Gucklöchelchen. Und seiner herzlosen Mutter habe es nacheinander zugerufen: «Mütterchen, jetzt seh ich dich noch!» – «Mütterchen, nun seh ich dich noch ein klein wenig!» – «Ach, Mütterchen, jetzt seh ich dich gar nicht mehr!»

In: *Sagen aus Thüringen*. Rowohlt Taschenbuch Verlag, Reinbek 1993

Herder, dort Mozart oder Corona Schröter.

Fürst Pückler-Muskau war dreimal in Belvedere; sah, regte an. In Ettersburg, Weimars drittem Musenhof aus klassischer Zeit, war er ebenfalls. Leitete, wie jeder Gärtner mit blutendem Herzen, die großen Rodungen und Umgestaltungen von 1845. Schloß und Park, verkommen bis in jüngster Zeit, beginnen erst in diesen Tagen wieder zu leben.

Von einer solchen Wiedergeburt träumt auch Schloß Wilhelmsthal nahe Eisenach. Der herrliche Flecken Erde wäre nach dem Aussterben der Eisenacher Fürstenlinie beinahe auf den Hund gekommen, als ihn die sächsisch-weimarische Verwandtschaft übernahm. Hatte doch Carl August keinerlei Interesse, den kostspieligen fürstlichen Vergnügungspark weiterzuführen. Er wollte nicht – wie seine Verwandtschaft – auf einem angestauten Bächlein und daraufgesetzter venezianischer Lustjacht en miniature christliche Seefahrt und kleinstaatlichen Größenwahn spielen, sondern sich ausschließlich der Jagd auf kapitales Wild hingeben. Goethe hatte zwar dabeizusein, mußte aber nicht mittun und widmete sich währenddessen der Literatur.

Der ehedem französische Park wurde englisch und erhielt ein literarisches Denkmal. Sein Bild ging ein in Goethes großen Roman von den «Wahlverwandtschaften». Ottiliens Wege und Blicke heute nachvollziehen zu wollen fiele indes schwer oder bedürfte etlicher Phantasie. Schuld daran trägt unter anderem Fürst Pückler, der das Antlitz des Parks noch einmal verändert hat.

Ottilie näher kommt man heute eher durch einen Aufstieg zu den Ruinen der Lobdeburg über Jena. Goethe hat sich dazumal gleicher Mühen unterzogen, ihm zu Seite die schöne Silvie von Ziegesar. Man wird sich der pittoresken Ruine aus romanischer Zeit erfreut und vielleicht auch Worte gewechselt haben über jenes steinerne Nest an der Ostwand des Palas, das sich über die Jahrhunderte so erfolgreich gegen den Sturz gewehrt hat und einmal die Apsis der Burgkapelle war. So geschehen im Herbst 1801, knapp zehn Jahre bevor die «Wahlverwandtschaften» erschienen und Silvie zu Ottilie wurde.

Von der Lobdeburg ist der Brückenschlag nach Dornburg nicht weit, ein kleines Liedlein bereits und ein kleines Wunder könnten die paar Kilometer saalischer Talaue überwinden. Ein Goethevers etwa, an den «aufgehenden Vollmond» gerichtet und Marianne von Willemer zugedacht: «Willst du mich sogleich verlassen? / Warst im Augenblick so nah! / Dich umfinstern Wolkenmassen, / Und nun bist du gar nicht da…»

Niedergeschrieben während des langen, reichen «Dornburger Sommers» von 1828. Die Stätte vieler gemeinsamer Aufenthalte sollte den Tod des Herzogs überwinden helfen. Goethe bewohnte zwei Zimmer des Renaissanceschlosses; eines gehörte der nächtlichen Ruhe, das andere der täglichen Arbeit – dem Studieren und Schreiben. An einem Fensterrahmen kann man heute noch ablesen, wie das Wetter war an jenen 65 Sommertagen. Dazu der unübersehbare Vermerk: «1828 vom 7. Juli bis 12. September weilte hier Goethe.»

Literarischen Spurensuchern, die noch immer nicht genug haben, sei die gegenüberliegende Ruine der

Kunitzburg empfohlen. Die besondere Stimmung, wie sie jenes Stück Weg, der sie von Jena trennt, bei Nebel bietet, soll in Goethes Ballade vom «Erlkönig» eingegangen sein.

Kein Gespenst, sondern Realität ist der Anblick der drei Dornburger Schlösser, wovon nur zwei besichtigt werden können. Das älteste, wahrscheinlich auf den Mauern einer ehemaligen Kaiserpfalz, ist verkommen und brütet offenbar unmittelbar über dem Abgrund die gleichen selbstmörderischen Absichten aus wie ehedem Teile des Rokokoschlosses, die gen Saale abgegangen sind. Nur das sogenannte «Corps de Logis» ist erhalten geblieben und zeigt feinstes asiatisches Porzellan und eine herrliche Fassade. Die wird umarmt von einem französischen Gärtlein mit Buchbroderien, Laubengängen und Kabinetten, einer kleinen Fontäne und anmutigem Bildwerk. Über allem aber Königin Rose mit großem Gefolge.

Ein weiteres Fest der Sinne, jedoch von anderer, kühlerer – aber nicht minder beeindruckender – Art gibt es jenseits des Thüringer Waldes.

Altenstein war die Sommerresidenz der Meininger Herzöge und hat werraische Nachbarschaft, ein im Stile der Neorenaissance errichtetes Schloß und einen märchenhaften sentimentalen Park mit schönster, beziehungsreicher Staffage und uralten Bäumen. Von letzteren gehört dem Mammutbaum die Krone: Die Art ist uralt, hat unserer Erde Jugend er- und überlebt und scheint unübertroffen bis heute an wirklicher und symbolischer Größe.

Für Altenstein – wie für alle Gärten – sollte man sich Zeit gönnen. Eiligen sei der Bonifatiusfelsen empfohlen, mit Überblick. Nur einen Katzensprung entfernt der Luthergrund, wo der Reformator aufgebracht und die Präliminarien seines wartburgischen Intermezzos inszeniert wurden. Aber das ist schon wieder eine andere Burgen-Geschichte...

Trotz der starken Konkurrenz gilt der Schloßpark in Greiz als der schönste in Thüringen. Mitten im bergengen Tal gelegen, dem oberen Schloß zu Füßen, der Stadt an der Seite – rekelt er sich neben dem Bett der Elster. Und wenn man es weiß, sieht man es auch, das grünblaue Eichenblatt des künstlich angestauten Sees als motivischer Höhepunkt der Anlage.

1799 wurde, anstelle eines Lustschlosses, mit dem Bau des Sommerpalais begonnen. Dorthin fand 1922 eine berühmte Kupferstichsammlung: Zwei englische Prinzessinnen, Töchter König Georgs II. und der Aufklärung, hatten um die Wende vom 18. zum 19. Jahrhundert eine opulente Geschichte ihres Landes geschrieben und sie durch Stiche aller grafischen Techniken vervollständigen lassen. Dieser Fundus ist jetzt in Greiz.

Die älteste Burg

Die älteste aller Burgen war eigentlich eine keltische Stadt und ist bis auf den gewaltigen steinernen Ringwall verschwunden. Der war einst dreifach, und der längste, äußere maß elf Kilometer. Kein Mörtel machte die Mauern fest, nur das Geschick der Erbauer. Die Steinsburg auf dem Kleinen Gleichberg nahe Römhild im thüringischen Grabfeld gilt als die bedeutendste keltische Hinterlassenschaft auf dem Gebiet der neuen Bundesländer.

Wer hinaufsteigt auf den erloschenen Vulkan, sollte dies im Frühling oder Herbst tun. Wenn die Natur vor Tollheit nicht mehr aus noch ein zu wissen scheint, mit Orchideenzauber und Maienlaub oder in den goldenen Farben des Herbstes. Hölderlin war auch hier dazumal. Das nahe Schloß Waltershausen in Bayern sah ihn für kurze Zeit als unglücklichen Hauslehrer.

Der schönste Name

Nur die poetische Benennung hat die Zeiten überdauert, die Bauten selbst waren nicht widerständlerisch genug. Von der Burg «Maienluft» über dem werraischen Fachwerkstädtchen Wasungen, der thüringischen Hochburg des Faschings, ist außer ein paar Mauern nur der Bergfried zurückgeblieben – und ein Wirtshaus dazugekommen.

Nicht werraischer, sondern saalischer (Fast-)Nachbarschaft, unweit der Saaletalsperren, darf sich die «Friedensburg» in Leutenberg rühmen. Der für einen Wehrbau eher paradoxe Name rührt aus der Beilegung eines Besitzstreites im 18. Jahrhundert – hat also mehr als symbolischen Hintersinn.

Die Geschichte der Friedensburg, auf der sich 1447 vierhundert Belagerer von fünf Verteidigern bluffen und zum Abzug zwingen ließen, ist nur insofern der Wiederholung wert, da es sich dazumal um ein offenbares Mißverständnis gehandelt hat. Einem solchen huldigten auch jene Leutenberger, die glaubten, nach dem Verschwinden der DDR wäre das abgeschirmte Regierungsheim frei zugänglich, doch Voraussetzung für das Entree werden jetzt wahrscheinlich nicht nur eine Krankheit, sondern auch ein großes Portefeuille sein.

Das größte Schloß

Es steht in Gotha, und sein Bauherr war auch Thüringens größter regierender Sparer (bis heute jedenfalls, man kann ja nie wissen...). Herzog Ernst verdiente sich das Prädikat «der Fromme» redlich. Wachte er doch mit Argusaugen über die reformatorische Gesinnung seiner Landeskinder und deren christliche Schulbildung. So kam es zu dem geflügelten Wort: «Ein gothaischer Bauer hat zehnmal mehr Mores als anderswo Adelige oder Doctores». In der Sprichwörtersammlung Ernst des Frommen findet sich das Bekenntnis: «Nicht reichliches Einnehmen, sondern sparsames Ausgeben macht reich.»

Solcherlei Doktrin hatte wohl ihren Sinn, und es ehrt den Herzog, daß er sein durch den Dreißigjährigen Krieg ruiniertes Land – er selbst nannte es eine «arabische Wüste und Einöde» – wieder zur Blüte verhalf. Freilich wollte er auch auf ein Denkmal in Form eines Schlosses nicht verzichten. Der Friedenstein ist eines der größten Schlösser Deutschlands, und sein Name gemahnt an den westfälischen Friedensschluß, der ein langwieriges europäisches Elend beendete.

Die vielfältigen musealen Sammlungen auf Schloß Friedenstein sind Pflichtprogramm für Thüringenreisende – man muß sich ja nicht alles und für einen Tag vornehmen. Auslassen sollte man freilich nicht das Schloßtheater von 1683 mit weitgehend im ursprünglichen Zustand erhaltener Bühnentechnik und der Erinnerung an Conrad Ekhof, den «Vater der deutschen Schauspielkunst», der hier eine feste Spielstätte erhielt.

Im Innenhof der Wartburg, Kultplatz gesamtdeutscher Geschichte

Die romantischste Ruine

Die Brandenburg war ein paar Jahrzehnte im Sperrgebiet versteckt, und auch jetzt ist es nicht leicht, einen dekorativen Blickwinkel auf die Burg zu erhalten. Zeigt sie sich doch allenfalls nur kurz von der Bahn aus. Um einen schönen, langen Blick auf die Burg zu werfen, müßte man schon die Notbremse ziehen. So ermöglicht die Bahn zwar eine Annäherung, aber führt auch wieder fort. Die Werra umschließt die Anlage gleich mit einer vierfachen Schleife.

Wer sich durch so viel Abgelegenheit nicht schrecken läßt, sollte die kleine Ortschaft Lauchröden ansteuern. Über dem Ort grüßt ein turmbewachter Kahling dreifingrig den Thüringer Wald. Aus der Nähe entpuppt sich die Anlage – durch Fels und Graben getrennt – als Doppelburg.

Die Grafen von Brandenburg nannten sich auch «von Wartberg». Das klingt nicht nur nach Wartburg, sondern hat auch damit zu tun. Die Herren saßen einst als Vögte und Burggrafen auf der Landgrafenburg, waren ebenso beim Sängerkrieg dabei wie auf den Kreuzzügen.

Der prominenteste Burgenhund

Sein Name war «Stutzel», und er gehörte ebenso denen von Wangenheim wie der ehemalige Herrensitz Winterstein am Fuße des Inselsberges. Dort im Park hat der Hund auch sein Grabmal. Es datiert aus dem Jahre 1630 und befand sich einst sogar auf dem Dorffriedhof. Doch die Einwohner wollten auch nach ihrem Tode nicht neben einem zugegebenermaßen verdienstvollen Hund gebettet werden.

Nun wird man fragen, worin die Verdienste des Tieres eigentlich bestanden haben. Nun – Stutzel war so etwas wie ein geheimer Bote zwischen dem Winter- und Schloß Grimmenstein in Gotha. Da er etliche Briefchen hin und her trug, ohne sich erwischen zu lassen, wurde er gewissermaßen nach seinem Tode befördert. Von Stutzels Grabinschrift soll im übrigen die Redensart «Da liegt der Hund begraben» herrühren. Wer daran zweifelt, möge sich in Winterstein, an Ort und Stelle also, selber sein Bild machen.

Das dunkelste Geheimnis

Das Schloß ist verschwunden, seine Mauern sind aufgegangen in manchem bäuerlichen Fundament. Wem Erinnerung und Phantasie genug sind (aber nur dem!), der sollte das kleine Eishausen südlich von Hildburghausen, ganz in der Nähe des Veste Heldburg, nicht auslassen. Dort kann er eintreten in eine Geschichte ohne Anfang und mit einem Ende mit vielen Geschichten und an einem Geheimnis teilhaben, das dunkler ist als die schwärzeste Nacht. Bis heute. Keine Geringeren als Alexandre Dumas und Mor Jokai haben den Stoff in ihrer Schreibe Kokon eingesponnen.

Frankreichs große Revolution war längst vollbracht, offen blieben nur geringe Menschenschicksale. Im Hohenloheschen sollen der sich Havel de Versay nennende Graf und die Dame mit dem Schleier anstelle eines Gesichtes zuerst aufgetaucht sein. Ein, zwei Jahre später gab es eine Audienz des Geheimnisvollen bei Zar Alexander von Rußland in Wien. Im Winter 1807 kam man nach Hildburghausen und zog später ins Eishausener Schloß.

Er schirmte ab, wo es nur ging. Aus Mangel an Tatsächlichem mutmaßte man zunächst, daß es sich bei der Fremden um die von ihrem Liebhaber entführte Frau eines französischen Generals gehandelt habe. Inzwischen sprechen viele Indizien dafür, daß es Marie Therese Charlotte, Tochter des Königspaares, das unter der Guillotine geendet hatte, gewesen ist. Dann wäre sie, nach der Haft unter den Revolutionären, Opfer ihres eigenen Onkels, König Ludwigs XVII., geworden. Hätte Leben gewonnen, aber Identität verloren. Das Unfaßliche dieser Existenz noch einmal anders: In zweiunddreißig Jahren hat die «Dunkelgräfin» außer mit ihrem Begleiter nur noch kurz mit zwei anderen Menschen gesprochen. Geringer kann ein Deputat an Worten und Wortgefechten nicht sein.

Die dreistesten Coups

Fall Nr. 1 ist weltbekannt: Ludwig der Springer fand einst auf der Jagd ein solch schönes Plätzchen, daß er beschloß: «Wart Berg, sollst mir eine Burg werden.» Allerdings gehörte das Land nicht ihm, sondern den Frankensteinern. Diese kleine Hürde konnte Ludwig aber nicht aus der Bahn werfen. Nachdem er in aller Heimlichkeit Erde von seiner Besitzung auf besagten Berg hatte schaffen lassen, beeidete er dem Kaiser reinen Gewissens «auf dem Seinen» gebaut zu haben.

Diese Sage illustriert den Aufstieg eines Geschlechtes und dessen Methoden. Die Schauenberger, zu denen besagter Ludwig gehörte, erkannten vor allen anderen thüringischen Burgherren, daß es die Zeit gebot, sich nicht auf den Burgen einzuigeln, sondern Land, Dörfer und Städte zu gewinnen. Diese in die Tat umgesetzte Erkenntnis brachte ihnen nicht nur die Wartburg, sondern auch die Landgrafenschaft.

Fall Nr. 2 ist osterländisch und späteren Datums. In der Nacht vom 7. zum 8. Juli 1455 drang Kunz von Kauffungen mittels aneinandergeschraubter Holzleitern in die herrschaftlichen Gemächer der Altenburg ein und raubte die beiden Knaben des sächsischen Kurfürsten – der darüber seine sprichwörtliche Sanftmut verlor und dem Kidnapper sowohl die Knaben als auch das Leben nehmen ließ.

Wenn man so will, hatte Kunz die Zeit gegen sich. Jene, die den Sprung von den Burgen in die Schlösser nicht geschafft hatten, waren ohne Chance. Sie verkamen im wahrsten Sinne des Wortes zu armen Rittersleuten. Ihre Behausungen wurden Ruinen.

Die Schlösser hingegen, wovon man sich auch in Altenburg vergewissern kann, repräsentierten nicht Sicherheit wie die Burgen, sondern in erster Linie Vermögen. Das wurde nicht in eisenbeschlagenen Truhen und geheimen Verliesen versteckt, sondern in Ländereien, Immobilien, Manufakturen und anderen profitablen Unternehmungen angelegt.

Die gescheiteste Schloßherrin

Die Wahl fällt schwer, doch da nur einer die Ehre gebühren kann, soll Voltaires Urteil den Ausschlag geben. Für ihn war Louise Dorothee, weiland gothaische Herzogin (geboren 1710), die «sanfteste, weiseste und ausgeglichenste Fürstin der Erde, die noch dazu selbst nicht dichtet». Zu den glanzvollsten, widersprüchlichsten Gestalten des von ihr begründeten Eremitenordens gehörte übrigens jener von den Frauen über die Maßen angehimmelte Graf Gotter, ein lustvoller Genießer, der sich selbst als ein «Schwein von Epikurs verrufener Herde» bezeichnete und das nahe Arnstadt gelegene Schloß Molsdorf zum Ort seiner Feste (sprich: Orgien) wählte. Daß er nicht halb so gescheit wie Louise Dorothee war, beweisen die Riesenschulden, in die er sich schließlich verstrickte, ohne allerdings im geringsten in Panik zu verfallen…

Schloß Molsdorf, das barocke Lustschloß von Graf Gotter, dem ausschweifendsten Schloßherrn Thüringens

Die schönste Besucherin

Jeder Chronist, der den Anspruch verficht, aus der Geschichte etwas zu lernen, sollte angesichts des Schicksals, welches einst den Trojaner Paris ereilte, zu diesem Thema schweigen. Wenn hier trotzdem darüber geredet wird, so deshalb, weil die Schönheit und Faszination dieser Frau außer Zweifel stehen. Ihr kurzer thüringischer Auftritt soll im Schloß Ebersdorf gespielt haben. Doch dessen Schwelle wurde ihr bald wieder verboten und das Ländlein dazu. Auf die Weisung eines der fürstlichen Heinriche, sie habe dessen Territorium binnen 24 Stunden zu verlassen, soll Lola Montez entgegnet haben, daß sie dazu nicht einmal eine halbe Stunde benötige. Sprachs und machte sich auf den Weg in den Wilden Westen, wo sie in Grass Valley im Herzen des Gold Country Karriere als – von Mark Twain höchstpersönlich sehr geschätzte – Schauspielerin, Sängerin und Tänzerin machte und auch dort bis an ihr Lebensende blieb.

Die unbekannteste Burgenregion

Sie liegt im Nordwesten Thüringens, im Eichsfeld und im Vorharz. So, wie die frühen Saaleburgen ihre Entstehung der Grenzlage des Flusses verdankten, resultierten viele eichsfeldische Anlagen aus dem Machtkampf zwischen den thüringischen und hessischen Landgrafen und dem Erzstift Mainz. Gewissermaßen als Gegenstück zu Wartburg, Brandenburg, Creuzburg und Boyneburg setzten die Bischöfe auf ihr eigenes Burgensystem. Der Volksmund hat eine Eselsbrücke geschaffen, die zwar keinen poetischen Preis erntete, aber dafür zu fünf Burgen führt: «Bischof, rüste, greif gleich scharf in die Haare!» Gemeint sind Burg Rusteberg, der Greifen-, Gleichen- und Scharfenstein sowie die Haarburg. Nicht in die seltsame Logik des Versleins hätte wohl Burg Bodenstein gepaßt...

Ein verwunschener Märchenort ist der Hanstein, das Kleinod der eichsfeldischen Burgenlandschaft. Die mächtige Ruine scheint geheimnisvolles Tor einer vergangenen Zeit, und durch dieses muß wohl auch Theodor Storm gegangen sein, als er den Hanstein in sein Märchen «Der Spiegel des Cyprianus» einbrachte.

Momentan wird die Anlage saniert – was auch immer das heißen mag. Daß etwas getan werden muß gegen den Verfall, ist unbestritten. Steht nur die Frage, was man nun unter die steinerne Haut stopft. Eine Lokalität ist immer nützlich, eine Falknerei, wie jetzt auf dem Gleichenstein im Entstehen, braucht zwar hier in der Nähe kein Pendant, scheint aber keine schlechte Idee für die generelle Nachnutzung mittelalterlicher Erblassung.

Burgenfreunde, die vom Eichsfeld weiter gen Harz reisen, kommen auch auf dieser Route auf ihre Kosten. Von der Bundesstraße 80 ist es nicht weit bis Großlohra mit den Ruinen der ehemals größten Burg des Vorharzes. Die im 1. Jahrhundert auf den Ausläufern der Hainleite errichtete Anlage gehörte zunächst Heinrich I. und später dem Herzog vom Braunschweig. Von der nach dem Dreißigjährigen Krieg zerfallenen Anlage ist die aus dem 12. Jahrhundert stammende Doppelkapelle besonders erwähnenswert. Ritter und adelige Damen lauschten im oberen Stockwerk Gottes Wort, das Gesinde – mittels eines kleinen Schalloches – eine Etage darunter. So war man beisammen im Glauben, wie Jesus es wollte, und der Standesunterschied wurde trotzdem nicht verwischt.

Von Großlohra bietet sich ein Abstecher zum reich ausgestatteten Herrensitz «Hue des Grais» sowie nach Neustadt (mit gleich drei Burgruinen) an.

Die bunteste Burgengesellschaft

Die mächtige Leuchtenburg bei Kahla trägt ihren Namen zu Recht, den schmückenden Beinamen auch. Königlich thront sie über Fluß und Stadt. Einst saalische Grenzwehr gegen die Sorben, danach stolzes Domizil der Ritter, von denen auf Schlösser und Vogte gekommen und zuletzt fast auf den Hund – sie war Irren-, Zucht und Armenhaus – birgt sie heute Museum, Restaurant und Jugendherberge.

In den Zwanzigern gehörte sie zu den Zentren der Wandervogelbewegung und war eng mit der legendären «Neuen Schar» unter dem ehemaligen Kaufmann und späteren Drechsler Friedrich Lamberty, von seinen Anhängern «Muck» genannt, verknüpft. 1920 tanzte er mit zwei Dutzend jungen Leuten von Kronach aus durch Thüringen, predigte messianisch über die «Revolution der Seele», sang alte Volkslieder und brachte Tausende von Menschen zum Mitmachen. Mit der Auflage, die Räume der neuen Jugendherberge zu vertäfeln und zu möblieren, durfte sich die «Neue

Schar» im Winter 1920/21 auf der Leuchtenburg einquartieren. «Sie aßen des Morgens ihre gebrannte Mehlsuppe, des Mittags ihre Kartoffeln und Gemüse, des Abends Brot und Äpfel und ähnliches. Mädchen besorgten die Küche und schneiderten, Burschen arbeiteten Schuhe, tischlerten, drehten Leuchter oder arbeiteten bei den Bauern», heißt es in einem zeitgenössischen Artikel. Doch die Idylle währte nicht lange.

Nach Bekanntwerden von Mucks mehrfacher unehelicher Vaterschaft – er benannte seine drei Kinder nach Bäumen – kam es zu einer amtlichen Untersuchung, in deren Verlauf er bei seiner Ablehnung der bürgerlichen Ehe blieb. So wurden er und die Seinen von der Burg verwiesen.

Die ungewöhnlichste Burg

Auch über das burgen- und schlösserreiche Thüringen hinaus ist sie ohne Beispiel: die Felsenburg Buchfart. Das gleichnamige Dörfchen ein paar Kilometer südlich von Weimar rühmt sich einer der letzten überdachten hölzernen Flußbrücken im Land. Gleich dahinter, in einer mehr als ein halbes Hundert Meter senkrecht abfallenden Felswand, befinden sich jene Höhlen, die so große Rätsel aufgeben. Wer immer sie auch in den relativ weichen Muschelkalk gegraben haben mag – er, oder besser: sie, müssen absolut schwindelfrei gewesen sein. Der Volksmund vermutet Zwerge oder Räuber, die Wissenschaftler denken an vor- und frühgeschichtliche Menschen. Der Buchfarter Pfarrer Heubel schrieb 1925 von einer zweiten Galerie, die sich unterhalb der heute noch vorhandenen Höhlen befunden haben und in die Tiefe gestürzt sein soll. In der Eiszeit freilich dürfte sie mit dem Bett des Flusses identisch gewesen sein. Seither hat sich die Ilm rund zwanzig Meter tiefer gegraben.

Die größte der insgesamt fünfzehn mehr oder minder gut erhaltenen Höhlen wird durch einen aus dem Fels gehauenen Pfeiler gestützt. Georg Agricola, der Begründer der neueren Mineralogie und Metallurgie, sah in ihr 1551 die Burgkapelle. Fest steht, daß nicht nur die unteren Räume, sondern auch die auf uns gekommenen von Felsstürzen betroffen und die Befestigungen früher viel umfangreicher gewesen sein müssen. So gilt das Vorhandensein einer Ringmauer als gesichert. Außerdem gibt es Mutmaßungen über eine Kunststraße den Steilhang hinauf, von deren Stützmauer noch im neunzehnten Jahrhundert große Teile vorhanden gewesen sein sollen.

Jener verwitterte steinerne Löwenkopf, der vor Jahrzehnten noch eine Mauerwand der Burg zierte, dürfte auf die Grafen von Weimar und Orlamünde als ehemalige Herren der Anlage hinweisen. Schließlich brüllt auch das Weimarer Wappentier löwisch.

Goethe hat sich – natürlich – auch ein Verslein auf die geheimnisumwobene Felsenburg gemacht. Es findet sich im Stammbuch seines Freundes F. H. Schütz in Berka und lautet: «Kennst du die Burg, gegraben in bergigen Felsen, / der aus dem Tal hochragend zum Himmel emporstrebt? / Wellen der Ilm umspülen den Fuß ihr – die Zinne / Wählet zur Weide für seine Schafe der Hirt.»

Ernst-Otto Luthardt

KLEIN ABER FEIN

Die Geschichte der Kleinstaaterei

Nirgends in Deutschland findet man so viele Grenzsteine wie in Thüringen. Wer einmal den Flickenteppich gesehen hat, den die Landkarte Thüringens bis zum Ende des Ersten Weltkrieges bildete, weiß warum. Von einer ehemals fürstlichen, großherzoglichen oder landgräflichen Residenz bis zur nächsten ist es heute meist weniger als eine halbe Stunde Fahrzeit mit dem Auto, damals eine halbe Tagesreise mit der Kutsche. Rennsteigwanderer wissen, wovon die Rede ist, denn entlang des Weges sind sie mehr als einmal auf einen der sogenannten «Dreiherrensteine» getroffen, die anzeigen, daß man sich am Schnittpunkt des Herrschaftsbereichs dreier verschiedener Fürstentümer befindet. Eine Brotzeit kann an einem der Steine, von denen noch ein knappes Dutzend erhalten sind, zum internationalen Erlebnis werden: «Am Steintisch ward in traulichem Vereine / Im Namen der drei Herrn des Mahls gepflegt. /

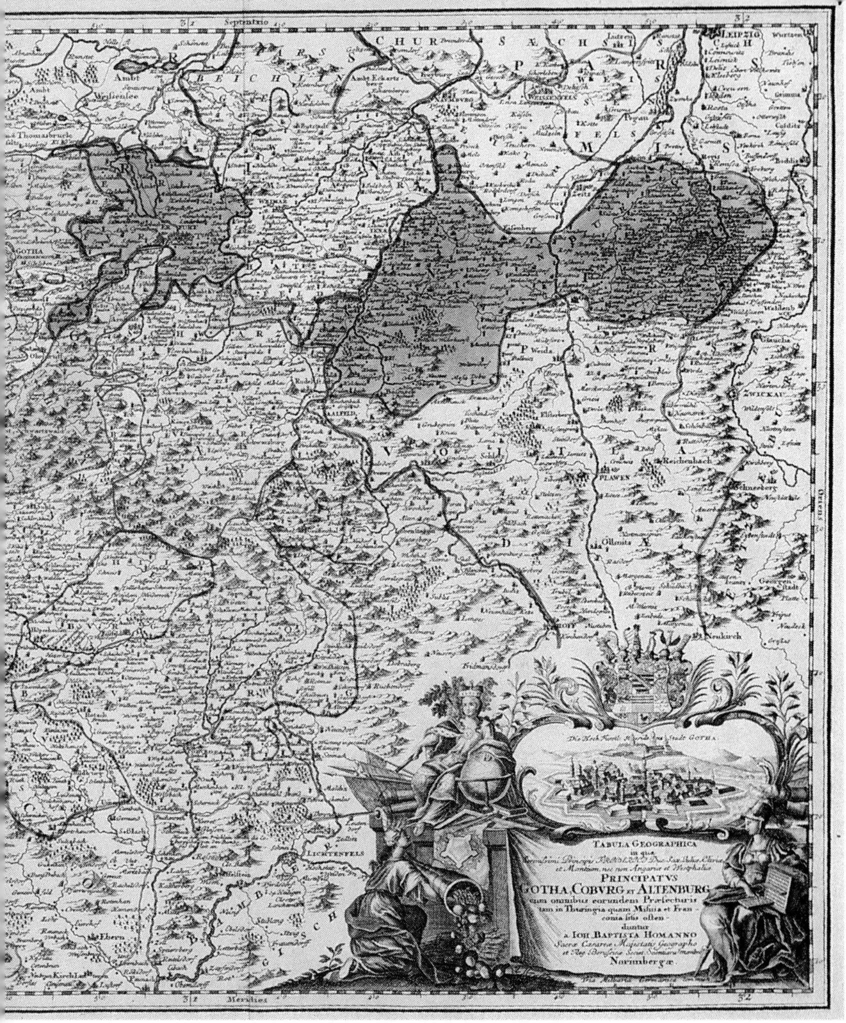

Und da geschah, nach Brauch der Nachbarmärker, / Daß jeder Gast auf eigner Hoheit saß / Und doch der Thüring und der Henneberger / Mit dem von Fuld aus einer Schüssel aß.» (Viktor von Scheffel)

193 Orte in Thüringen haben eine oder mehrere Burgen, die meisten vom achten bis zum fünfzehnten Jahrhundert erbaut und später zu Schlössern, Residenzen und anderen repräsentativen Gebäuden umgebaut, erweitert, verkleidet, mit neuen Turmhelmen, Fassaden, Gesimsen und Innenausstattungen versehen. Bei erstaunlich vielen Burgen

ist das mittelalterliche Erscheinungsbild noch gut erhalten, bei einigen findet man gebaute Geschichte aus allen Stilepochen, Renaissance, Barock, Klassizismus, Rokoko und schließlich romantisierende Neogotik. Bewohnt waren sie alle, meist über viele Jahrhunderte hinweg.

Wer von einer Burg zur nächsten wandert, überquert dabei mit ziemlicher Sicherheit eine ehemalige Grenze zu einem benachbarten Kleinstaat. Als Goethe seine Italienreise antrat, durchquerte er während der ersten Woche mehr Staaten als auf dem gesamten Rest seiner Reise. Ein einheitliches thüringisches Königreich hat es eigentlich nur für kurze Zeit gegeben: vom 4. Jahrhundert bis zum Jahre 531, in dem die Franken vom Süden und die Sachsen vom Norden den Thüringer König Herminafried schlugen und das Thüringer Reich beendeten.

Die große Zahl der thüringischen Kleinstaaten ist besonders der großen Zahl der Nachkommen Herzog Ernsts des Frommen aus der Gotha-Altenburger Linie zuzuschreiben. Dieser erbaute nicht nur eines der mächtigsten Renaissanceschlösser Deutschlands, sondern setzte, wie es sich für einen frommen Fürsten geziemt, 18 Kinder in die Welt. 1680/81 entstanden so zahlreiche kleinere und größere Herzogtümer:

Meiningen, Römhild, Hildburghausen, Saalfeld, Eisenberg und mit ihnen mehr oder weniger aufwendige Residenzen, die teilweise nur wenige Jahre ihren Erbauern dienten, weil – wie im Falle Eisenbergs – die Herrscherlinie wieder ausstarb. Einer der Erben Ernsts des Frommen, Christian von Sachsen-Eisenberg, wurde besonders prominent durch seine Vorliebe fürs Esoterische. Er dilettierte in der Kunst der Goldmacherei und ließ sich von dem notorischen Schwindler Baron von Hellwig beschwatzen.

Die Erbteilung durch Ernst den Frommen rief unter den Fürstentümern auch jenen kulturellen Wettbewerb ins Leben, der Thüringen bis heute zu einem Zentrum der Geistes- und Kulturgeschichte in Deutschland macht. Gotha und Meiningen, aber auch Eisenberg und Saalfeld, entwickelten sich zu glanzvollen barocken Hofhaltungen, was sich in den Residenzen der neuen Länder in architektonischer Gestalt niederschlug. Der Prunk war natürlich mit enormen Kosten verbunden, und wenn trotz erheblicher Steuerlast auf der Bevölkerung das Geld nicht mehr reichte, dann wurden eben die Marmorpilaster geschickt imitiert und der Stuck en gros modelliert. Das Theater wurde, ausgehend von Gotha und Altenburg, zu einer wichtigen Institution zu Hofe, und auch die Wissenschaft erfuhr unter Gestalten wie den Astronomen Franz Xaver Freiherr von Zach und Bernhard Lindenau, dem Verleger Justus Perthes, den Pädagogen Christian Gotthilf Salzmann, dem Vater des Turnunterrichts, und anschließend vor allem in der barocken künstlerischen Entfaltung am absolutistischen Weimarischen Hof einen großen Aufschwung.

Jeder Besuch einer Stadt in Thüringen, jede Führung durch eine der historischen Innenstädte, wird zu einem Ausflug in eine Geschichte ganz eigener regionaler Prägung. Jede Region, jede Residenz hat ihre «Highlights», die immer mit der Geschichte der regionalen Potentaten in Zusammenhang stehen. Spä-

Alle Wege führen in die Vergangenheit: alter Wegweiser im Werratal

testens seit 1918 gehört zwar die Kleinstaaterei endgültig in die Mottenkiste der Historie, aber auf der Suche nach einer «Nachwendeidentität» und geeigneten touristischen Aufhängern kommt man naturgemäß immer wieder auf die Geschichte der thüringischen Dynastien, ihrer Residenzen und ihrer kulturellen Aktivitäten zurück. Beim Werben um zahlungskräftige Besucher schrecken in Adelsnostalgie schwelgende Imageagenturen vor nichts zurück. Wenn man der Aufmachung der Touristenbroschüren des Landkreises Meiningen Glauben schenken darf, handelt es sich bei der Region gar wieder um das «Herzogtum Meiningen». Die Adelsresidenzen von Greiz bis Eisenach und von Sonderhausen bis Hildburghausen werden mittels der Kostümfundi der regionalen Theater und einem tiefen Griff in die historistische Klamottenkiste anläßlich verschiedener Festlichkeiten ganz zum Schauplatz «lebendiger Geschichte». So wandelt die schauspielerische Verkörperung Goethes beim Thüringer Herbst gemeinsam mit Carl August von Sachsen-Weimar durch die historische Kulisse der Klosterruine Paulinzella. Anderswo werden alte Traditionen, die schon während der nationalsozialistischen Ära ins Zwielicht geraten waren, wie das Hirschessen in Schmalkalden, unter neuen Vorzeichen wiederbelebt.

Es besteht kaum ein Zweifel, daß die Kleinstaaterei, besonders zu ihrer absolutistischen Zeit im 18. Jahrhundert, ihre Prunk- und Renommiersucht auf dem Rücken der einfachen Bevölkerung austrug. Wenn irgendwo durch Erbteilung aus einem Fürstentum zwei wurden, mußte eben eine neue Residenz her, koste es, was es wolle. Aber auf der anderen Seite wäre die kulturelle Vielfalt Thüringens ohne die Kleinstaaterei nicht denkbar. Wenn Anna Amalia für den jungen Carl August nicht Christoph Martin Wieland als Erzieher an den Weimarer Hof berufen hätte, hätte der junge Großherzog Johann Wolfgang Goethe gar nicht erst kennengelernt. Zur gleichen Zeit regierten in Gotha, Rudolstadt, Altenburg, Meiningen, Hildburghausen, Sonderhausen, Schleiz, Gera und anderswo zahlreiche weitere Duodezfürsten. Die blühende, gegenwärtig in einigen Bereichen ums Überleben ringende Konzert- und Theaterlandschaft konnte sich nur so entwickeln, weil jeder Kleinstaat es seinem Nachbarn gleichtun wollte. Umherziehende Theatertruppen wie die einflußreiche Seylersche Truppe des Konrad Ekhof wurden umworben und mit großzügigen Angeboten zum Bleiben animiert. Als den Schauspielern und ihrem Intendanten Johann Wolfgang Goethe in Weimar ihr Theater über dem Kopf abbrannte, zog die Truppe weiter nach Gotha, wo Herzog Ernst II. ihnen ein großartiges Theater zu Hofe einrichtete.

Die absurdesten Formen nahm die thüringer Kleinstaaterei im Osten des Landes, bei den Reußischen Fürstentümern an. «Greiz, Schleiz –» konnte Heinrich Heine angesichts der Provinzialität der Reußen nur noch mit «Hinterpommern» steigern. Oft waren die Grenzen so eng gezogen, daß sie mitten durch eine Stadt gingen. So war Greiz in Ober-Greiz und Unter-Greiz aufgeteilt. Ober-Greiz gehörte zu «Reuß mittlere Linie», Unter-Greiz zu «Reuß ältere Linie». Im Volksmund sagte man dazu: «Greiz, Schleiz, Lobenstein / Sind drei kleine Nester, / Greiz, das ist die Residenz / Zeulenroda die Schwester. / Und sind die beiden noch so klein – / Lobenstein könnt größer sein.» Und die preußische Prinzessin in Gutzkows Melodram «Zopf und Schwert» gar droht, sie wolle lieber eine von «Reuß-Greiz-Schleiz und Lobenstein» sein als einen ungeliebten Prinzen ehelichen. So wurden nicht nur Ländereien und Wälder zu selbständigen Fürstentümern, sondern auch die Städte wurden aufgeteilt. Quer durch die Städte Greiz, Kranichfeld, Neustadt / Rennweg und Ruhla verliefen einst Landesgrenzen.

Der kulturelle Wettbewerb hatte jedoch nicht immer den gewünschten Erfolg. Herzog Georg I. von Sachsen-Meiningen beispielsweise versuchte um 1800, zu Weimar in Konkurrenz zu treten und Meiningen zum literarischen Zentrum Thüringens zu machen. Wer außerhalb Meiningens erinnert sich jedoch heute noch an Johann Ernst Wagner, Friedrich Mosengeil oder Rudolf Baumbach? Lediglich Jean Paul Richter, erst Verehrer und später ein interessanter Kritiker Johann Wolfgang Goethes, kam von 1801 bis 1803 nach Meiningen und hinterließ einen bleibenden Eindruck der Epoche des «klassischen Meiningen». Erst der vorletzte Regent in Meiningen, Herzog Georg II., bekannt als der «Theaterherzog», machte Meiningen zu einem kulturellen Zentrum, indem er sich nicht nur um den Neubau des Theaters nach dem großen Brand von 1874 kümmerte, sondern auch inhaltlich dafür sorgte, daß aus dem Theater neben Bayreuth eine der wichtigsten Bühnen des ausgehenden neunzehnten Jahrhunderts wurde. Darüber hinaus entwickelte sich die Hofkapelle unter dem Pianisten, Komponisten und Dirigenten Hans von Bülow zu einem der wichtigsten deutschen Orchester, an dessen große Vergangenheit die kleine Residenzstadt mit großen Konzerten und ebensolchem Publikumsinteresse in der jüngsten Vergangenheit wieder anknüpft.

Goldenes Zeitalter – Silbernes Zeitalter

Schon frühzeitig erwachte das Verständnis für die Größe der eigenen Regionalgeschichte in Thüringen. Nach dem Zeitalter der Klassik in Weimar, die ihre Heroen bereits zu Lebzeiten berühmt und deren Wohnort zur Pilgerstätte machte, hatten natürlich auch andere Landesherren die Kultur als belebenden Faktor für ihren Herrschaftsbereich entdeckt und versuchten, die Kulturträger ihrer Zeit – Literaten, Theaterleute, Musiker und Wissenschaftler – zu umwerben. Ein Fürstentum, das sich mit dem Begriff «Musenhof» schmücken konnte, hatte es geschafft. Liebhabertheater und literarische Salons zählten zu den wichtigsten Lustbarkeiten des absolutistischen Kleinstaates. Das prominenteste gesellige Theater dieser Art, in dem sich Laienschauspieler aus adeligen ebenso wie aus bürgerlichen Kreisen zusammenfanden, um zeitgenössisches Theater zu spielen, war das nach 1775 entstandene am Weimarer Hofe.

Der höfische Kulturwettbewerb ließ durchaus ein Klima geistiger Liberalität zu. Fortschrittliche Ideen sprossen allenthalben, nicht umsonst hat der per Haftbefehl verfolgte «Revolutionär» Richard Wagner am weimarischen Hofe Unter-

Der zweispännige Wagen gehört in Thüringens Städten wieder zum alltäglichen Anblick

schlupf gefunden, und nicht zufällig versammelten sich die Studenten unter der schwarz-rot-goldenen Fahne auf der Wartburg. Eine Gegenbewegung zur fürstlich sanktionierten Vorzeigekultur der Klassiker um Goethe, Schiller, Herder und Wieland war das alternative Lebens- und Empfindungsexperiment der Frühromantiker in Jena. In dem «Lumpennest» Jena, am Rande einer höfisch absolutistischen Kleinstaatenkultur traf sich in der Brüdergasse eine illustre Reihe ungewöhnlicher Frauen und Männer, die gemeinsam – in einer neuartigen Wohn- und Arbeitsgemeinschaft – ein «Leben wie im Roman» erprobten und radikal die Grenzen ihres Zeitgeistes einrissen. Kunst und Wissenschaft, Dichtung und Leben sollten keine Widersprüche mehr sein, sondern Teil eines neuen «romantischen» Lebensgefühls. Widersprüche von seiten der etablierten Weimarer Klassiker bekamen den Romantikern gut, und heute sind – bei allen Mißverständnissen und Vereinnahmungen durch manierierte Kunstrichtungen – die Bestrebungen dieser emanzipatorischen Bewegung einer näheren Betrachtung mehr wert denn je.

Kein lebendiges, aus der inspirierten Begegnung suchender Menschen entstandenes Experiment, sondern der Versuch, an die «Musenhoflegende» der Weimarer Klassik, die bereits kurz nach Goethes Tod als «Goldenes Zeitalter» verherrlicht wurde, anzuknüpfen, war das – wie man heute sagen würde – «Kultursponsoring» der Zarentochter Maria Paulowna und ihres Sohnes, des Großfürsten Carl Alexander von Sachsen-Weimar. Mit der programmatischen Hilfe Franz Liszts und erheblichen Geldmitteln wurde die politische Bedeutungslosigkeit des zersplitterten Fürstentums durch den Versuch kompensiert, kulturell an Weimars sechzig goldene Jahre von 1760 bis 1830 anzuknüpfen. Mit der Gründung von Shakespeare- und Goethegesellschaft, des Goethe-Nationalmuseums, dem Bau des heutigen Goethe- und Schiller-Archivs und eines Landesmuseums wurde der Grundstein für die institutionalisierte Klassikerverehrung gelegt, die sich zum wirksamsten Kapital des bildungsbürgerlichen Kultur-Tourismus Thüringens entwickelte.

Der Gewinn, den wir heute aus den kulturellen Blüten der thüringischen Geschichte ziehen können, geht jedoch weit über ein Absolvieren der touristischen «Highlights» hinaus, denn wir haben es durchweg mit Inhalten zu tun, die gerade angesichts einer immer krasser entsolidarisierten Gesellschaft und einem Raubbau an der Natur von großer Aktualität sind. Johann Wolfgang Goethes gründliche und respektvolle Art, die Natur zu betrachten, zu erforschen und zu beschreiben, Friedrich Schillers Exkurse zur ästhetischen Erziehung, aber auch die liebevolle Pädagogik Friedrich Fröbels und das soziale Experiment Johannes Daniel Falks können eine Bildungsfahrt in die kleinstaatliche Vergangenheit Thüringens zu einer abenteuerlichen Entdeckungsreise machen, auf der man für sich herausfindet, daß die Probleme, die sich uns heute stellen, nicht ganz so neu sind, wie wir vielleicht meinen.

GESTALTEN, DIE GESCHICHTE MACHTEN

Wer war wer in

Klangvolle Namen zieren in Weimar, Erfurt, Gotha und Jena zwar genauso wie in jedem anderen deutschen Ort die Straßenzüge, tragen hier aber in der Regel die Namen der berühmten Söhne und Töchter ihrer Stadt, die tatsächlich dort gelebt und gearbeitet haben. Geburts- und Sterbehäuser prominenter Gestalter, als Museen ausgebaut und sorgfältig gepflegt oder auch unscheinbar und nur wenigen Eingeweihten bekannt, gibt es in Thüringen zuhauf. Ein komplettes «Who is Who» der thüringischen Geschichte zu erstellen würde mehrere dicke Bände füllen. Daher haben wir uns auf eine kleine Auswahl mehr oder weniger bekannter, kurioser oder für die thüringische Kulturlandschaft typischer Gestalten beschränkt.

Herzogin Anna Amalia von Sachsen-Weimar-Eisenach (1739–1807)

Als 1758 Herzog Ernst August II. Constantin, Anna Amalias Mann, im Alter von 21 Jahren starb, mußte Anna Amalia im Alter von nur 21

Thüringen?

Jahren die Amtsgeschäfte führen, bis ihr Sohn, Carl August, 1775 volljährig wurde und selbst die Regentschaft antreten konnte. Anna Amalia trug entscheidend zum Entstehen einer Weimarer Klassik bei, denn sie kümmerte sich während ihrer Regentschaft mit großem Geschick um das kulturelle Leben in der Stadt. Selbst eine begabte Komponistin und Zeichnerin, förderte sie das Musik- und Theaterleben sowie den Ausbau der herzoglichen Bibliothek. Anna Amalia versammelte eine illustre Schar adliger Gäste und bürgerlicher Schriftsteller und Künstler um sich und Goethe, die sich im Winter im Wittumspalais und im Sommer auf Schloß Ettersburg zusammenfand, um zu musizieren, Dichterlesungen zu veranstalten und über die neuesten kulturellen Entwicklungen zu diskutieren. Die Crème der zeitgenössischen Gesellschaft nahm an der «Tafelrunde» teil, darunter Wieland, Schiller, Herder, Charlotte von Stein, Friedrich Justin Bertuch und andere. Es wurde «geklimpert, gegeigt, geblasen und gepfiffen, daß die Engel im Himmel ihre Freude daran hatten» (Wieland). Die Mitglieder der Tafel führten, unterstützt durch eigens engagierte Schauspielprofis, als Laienspielgruppe neben Klassikern von Voltaire, Molière und anderen ihre eigenen Theaterstücke auf, und ein «Liebhabertheater» entstand, das sich in verschiedenen Spielstätten, aber auch im Freien unter reger Publikumsbeteiligung zusammenfand. Sie begründete in Weimar, was sonst nur in Paris, London und Rom möglich war: einen literarischen Salon. Zum Begräbnis der Herzogin sagte Goethe in seiner Gedenkrede, daß «kein bedeutender Name von Weimar ausgegangen» sei, der nicht «in ihrem Kreis gewirkt» hätte. Seit 1991 trägt die frühere «Herzogliche Bibliothek» in Weimar ihren Namen.

Johann Sebastian Bach (1685–1750)

Der in Erfurt am Frauenplan 21 geborene Komponist, Organist, Violinist und Kantor lebte viele Jahre in Thüringen, bevor er 1717 als Hofkapellmeister nach Köthen und ab 1723 als Thomaskantor nach Leipzig ging. Zunächst war er Violinist in der Privatkapelle des Herzogs in Weimar, dann Organist in Arnstadt und Mühlhausen und schließlich Konzertmeister am Weimarer Hof. Erst in Weimar begann für Bach die große Zeit als Komponist, da er als Hoforganist an der Schloßkirche (1774 abgebrannt) regelmäßig seine eignen Kantaten zur Aufführung bringen mußte. Dies war die Zeit, von der Beethoven später respektvoll sagte, daß hier aus dem «Bach» ein «Meer» geworden sei. Obwohl Bach in Weimar heimisch und weit über die Grenzen des Herzogtums berühmt geworden war und obwohl er im Laufe der Jahre zahlreiche verlockende Angebote zugunsten seiner Stelle am Weimarischen Hofe ausgeschlagen hatte, überging ihn der Herzog nach dem Tod des alten Kapellmeisters Drese bei der Bestellung eines Nachfolgers. Außerdem wurde er bei der Komposition der Kantaten zur Zweihundertjahrfeier der Reformation nicht berücksichtigt. Im Grimm darüber kündigte Bach seine Stellung, aber der Herzog nahm die Kündigung keineswegs an und steckte statt dessen den aufmüpfig gewordenen Musikus «wegen seiner halsstarrigen Bezeugung» für vier Wochen ins Gefängnis. Der blies jedoch dort nicht etwa Trübsal, sondern machte sich daran, sein «Orgelbüchlein» zu komponieren, eine Sammlung von 45 nach dem Kirchenjahr geordneten kleinen Choralvorspielen. Sofort nach seiner Entlassung ging Bach nach Köthen, um dort die ihm angetragene fürstliche Kapellmeisterstelle anzutreten.

Friedrich Justin Bertuch (1747–1822)

Goethe nannte ihn einen «Allerweltskerl», und in der Tat war er Verleger, Übersetzer, Theologe, Jurist und der «Geheimsekretär» von Carl August. Seine Karriere als Zeitungsverleger begann Bertuch als Mitarbeiter von Christoph Martin Wieland bei der Redaktion des «Teutschen Merkur» (seit 1773). Er übersetzte Cervantes' «Don Quixote» ins Deutsche und war Mitbegründer der Jenaer «Allgemeinen Literaturzeitung». Sein großer Wurf jedoch gelang ihm mit dem weitverbreiteten «Journal des Luxus und der Moden», das er ab

1786 gemeinsam mit Georg Melchior Kraus herausgab, sowie mit populären Reihen wie «Die Blaue Bibliothek aller Nationen», einer Sammlung von Märchen und Mythen, dem «Allgemeinen Teutschen Garten-Magazin» und der «Neuen Bibliothek der wichtigsten Reisebeschreibungen», die in für damalige Verhältnisse großen Auflagen erschienen und sich besser verkauften als Goethes Werke. Über dreißig Jahre lang war er zudem der Herausgeber der philantropisch-pädagogischen «Bilderbücher für Kinder» und gründete 1791 eine Art Medienkonzern, das «Landes-Industrie-Comptoir», in dem er seine Verlage und Manufakturen unter einem Dach versammelte. Dazu erbaute er, damals noch vor den Toren der Stadt, eines der schönsten klassizistischen Gebäudeensembles von Weimar, das heute das Stadtmuseum beherbergt. Zu seiner Zeit war Bertuch einer der größten Arbeitgeber in Weimar, er holte unter anderen den berühmten Schriftgießer Justus Erich Walbaum – der neben sieben anderen klassischen Schriftschnitten auch unsere Kapitelüberschriftentype entwarf – in die Residenzstadt und fungierte nebenher noch als herzoglicher «Schatullenverwalter». Außerdem beschäftigte er «mit Ausnahme der Gelehrten, in- und außerhalb der Stadt gegen 280 Künstler, Kupferstecher, Kupferdrucker, Lithographierer, Illuminierer, Setzer und Drucker». 1825 erschienen im Comptoir zehn Zeitschriften, und der Verlag präsentierte sechzig Neuerscheinungen. Das Stadtmuseum Weimar bereitet gegenwärtig eine ständige Ausstellung vor, in der ausführlich auf Leben und Wirken Bertuchs eingegangen werden soll.

Christian Ludwig Brehm (1787–1864)
Alfred Edmund Brehm (1829–1884)

«Tiervater» Brehm und sein Sohn Alfred Edmund sind bis heute beinahe Synonyme für die systematische Zoologie. Besonders der Sohn hat sich mit «Brehms Tierleben» in aller Welt einen Namen als Führer durch die Tierwelt gemacht. Die Wohn- und Arbeitsstätte der Brehms im ostthüringischen Renthendorf, ein idyllisches rotes Backsteinhaus, beherbergt heute die «Brehm-Gedenkstätte Renthendorf». Hier wurde von Alfred Edmund Brehm das populärste aller zoologischen Bücher verfaßt, das Elefanten, Giraffen, Känguruhs und Rhinozerossen Eingang in die gute Stube der Deutschen verschaffte.

Karoline von Dacheröden (1766–1829)

Im Ostflügel des prächtigen Renaissancebaues «Zum Güldenen Hecht», am Anger37/38 in Erfurt, lebte ab 1771 Karl Friedrich von Dacheröden, langjähriger Präsident der Erfurter Akademie nützlicher Wissenschaften. Direkt nebenan befand sich die Statthalterei, in der das von der kurmainzischen Herrschaft sanktionierte städtische Oberhaupt seine Amtsgeschäfte führte. Bei den Erfurtern war dieses Amt im allgemeinen nicht so beliebt, da man die Mainzer Herrschaft in der Ferne häufig als einen Eingriff in ihre städtische Autonomie empfand. Zu den Zeiten, in denen Karl Friedrich von Dacheröden in Erfurt wohnte, residierte dort jedoch der Lieblingsstatthalter der Erfurter, Dalberg. Die Dalbergs und die von Dacherödens waren zu ihrer Zeit das kulturelle Zentrum der Stadt und standen mit ihren Empfängen, Soireen und literarischen Zirkeln ganz in der Tradition des gebildeten Adels. Auch hier war die junge Frau des Hauses, Karoline von Dacheröden, der liebenswürde und vielgepriesene Mittelpunkt. Schiller beschrieb Karoline folgendermaßen: «Ein unvergleichliches Geschöpf, eine idealistische Erscheinung, deren Seele den zarten Körper durchleuchtet». Die junge Frau, die später den Schriftsteller, Humanisten und Staatsmann Wilhelm von Humboldt heiratete, galt durch ihr kulturelles Engagement als eine der bedeutendsten Frauen des damaligen Deutschland. Sie war eng mit den beiden Schwestern von Lengefeld befreundet, und sie war es auch, die dem jungen Dichter und weimarischen Hofrat ohne Gehalt, Friedrich Schiller, den Weg in seine Ehe mit Charlotte von Lengfeld bahnte. Schiller hatte damit zwei einflußreiche Fürsprecherinnen, Frau von Stein in Weimar und Fräulein von Dacheröden in Erfurt, die sich erfolgreich zu Hofe um sein Fortkommen verwendeten.

Otto Dix (1891–1968)

Das Geburtshaus des Malers, Grafikers und Bildhauers wurde anläßlich des 100.Geburtstagsjubiläums am 2.Dezember 1991 als Museum «Otto-Dix-Haus am Mohrenplatz» in Gera eingeweiht. Als Sohn des Kunstschmiedes Franz Dix lebte Otto Dix mit seinen drei Geschwistern in der kleinen, heute innerhalb des Museums rekonstruierten Wohnung am Mohrenplatz in Gera. Er ging in Gera zur Schule und absolvierte anschließend bei Carl Senff eine Dekorationsmalerlehre. Seit 1949 sammelte die Stadt Werke des bedeutenden Sohnes ihrer Stadt, seine Beliebtheit innerhalb der kulturgeschichtlichen Ideologie des «Arbeiter- und Bauernstaates» ist jedoch erheblichen Schwankungen unterworfen gewesen. Besonders eindrucksvoll ist die schöne Sammlung von 46 Feldpostkarten, die Dix von der Front in die Heimat schickte. Auf den kleinen Bleistift-, Kohle- und Tuschzeichnungen, die man im Otto-Dix-Haus ansehen kann, bringt Dix in seiner unverwechselbaren Handschrift in expressionistisch-groben Zügen die Schrecken des Krieges zum Ausdruck.

Konrad Ekhof (1720–1778)

Der «Vater der deutschen Schauspielkunst» kam 1771 als Mitglied der Seylerschen Theatertruppe, die von Anna Amalia nach Weimar verpflichtet wurde, vom Hamburgischen Nationaltheater nach Weimar. Der Schloßbrand von 1774 beendete Ekhofs schauspielerische Tätigkeit in Weimar, und er ging nach Gotha, um dort das kleine Hoftheater zu führen, das heutige Ekhoftheater im Schloß Friedenstein. Ihm ist es zu verdanken, daß Schauspieler moralisch und sozial in der Gesellschaft anerkannt wurden und das Schauspielen als eine Kunstform betrachtet wird. Im Gegensatz zu den steifen französischen und italienischen Formen des Theaterspiels förderte er das naturalistische Spiel.

Elisabeth von Thüringen (1210–1231)

Die Creuzburg, die Schwesterburg der Wartburg, hoch über der Werra, war der Zufluchtsort der jungen Gemahlin des Landgrafen Ludwig IV. von Thüringen, der heiligen Elisabeth. Dort wurde die ungarische Prinzessin bereits mit vier Jahren dem Landgrafen «zur Seite gelegt» und brachte mit fünfzehn Jahren ihr erstes Kind zur Welt. Es war die Zeit der Kreuzzüge, der Pest und Hungersnöte, der Leibeigenschaft und der Raubritter. Zahlreiche Legenden ranken sich um Elisabeth von Thüringen. Mehrmals verschenkte sie ihre kostbaren seidenen Mäntel an die Armen, führte wundersame Brot- und Fischvermehrungen herbei und hatte es immerzu mit Menschen zu tun, die ihre wohltätige Frömmigkeit mißgünstig betrachteten. Viele ihrer Wunder haben damit zu tun, daß sie ihre Barmherzigkeit vor der adligen Gesellschaft zu verbergen suchte. Am Fuße der Wartburg ließ sie ein Hospital errichten, in dem sie sich persönlich der Armen und Kranken annahm. Und kaum hatte sie wieder einmal ihre kostbarsten Kleider an die Armen verschenkt, so trug sie bald darauf schon wieder – o Wunder – noch kostbarere Kleider. Schließlich wurde sie vom Bruder ihres Gatten, dem Landgrafen Heinrich, der nach dessen Tode die Wartburg übernahm, von ihrer Burg vertrieben und mußte in Armut in der Stadt Eisenach unter denen leben, die sie vorher beschenkt und gespeist hatte. Bereits zu Lebzeiten galt Elisabeth als heilige Frau, Priester sahen sie in goldenes Licht gehüllt, und ihren Tod ertrug sie der Legende nach in demütiger Hingabe an ihren «süßen Herrn Jesum».

St. Elisabeth, die wohltätige Heilige, gilt als Schutzpatronin Thüringens

Johannes Daniel Falk (1768–1826)

Der Schriftsteller, Sohn eines Perückenmachers aus ärmlichen Verhältnissen, machte sich einen Namen durch seine geschickte Vermittlungstätigkeit zwischen der französischen Besatzungsmacht und der Weimarer Bevölkerung. Herzog Carl August stellte ihn danach als Diplomaten ein und zahlte ihm ein ansehnliches Gehalt. Mit Goethe verband ihn ein freundschaftliches Verhältnis, und er arbeitete zeitweise mit ihm zusammen, jedoch niemals in untergeordneter Tätigkeit wie Eckermann. Falk verfaßte ein respektloses kleines Büchlein über Goethe, das den Geheimrat mit «allen seinen Tugenden und Fehlern» (Heine) zeigt. Das besondere Engagement Falks galt jedoch, besonders nach dem Tod seiner eigenen vier Kinder, den «verwilderten Kindern» seiner Zeit. Er begründete die «Gesellschaft der Freunde in der Not», die Kindern, welche Opfer von Kriegen und gesellschaftlicher Armut geworden waren, half, ein Handwerk zu lernen und Wohnung zu finden – Johannes Daniel Falk, ein Vorreiter der Sozialpädagogik.

Mit der Zeit entfernte er sich immer weiter von den Kreisen der Weimarer Klassik, sagte schließlich über Goethe nur noch: «Göthe – Wischi-Waschi über ihn». Respektlos nennt er die Feierlichkeiten anläßlich des fünfzigsten Jahrestages von Goethes Ankunft in Weimar: «Göthens Apotheose oder Die Vergötterung zu Weimar». Lieber kümmerte er sich nach dem Motto «Wer Häuser bauen kann, reißt selten welche ein» um die Ausbildung seiner Zöglinge. «Lutherhof» und «Falkheim», die beiden Gebäude, die Falk mit seinen dreihundert Zöglingen im Zentrum Weimars auf- und ausbaute, stehen heute zwar unter Denkmalschutz, sind aber vollkommen verbaut und in schlechtem Zustand.

Lyonel Feininger (1874–1956)

Der in New York gebürtige Maler und Grafiker kam 1887 nach Deutschland, um an mehreren Kunstschulen in Berlin zu studieren. Er lebte in Berlin, unterhielt aber in Weimar ein Atelier und hielt sich häufig in Thüringen auf, machte Ausflüge in die Umgebung und hielt seine Eindrücke in zahlreichen Skizzen und Grafiken fest. Besonders hatte es ihm offenbar der Kirchtum in Gelmeroda angetan. Auf zahlreichen Holzschnitten und Ölskizzen variierte er die Gestalt des dörflichen Kirchturms. Aber auch die Stadtkirche in Weimar, Architekturimpressionen aus Erfurt und Halle und besonders die gotische Formensprache Thüringer Kirchen inspirierte Feininger zu immer neuen, luminosen, ausdrucksstarken Abstraktionen zum Thema Stadtansicht. 1919 wurde er als Druckformenmeister und Leiter der Druckwerkstatt an das neu gegründete Weimarer Bauhaus berufen. In der Gutenbergstraße 16 findet man heute Feiningers Wohnhaus. Auch nach dem Umzug des Bauhauses nach Dessau 1925 blieb er diesem treu. 1937 verließ Feininger für immer Deutschland und kehrte in seine Geburtsstadt am Hudson River zurück.

Friedrich Fröbel (1772–1852)

Der in Oberweißbach geborene Thüringer Pädagoge gilt als Erfinder des Kindergartens. Sein Geburtshaus, ein über 400 Jahre altes, eindrucksvolles Fachwerkhaus, diente bis 1982 als Kindergarten der Gemeinde, wurde dann jedoch zum «Memorialmuseum Friedrich Fröbel Oberweißbach» umfunktioniert.

1826 veröffentlichte Fröbel sein Hauptwerk: «Die Menschenerziehung», in dem er seine pädagogischen Ideen der kindlichen Entwicklung darstellt. Im «Haus über dem Keller» unweit des Marktplatzes in Bad Blankenburg gründete er den ersten Kindergarten und entwickelte phantasieanregende einfache Spielzeuge für Kinder, durch die gleichzeitig Konzentration und Geschicklichkeit geschult wurden. Das Haus ist heute ein «Friedrich-Fröbel-Museum», in dem Kindergruppen die Möglichkeit haben, unter pädagogischer Anleitung die Fröbelschen Spielzeuge und Techniken (Falten, Flechten, Schneiden, Formen und Prickeln) auszuprobieren.

Johann Wolfgang Goethe (1749–1832)

Der junge Goethe, der bereits im zarten Alter von 12 Jahren nicht nur im Reiten und Fechten, sondern auch in Hebräisch, Griechisch, Latein, Französisch und Jiddisch bewandert war und über eine erstaunliche Allgemeinbildung verfügte, wurde 1775 als Sechsundzwanzigjähriger von Carl August, dem späteren Großherzog von Sachsen-Weimar-Eisenach, als Berater an den weimarischen Hof berufen. Carl August hatte bereits mit achtzehn Jahren die herzogliche Regentschaft von seiner Mutter, Anna Amalia, übernommen. Sein Vater war gestorben, als Carl August ein Jahr alt war, danach hatte Anna Amalia die Amtsgeschäfte geführt. Der nur acht Jahre ältere Goethe erwarb nach einem Jahr in Weimar einen Garten mit Haus an der Ilm, und der Herzog bezahlte – keine schlechte Investition, denn die Dienste Goethes sollten sich in den

Dem Begründer des deutschen Kindergartenwesens: Gedenkstein für Friedrich Fröbel in Bad Blankenburg

nächsten fünfzig Jahren für das Herzogtum als unbezahlbarer Schatz erweisen. Schon bald wurde Goethe Mitglied in der obersten Regierungsbehörde, dem «Geheimen Consilium», sehr zum Leidwesen der lokalen Regierungsbeamten. Er kümmerte sich um vieles: Management des Bergbaus in Ilmenau, Leitung der Wegebau- und Kriegskommission und schließlich sogar die Leitung der obersten herzoglichen Finanzbehörde. Er kürzte den Militärhaushalt radikal und verhinderte dadurch den drohenden Bankrott des Herzogtums. Mit 33 wurde er in den Adelsstand erhoben, was ihn jedoch wenig kümmerte. Auf keiner seiner Veröffentlichungen machte er von seinem

Mitten im Botanischen Garten: Goethes Gartenhaus in Jena

«von» Gebrauch. Zwischen dem literarisch, musikalisch und wissenschaftlich interessierten Großherzog und dem im Herzen bürgerlich gebliebenen Universalgenie entspann sich im Laufe der Jahre eine intensive Beziehung, und Goethe wurde zum Dauergast an der herzoglichen Tafel. Die Überlastung durch seine steile Karriere, vielseitige Verpflichtungen und offenbar auch eine gewisse Übersättigung mit den höfischen, überzogenen Lebensformen der Weimarer Gesellschaft führte Goethe jedoch in eine tiefe Lebenskrise, und er entzog sich, indem er zwei Jahre lang durch Italien reiste. Nach seiner Rückkehr im Sommer 1788 verliebte er sich in Christiane Vulpius und lebte mit ihr zusammen in seinem Haus, jedoch ohne sie zu ehelichen. 1789 gebar sie ihm einen Sohn, August. Goethe legte seine Staatsämter nieder und kümmerte sich fortan nur noch um kulturelle und wissenschaftliche Belange, um seine schriftstellerische Tätigkeit sowie um seine Sammlung von Artefakten und naturkundlichen Objekten. Er gründete neue Fakultäten an

der Universität in Jena, eine «Freie Zeichenschule» in Weimar, betrieb den Ausbau der herzoglichen Bibliothek und leitete das Hoftheater. Erst 1806 heiratete er Christiane. In den folgenden Jahren bildete sich in Weimar, mit Goethe und Schiller im Mittelpunkt, ein literarisch und kulturell interessiertes Bürgertum, das die Stadt weit über die Landesgrenzen hinaus bekannt machte. Mit zunehmendem Alter entwickelte sich Goethes Haus zu einer Pilgerstätte deutscher und ausländischer Besucher, die den mittlerweile berühmten Autor eines umfangreichen dichterischen Werks und zahlreicher wissenschaftlicher und naturkundlicher Schriften persönlich treffen wollten. Als Goethe Anfang 1832 starb, ging in Weimar eine Epoche zu Ende.

Gustav Adolf von Gotter (1692–1762)

Schloß Molsdorf, ein kleines mittelalterliches Wasserschloß, war die Residenz des vergnügtesten und dem Wohlleben zugeneigtesten aller Mini-Potentaten Thüringens. Zwischen 1733 und 1748 ließ Gotter das Wasserschloß zu einem kleinen Barockpalais umbauen und machte Molsdorf mit glanzvollen Festen für das adelige Thüringen zum lustvollen Zentrum der vornehmen Gesellschaft, zum «Versailles von Thüringen». Gotter war ein Bürgersohn aus Altenburg, der es sich leisten konnte, nach Holland, England und Frankreich auf Bildungsreisen zu gehen. Seine Karriere machte er am preußischen Hofe Friedrichs II. Er avancierte schließlich zum Oberhofmarschall, wurde von Kaiserin Maria Theresia in den Adelsstand erhoben und heiratete eine wohlhabende Frau. Mit deren Vermögen erwarb er Schloß Molsdorf und ließ es von Coudray, dem Weimarer Hofarchitekten, trockenlegen und in barockem Prunk umgestalten. In dem herrlichen kleinen Bankettsaal des kleinsten aller Lustschlösser kann man noch heute das Motto des «Ordens der Guten Laune» *(l'ordre des Hermites de la bonne humeur)* lesen, den Gotter zusammen mit dem Gothaer Herzog Friedrich III. und dessen Frau, der gescheiten Louise Dorothee, 1739 ins Leben rief: *vive la joie* – es lebe die Freude. Von seinem Schlafzimmer, dem «erotischen Kabinett», führt eine Wendeltreppe direkt in den Weinkeller, und die Wände sind geziert von Porträts der Damen, die von Gotter beglückt wurden. Gotter führte das Wohlleben mit solcher Konsequenz und Exklusivität durch, daß er am Ende seines Lebens nicht nur sein eigenes Vermögen, sondern auch das seiner Frau und das gesamte Schloß verjubelt hatte. Daß der Lustgraf bei alledem auch noch ein großes Herz hatte, zeigt das Porträt einer alten Bettlerin im Kabinett, von der gesagt wird, daß sie von Gotter aufgenommen und zu Hofe mit großem Respekt behandelt worden sein soll.

Christoph Friedrich GutsMuths (1759–1839)

Der aufklärerische Reformpädagoge gehört zu einer pädagogischen Tradition, die sich «Philanthropinismus» nennt, und gilt als Begründer des Turnunterrichts an deutschen allgemeinbildenden Schulen. Die Foltergeräte, die in sämtlichen Turnhallen zu finden sind, gehen auf seine Theorien der «neuzeitlichen Körpererziehung» zurück. Im Zeitalter von Yoga, Aerobics, Entspannungsübungen und Streßmanagement mögen die Turnübungen GutsMuths' zwar anachronistisch anmuten, werden aber immer noch an den meisten deutschen Schulen gepflegt. In der «Gedenkstätte für Christian Gotthilf Salzmann und Johann Christoph Friedrich GutsMuths» in Schnepfenthal kann man den ersten deutschen Turnplatz mit seinem gesamten Instrumentarium bewundern und sogar selbst ausprobieren.

Ernst Haeckel (1834–1919)

Der Biologe und berühmte Vertreter der Evolutionstheorie Darwins wuchs in Jena auf, ging zur dortigen Universität, erwarb den Doktortitel der Medizin und machte sich einen Namen durch die Erforschung und Darstellung der Kleinlebewesen im Meer. Weniger bekannt ist, daß Haeckel auch ein begabter Maler und Zeichner war. Die Ausführung der Zeichnungen für seine naturwissenschaftlichen Studien ist so künstlerisch und seine Formensprache so elegant, daß er mit seinen Zeichnungen der «Kunstformen der Natur» einen entscheidenden Einfluß auf die Ornamentik des Jugendstils ausübte. Das Ernst-Haeckel-Museum in Jena, das auf Haeckels eigenen Wunsch in dessen Wohnhaus eingerichtet wurde, gibt einen umfassenden Einblick sowohl in das naturwissenschaftliche als auch in das künstlerische Wirken Haeckels. Sein Arbeitszimmer und sein Schreibtisch werden ständig für ihn bereitgehalten, falls er irgendwann aus dem Olymp der deutschen Naturforscher wieder herabsteigen sollte.

Johann Gottfried Herder (1744–1803)

Der Philosoph und Theologe begegnete 1770 in Straßburg zum erstenmal Goethe. Diese Begegnung wird eine «Sternstunde» der deutschen Literatur genannt, weil Herder im Gegensatz zu Goethe eine demokratisch-religiös geprägte Auffassung zu Kunst und Literatur hatte. Die literarische Revolution des Sturm und Drang, die aus dieser Diskussion hervorging, gilt als die Grundlage für die Entwicklung der

Weimarer Klassik. Goethe holte Herder nach Weimar und verschaffte ihm gegen den Widerstand der lokalen Theologenschaft den Posten des Generalsuperintendenten von Sachsen-Weimar. Herder predigte 26 Jahre lang an der Stadtkirche St. Peter und Paul und wohnte mit seiner Frau und ihren sechs Kindern in dem Pfarrhaus hinter der Kirche, dem heutigen Herderhaus. Sehr einflußreich war Herder im Schulwesen. Er schrieb Lehrbücher für ABC-Schützen, organisierte die Lehrerausbildung und verfaßte neue Kirchengesangbücher. Obwohl die Herders mit den Goethes über viele Jahre freundschaftlich verbunden waren und Herder sich während Goethes zweiter Italienreise um die daheimgebliebene Christiane Vulpius und ihren Sohn kümmerte, entfernte sich Herder immer mehr von Goethe wegen dessen Kompromißbereitschaft dem Hofe gegenüber.

Caroline Jagemann (1777–1848)

Die üppige Blondine mit der großen Stimme war Primadonna am Weimarer Theater und Mätresse des Herzogs Carl August. In die Geschichte ist sie vor allem wegen ihrer Intrigen gegen den Hofkapellmeister Johann Friedrich Kranz und den Leiter des Hoftheaters Goethe eingegangen, die sie beide mit Hilfe ihres Verbündeten Stromeyer von ihren Posten drängte, um selbst das Regime im Weimarer Kulturleben zu führen. Die Weimarer nannten das intrigante Gespann «Jagemeier und Strohmann».

Jean Paul Friedrich Richter (1763–1825)

Herzog Georg I. von Sachsen-Meiningen startete um 1800 einen Versuch, dem benachbarten Herzogtum Sachsen-Weimar in kultureller Hinsicht Konkurrenz zu machen und berühmte Dichter und Denker nach Meiningen zu locken. Außer Jean Paul folgte jedoch kein namhafter Schriftsteller dem Ruf des Herzogs, und die kleine Residenzstadt stand weiterhin im Schatten Weimars. Immerhin schrieb Jean Paul während seines Aufenthaltes von 1801 bis 1803 in Meinigen den dritten und vierten Teil seines monumentalen Erziehungsromans «Titan». Andere Dichter und Literaten wie Johann Ernst Wagner, Friedrich Mosengeil oder Rudolf Baumbach sind, obwohl sie sich zu Lebzeiten großer Beliebtheit erfreuten, heute weitgehend in Vergessenheit geraten.

Charlotte von Kalb (1761–1843)

Die junge adlige Dame aus Waltershausen wurde von den literarischen Halbgöttern Schiller und Goethe ebenso im Stich gelassen wie von ihrem Geliebten Jean Paul und allen anderen Weimarer Zelebritäten. Seit sie mit fünfundzwanzig Jahren zum erstenmal in Weimar war, erschien ihr das Landleben in Nordthüringen wie eine «schreckliche Verbannung», und sie genoß den Umgang mit der aristokratisch kultivierten Gesellschaft. Wieland, Knebel, Fichte und Herder waren ihr allesamt freundschaftlich zugetan, und sie verließ wegen dieser Gesellschaft ihren Mann, den sie eigentlich gar nicht hatte heiraten wollen. Sie holte Hölderlin als Erzieher für ihre Töchter nach Weimar, und sie war es auch, die Jean Paul in die Weimarer Gesellschaft einführte. Erst war Schiller ihr Geliebter, der sie über Jahre hinweg hinhielt, obwohl er bereits mit Charlotte von Lengefeld eine Verbindung eingegangen war. Dasselbe Schicksal ereilte sie später mit Jean Paul, der sie, nachdem sie sich längst von ihrem Mann getrennt hatte, in dem Glauben ließ, sie zu heiraten. Ihr Ex-Mann, Heinrich von Kalb, schaffte es, das gesamte Vermögen der Familie zu ruinieren, so daß Charlotte schließlich völlig mittellos dastand. Verzweifelt versuchte sie Goethe den Weinkeller ihrer Familie zu verkaufen, Jean Paul dazu zu bewegen, eine Sammlung für sie zu starten – alles vergebens. Schließlich zog sie – mittlerweile erblindet – nach Berlin, eröffnete einen kleinen Laden und starb verarmt.

Harry Graf Kessler (1868–1937)

Eine Wiederbelebung von Weimar als internationalem Kulturzentrum mag sich Herzog Wilhelm Ernst 1903 versprochen haben, als er Harry Graf Kessler, den weltgewandten Kunsthistoriker, Diplomaten und Schriftsteller als Direktor des Museums für Kunst und Kunstgewerbe und der Malschulen berief. Er hatte jedoch die Rechnung ohne den Wirt gemacht, denn Graf Kessler entsprach keineswegs dem bürgerlichen Zeitgeschmack und dem kleinkarierten deutschnationalen Horizont der Weimarer Honoratioren. Er ließ sich von Henry van de Velde im Jugendstil die Innenausstattung seiner Wohnung gestalten, lud Rainer Maria Rilke, Hugo von Hofmannsthal, Gerhart Hauptmann und André Gide zu Dichterlesungen ein und begann für ein geplantes neues «Museum der Moderne» umfangreiche Neuerwerbungen: Cézanne, Monet, Rodin und die Neo-Impressionisten, allesamt die enfants térribles der Gegenwartskunst. Eine Bagatelle wurde ihm schließlich zum Verhängnis: Eine von Kessler ausgestellte Aktzeichnung Rodins, die dem Großherzog angeblich ohne dessen Wissen gewidmet worden war, wurde von den weimarischen Lokalkulturträgern als «Tiefstand der Sittlichkeit» empfunden, und der Graf mußte den Hut nehmen. Er blieb jedoch Weimar bis in die dreißiger Jahre treu, verlegte in seiner Cranach-Presse bibliophile Malerbücher und bewegte sich auf dem internationalen diplomatischen Parkett. Harry Graf Kessler nahm an der Vorbereitung zum Völkerbund und an den Friedenskonferenzen 1919/28 teil. 1933 floh er vor den Nazis über Paris nach Mallorca, sein Besitz wurde 1935 versteigert.

Carl Ludwig von Knebel (1744–1834)

Dem Prinzenerzieher, Schriftsteller und Offizier aus preußischen Diensten gebührt das Verdienst, durch seine Vermittlungstätigkeit Goethe nach Weimar gebracht und damit die Entstehung einer klassischen Periode der deutschen Literatur in Gang gesetzt zu haben. Dabei war von Knebel selbst eher ein schwarzes Schaf inmitten der höfischen und geregelten Existenzen. Mehrfach schlug er Angebote, in den festen Dienst des Herzogs zu treten, aus und zog einer höfisch-literarischen Karriere die kritische Außenseiterposition vor. So machte er sich bei Carl August unbeliebt, als er ihn wegen dessen autokratischen Übergriffen nicht nur tadelte, sondern sogar eine der jungen Frauen, mit der der Herzog ein kurzes, aber nicht folgenloses Techtelmechtel hatte, zu heiraten und dessen unehelichen Sohn zu adoptieren. Trotz seiner kritischen Haltung war von Knebel in Anna Amalias Tafelrunden gern gesehen, schrieb Beiträge für das «Tiefurter Journal» und betätigte sich als genialer Übersetzer von Byron und Lukrez.

Quirinus Kuhlmann (1651–1689)

Eine der skurrilsten Erscheinungen unter den Dichtern und Denkern in Thüringen war der aus Breslau stammende Quirinus Kuhlmann, der ab 1670 an der Salana, der Universität zu Jena, studierte. «Hier ist der Weisheit Schloß, der Wissenschaft Sorbonne, des Rechen Paradies, der Klugheit Hoffestadt» dichtete er über Jena, und seine «Himmlischen Liebes-Küsse» machten ihn bis an den Rudolstädter Hof berühmt. Inspiriert von den mystischen Schriften des Jakob Böhme stritt Kuhlmann für die Errichtung einer christlich-jüdischen Gesellschaftsordnung, einem «Kuhlmanntum», wie er es selbst nannte. Er zog nach Konstantinopel, um den Sultan, nach Petersburg und Moskau, um den Zar zu bekehren. Dort stieß er jedoch auf taube Ohren und wurde 1689 auf dem Scheiterhaufen verbrannt.

Franz Liszt (1811–1886)

Der Großmeister der akrobatischen Klaviermusik hatte einen großen Verehrer in Weimar: den Großherzog Carl Alexander. Dem gelang es, Liszt nach seiner Tätigkeit als freischaffender Komponist und Kirchenmusiker in Rom nach Weimar zu locken, wo der Großherzog 1869 dem Komponisten in der ersten Etage des Hauses Marienstraße 17 eine Wohnung einrichtete. Dort blieb Liszt bis zu seinem Tode. Das Haus heißt heute «Liszthaus».

Martin Luther (1483–1546)

Der in Eisleben geborene Reformator und Augustinermönch war zwar überall in Deutschland unterwegs, aber weilte häufig in der Mitte Deutschlands. Er begann sein Jurastudium an der Erfurter Universität, die erste überhaupt, die neben dem Kirchenrecht auch das Zivil- und Handelsrecht lehrte. Schon in früher Jugendzeit jedoch kam für ihn die große Wende. Als er unter einer großen Eiche in Stotternheim, einem kleinen Dorf außerhalb von Erfurt, Schutz vor einem Gewitter suchte, entging er nur knapp dem Tode, als der Blitz ausgerechnet in diesen Baum einschlug. Die Legende sagt, daß er daraufhin das Gelübde ablegte, den Rest seines Lebens dem Dienst an Gott zu widmen. Er trat in das Augustinerkloster ein und studierte Theologie. Rasch machte er Karriere und wurde Distriktsvikar der Augustinerkonvente in Thüringen. 1518, als er sich wegen seines abweichlerischen Verhaltens vor dem päpstlichen Legaten rechtfertigen mußte, machte er zum erstenmal Station in Weimar und predigte über das «sündhafte Laster der Scheinheiligkeit und Selbstgefälligkeit». Drei Jahre später glich seine Reise zum Reichstag in Worms einem Triumphzug. Alle wollten den Mann sehen, der «wider Papst und christliche Welt, die diesen für einen Gott hielt», zu Felde zog. In Erfurt zogen die Professoren und Studenten der Universität eine Strecke des Weges mit ihm, um ihre Sympathie zum Ausdruck zu bringen. Mit Thomas Müntzer jedoch, dem revolutionären Bauernführer und anderen großen thüringischen Reformator, verband ihn nicht viel. Im Gegenteil, er hielt ihn für einen «Schwarmgeist», und es geht wahrscheinlich auf sein Konto, daß Müntzer 1524 im Weimarer Schloß von einer Kommission verhört wurde.

Maria Paulowna (1786–1859)

Die Zarentochter heiratete den Sohn Carl Augusts, Carl Friedrich, und brachte ein riesiges Vermögen ins kleine Herzogtum ein. Sie war es wohl, die Heinrich Heine zu dem Verdikt des «Musenwitwensitzes» über Weimar inspirierte, denn Maria Paulowna gebührt das Verdienst, die Tafelrunde Anna Amalias und Carl Augusts zu Begründern eines «Goldenen Zeitalters» und den Weimarischen Hof zum «Musenhof» glorifiziert zu haben. Sie setzte ihr Vermögen daran, dem Kleinstaat auch nach dem Tode Goethes eine zentrale kulturelle Bedeutung in Deutschland zu verleihen, besonders im Musikleben. Die Gehälter berühmter Virtuosen und Komponisten wurden aus ihrer Schatulle bestritten: Johann Nepomuk Hummel, ein Schüler Mozarts, Franz Liszt und schließlich auch den steckbrieflich gesuchten Revolutionär Richard Wagner. In standesgemäßem Prunk wurde sie nach ihrem Tode in der für sie erbauten russischen Grabkapelle direkt neben der Fürstengruft beigesetzt.

Meister Eckhart (1260–1328)

Um 1260 als Sohn eines Ritters in Hochheim bei Gotha geboren, trat Eckhart schon mit vierzehn Jahren in das Erfurter Dominikanerkloster ein. Sehr schnell erkannten seine Ordensoberen die außerordentliche Begabung Eckharts, und schon nach wenigen Jahren war er der «vicarius von türingen», wurde zum studium generale nach Paris an die Universität nach Paris geschickt und dort zum Magister, zum «Meister» Eckhart promoviert. Wieder zurück in Erfurt vertraute man ihm gleich die gesamte Provinz «saxonia» an, die den nördlichen Teil des deutschen Sprachgebietes von Holland bis zur Mark Brandenburg umfaßte. Als besondere Auszeichnung kann es gelten, daß er im Alter von fünfzig Jahren noch einmal an die Universität nach Paris gehen durfte, um weiter die Lehre zu pflegen. Dort hatte der streitbare fromme Meister eine herausfordernde Auseinandersetzung mit dem Ordensgeneral der Franziskaner. Eckhart vertrat, daß es etwas in der Seele gebe, das an sich «unerschaffen und unerschaffbar von göttlichem Adel» sei, daß es nicht so sehr aufs Tun wie aufs Sein ankäme und daß man sich nicht mit einem gedachten Gott zufriedengeben solle, sondern einen «wesenhaften» Gott haben solle. Nach seiner Rückkehr nach Deutschland trat er das höchste Amt der Dominikaner am Lehrstuhl des Studium generale in Köln an, als Nachfolger Albertus Magnus', des Lehrers von Thomas von Aquin. Dort geriet er jedoch mit dem katholischen Sektenbeauftragten, dem Kölner Erzbischof, aneinander, und das Schicksal aller Aufmüpfigen in der Kirche nahm seinen Lauf: Eckhart wurde vor die

Inquisition zitiert, mußte nach Avignon, um sich beim Papst zu rechtfertigen. Er, der «mehr wissen wollte, als nötig war», wurde als Ketzer verurteilt, seine Lehre wurde «verdammt und verworfen». Von da ab verliert sich seine Spur. Man nimmt an, daß er auf dem Rückweg von Avignon umgekommen ist.

Thomas Müntzer (1489–1525)

Den Freigeist und Unruhestifter hielt es schon von Jugend an nirgends sehr lange. In Stolberg am Harz geboren, studierte er in Leipzig und in Frankfurt an der Oder. Bereits als Theologiestudent beteiligte er sich an einer Revolte gegen den Erzbischof von Magdeburg, der diese jedoch als einen jugendlichen Streich abtat und Milde walten ließ. Als Aushilfsprediger zog er in Deutschlands Osten umher: Braunschweig, Aschersleben, Jüterbog, Wittenberg – wo er Martin Luther erstmals traf –, durch Sachsen und Thüringen, Anhalt und Brandenburg. Meistens kam es, bevor er wieder ging, zum Eklat, indem er von der Kanzel gegen die Tyrannei der Bischöfe wetterte. Jeder Mensch habe ein Recht, so forderte er, Gottes Offenbarungen persönlich zu empfangen, ohne Kirche, ohne Regel. Außerdem gehöre die Staatsgewalt in die Hände des einfachen Volkes, und er, Thomas Müntzer, sei gesandt, das Gottesreich auf Erden – notfalls mit Gewalt – zu errichten. Seine flammenden Reden entzündeten Volkes Zorn gegen jeden, der sich dem neuen Gottesreich entgegenstellte. Volksfromme Pastoren wurden nach seinen flammenden Predigten halb zu Tode geprügelt und angeblich wundertätige Marienbildnisse zerschlagen. Müntzer konnte alles theologisch begründen. «Zerbrecht ihre Altäre! Zerschmeißt ihre Götzenbilder und verbrennt sie!» zitierte er frech das 5. Buch Mose. Auf der Flucht vor dem erzürnten Kurfürsten von Sachsen kam Müntzer in die mächtige reichsfreie Stadt Mühlhausen. Dort tat er sich mit dem radikalen Mönch Pfeiffer zusammen, organisierte einen Volksaufstand und schlug die beiden Bürgermeister mitsamt einigen Ratsherren in die Flucht. Das war jedoch der Mühlhausener Bürgerschaft zuviel, und sie verwiesen die beiden Revolutionäre aus der Stadt. Müntzer zog nach Süddeutschland, ließ in Nürnberg eine Schmähschrift gegen Luther drucken: «Wider das geistlose sanftlebend Fleisch zu Wittenberg». Er zog über die Dörfer vom Allgäu bis in den Schwarzwald und stiftete die Bauern an, mit ihm und Gott das «Tausendjährige Gottesreich auf Erden» anbrechen zu lassen. Im Februar 1525 zog er zurück nach Mühlhausen, stürzte mit seinem Mitstreiter Pfeiffer den alten Rat und setzte seine neue Verfassung ein, die «Elf Mühlhausener Artikel». Die beiden ließen sich eine dreißig Ellen lange Seidenfahne in den Farben des Regenbogens nähen, verwandelten die Klöster der Stadt in Obdachlosenasyle und beschlagnahmten Vieh und Getreide, um es den Armen zu geben. Mit den Kirchenschätzen kauften sie massenweise Schießpulver und bewaffneten die Bauern. Wer keine Flinte hatte, griff sich eine Axt, einen Sauspieß oder eine Armbrust. Eisenhüttenarbeiter aus Schmalkalden, Bauern aus Arnstadt und Stadtilm, Eisenach und Gotha, alle, die es leid waren, die Pfaffen und Klosterbrüder durchzufüttern und sich von ih-

Durch den Vordereingang des Schillerhauses in Weimar gehen nur noch gekrönte Häupter und besondere Ehrengäste

rer Herrschaft ausbeuten zu lassen, machten mit.

Im Frühjahr 1525 zog Müntzer mit neuntausend Mann unter der Regenbogenfahne durchs Eichsfeld, plünderte die Klöster, stürmte die Adelsresidenzen und verteilte die Beute an seine Leute. Im Mai zog er mit seiner Bauernarmee gen Frankenhausen. Mittlerweile waren die Herzöge von Sachsen und Braunschweig und der Landgraf von Hessen alarmiert. Sie stellten ein gut bewaffnetes Heer auf, heuerten die Schweizer Garde an, schlossen den Bauernhaufen bei Bad Frankenhausen ein und forderten sie auf, aufzugeben und die Anführer auszuliefern. Aber Müntzer gab nicht auf. «Packt die Feinde an!» rief er ihnen zu und schickte sie in ihr letztes Gefecht. Zweitausend schwer bewaffnete und gerüstete Reiter metzelten die unorganisierten Bauern dahin. Fünftausend Tote kostete die ungleiche Schlacht, aber Thomas Müntzer war dem Gemetzel entkommen. Man fand ihn auf einem Dachboden versteckt, schleppte ihn in die Wasserburg Heldrungen, folterte ihn, brachte ihn so weit, daß er seiner Lehre abschwor und in den Schoß der Kirche zurückkehrte, enthauptete ihn trotzdem und stellte seinen Kopf an einem Spieß zur Schau.

Tilman Riemenschneider (1460–1531)

Der bedeutende fränkische Holzschnitzer ist aller Wahrscheinlichkeit nach in Heiligenstadt geboren worden und hat die ersten Jahre seines Lebens hier verbracht. Die Meinungen in der Forschung gehen da zwar auseinander, aber ein Haus in der Jüdengasse ist als «Riemenschneiders Geburtshaus» gekennzeichnet. Seit 1992 ist Heiligenstadt dank einer Spende des Mainfränkischen Museums in Würzburg im Besitz einer Sammlung von Kopien nach Riemenschneider, der die bedeutendsten Werke des größten deutschen Schnitzers auch den Besuchern seiner Geburtsstadt zugänglich macht. Sie können zu bestimmten Zeiten im Eichsfelder Heimatmuseum besichtigt werden.

Friedrich Schiller (1759–1805)

Als Schiller 1782 nach Weimar ins Hotel Erbprinz zog, tat er dies in der Hoffnung, Anschluß an das Zentrum der deutschen Literatur, das Weimar war, zu finden. Charlotte von Kalb, eine Freundin Schillers, führte ihn in die literarische Gesellschaft ein, und Schiller nahm schon bald an dem Tiefurter Kreis der Herzogin Anna Amalia teil. Den Sommer 1788 verbrachte er in Volkstedt bei Rudolstadt und lernte dort seine Frau, Charlotte von Lengefeld, kennen. Dem Einfluß Goethes hatte der Historiker Schiller es zu verdanken, daß er 1794 eine Professur der Universität Jena erhielt. Die Zusammenarbeit mit Goethe, dem Leiter des Weimarer Hoftheaters, an der Aufführung verschiedener Dramen Schillers führte schließlich dazu, daß er mit seiner Familie nach Weimar zurückkehrte. Das heutige Schillerhaus bezog er 1802. Von zunehmender Krankheit geplagt, war diese Zeit dennoch die produktivste in Schillers Leben. Er vollendete jedes Jahr eines seiner großen Dramen, die auch fast alle am Hoftheater ihre Premiere erlebten. Andere Angebote, die Schiller etwa während eines Berlinaufenthaltes 1804 gemacht wurden, wurden von Carl August jeweils mit einer kräftigen Gehaltserhöhung ausgestochen, so daß Schiller schließlich sagte: «Denn ich habe nun alle Gedanken an das Wegziehen von Weimar aufgegeben und denke hier zu leben und zu sterben.»

Johanna Schopenhauer (1766–1838)

Die Mutter des bekannten Philosophen zog in den Wirren des deutsch-französischen Krieges in den Olymp der deutschen Klassik, wo sie auf Grund ihrer ausgezeichneten Französischkenntnisse eine diplomatische Vermittlerrolle zwischen Weimarer Bürgern und der französischen Besatzung spielte. Sie galt als ebenso weitgereiste wie humorvolle und gebildete Frau, im klassischen Weimar für ihre Soireen berühmt, die regelmäßig sonntags und donnerstags stattfanden. Goethe, Falk, Bertuch und Wieland zählten zu ihrem literarisch-künstlerischen Teekränzchen, an dem sich auch immer Gäste beteiligten, die gerade in der Stadt weilten. Zahlreiche Romane und Beschreibungen ihrer langen Reisen in ganz Europa machten sie zu einer der meistgelesenen Autorinnen ihrer Zeit.

Heinrich Schütz (1585–1672)

Die Familie des großen deutschen Renaissancekomponisten Heinrich Schütz bewirtschaftete jahrzehntelang den «Oberen Gasthof» in Bad Köstritz. In diesem Haus, das später in «Schenke zum Güldenen Kranich» umbenannt wurde, verbrachte Schütz die ersten fünf Jahre seines Lebens. Auch später, in seiner Zeit als Hofkapellmeister in Dresden, fühlte er sich eng mit der Stätte seiner Kindheit verbunden und wurde vom Landesherrn, Heinrich Posthumus Reuß zu Gera, häufig in musikalischen Fragen zu Rate gezogen. Unter anderem ließ dieser sich von Schütz schon zu Lebzeiten die Begräbnismusik komponieren und suchte selbst die passenden Bibelsprüche dazu aus.

Theodor Storm (1817–1888)

Der Richter und Schriftsteller verbrachte acht Jahre seines Lebens in Heiligenstadt im Eichsfeld. Neben Storms Wirken als Kreisrichter und Leiter des Gesangvereins entstanden in Heiligenstadt seine wichtigsten literarischen Werke: «Der Schimmelreiter», «Aquis Submersus», «Pole Poppenspäler». Das «Literaturmuseum Theodor Storm», seit 1988 in einem Fachwerkhaus aus dem fünfzehnten Jahrhundert untergebracht, erinnert an den neben Tilman Riemenschneider bedeutendsten Einwohner der Stadt am Fuße des Dün.

Henry van de Velde (1863–1957)

Der Baumeister, Maler und Designer wurde von Harry Graf Kessler 1902 nach Weimar geholt. Er begründete das «Kunstgewerbliche Seminar» und versuchte, das traditionelle Thüringer Kunstgewerbe, das arg unter der Industrialisierung gelitten hatte, durch neue Formen und Produktideen wiederzubeleben. Die Töpfer in Bürgel und Glasmacher in Lauscha begannen, nach seinen Entwürfen zu arbeiten. Van de Velde lehrte an der Kunstgewerbeschule, entwarf in Weimar neben seinem eigenen Wohnhaus «Hohe Pappeln», Belvederer Allee 58, auch noch die Kunstgewerbeschule und die Kunstschule. Darüber hinaus entwarf er zahlreiche Bauten im übrigen Deutschland, in Holland und in Belgien, sowie Inneneinrichtungen von hohem ästhetischem Reiz. Seine innovativen Ideen, die Funktionalität und fließende, weiche Formen verschmolzen, wurden vorbildlich für den abstrakten Jugendstil. Das ausländerfeindliche Klima vor dem Ersten Weltkrieg führte jedoch dazu, daß man ihn aus Weimar und aus Deutschland hinausekelte. Er ging in den zwanziger Jahren nach Brüssel und anschließend in die Schweiz. Die von ihm gegründete Kunstgewerbeschule entwickelte sich unter seinem Nachfolger Walter Gropius zum Bauhaus, das sich jedoch im konservativen Weimar auch nicht lange hielt und nach Dessau umzog.

Richard Wagner (1813–1883)

Wenn es nach Maria Paulowna und ihrem Mann, Großherzog Carl Alexander, gegangen wäre, dann wäre heute nicht Bayreuth, sondern Weimar die Kultstätte der Wagnerfestspiele. Der unbekannte Komponist und gesuchte Revolutionär Richard Wagner, der sich an dem Dresdener Maiaufstand von 1849 beteiligt hatte, wurde vom Weimarer Hofmusikus Franz Liszt auf seiner Flucht aufgenommen. Liszt beschäftigte Wagner, indem er ihm Kompositionsaufträge gab, und dieser konnte in Weimar das Konzept des «Ringes der Nibelungen» entwickeln. Pläne der Großherzogin, Wagner amnestieren zu lassen und nach Weimar zu verpflichten, scheiterten jedoch am Widerstand konservativer Hofkreise, ebenso wie ihr Wunsch, für die Uraufführung des Ringes der Nibelungen ein eigenes Festspielhaus am Stern im Weimarer Park zu errichten. Wagners Nachkommen schließlich sorgten dafür, daß die Nazis den Wagnerkult für ihren eigenen teutonischen Herrenmenschenwahn vereinnahmen konnten.

Christoph Martin Wieland (1734–1813)

Der Philosophieprofessor aus Erfurt wurde 1772 von Anna Amalia an den weimarischen Hof berufen, um ihren ältesten Sohn Carl August zu erziehen. Die belesene Herzogin hatte Wielands Erziehungsroman «Der goldene Spiegel» gelesen und war von seinen Ideen eines aufgeklärten Herrschertums mit humanistischen Idealen begeistert. Dies war der Beginn einer einundvierzig Jahre dauernden fruchtbaren Tätigkeit in Weimar, während der die Hauptwerke des einflußreichen Dichters, Journalisten, Übersetzers und Herausgebers entstanden. Durch Wieland kam Carl Ludwig von Knebel nach Weimar, der den Herzog mit Goethe bekanntmachte. Der wiederum brachte seinen Freund Herder in die Residenzstadt, und Schiller ließ dann auch nicht lange auf sich warten. Der vielseitige Gelehrte erwarb in Oßmannstedt, einige Kilometer nordöstlich von Weimar, ein stattliches Gut, zog «mit Sack und Pack, Weib, Kind und Kindeskindern» aufs Dorf und bezeichnete sich fortan selbst als «poetischen Landjunker». Das Gutshaus ist heute die Schule des Ortes, und im Erdgeschoß befindet sich eine «Wieland-Gedenkstätte». Das ehemalige Gutshaus liegt inmitten eines englischen Parks an der Ilm, in dem der Dichter neben seiner Gattin und Sophie Brentano beerdigt ist. Auf Wielands Landsitz gingen die deutschen Klassiker ein und aus. Zu den Besuchern zählten Goethe, Herder samt Gemahlin, Schiller, die Herzogin Anna Amalia, Jean Paul, Johann Gottfried Seume sowie Heinrich von Kleist. Sein ländliches Glück währt jedoch nicht lange. Sein Sohn stirbt nach einem Unfall, und auch seine Frau, die er seinen «Schutzengel» nannte, verstirbt nach 36 Ehejahren. Schließlich geht ihm auch noch das Geld aus, und er zieht wieder in die Stadt, wo er den Rest seines Lebens verbringt. Arno Schmidt sagte über den Obelisken, der das Grabmal Wielands bildet, er sei «schon eines unserer Nationalheiligtümer, nach dem Jeder einmal im Leben wallfahrten sollte, um sein *‹Om mani padme hum›* zu sagen.»

High-Tech und Heimarbeit

INDUSTRIE UND KUNSTHANDWERK

Der kunstfertige Umgang mit den Elementen hat in Thüringen eine sehr lange Tradition. Im Museum für Ur- und Frühgeschichte in Weimar, aber auch in zahlreichen anderen Sammlungen (Apolda, Schmalkalden, Arnstadt) finden sich ansehnliche Beweise, daß das Thüringer Becken zu den ältesten menschlichen Siedlungsorten Mitteleuropas zählt. Die Bronzezeit gilt in Thüringen als protoindustrielles Zeitalter, und der keltische Schmuck im Steinsbergmuseum in Römhild zeigt, daß das Kunsthandwerk hierzulande auf hoch entwickelte frühgeschichtliche Wurzeln zurückblicken kann. Das handwerklich hergestellte Einzelstück machte zu Anfang des neunzehnten Jahrhunderts allmählich der Serienfabrikation von Eisenwaren, Stoffen und Gegenständen des täglichen Bedarfs Platz. Bereits im achtzehnten Jahrhundert wurden in Gera, Greiz und Apolda mechanische Webstühle eingesetzt, und die Eisengießerei in Schmalkalden nahm als eine der ersten in Deutschland industrielle Formen an. Feinmechanische Spezialindustrien wie die Jagdwaffenfabrik in Suhl und die Herstellung technischer Gläser in Ilmenau und Jena konnten nur entstehen, weil man auf spezialisierte Arbeitskräfte bauen konnte und weil die Menschen in Thüringen seit alters geschickt und erfindungsreich waren. Dieser Erfindungsreichtum ist auch in der jüngsten Vergangenheit wieder zutage getreten. In keinem der neuen Bundesländer hat so schnell das Handwerk wieder Boden unter die Füße bekommen, und nirgendwo gibt es so viele Glasbläserstuben, Kunsthandwerksläden, freischaffende Töpfer, Blaudrucker, Puppenmacher, Spielzeughersteller und Holzschnitzer wie in Thüringen, nicht zu vergessen die dazugehörigen Ausbildungsstätten und Schulen. Die einzige Schule in Deutschland, an der das Kunsthandwerk des Glasblasens als Lehrberuf gelehrt wird, befindet sich in Ilmenau, und eine von zwei Fachschulen für Holzschnitzer in Empfertshausen in der

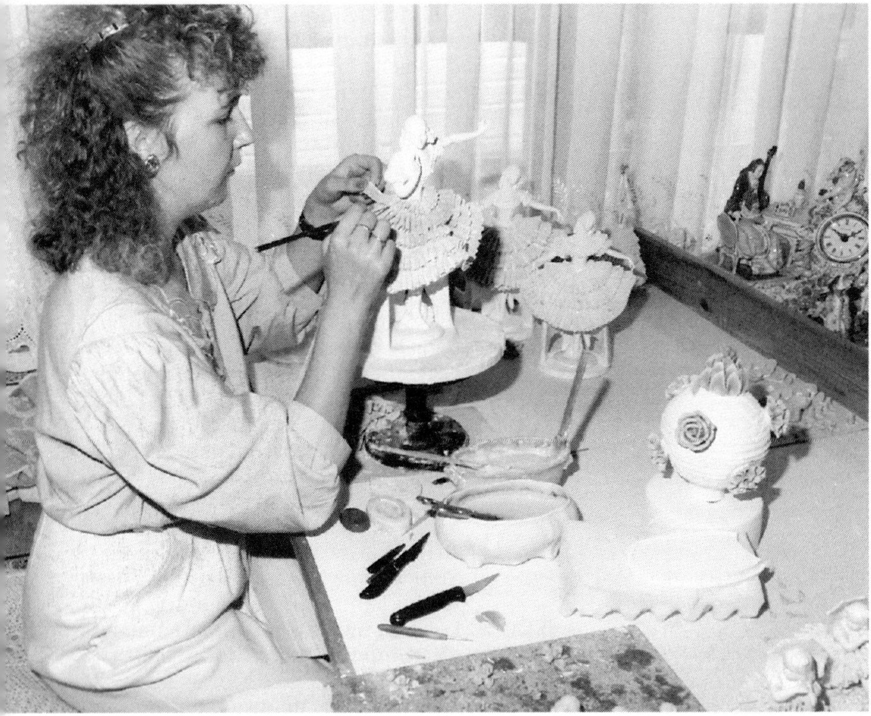

Beim Schaumalen: Porzellanmalerin in Sitzendorf

Thüringischen Rhön. Die Rückbesinnung auf die Qualität und den Wert kunsthandwerklich hergestellter Einzelstücke liegt im Trend, und Thüringen hat viel davon zu bieten.

Glasaugen, Künstlerpuppen und Zierporzellan

Eine Reise durch Thüringen ist immer auch eine Reise in eine Vergangenheit, die auch noch im Alltag lebendig und nicht nur im Museum ist. Christbaumkugeln und Glasaugen aus Lauscha, Gartenzwerge aus Gräfenroda, Puppen aus Sonneberg, Zierporzellan aus Sitzendorf, Rudolstadt und Lichte, Steinzeug aus Bürgel, Silberschmuck aus Erfurt und Schnitzereien aus der Rhön. Zwar sind viele Gewerke im Laufe der Zeiten ausgestorben, wie Gürtler, Korbmacher, Seiler, Weber, Muldenhauer, Böttcher und Stellmacher, Teppichweber und Holzpumpenbauer, aber andere werden neu belebt: Bucheinbandgestalter, Gold- und Silberschmiede, Maskenmacher und Lampenglasbläser beginnen wieder, in ihren Werkstätten zu arbeiten, versuchen sich auf eigene Faust in den veränderten Verhältnissen durchzuschlagen. Einige nutzen den wachsenden Tourismus in der Region, veranstalten Workshops und bieten ihre Produkte auf Märkten zum Verkauf.

Eines der ältesten Häuser in Erfurt, ein Hospiz aus dem 16. Jahrhundert, beherbergt eine reichhaltige volkskundliche Sammlung, die den Besucher in die Geschichte des thüringischen Landlebens entführt. Alte Textilien, Möbel, Spielzeuge, Keramiken, Gläser, Druckmodeln, Schmuck, in verschiedenen lebensecht rekonstruierten Räumen samt ihrer Werkstätten dargestellt, veranschaulichen die Kultur und Lebensweise der Bauern, Handwerker und Heimarbeiter vom Mittelalter bis in die Gegenwart. In der Ausstellung «Heimarbeit und Lohnerwerb in Thüringen» kann man einige der wichtigsten Heimarbeiterberufe in Thüringen, wie sie im neunzehnten und zwanzigsten Jahrhundert ausgeübt wurden, nachvollziehen. Die originalen Werkstätten eines Lauschaer Glasbläsers, eines Griffelmachers und eines Maskenmachers wurden wieder aufgebaut und werden sogar gelegentlich zur Demonstration in Betrieb genommen. Spielzeugschnitzer, Drechsler, Köhler, Pechsieder und Harzer werden ebenfalls vorgestellt. Zahlreiche Handwerksberufe, die heute dabei sind auszusterben, werden in abgetrennten Kojen in ihrem spezifischen Werkstattcharakter präsentiert. Die schlichte Schönheit der kunsthandwerklichen Produkte Thüringens, die nicht nur die industrielle Revolution des neunzehnten Jahrhunderts, sondern auch vierzig Jahre DDR überlebt hat, kann jedoch nicht den Blick verstellen auf die harten und beschwerlichen Lebensbedingungen der Menschen, die sie damals herstellten. Die kleinen

Seit ein paar Jahren hat das Handwerk in Thüringen wieder goldenen Boden

Stühlchen in einigen der kargen Heimwerkstätten zeugen von einer Zeit, in der Kinderarbeit eine Selbstverständlichkeit war.

Thüringer Blau

Eine Pflanze und ihr Produkt, das berühmte «Thüringer Blau», spielten für Thüringen und besonders für Erfurt jahrhundertelang eine lebenswichtige Rolle. Die weiten Täler nördlich des Thüringer Waldes wurden bis ins siebzehnte Jahrhundert überwiegend mit jener gelbblühenden blaufärbenden Pflanze bestellt. Jedes Dorf hatte seine eigene Waidmühle, die mit großen steinernen Mahlsteinen die Waidblätter zu einem Brei mahlte, der zu kindskopfgroßen Kugeln geformt und verkauft wurde. Die Dörfer und Bauern, die vom Waidanbau lebten, hatten lediglich das Recht, diese Waidkugeln zu liefern; die eigentliche Farbenherstellung war städtisches Privileg. Das Thüringer Blau war bis zum Erscheinen des Indigo, das von holländischen Segelschiffen aus dem Fernen Osten herangeschafft wurde und ein noch satteres Blau erzeugte, die wichtigste blaufärbende Pflanze, und der gesamte Reichtum des mittelalterlichen Erfurt basierte im wesentlichen auf diesem Gewächs. Heute ist der Waid so gut wie ausgestorben. Der einzige, der bis in die Gegenwart ein kleines Feld mit der blaufärbenden Pflanze bestellt und den Waid auch weiterverarbeitet, ist der Malermeister Feige in Neudietendorf, der bereits zu DDR-Zeiten ein Patent auf seine Farben angemeldet hat und aus dem Waid eine Bio-Fassadenfarbe herstellt.

Kein Schild an der Tür weist darauf hin, daß sich hinter der hohen Hoftür in dem kleinen vogtländischen Dorf Gommla, einem Ortsteil von Greiz, eine der feinsten Blaudruckerwerkstätten Thüringens befindet. In der ehemaligen guten Stube des Hauses stehen zwei große Tische, auf denen Gerhold Peter auf Baumwoll- und Leinenstoffen aus dem nahen Greiz mit seinen Modeln, die selbst schon kleine Kunstwerke sind, mit einer Masse geheimer Zusammensetzung filigrane Muster auf Stoffe stempelt, die später im blauen Färbebad weiß bleiben. Die Bezeichnung «Blaudruck» ist insofern irreführend, als nicht das Blau auf den Stoff gedruckt, sondern vielmehr in einem negativen Färbeverfahren das Weiß hervorgehoben wird. Eigentlich müßte das Verfahren daher «Blaufärbung» heißen. Im Mittelalter wurden jedoch die Färber, da sie eine höhere Gewinnspanne hatten, höher besteuert als die Drucker. Da es sich beim Herstellen der beliebten blauweiß gemusterten Tücher um einen besonders aufwendigen Prozeß handelte, nannte man es einfach den «Blaudruck», um der höheren Besteuerung zu entgehen. Das Besondere an der Werkstatt Peters ist, daß hier der Blaudruck noch auf die traditionelle Weise, das heißt als Handdruck mit der arbeitsintensiven Indigo-Küpenfärbung, angefertigt wird. In einigen waschbottichartigen, sehr tiefen Küpen in der ehemaligen Waschküche des Hauses werden die Stoffe an runden Gestellen so lange immer wieder in die Indigolauge getaucht, bis sie an der Luft jene typische tiefblaue Farbe annehmen. Gerhold Peter sieht keinen Sinn darin, die alte Färbetechnik mit Waid wiederzubeleben. Sie ist wohl zu Recht ausgestorben, denn der Farbton der Waidpflanze entbehrt der Kraft und Intensität des Indigo und ist überdies nur durch zwanzig und mehr Tauchgänge zu erreichen, während beim Indigo vier bis sechs Gänge ausreichen. Die dunkelblauen Tücher zieren nicht nicht nur in Thüringen so manchen festlich gedeckten Tisch. Sie werden außerdem zu trachtenartigen Röcken und Dekorationsstoffen verarbeitet, die auf Wochenmärkten und in ausgewählten Kunsthandwerksläden, wie etwa dem Dürerhaus in Erfurt, sehr begehrt sind. Die Wende hat dem Absatz von Gerhold Peters Stoffen nicht geschadet, wenngleich es wesentlich schwieriger geworden ist, das Geschäft zu führen. Wo früher eine kleine Kladde zur Buchführung ausreichte, füllen mittlerweile einige dicke Ordner das Regal.

Nicht das Nachahmen traditioneller, volkstümlicher Muster ist die Spezialität Thüringer Blaudrucker, sondern eine kunsthandwerkliche Neubelebung eines alten Gewerkes: zarte übereinandergelagerte Blautöne, Collagen von Mustern, die an die kostbaren Flickendecken der nordamerikanischen Quäker erinnern, Variationen verschiedener, rhythmisch angeordneter Naturmotive. Eine künstlerische Erweiterung der gestalterischen Möglichkeiten des Mediums und eine beinahe penible Präzision in der Ausführung der komplizierten Rapportanordnungen kennzeichnen die Arbeit Peters, die er selbst als «Kunsthandwerk mit Betonung auf Kunst» bezeichnet. In der DDR gab es, so Peter, eine strikte Trennung zwischen Kunsthandwerk und Kunstgewerbe. Letzteres umfaßte auch Gegenstände, die mit industriellen Methoden in großer Menge hergestellt wurden, während als Kunsthandwerk nur bezeichnet werden durfte, was auch tatsächlich ausschließlich in Handarbeit als Unikat hergestellt wurde. Ein Besuch auf einer westdeutschen «Kunsthandwerkermesse» macht schnell den Unterschied deutlich. «Hobbykunst» und «künstlerische Freizeitgestaltung» sind in Thüringen Fremdwörter. Zwar gab es in der DDR zahlreiche regionale Gruppen, die sich unter Anleitung professioneller Kunsthandwerker und Künstler dem Kunsthandwerk widmeten, doch bemühten sich diese stets um ein professionelles Niveau. In den verschiedenen Regionen Thüringens wurden auf diese Weise zahlreiche alte Gewerke gepflegt und lebendig gehalten.

In der ehemaligen Speisekammer bewahrt der Blaudrucker seine Holzmodeln auf, gespickt mit Stempelchen aus Messingdraht verschiedener Stärke und fein ziselierten Graten. Die Formen brauchen diesen unbeheizten Raum, die ehemalige Speisekammer des Hauses, um bei hoher Luftfeuchtigkeit zu altern, ohne sich zu verziehen. Druckstöcke, die jahrelang in der trockenen Luft von Museen verstauben, werden unbrauchbar. Solange es engagierte Kunsthandwerker wie die Blaudrucker gibt, besteht jedoch keine Gefahr, daß das Kunsthandwerk in Museen verstaubt.

Das «Weiße Gold» im Schwarzatal

Wenn man von Bad Blankenburg aus ins idyllische Schwarzatal fährt – oder besser noch: wandert –, kommt man nach einigen Kilometern durch die Schlucht der Schwarza nach Sitzendorf. Auf den ersten Blick hat der Ort nichts Außergewöhnliches an sich. Die Enge des Tales bedingt die Struktur eines langgezogenen Straßendorfes; rechts und links der Straße Fachwerkhäuser, ein von Linden beschatteter Biergarten, ein Platz vor dem Gemeindehaus, einige Geschäfte. Die bedeutendste Industrie am Ort ist die Herstellung von feinem Zierporzellan, ein für die Region typisches Produkt. In dem alten Stammhaus der örtlichen Porzellanmanufaktur, einem schieferbehangenen neubarocken Gebäude, das sich von den dörflichen Fachwerkbauten in der Nachbarschaft abhebt, befindet sich seit einigen Jahren ein Prozellanladen, in dem das gesamte Sortiment der Manufaktur angeboten wird. Die Busse auf dem Parkplatz gegenüber, der umringte Bratwurststand geben dem Porzellanmarkt einen Anstrich von Volksfest. Das war jedoch nicht immer so. Die Manufaktur war der «Leitbetrieb des Kombinates Schmuck und Porzellan» in Rudolstadt, und über neunzig Prozent der Produktion wurden vom Außenhandel der DDR in Berlin zur Devisenbeschaffung exportiert. Nach der Wende übernahmen die alten Besitzer gemeinsam mit dem Prokuristen den Betrieb und wandelten ihn in eine Kommanditgesellschaft um. Somit ist, wie der Inhaber Uwe Hermann heute nicht ohne Stolz sagt, die Sitzendorfer Porzellanmanufaktur ein «Ostbetrieb» geblieben.

Unabhängig von der Erfindung des Alchimisten Böttcher entwickelte Mitte des achtzehnten Jahrhunderts in Sitzendorf Georg Heinrich Macheleid die Technik der Herstellung des «weißen Goldes» Porzellan. Hundert Jahre später wurde in Sitzendorf die noch heute bestehende Porzellanmanufaktur konzessioniert. Zuerst wurden Tabakspfeifen, einfache Vasen und Gefäße zum täglichen Bedarf, Salbentöpfchen und erste Figurinen hergestellt, aber hervorragende Modelleure und Formenmacher trugen dazu bei, daß schon bald die Sitzendorfer Manufaktur durch filigrane Figurengruppen, Spiegelumrahmungen und feine Tafelaufsätze in aller Welt bekannt wurde. Überladenes Rokoko wie in der preisgekrönten «Königsvase» von 1894, die mit einer Fülle bunter Porzellanröschen und Schnörkelwerk überzogen ist, bildet bis heute die Spezialität der Sitzendorfer Manufaktur. Dabei übertrifft das Sitzendorfer Porzellan in seiner Feingliedrigkeit und gekonnten Bemalung nach Meinung von Experten selbst das weltberühmte Meißener Porzellan.

Nur Fachbesucher haben Zutritt zu einem Raum, in dem der gesamte gegenwärtig lieferbare Bestand ausgestellt ist. Große und kleine Gruppen, sechsspännige barocke Gespanne, die besonders in Belgien und Frankreich beliebten Soldaten in historischen Uniformen, Tiere sowie die von Max Siegel entworfenen sakralen Gruppen stehen auf den Regalen. Dabei ist dieser eindrucksvolle Schauraum nur ein Bruchteil der insgesamt rund dreißigtausend Formen, die sich im Besitz der Sitzendorfer Porzellanmanufaktur befinden. Vieles, wie zum Beispiel die «Abendmahlsgruppe», nach dem Gemälde von Leonardo da Vinci modelliert und mit höchster Sorgfalt naturalistisch retuschiert und bemalt, mag dabei vom strengen Blick eines Kunsthistorikers als Kitsch eingestuft werden – wenngleich als ungemein edle Form von Kitsch.

Daß Porzellan auch hohe Kunst sein kann, wird bei einem Besuch der Dauerausstellung der Schwarzburger «Werkstätten für Porzellankunst» im Kaisersaal zu Schwarzburg deutlich. Die dort ausgestellten Kleinplastiken zeigen, daß es auch andere Künstler gegeben hat, die sich mit dem Medium Porzellan auseinandergesetzt haben. Wenn es in Bürgel Henry van de Velde und die Formgestalter des Weimarer Bauhauses waren, die durch ihre avantgardistischen Zweckformen die Synthese von modernem Stilempfinden und traditionellem Kunsthandwerk versuchten, so zeigten in den Rudolstädter Porzellanmanufakturen expressionistische Künstler wie Ernst Barlach, Gerhard Marcks und Alfons Biermann, daß es sehr wohl möglich ist, mehr als die ständige Wiederkehr von «Musizierenden Pärchen», «Tanzender Spitzenfigur» und «Fürstlicher Galakutsche» in Porzellan zu formen. Die älteste Volkstedter Porzellanmanufaktur kann es sich als Verdienst anrechnen, die alten Formen wieder rekonstruiert und in Betrieb genommen zu haben, so daß nun die edlen Formen dieses außergewöhnlichen Zierporzellans wieder erhältlich sind und nicht nur im Museum bewundert werden können.

Glasbläser in Lauscha

Die Bedingungen hätten nicht besser sein können, als am Ende des sechzehnten Jahrhunderts die beiden Glasmacher Greiner und Müller aus Franken auf der Suche nach einem geeigneten Ort für eine Glashütte ins steile Steinachtal kamen: ringsumher dichter Wald, Berghänge, auf denen die Baumstämme fast von selbst ins Tal rutschten, und weit und breit niemand zu sehen. Ohne massenhaftes Holz kein Glas: Das Holz wurde in Köhlerhütten zu Holzkohle verarbeitet, mit der man die zur Glasverhüttung notwendigen hohen Temperaturen erzeugen konnte. Die Pottasche, wichtiger Glasrohstoff, war das Abfallprodukt. Greiner und Müller errichteten eine große Glashütte, der Mittelpunkt des entstehenden lauschigen Dorfes. Bis 1904 blieb diese Dorfglashütte in Betrieb, eine regelrechte Dynastie von Müllers, Greiners, Müller-Greiners und Greiner-Müllers war begründet. Auch heute stehen an vielen Klingeln in Lauscha die Namen der beiden fränkischen Urahnen.
Den größten Aufschwung hatte Lauscha mit der Einführung des «vor der Lampe» geblasenen Glases. Zuerst erzeugte eine Öllampe, der mit einem Blasebalg Luft zugeführt wurde, die nötige Stichflamme. Später wurde zu jedem Haus in Lauscha eine Gasleitung gelegt, und der Bunsenbrenner lieferte die Hitze. Für lampengeblasene Glaserzeugnisse braucht man vorgefertigte Glasröhren und -stäbe, die dann in der Flamme geblasen, gezogen und geformt werden können. Die Glashütten gingen seit der Einführung der Lampenbläserei dazu über, nur noch diese halbfertigen Produkte zu liefern: Echten Perlen täuschend ähnliche Glasperlen, die berühmten, in Lauscha erfundenen Christbaumkugeln, kunstfertig gezogene Glasfiguren, kleine Pferdchen, Elefanten, Entchen, Delphine, Flaschenteufel, Ziergefäße, aber auch Glasaugen, erst nur für die Sonneberger Puppenindustrie, dann aber auch menschliche Augenprothesen aus Glas, zählen zu den lampengeblasenen Glaswaren. Scharen von Wochenend-Bustouristen kommen nach Lauscha, um Lampenbläser bei der Arbeit zu beobachten und kleine «Kunstwerke» zu erwerben.

Ihre weltweite Verbreitung verdanken die Lauschaer Glaswaren den geschäftstüchtigen «Verlegern», die für Pfennige in der Heimindustrie arbeiten ließen. Seit dem achtzehnten Jahrhundert gab es in Lauscha eine Heimindustrie, in der ganze Familien damit beschäftigt waren, die begehrten Produkte herzustellen. Dabei brachten es die Lauschaer Familien durchaus zu einem bescheidenen Wohlstand, wie

Studioglas in Lauscha: Susanne und Ulrich Precht bei der Arbeit

man an den zahlreichen schieferbehangenen Häusern erkennen kann. Die Verleger drückten jedoch die Preise immer weiter herunter, so daß die Arbeitszeit der in der Heimindustrie beschäftigten immer länger wurde. Einen Blick in die Stuben der Christbaumschmuckmacher Lauschas kann man im Spielzeugmuseum Sonneberg, aber auch im Museum für Thüringer Volkskunde in Erfurt werfen. In der DDR wurde überwiegend industriell mit Maschinen aufgeblasener Christbaumschmuck hergestellt. Nach der Wende gab es eine gewisse Renaissance des Verlagswesens im Thüringer Wald. Es gibt wieder Aufbläser für mundgeblasenen Christbaumschmuck, die in Heimarbeit ihre Produkte herstellen, um sie entweder selbst anschließend auf Weihnachtsmärkten anzubieten oder an die Verleger neuen Stils en gros weiterzuverkaufen. «Freie Mitarbeiter» heißen die Zuträger der Glas- und Spielzeugindustrie heute, und ihre «Honorare» liegen bereits wieder in Pfennigbereichen.

Neben den von der Lampe geblasenen Gläsern gibt es jedoch in Lauscha auch seit über dreißig Jahren eine Tradition kleiner Glashütten, die sogenanntes «Studioglas», massive Objekte, Vasen und Schalen mit farbigen Einschlüssen als Kunstgegenstände herstellen. Einer der Pioniere der Lauschaer Studioglasbewegung ist Volkhard Precht. Seine Objekte finden sich, ebenso wie die von Hartmut Beckmann und

Günter Knye, in zahlreichen Museen und Privatsammlungen in aller Welt. Nur zu bestimmten Zeiten wird der infernalisch heiße Hüttenofen in der Prechtschen Werkstatt angeworfen. Volkhard Precht hat den Ofen in den sechziger Jahren selbst gebaut, in der für DDR-Verhältnisse typischen erfinderischen Art, den Mangel an geeigneten Materialien durch Erfindungsreichtum zu kompensieren. Mittlerweile arbeiten an dem Ofen auch Ulrich Precht, sein Sohn, und dessen Frau Susanne, die nach bewährtem Muster die handwerkliche Tradition weiterführen und ihre eigene persönliche Note geben.

Die Herstellung größerer Objekte aus Glas, Briefbeschwerer, Vasen, Schalen und größerer Skulpturen macht größere Mengen geschmolzenen Glases erforderlich, was nur in der Hitze eines größeren Ofens möglich ist. Hinter der Klappe des Hüttenofens herrschen Temperaturen bis zu 1600 Grad. Das geschmolzene Glas in den «Glashäfen» im Brennraum glüht weiß, wenn der Glasbläser seine «Pfeife» hineintaucht, um sich etwas von der zähen Masse auf die Spitze zu ziehen. Der Glasklumpen hat die Tendenz, wie Honig herunterzutropfen, und muß daher ständig gedreht werden. Überhaupt ist das Glasblasen offenbar die Kunst, die Schwerkraft so geschickt einzusetzen, daß ihre Einwirkung auf die zähe Glasmasse diese zu schönen Objekten formt. Bei einem Besuch der Glasbläserstadt Lauscha sollte man nicht versäumen, das Museum für Glaskunst zu besichtigen, in dem neben der Einführung in die Geschichte der Glasaugenherstellung in Lauscha eine umfassende Sammlung von Objekten Lauschaer Glas-

Feuer, Wasser, Luft und Erde: das kontrollierte Spiel der Elemente mit der Schwerkraft in der Kunst des Glasblasens

macher aus vier Jahrhunderten zu sehen ist.

Im Spielzeugwunderland

Nicht nur Kinder haben ihre helle Freude an dem riesigen Schatz von

Das Spielzeugmuseum in Sonneberg ergreift Partei

Puppen aus aller Welt, an Spielzeugen aus Holz, Blech, Papier, Draht, Stroh und allen möglichen Materialien sowie an herrlichen uralten Plüschtieren im Sonneberger Spielzeugmuseum, denen man deutlich ansehen kann, daß sie vor langer, langer Zeit tatsächlich durch Generationen kleiner Kinderhände gegangen sind. Man findet sowohl antikes als auch modernes Spielzeug, eine beeindruckende Sammlung von Puppen thüringischer Hersteller aus zwei Jahrhunderten und ein riesiges Puppenkarussell, das den Mittelpunkt des ganzen Museums bildet. Im Keller verbirgt sich ein wahres Gruselkabinett von Stuben, die einen Eindruck in die Lebensweise der Spielzeugmacher und ihrer Kinder um die Jahrhundertwende geben soll, und schließlich gelangt man an ein verstaubtes Diorama lebensgroßer Puppen, zu einer ländlichen Kirmes arrangiert. Das Personal hat ein wachsames Auge darauf, daß Fotoapparate und Pausenbrote in den Taschen bleiben, und rennende Kinder werden sofort gestoppt. Es ist eben nur ein Museum und kein Kinderspielplatz. Nur in einer Ecke im zweiten Stock gibt es einen kleinen Kindergarten mit Kissen und Holzspielzeug zum Anfassen.

Die Puppen der Designerin und Spielzeuggestalterin Hella Hofmann aus Rauenstein bei Sonneberg gelten mittlerweile als Geheimtip unter Sammlerinnen aus aller Welt. Dabei ist ihr Talent eigentlich erst in der Not zum Tragen gekommen, denn 1991 wurde sie wie viele ihrer Kolleginnen und Kollegen in der südthüringischen Spielzeugindustrie arbeitslos, und weit und breit war

Ein Hauch von Nostalgie im Zuckerbäckerstil: das ehemalige Kulturhaus der Maxhütte in Unterwellenborn

für sie kein Arbeitsplatz zu finden, der ihrer Qualifikation entsprochen hätte. So kaufte sie sich kurzerhand einen Porzellan-Brennofen und tat, was sie eigentlich schon immer tun wollte: Sie machte sich selbständig, verband ihr Wissen um die Herstellung von Bisquit-Porzellanpuppen mit ihrem zeichnerischen Talent, baute das Erdgeschoß ihres Einfamilienhauses zur Werkstatt aus und begann Künstlerpuppen herzustellen. Der Markt für Künstlerpuppen ist jedoch eng. Dutzende von Herstellern, teilweise auch schon aus Südostasien, drängen ins obere Preissegment mit Puppen, die, fein eingekleidet und mit echten Glasaugen versehen, bei betuchten Sammlerinnen in den Vitrinen stehen.

Hella Hofmanns Puppen sind etwas Besonderes: Die Lebendigkeit ihres Ausdrucks, die Perfektion in der Oberflächenbehandlung und besonders die persönliche Handschrift einer gestandenen bildenden Künstlerin machen sie zu kleinen Kunstwerken. So gewannen ihre Puppen bereits den «Silbernen Feenstab», eine begehrte europäische Anerkennung, und Puppenhersteller aus Deutschland, Frankreich und gelegentlich auch aus den Philippinen werben um ihre Entwürfe. Und wer Lust verspürt, sich selbst in der Kunst des Puppengestaltens zu üben, der kann bei Hella Hofmann in die Lehre gehen, denn sie wurde von einem renommierten Puppenhersteller als Dozentin für Lehrgänge verpflichtet.

Die Thüringer Kunsthandwerker sind eine große Bereicherung in der gesamtdeutschen kunsthandwerklichen Szene. Gerade jetzt besetzen sie mit Geschick ihre Nischen in einer Zeit, in der angesichts einer Flut von Massenprodukten, die uns im Alltag umgeben, der Wert des individuell gefertigten handwerklichen Produktes wieder geschätzt und gesucht wird.

High-Tech-Standort Thüringen

Kein Land der Welt kann heute als reiner Tourismus- und Dienstleistungsbetrieb mit ein paar exotischen Künstlern und Kunsthandwerkern bestehen. Besonders Thüringen hat eine lange Tradition als Industriestandort. Nicht nur Narva-Glühbirnen aus Cursdorf, Stahl aus Unterwellenborn, Pillen aus Jena, Kunstfasern aus Schwarza, Wartburg-Automobile aus Eisenach und Uran aus Ronneburg waren in Thüringen heiß begehrt, sondern die DDR-Planwirtschaft förderte mit aller Kraft die Hochtechnologie im ehemaligen «Bezirk Erfurt», der in etwa dem heutigen Freistaat Thüringen entspricht. 1987 präsentierten die Werktätigen des VEB-Kombinats Carl Zeiss Jena dem «Staatsratsvorsitzenden und Generalsekretär der Sozialistischen Einheitspartei Deutschlands, Genossen Erich Honecker», mit großem Stolz ihre neueste Errungenschaft: den 1 Megabit-Chip. Chipfabriken in USA und Japan bastelten längst am 24 MB Chip und an der RISC-Architektur, aber für Robotron Sömmerda und die Hochtechnologie der DDR war dies angesichts der Cocom-Listen, die jeglichen Technologietransfer von West nach Ost verhindern sollten, ein großer Durchbruch. Dabei konnten die Planer in Berlin und Erfurt auf ein traditionell gut ausgebildetes Potential von Facharbeitern und dem wissenschaftlichen Know-how technischer Hochschulen in Ilmenau und Jena zurückgreifen.

Nach der Einigung der deutschen Staaten fand auch eine Einigung der beiden nach dem Krieg getrennten Teile der optischen Werke Carl Zeiss statt. Die Wiedervereinigung der beiden Teile der Zeiss-Familie war von beiden Seiten mit gehöriger Skepsis angegangen worden. 49 Prozent der neuen Carl Zeiss Jena GmbH gehören nun zur in Jena ansässigen Jenoptik, 51 Prozent zu Carl Zeiss Oberkochen. Dennoch bewahrt sich der Jenoptik-Chef Lothar Späth für seinen Betrieb seine Selbständigkeit. Sämtliche Managemententscheidungen fallen vor Ort, was bei einem Betrieb dieser Größe für Ostdeutschland eine große Ausnahme ist.

Jena gilt mit seiner überdurchschnittlich niedrigen Arbeitslosenquote von dreizehn Prozent als musterhafte Region für die neuen Bundesländer. Die Bilanz des Machers aus dem «Musterländle», der seit 1991 die Carl Zeiss Jena GmbH leitet, liest sich wie eine Erfolgsstory: 1300 Arbeitsplätze «über Plan», 150 neu angesiedelte Betriebe auf dem ehemaligen Betriebsgelände von VEB Carl Zeiss

Die neuen Opelwerke in Eisenach: Corsaproduktion

Mitte, Joint-Ventures mit Sandoz im Bereich Umwelttechnik, Deutsche Aerospace in Luft- und Raumfahrt, Rheinmetall in digitaler Bildverarbeitung und mit dem Großversandhaus Quelle in der Brillenherstellung sichern den Ersatz für die weggefallene Auftragslage aus dem Osten. Doch der erste Eindruck trügt: Obwohl mehr als die Hälfte der ehemals 27000 Zeissianer bereits entlassen wurden, ist die Produktivität des Betriebes noch weit von internationaler Konkurrenzfähigkeit entfernt. Bei 80 Millionen Umsatz fuhr der Konzern 1993 40 Millionen Verlust ein, das satte Startkapital von 600 Millionen ist voraussichtlich Mitte 1995 aufgezehrt, und um rentabel zu sein, müßte das Unternehmen mit 2000 Mitarbeitern eigentlich 400 Millionen Jahresumsatz machen, gerade mal die Hälfte ist gegenwärtig drin. Dennoch bleibt Lothar Späth optimistisch. Mit gutem Grund, denn Verluste im laufenden Geschäft können durch satte Immobilienerlöse und Finanzerträge aus der reichen Erbschaft, die die neue Jenoptik GmbH nach der Wende angetreten hat, locker ausgeglichen werden.

Grünes Herz oder Staublunge?

THÜRINGENS PROBLEME MIT DER UMWELT

Das Programm für eine intakte Umwelt klingt einfach: gesunde Luft, gesundes Wasser, gesunder Boden. Die Umsetzung in die Praxis ist jedoch eine ganz andere Sache. Thüringens Naturschützer und Bio-Landwirte haben es dabei besonders schwer. Die «Industrialisierung» der Landwirtschaft in den LPG und der Wildwuchs von industriellen Anlagen ohne Rücksicht auf Natur und Umwelt haben ganze Landstriche verwüstet. Dort, wo die Menschen in die Natur eingegriffen haben, sind Luft, Wasser und Erde alles andere als gesund. Oft ist es nur den Mängeln und der Mißwirtschaft im Sozialismus zu verdanken, daß es in Thüringen noch zahlreiche

ökologische Nischen gibt, in denen sich die Natur fern menschlicher Eingriffe ungestört entfalten konnte. Die Nähe der Umweltsünden der Vergangenheit ist oft geradezu bedrohlich: Brüchige Fernheizungsanlagen verschandeln die Landschaft; verrottende Industrieanlagen, undichte Tanks und Schrottansammlungen auf grüner Wiese gefährden das Grundwasser; die Abgase einer vorsintflutlichen chemischen Industrie und mangelhafte Heizungsanlagen haben jahrzehntelang die Luft belastet, und eine gülleintensive und chemisch unterstützte Landwirtschaft tat das Ihre, um die Böden auszulaugen und zu vergiften. Schier unübersehbare Altlasten sind besonders in Thüringens Osten die Erbschaft, mit der die Thüringer heute fertigzuwerden haben. Gift, Müll und Bodenerosion sind eine folgenreiche Hinterlassenschaft von vierzig Jahren kollektivierter Planwirtschaft im «Arbeiter- und Bauernstaat». Ein «Teersee», der sich am Rande des Teerverarbeitungswerkes Rositz, das schon während des Krieges die Fahrzeuge der Wehrmacht mit Sprit versorgte, gebildet hat; Braunkohletagebau-Folgelandschaften, die sich offenbar zu nichts anderem als Windsurferparadiesen umwandeln lassen; Kaliabwasserprobleme im Werragebiet und – die ökologische Herausforderung schlechthin – die Altlasten der Wismut-Uranabbaugebiete.

Der Staat im Staate DDR: Die SDAG Wismut

1988 erschien in Gera, Berlin und Wittenberg ein kleine hektographierte Schrift mit dem Titel «Pechblende – Der Uranbergbau in der DDR und seine Folgen», herausgegeben vom Kirchlichen Forschungsheim Wittenberg und dem Arbeitskreis «Ärzte für den Frieden – Berlin». Die Auflage von ursprünglich 1000 Exemplaren verbreitete sich in Windeseile, denn das Thema war heiß und stand jahrzehntelang unter dem Deckmantel der Geheimhaltung. Anfang der achtziger Jahre hatte die DDR mit ihrer Beteiligung an der Nachrüstungsdebatte und dem Versuch, den Schwung der westlichen Friedensbewegung für die Verfolgung ihrer politischen Ziele zu instrumentalisieren, Geister im eigenen Lande wachgerufen, derer man nun nicht mehr Herr wurde. Zu dicht, zu offensichtlich war die Problematik einer gigantischen Atomindustrie vor der eigenen Haustür, die nach dem üblichen DDR-Schlendrian eine Umweltkatastrophe beängstigenden Ausmaßes geschaffen hatte. Die «Pechblende» wies erstmals in der DDR auf den untrennbaren Zusammenhang zwischen ziviler und militärischer Nutzung der Kernenergie und auf die Schäden hin, die bereits bei der ersten Stufe, der Urangewinnung, dem Menschen und der Natur zugefügt werden: Tausende von Bergleuten starben den Strahlentod durch ihre Berufskrankheit, den Lungenkrebs; Erzhalden, Schlammdeponien, radioaktiver Staub, Radongasaustritt und die Versickerung radioaktiver Substanzen in das Grundwasser bedrohen die Bevölkerung der umliegenden Gebiete. Eigene Messungen des Autors der «Pechblende», Michael Beleites, sowie die gründliche Erläuterung der wissenschaftlichen Grundlagen der Nuklearindustrie machen die kleine Schrift heute noch zum Standardwerk.

Eigentlich ist es ein historischer Unglücksfall, daß die reichen Uranvorkommen in Ostdeutschland in sowjetische Hände fielen, denn die Amerikaner hatten ursprünglich ganz Thüringen und das Erzgebirge besetzt und waren erst in Torgau an der Elbe mit den sowjetischen Truppen zusammengetroffen. Erst durch einen Gebietsaustausch der Alliierten in Berlin fielen die Uranerzlagerstätten in die sowjetische Besatzungszone, und die Sowjets machten

Die «Cheopspyramiden» von Ronneburg: radioaktive Hinterlassenschaft des Kalten Krieges

sich schon 1945 an ihre Ausbeutung, um mit der amerikanischen Atomrüstung mithalten zu können. Kaum zu glauben, daß den amerikanischen Geheimdiensten die Uranlagerstätten entgangen sind, waren doch die «Radiumbäder» Ronneburg und Oberschlema schon seit Jahrzehnten durch die «Wunderheilwirkung» ihrer strahlenden Bäder und Seifen bekannt.

Die «Sowjetisch-Deutsche-Aktiengesellschaft» (SDAG) Wismut wurde umgehend gegründet, von Anfang an war Geheimhaltung und Desinformation oberstes Gebot. Der Name ist bereits eine bewußte Irreführung, denn Wismut, ein Grundstoff zur Arzneimittelherstellung und Metallveredelung, wurde von der «Wismut» nie gefördert. Statt dessen ging es von Anfang an um atomwaffenfähiges Uran. Die größte Uranabbaustätte Europas lieferte das gesamte Ausgangsmaterial für das sowjetische Atomprogramm und ist damit einer der Herde des Kalten Krieges. Die Abschottung der Wismut war entsprechend perfekt: eine eigene Gesundheitsversorgung mit Krankenhäusern und Ärzten, eigene Schulen, eigene Pässe und Meldevorschriften, eine gesonderte Partei- und Stasi-Organisation im Rang einer Bezirksregierung, eigene KFZ-Kennzeichen. Das Wort «Uran» tauchte niemals auf, statt dessen hieß es bis 1989 immer nur schönfärbend: «Erz für den Frieden». In der Anfangszeit wurden zwangsrekrutierte Kriegsgefangene in dem Werk regelrecht «verheizt». Vielfach ohne jeglichen Schutz mußten sie untertage mit staubigen Trockenbohrungen das Uranerz fördern. Drei Viertel der Arbeiter starben an der «Schneeberger Krankheit». Später zogen Tausende Arbeiter freiwillig nach Ostthüringen, um bei der Wismut zu arbeiten, denn der Verdienst war überdurchschnittlich, und zusätzlich gab es eine Reihe weiterer Vergünstigungen, ein erweitertes Warenangebot, eine Flasche Grubenschnaps, den «Kumpeltod», für 1,12 Mark. Die Bewußtseinstrübung der Kumpels war gründlich. Viele wurden zu Alkoholikern, und vierzig Jahre lang muckte kein einziger auf.

Der Film «Sonnensucher» von Konrad Wolf, ein düsteres sozialistisches Heldenepos für den Wismut-Bergmann, wanderte nach seiner Herstellung 1958 sofort wieder in den Giftschrank der DDR-Staatssicherheit. Er wurde erstmals nach dem Ende der Sowjetunion öffentlich aufgeführt, weil er trotz seiner heroischen Verklärung der Verhältnisse zuviel enthüllte. Da war es kein Wunder, daß Michael Beleites mit seinen äußerst unbequemen Enthüllungen sehr schnell zum «operativen Vorgang» der Staatssicherheit wurde. Die Darstellungen in der «Pechblende», von der es mittlerweile eine überarbeitete und erweiterte Neufassung gibt (siehe: «Lesen» im Serviceteil) haben bis heute nichts von ihrer Aktualität verloren, denn die Wismut birgt nicht nur jede Menge ökologische, sondern auch personelle Altlasten. Als einziger Betrieb Ostdeutschlands wurde der brisante Betrieb nicht der Treuhand, sondern direkt dem Bundesministerium für Wirtschaft unterstellt, das nichts Besseres zu tun hatte, als die Böcke zu Gärtnern zu machen, indem sie die alten Wismut-Bonzen mit der Konzeption und Leitung der Sanierung der gigantischsten Altlast der jungen Bundesrepublik beauftragte. Daß die nicht halten, was sie versprechen, darf niemanden verwundern.

Zwei riesige Halden von «minderwertigen» Erzen, größer als die Cheopspyramiden, die immerhin so viel Uran in sich haben, daß man sich vor einigen Jahren noch überlegte, ob man sie nicht noch ausbeuten könne; hochkonzentrierte Ausströmungen des radioaktiven Edelgases Radon in die Keller vieler Wohnhäuser in der Region; 200 Millionen Kubikmeter radioaktiver Schlamm in Absetzbecken, der sich bei trockenem Wetter zu todbringenden Feinstäuben verwandelt, die bei Wind ganze Dörfer verdunkeln; Straßen, Wege, Hausfundamente und Schulhöfe aus radioaktivem Haldenmüll erbaut; ein über 200 Meter tiefes verstrahltes 80-Millionen-Kubikmeter-Loch, der Uran-Tagebau bei Ronneburg – die Altlasten der Wismut sind erdrückend, und die Konzepte ihrer Sanierung umstritten. Zehn bis fünfzehn Jahre soll die erste Sanierungsstufe dauern und über dreizehn Milliarden Mark kosten. Noch gilt in Thüringen laut Einigungsvertrag die alte DDR-Strahlenschutzverordnung. Gälte die der Bundesrepublik, müßten sicherlich einige Wohngebiete evakuiert und einige mit Haldenmaterial gebaute Straßen gesperrt werden. Doch offenbar gilt das Grundgesetz der Gleichbehandlung in Ost und West vorerst nur dort, wo es «machbar» ist. Im Fall der Wismut jedenfalls werden die Gesetze den Gegebenheiten angepaßt, nicht etwa umgekehrt. Daß man hier jedoch nicht mit Beschwichtigungen und Vogel-Strauß-Politik weiterkommt, liegt auf der Hand. Ebensowenig wie mit Panikmache und journalistischer Sensationshascherei. Der Umweltbericht des Thüringer Umweltministeriums jedenfalls beschränkt sich unter dem Stichwort «Sanierung der Folgen des Uranerzbergbaues» auf das Sanierungsvorhaben «Verbringung der Gessenhalde in das Tagebaurestloch Lichtenberg». Und unter «Strahlenschutz und Umweltradioaktivität» findet sich zwar eine ganzseitige bunte Deutschlandkarte mit der Kontaminationsverteilung des radioaktiven Isotops Caesium-137 mit großen roten Flecken in Süddeutschland, aber kein Wort über die Feinstäube aus den Absetzbecken, über Radonexhalationen der Halden, über Anreicherung künstlicher Radioaktivität über die Nahrungsketten und auch nichts über konkrete Strahlenschutzmaßnahmen in der Region. Vielmehr wird bescheinigt, daß «an allen genehmigten Einleiterstellen (der Wismut-Sanierungsbetriebe in öffentliche Gewässer) die für 1993 gültigen Grenzwert-Konzentrationen im Mittel nicht überschritten werden» und daß «großräumig keine signifikanten Unterschiede» zwischen dem Sanierungsgebiet und einem unbelasteten Kontrollgebiet bestehen. «Höhere Werte werden nur in der unmittelbaren Nähe von Auswurfpunkten der Wismutbetriebe erreicht». Wie hoch und mit welchen Folgen bleibt dabei allerdings offen.

Günter Sokoll, der Hauptgeschäftsführer der gewerblichen Berufsgenossenschaften in Düsseldorf, bezeichnete angesichts der vielen Strahlenopfer unter den Bergleuten die Wismut als «drittgrößte atomare Umweltkatastrophe nach Hiroshima und Tschernobyl». Bisher wurden trotz der extrem strengen Anerkennungskriterien der DDR bereits 6000 Krebsfälle als Berufskrankheit anerkannt, 2000 weitere Verfahren sind noch offen, und jährlich kommen mindestens 300 dazu. In den fünfziger Jahren arbeiteten gut 100 000, später bis zu 350 000 Menschen in der Wismut, und alle wurden mehr oder weniger stark radioaktiv verseucht. Die Folgekosten, die die Krankenkassen tragen müssen, betragen etwa 750 000 DM pro Bergarbeiter, der an Lungenkrebs erkrankt ist. Viele sterben jedoch, bevor es zu einer eindeutigen Diagnose kommt. Doch nicht nur die Bergarbeiter sind betroffen. Die Werte, die in manchen Wohnhäusern gemessen wurden, in denen das Radon durch die Keller in die Wohnungen steigt, übersteigen die Werte, denen die Kumpels unter Tage ausgesetzt waren, um ein Vielfaches. Die landwirtschaftlich genutzten Flächen gehen bis an den Rand der Halden und Absetzseen. Kühe grasen auf Weiden, auf denen der Geigerzähler verrückt spielt, und am Ende der Nahrungskette steht der Mensch. Dabei ist es gerade die Niedrigstrahlung, die die größten Sorgen bereiten müßte, denn die winzigen Strahlenquellen, die der Mensch inkorporiert, zerstören die Zellen nicht gleich, sondern exponieren sie langfristig der tödlichen Strahlung. Genschädigungen und die verschiedensten Krebsarten sind die Folgen.

Es gibt Hoffnung. Umweltgruppen in den Städten, eine Handvoll engagierter Naturschützer und Landwirte, die Fraktion der Grünen im Landtag und ein sprießendes Netzwerk von regionalen Bürgerinitiativen tun ihr Bestes, um nicht nur gegen den regionalen Filz aus Alt-Genossen und unverständigen Nachbarn zu bestehen, sondern auch noch gegen die Unbeweglichkeit einer eingefahrenen konservativen Bundes- und Landesregierung, die mit «blühenden Landschaften» gelegentlich etwas anderes im Sinn zu haben scheinen als eine intakte Umwelt und ökologisch verantwortliches Handeln.

Naturschutz von unten: Benjeshecken und Feuchtbiotope

Auf dem Hof Nr. 9 in Hausen, nur wenige Kilometer von Arnstadt, betreibt der «Verband für Naturschutz und biologischen Landbau Thüringen» ein mustergültiges Gut von 87 Hektar Land, das durch sanftes Eingreifen bereits innerhalb weniger Jahre die Landschaft in ein naturnah bewirtschaftetes Reservat verwandelt hat. Ein großer Teich zwischen den Feldern, an dem sich Enten und Bleßhühner niedergelassen haben, sich selbst überlassene Feldhecken, die der Bodenerosion entgegenwirken und Kleintieren und Vögeln Schutz bieten, Sekundär-Urwälder, die aus der forstwirtschaftlichen Nutzung entlassen wurden, und

Wald in Gefahr: die Wipfel des Thüringer Waldes beginnen sich zu lichten

– beinahe selbstverständlich – eine vielfältige Felderwirtschaft, die ohne Gülle und chemische Spritz- und Düngemittel auskommt, könnten zum Muster für eine ökologische Erneuerung der mißhandelten Landschaft in Ost und West werden. Noch ist der landwirtschaftliche Betrieb des Verbandes in Hausen auf Zuschüsse angewiesen. Aber der Verein, der durch den rührigen Vorsitzenden Lutz Reißland weit über die Grenzen Thüringens bekannt

geworden ist, hat täglich volles Programm und trägt wirksam zur Unterstützung des ökologischen Experiments bei.

Der Hof Nr. 9 sieht seine zahlreichen Gäste gern und kümmert sich um ihr leibliches und geistiges Wohl. «Ecki», der Koch, bewirtet in der gemütlichen Gaststube, die wohl bald eine öffentliche Gaststätte sein wird, die Gruppen und Einzelbesucher, die sich über das Projekt kundig machen wollen und hier ihre Tagungen und Seminare abhalten. Alle Zutaten, die er verwendet, vom Schweinebraten bis zu den Kartoffeln für die Thüringer Klöße, stammen aus ökologischem Anbau. Auf Wunsch gibt es auch vegetarische Kost. Die thüringische Landtagsfraktion von Bündnis 90 / Die Grünen, ökologisch interessierte Jugendgruppen aus ganz Europa, aber auch Schulklassen aus der Umgebung breiten sich in den Seminar- und Übernachtungsräumen der alten Mühle an der Wipfra aus und nutzen die Bilderbuchumgebung zu schöpferischen Pausen. Die ausführlichen Informationstafeln entlang des Rundwanderweges über die Ländereien des Betriebes erklären die landschaftsschützende Arbeit der Initiative, wenn Lutz Reißland einmal ausnahmsweise nicht selbst mitgehen kann. Das Projekt versteht sich als Modell, das zeigt, daß «Naturschutz und ökologischer Landbau, Produktvermarktung und Erholung, Bildung und sinnvolle Freizeitgestaltung» keine Widersprüche sind.

Lutz Reißland hat nach dem Krieg auf der Wipframühle seine Kindheit verbracht. Ende der fünfziger Jahre wurde die Familie im Zuge der Zwangskollektivierung aller landwirtschaftlichen Betriebe in der DDR enteignet, und Lutz Reißland und sein Bruder gingen andere Wege. Gleich nach der Wende erhielt er jedoch den Familienbesitz in Hausen an der Wipfra zurück und verwandelte das Gut mit tatkräftiger Unterstützung von zeitweise bis zu vierzig ABM-Kräften und Fördermitteln aus dem Fonds Aufschwung Ost aus dem Stand in einen ökologischen Modellbauernhof mit Seminarbetrieb und Restauration.

Der alte und neue Besitzer des Hofes Nr. 9 und Spiritus Rector des «Verbandes für Naturschutz und biologischen Landbau» ist eigentlich von Beruf Ornithologe. Seine vogelkundlichen Wanderungen sind legendär, denn die gefiederten Sommergäste verraten ihm durch ihr Zwitschern, Girren, Glucksen und Kreischen ihre Identität – nicht nur ihre deutschen, sondern auch ihre lateinischen Namen bekommt man zu hören. Die meisten Besucher sind Neulinge im Reich der gefiederten Sommergäste. Sie hören und staunen, wenn sie merken, wie viele verschiedene Arten von Singvögeln die Lüfte bevölkern. Die Aufmerksamkeit für den weiten und empfindlichen Lebensraum der Vögel zieht logischerweise eine Sensibilität für ökologische Zusammenhänge nach sich. Wer mit offenen Sinnen wahrnimmt, was in der Natur vor sich geht, wird ganz natürlich das Dauerrauschen einer nahen Autobahn und den kreischenden Lärm eines ICE bei Höchstgeschwindigkeit als das Ende des natürlichen Mikrokosmos seiner Umwelt erleben, ganz zu schweigen von der Belastung durch die Abgase.

Die Bedrohung durch die Verkehrsprojekte «deutsche Einheit» ist in diesem Idyll ganz real: In unmittelbarer Nähe der Felder und Wiesen des Gutes sollen neue Autobahn- und ICE-Trassen durch die Landschaft gezogen werden. Das Projekt stammt noch von dem ehemaligen Verkehrsminister Krause. «Wo eine Autobahn ist, kann man keinen ökologischen Landbau betreiben», sagt Lutz Reißland. Die Existenz nicht nur seines Experiments steht auf dem Spiel. Der Bund für Umwelt und Naturschutz, Bündnis 90 / Die Grünen und Bürgerinitiativen entlang der geplanten Trasse durch den Thüringer Wald machen sich stark gegen die Politiker im fernen Bonn, die mit dem Lineal neue Verkehrswege durch eine alte Naturlandschaft planen, und plädieren statt dessen für einen ökologisch sinnvollen Ausbau der alten vorhandenen Bahnstrecken. Um Mißverständnissen vorzubeugen: Hier geht es nicht um das Sankt Floriansprinzip, nach dem Motto: «verschon mein Haus, zünd's andere an», sondern es geht um echte Alternativen, die auch bereits auf dem Tisch liegen. Die Modelle für Landschafts- und Naturschutz in Thüringen machen Mut – und Lust zum Mitmachen.

Naturschutz von oben: Naturschutzparks und Biosphärenreservate

Einer der letzten Entschlüsse der letzten Volkskammer der DDR war auch einer ihrer vernünftigsten: Sie beschloß die Einrichtung einiger Nationalparks auf dem Territorium der ehemaligen DDR, darunter vier in Thüringen: Thüringer Wald, östliches Schiefergebirge / obere Saale, Werratal / Eichsfeld und Kyffhäusergebirge. Im Herbst 1994 ist es soweit, die gesetzliche Verordnung über den Thüringer Wald kann verabschiedet werden. Das Umweltministerium macht sich stark für «Arten- und Biotopschutzprogramme», läßt Meßtischblätter erstellen, auf denen die 365 Naturschutzgebiete in Thüringen mit ihren Eigenheiten genau erfaßt werden, und ist mit Hilfe der Naturparkverwaltungen, der Landschaftspflegeverbände sowie dem Verein und der Stiftung Thüringer Wald bemüht, die «Schere» zwischen Ökonomie und Ökologie, die immer weiter auseinanderzuklaffen droht, zu schließen. Neue Konzepte werden nicht nur erdacht, sondern auch im kommunalen Bereich durchgesetzt, die eine Landnutzung ermöglichen sollen, ohne der Natur Schaden zuzufügen. Der Thüringer Wald, seit jeher ein «agrarisch benachteiligtes Gebiet» mit Grünland- statt Felderbewirtschaftung, in dem sich artenreiche Bergwiesen, Feuchtwiesen, Quellbereiche und Mischwälder entwickeln konnten, soll zum Yosemite-Park Thüringens werden. Drei Zonen sollen dabei den Grad der naturverträglichen Landnutzung definieren: eine *Kernzone*, in der die Natur sich selbst überlassen bleibt («Totalreservat»), eine *Pflegezone*, mit schützenswerten Bereichen ehemaliger ausgewiesener Naturschutzgebiete («NSG»), aber auch ökologisch wertvollen durch den Menschen geprägten Flächen, und eine *Entwicklungszone*, in der durch ökologisch orientierte Landwirtschaft eine weitgehend intakte Kulturlandschaft erhalten und entwickelt werden soll. Zu den Kernzonen zählen im Thüringer Wald das Vessertal und das Biosphärenreservat in der Thüringer Rhön, die bereits in den siebziger Jahren unter den Schutz der UNESCO gestellt wurden. In diesen Zonen soll die Natur weitgehend in Ruhe gelassen werden. Die extrem gefährdete Bachmuschel, die Gelbbauchunke, die zweifarbige Beißschrecke und die Kreuzkröte, aber auch der Weißstorch, der immer seltener in Thüringens Dörfern den Frühling ankündigt, sollen wieder Gebiete finden, in denen sie fern von Hochspannungsleitungen, Industrieabgasen und versiegelten Flächen brüten können. Noch blühen die Orchideen an den Muschelkalkhöhlen im oberen Saaletal und auf den Trockenwiesen des Thüringer Waldes, pfeifen die Sperlingskäuze ihre Tonleitern, und noch findet die Nadelholz-Säbelschrecke einige Wipfel in den Höhenlagen rechts und links des Rennsteigs, in denen sie sich verstecken kann. Falls es gelingen sollte, die Lebensräume der besonders empfindlichen Rauhfußhühnerarten Birk- und Auerhuhn in Thüringen zu erhalten, können Naturschützer und Jäger in Thüringen – von «oben» ebenso wie von «unten» – sich dies als einen wichtigen ersten Schritt zu einer intakten Umwelt anrechnen.

Kultur

Liebe geht durch den Magen

VOM ESSEN UND TRINKEN

Auf den ersten Blick scheint die Thüringer Küche nicht sehr viel Abwechslung zu bieten. Die verlockenden Düfte der Rostbratwürste sind zwischen Greiz und Heiligenstadt allgegenwärtig – Grillsaison das ganze Jahr. Im Restaurant Braten, Rouladen, Rotkohl und Thüringer Klöße, alles handgemacht, mit nach bürgerlicher Art zerkochtem Gemüse. Vorher – jetzt erst recht! – eine Soljanka als Qualitätsanzeiger der Küche und hinterher mit etwas Glück kein Vanilleeis, sondern laschsüßes Birnenkompott. Bei näherem Hinsehen jedoch gibt es neben der «Erlebnisgastronomie», die häufig mehr von ersterem und weniger von letzterem zu bieten hat, neben einer vielfältigen Restau-

rantszene mit «internationaler» Küche – vom Standardchinesen bis zur Allerweltspizza – doch noch eine regionale Küche, bei der die Liebe förmlich durch den Magen geht. Gelegentlich sind es kleine Familienrestaurants der «zweiten Reihe», die in keinem «Schlemmer-Lexikon» verzeichnet sind und sich folglich auch nicht mit bronzenem Schild am Eingang damit brüsten können, in denen sich preiswert essen und trinken läßt, und man merkt, daß der Kräutergarten hinterm Haus mehr als nur die Petersilie liefert. Ein Blick in die Küche bestätigt die Vermutung: Die Großmutter hilft beim Gemüseputzen, und die Tochter des Hauses schmeißt vorne den Laden. Das ist die echte Thüringer Gastfreundschaft. Die allerdings ist – wie überall – ein Glücksfall, alltäglich nur für die Stammgäste aus der Nachbarschaft.

Rostbratwurst und Klöße

Die Thüringer Bratwurst ist kein Gerücht. In der Mittagszeit (von zehn bis vier) läuft an den Grills in Erfurt ebenso wie in Jena, Schmalkalden oder Sonneberg den Leuten, die in kleinen Schlangen für zwei Mark bis «zweifuffzich» auf ihre Erlösung warten, das Wasser im Munde zusammen. Dabei sehen sie gar nicht so appetitlich aus, die grauen, teils verkohlten Dinger auf dem fettigen Grill, von dem Grillmeister im verschmierten Kittel ganz zu schweigen. Aber wenn man sich an der senfbestrichenen Fast-Food-Tradition zum erstenmal den Mund verbrannt hat und der Schmerz dann langsam nachläßt, entdeckt man, daß es auch in einer so ordinären kulinarischen Erfindung wie der Bratwurst durchaus Unterschiede geben kann. Um diese herauszufinden, muß man es wohl oder übel selbst probieren. Zur Orientierung sei noch angemerkt, daß sich das Warten an einem bevölkerten Bratwurstgrill durchaus lohnen kann, obwohl vielleicht schon hundert Meter weiter der nächste, menschenleere vor sich hinqualmt.

Die Restaurantszene Thüringens ist durchaus noch im Fluß. Kometen am Feinschmeckerhimmel wie das französisch-thüringische «La Cave» im Keller der Erfurter Galerie «Am Fischmarkt» sind ebenso schnell wieder verschwunden, wie sie aufgetaucht waren, und vieles entsteht an alten Orten neu. Die DDR-Küchentechnik hat ausgedient, große Hotelburgen wie das Hotel Ringberghaus hoch über Suhl mußten zur Sanierung geschlossen werden. Wenige Restaurants, wie das «Gastmahl des Meeres» in Suhl oder das «Jagdhaus Gabelbach» bei Ilmenau, konnten ihren Ruf, den sie in der DDR genossen, nicht nur erhalten, sondern noch deutlich zulegen. Neu erstrahlen historische Gasthäuser wie das «Schlundhaus» in Meiningen oder das angeblich älteste Gasthaus Deutschlands, die «Güldene Gans» in Saalfeld, aber ihre Küchen werden sich erst bewähren müssen. Bewährte Glanzstücke wie «Elephantenkeller» und «Weißer Schwan» in Weimar oder auch das Keller-Restaurant im Erfurter Hof in Erfurt florieren erwartungsgemäß und haben für ihre gepfefferten Preise auch viel zu bieten.

Das zweite Standbein des Thüringer Ernährungsklischees sind die Thüringer Klöße, je nach Landstrich auch «Hütes» oder «grüne Klöße» («grün» im Sinne von roh) genannt. Hierzulande sind die klebrigen Kugeln aus Kartoffelmasse erfreulicherweise überwiegend noch in der Küche von Hand aus «natürlichen» Zutaten zubereitet, doch auch der «Fertigkloß» ist schon gelegentlich zu finden, wobei dieser jedoch keinesfalls als thüringisch durchgeht. Ebensowenig thüringisch sind Kloßvariationen von «Klößen halb und halb», «Serviettenklößen» oder gar den «Semmelklößen» bayerischer Provenienz.

Die Kartoffelkloß-Zutaten für eine große Familie: drei Kilo rohe, geschälte Kartoffeln (möglichst neue Ernte), ein Liter Milch, ein gehäufter Teelöffel Salz, eine große Tasse feiner Weizengrieß und ein trockenes, in Würfel geschnittenes

Brötchen. Man schäle ein Kilo der Kartoffeln und bereite einen Kartoffelbrei daraus. Die restlichen Kartoffeln werden geschält, gerieben und in einem Leinentuch ausgepreßt. Dann vermengt man den Kartoffelbrei mit den rohen Kartoffeln, gibt etwas Salz hinzu und überbrüht das Ganze mit dem in Milch aufgekochten Grießbrei. Dann wird die Masse kräftig durchgemengt und zu faustdicken Klößen geformt. In die Mitte drückt man die in Butter gerösteten Semmelwürfel, bringt die Klöße in einem großen Topf Salzwasser zum Kochen und läßt sie zugedeckt bei kleiner Hitze zwanzig Minuten ziehen. Für die einfachere Alltagsvariante werden der Grießbrei und die Semmelwürfel einfach weggelassen und die geriebenen Kartoffeln nicht so stark ausgepreßt.

Von alten Klöstern und jungen Reben

«Bin ich schon nit am Main, / in Würzburg an dem Stein, / noch diesesmal am Rhein, / seyn dennoch andere Reben, / die auch gut Säftlein geben, / lieblich und edle Wein», besagt ein altes, thüringisches Volkslied. Das traditionsreiche Weinanbaugebiet an Saale und Unstrut ist das nördlichste in Deutschland und mit seinen 480 Hektar auch das kleinste. 1992 steuerten die thüringischen und sächsischen Winzer lediglich 0,4 Prozent zur deutschen Weinproduktion bei. Die Tendenz ist jedoch steigend, denn Kenner schätzen mittlerweile einen kernigen, säuerlichen Müller-Thurgau, einen Bacchus, Silvaner, Traminer, Weißburgunder und Gutedel, oder auch einen der selteneren Rotweine –

Anders essen auf der Straße: Fast Food in Thüringen

hauptsächlich Portugieser und Spätburgunder – aus dem Osten Deutschlands. In Eichenfässern werden die Weine hier mittlerweile sehr sorgfältig sorten- und lagenrein ausgebaut und entsprechen mit ihrer trockenen Art auch ganz dem Geschmack der Zeit.

Thüringen kann auf über tausend Jahre Weinbau zurückblicken. Im Mittelalter gab es in ganz Mittelthüringen kaum einen Südhang, der nicht mit Reben bestellt war. Besonders die Gegend um Gotha und

Mühlhausen, aber auch entlang der Werra, der Hörschel, der Helme, an der Gera von Plauen über Arnstadt bis über Erfurt hinaus und am unteren Lauf der Unstrut reihte sich über Jahrhunderte ein Weinberg an den anderen. Sogar im rauhen Eichsfeld gab es in dem kleinen Bergdorf Marth bei Heiligenstadt einen Weinberg. Jena und Sangerhausen tragen Weintrauben im Wappen, und nach den Schutzpatronen der Winzer, den Heiligen Wigbert, Veit und Kilian, sind Kirchen benannt. Jenas Umgebung sah zu Luthers Zeiten aus wie das heutige Würzburg, und sogar der Name der Stadt geht auf das mittelhochdeutsche «jân», Rebzeile im Weinberg, zurück. Auch Erfurt war schon im dreizehnten Jahrhundert von üppigen Weinbergen umgeben, die sich bis in den innersten Mauerring hinein erstreckten. In jeder Gasse soll es fünf bis sechs Schenken gegeben haben, und der Weinbau übertraf in seiner wirtschaftlichen Bedeutung sogar noch den Waidanbau.

Vom zwölften bis zum sechzehnten Jahrhundert gab es in Thüringen an die hundert Klöster, Stifte, Domkapitel und geistliche Stiftungen, die sich dem Weinbau widmeten. Da für den Gottesdienst nur unverfälschter, naturreiner Wein verwendet werden durfte, war die Qualität dort auch besser als der Massenwein, der hektoliterweise für die Schänken und zum alltäglichen Bedarf gekeltert wurde. Kaffee, Tee und Kakao waren unbekannt und das Wasser häufig verseucht. Wein war im Mittelalter Grundnahrungsmittel und eine der Haupteinnahmequellen der Klöster, die ihn in ihren eigenen Herbergen und Schenken vom Faß ausschenkten. Bis ins sechzehnte Jahrhundert war der Wein das Hauptgetränk aller Stände und Schichten, weit vor Met und Bier. Er wurde in solchen Massen hergestellt, daß auch arme Leute ihn sich leisten konnten. War der Wein mal zu sauer, wurde er eben mit Honig, Kräutern oder Beeren verbessert.

Der Ruf des Thüringer Weines war jedoch nicht immer so gut wie heute. Von dem Erfurter Wein des Jahres 1336 wird berichtet, daß er so sauer gewesen sei, daß er die eisernen Schnauzen, aus denen er gegossen wurde, abgefressen habe. Man mußte schon suchen, um etwas Genießbares zu finden. «Und ein Wein wächst auf den Bergen, / und der Wein ist gar nicht schlecht; / tut er gleich die Strümpfe flicken / und den Hals zusammendrücken, / ist er doch zur Bowle recht.» Johann Wolfgang Goethe, der unter seinen Zeitgenossen als trinkfester Genießer galt, deckte sich dennoch alljährlich mit Heunischem von der Saale ein, und Friedrich Schiller bezog seinen Burgunder aus Erfurt.

Dabei waren es ursprünglich die Klöster, deren Bedarf an Meßwein den Weinbau in ganz Thüringen anregten. Die Benediktiner und Zisterzienser missionierten die thüringischen Heiden und brachten ihnen neben dem Vaterunser auch den Weinbau nahe. Auf dem Köppelberg zwischen Bad Kösen und Schulpforte, auf dem noch heute der «Pfortenser Köppelberg» angebaut wird, erntete das Kloster Pforte schon 1140 seinen Meßwein. Seitdem ist die Tradition des Weinbaus an dieser Stelle ungebrochen. Das Kloster ist jedoch schon seit dem siebzehnten Jahrhundert eine Eliteschule, in der unter anderem Friedrich Nietzsche in Latein und Griechisch gedrillt wurde, und die

In den Weinbergen an der Saale: mehr als Rotkäppchen und Carat-Schaumwein

Weinberge werden mittlerweile vom Landesweingut Naumburg bestellt.

In den Delikateß-Läden der DDR gab es neben den unsäglich versüßten Rotkäppchen- und Carat-Schaumweinen meist nur sauren Riesling aus Rumänien und den billigsten jugoslawischen Kadarkaverschnitt zu kaufen, während die heimischen Produkte eine Rarität blieben. Nun sind die ehemaligen landwirtschaftlichen Produktionsgenossenschaften privatisiert, und die Winzer der Region können es kaum schaffen, der großen Nachfrage gerecht zu werden. Die größte Kellerei im Saale-Unstrut-Gebiet ist die Winzervereinigung Freyburg, die 1934 als Winzereigenossenschaft gegründet wurde. Die etwa 700 Winzer der Region lassen größtenteils ihre Produkte hier keltern, und jedes Jahr kommen wieder einige dazu. Ein kleiner Ausflug nach Bad Kösen ins benachbarte Sachsen-Anhalt lohnt nicht nur wegen des seltsamen großen Gradierwerks mit dem Kunstgestänge seiner alten Pumpeneinrichtung, sondern besonders wegen der sonnigen Weinberge entlang des Unstruttales, die sich von hier bis nach Freyburg erstrecken. Das Staatsweingut in den Saalhäusern nur wenige Kilometer außerhalb der Kurstadt hat zwar nicht mehr die Größe wie in den achtziger Jahren, ist aber wegen seines Kellers mit den Eichenfässern sehr interessant. Immer mehr kleine Weingüter entstehen, mit Straußwirtschaften, einem kleinen Probierausschank, und entlang der 1993 eröffneten Weinstraße an der Unstrut, die man sich nicht nur mit Auto und Fahrrad, sondern auch mit der Unstrutbahn, dem «Wine Train» der Saale-Unstrut-Region, erschließen kann, kann man sich durch die Lagen des durchweg trocken ausgebauten ostdeutschen Weins verkosten.

Deutsche Klassiker im Wandel der Zeiten

Im Innenhof der vierflügeligen Schloßanlage des herzoglichen Schlosses in Weimar zog 1993 ein außerirdisch anmutender Fremdkörper ein: Ein riesiger schwarzer Kasten, der innerhalb des Schloßhofes wie ein schwarzes Loch die Sicht versperrt, im Inneren durch hundert Tonnen Stahl zusammengehalten, stand scheinbar beziehungslos im Mittelpunkt des historischen Kraftzentrums der deutschen Klassik, dem Stadtschloß des Goethesponsors Carl August, Großherzog von Sachsen-Weimar-Eisenach. Der

SALVE

«Faust-Kubus», von den Weimarern «Kaaba» genannt, in dessen Innerem ein komplettes kleines Theater untergebracht war, diente im Sommer 1993 im Rahmen des alljährlichen Kunstfestes als Aufführungsort von Goethes «Urfaust». Das überdimensionale fremdartige Gebilde stieß bei vielen Weimarern nicht gerade auf Gegenliebe, und auch die Besucher standen meist ratlos davor. Weimar ist zwar mittlerweile mit über anderthalb Millionen Besuchern jährlich zum Mekka der Deutschen geworden, aber die Kaaba im Innenhof des Schlosses umrundeten nur wenige, schon gar nicht siebenmal.

Die «Urfaust»-Inszenierung in der Weimarer Kaaba stand im Rahmen einer behutsamen Erneuerung in der Klassikerrezeption nach der Vereinigung der beiden deutschen Nachkriegsstaaten. Vereinnahmungen des «Kombinats Goethe und Schiller» (DDR-Volksmund) als «Wegbereiter der allseitig entwickelten sozialistischen Persönlichkeit» waren die seltene Ausnahme; vielmehr stellte die Rezeption der deutschen Klassik im Sozialismus eher ein «windstilles» Refugium gesamtdeutscher Bildungsbürgerlichkeit dar.

Nach der Vereinigung gingen die Nationalen Forschungs- und Gedenkstätten der deutschen Klassik («NFG») nahtlos in die Stiftung Weimarer Klassik über, die zur Hälfte vom Bund, zu vierzig Prozent vom Land Thüringen und zu zehn Prozent von der Stadt Weimar getragen wird. Die Stiftung ist die Gralshüterin der kostbarsten Liegenschaften des klassischen Weimar – die Hinterlassenschaften Goethes, Schillers, Herders und Wielands –, aber auch des Erbes der «silbernen» Epoche, in der Liszt und später Nietzsche in Weimar wirkten. Neben Goethe- und Schillerhaus samt den dazugehörigen Museen pflegt und bewahrt die Stiftung achtzehn weitere Literaturmuseen sowie die Herzogin-Anna-Amalia-Bibliothek und das Goethe- und Schiller-Archiv. Außer den Nachlässen zahlreicher Weimarer Dichter und Denker besitzt sie eine Sammlung kostbarer Buchhandschriften, Inkunabeln, Manuskripte und Flugschriften aus napoleonischer Zeit. Aber auch Parks und Schlösser in der Umgebung, die den Klassikern zur Wohnung dienten, liegen in ihrer Obhut. Zu DDR-Zeiten stand die «Bewahrung des nationalen Erbes» im Vordergrund, was mit großem Aufwand und deutscher Gründlichkeit auch eingelöst wurde. Noch in den achtziger Jahren entstanden bedeutende Neubauten und Rekonstruktionen, und der Erhaltungszustand der wichtigsten Objekte ist gut, während andere – wie Schloß Ettersburg – in baufälligem Zustand sind. Wie alle kulturtragenden Institutionen in Thüringen muß auch die Stiftung Weimarer Klassik darum bangen, in den kommenden Jahren ihren gesamten Stab von vierhundert Mitarbeitern weiter beschäftigen zu können. Die Ablösung des Wissenschaftlers Dr. Ehrlich als Präsidenten der Stiftung Weimarer Klassik durch den Kulturmanager Bernd Kauffmann (früher bei der Niedersachsenstiftung in Hannover) läßt vermuten, daß die Entwicklung dabei eine etwas veränderte Richtung nehmen soll. Die rein museale Bestandsbewahrung und Archivierung wird der Vielfalt noch zu erforschender Quellen und nicht veröffentlichter Materialien, die noch in den Archiven schlummern, nicht gerecht, und das massentouristische

«Historische Persönlichkeiten» beim Thüringer Herbst: Goethe und Carl August in Paulinzella

Interesse an den Pilgerstätten der deutschen Klassik ist eher geeignet, die intimen historischen Relikte bis in ihre Substanz zu schädigen. Darüber hinaus möchte Kauffmann verhindern, daß Weimar zu einer «geriatrischen Veranstaltung» verkommt, denn anscheinend sind es bisher im wesentlichen Menschen ab 40, die sich mit Goethe und Schiller beschäftigen.

Die Thüringer lieben ihre Klassiker, und man kann es ihnen nachfühlen. Ein Spaziergang auf den alltäglichen Wegen Goethes, von seinem Gartenhaus im Ilmpark zur Residenz oder zum Wohnhaus der Charlotte von Stein, gibt noch heute einen Eindruck von dem Sinn für Schönheit und der naturnahen Gelassenheit, die den umfassend gebildeten und interessierten Staatsbeamten und Dichter Goethe auszeichneten. Auf dem Weg durch den Park, dessen Gestaltung anfänglich in Goethes Hand lag, in die Stadt, die in ihrem baulichen Ensemble von bürgerlichen und herrschaftlichen Residenzen zum Besten gehört, was deutsche Kulturgeschichte zu bieten hat, ist man jedoch selten allein. An Wochenenden bis in den Herbst hinein verstellen Massen umherirrender Touristen den Blick auf die Kultstätten der Klassik. Die menschenleeren Hochglanzfotos in Reiseführern und Bildbänden müssen offenbar mit einem starken Aufgebot an Ordnungskräften zustande gekommen sein. Besonders in den engen Stuben der Privatgemächer im Goethe- und Schillerhaus tritt man sich in Spitzenzeiten buchstäblich gegenseitig auf die Füße, und der Obolus, der zur Besichtigung an der Kasse entrichtet wird, dürfte kaum genug sein, um die Schäden, die an der musealen Substanz durch übermäßigen Verkehr hinterlassen werden, wieder zu beheben. Wer sich mit Muße auf den Spuren der deutschen Klassik bewegen will, sollte möglichst im Laufe der Woche kommen. An Werktagen, selbst in den Sommermonaten, ist Weimar häufig ein beschauliches kleines Städtchen, und man trifft hauptsächlich Menschen, die leicht als Ortsansässige zu erkennen sind, weil ihnen der gehetzte Blick vieler Touristen fehlt. Bei einem Besuch in den Wintermonaten gar kann man beinahe sicher sein, ungestört durch die Gassen dieser Stadt zu wandern, in der eine große Vergangenheit so lebendig und gegenwärtig ist. Wenn eine alte Pferdekutsche heute durch die Gassen über das Pflaster rollt, fühlt man sich leicht in eine Zeit zurückversetzt, in der Muße noch kein Fremdwort war und menschliche Begegnungen noch Folgen hatten.

Die Klassikerstraße – nur ein touristisches Konzept?

Mit einem rauschenden Fest beginnt alljährlich der Thüringer Herbst, das Kulturfestival rund um die Klassikerstraße. Auf der Heidecksburg, dem großen Schloß hoch über Rudolstadt, kündigt der prunkvolle Hofmarschall die geladenen Besucher zur «Assemblee» im Rokoko-Festsaal, der zur Eröffnung des Thüringer Herbstes in restauriertem Glanz vorgestellt wurde. Eine virtuelle Version des Geheimrats Goethe, verkörpert durch einen ihm erstaunlich ähnelnden Schauspieler der städtischen Bühnen Erfurt, betritt den Saal, gleich nach ihm Carl August, ebenfalls in makellos barockem Gewande und mit sicherem, würdigem Gestus die profane Menge grüßend. Der Rotkäppchen-Sekt fließt reichlich, aber sonst erinnert nichts mehr daran, daß noch vor zehn Jahren die stille Residenz über Rudolstadt in ihrem Dornröschenschlaf vor sich hin schlummerte. Seit Menschengedenken hat das Schloß keine nächtliche Gesellschaft mehr gesehen, der gesamte vordere Teil, der heute das Museum bildet, ist weitgehend im Originalzustand des achtzehnten Jahrhunderts erhalten, ohne Elektrizität und Zentralheizung.

Schon 1991 warb der thüringische Wirtschaftsminister Bohn in Japan für seine Idee, eine Straße der Klassik in Thüringen zu inszenieren. Die Klassikerstraße verläuft auf einem Rundkurs durch das zentrale Thüringen von Eisenach nach Süden durch den Thüringer Wald ins tausendjährige Meiningen, weiter nach Ilmenau und Goethes Lieblingsberg, den Kickelhahn. Dann mit einem Abstecher nach Arnstadt zur Heidecksburg in Rudolstadt, durchs idyllische Schwarzatal und entlang der Saale weiter in die Stadt der Schilleruniversität, Jena, um schließlich entlang der «Magistrale», der heutigen B7, über Weimar, Erfurt und Gotha zurück in die Wartburgstadt Eisenach zu führen. Von Anfang an war die Idee der Klassikerstraße umstritten. Touristikunternehmen fühlten sich überfahren, Philologen bemängelten die Zufälligkeit des Konzeptes. Es liegt jedoch in der Natur eines solchen Projektes, daß auf allen Seiten Empfindlichkeiten berührt werden. Die hohe Kunst einer diplomatischen und vollständigen Kommunikation unter Berücksichtigung aller Interessengruppen kann und soll wohl auch nicht Inhalt der Bemühungen des «Aufbaustabes Klassikerstraße» im thüringischen Wirtschaftsministerium sein. Dennoch kann man auf solch sensiblem Terrain leicht zum Elefanten im Porzellanladen werden.

Der Minister hält anläßlich der Eröffnungen des Thüringer Herbstes gern hof. Die Klassikerstraße ist sein Lieblingskind, und das Ministerium läßt es sich 1,6 Millionen jährlich kosten, die Route durch einige Orte, die in einem gewissen Zusammenhang mit den «Klassikern» stehen, in aller Herren Länder zu fördern und zu verbreiten. Der Nutzen, den das Land durch kultur- und erholungshungrige Touristen aus den umliegenden Bundesländern und aus dem Ausland zurückerhalten soll, rechtfertige den Aufwand, bekommt man zu hören. Thüringen befinde sich ohnehin im Wandel von einem zentralen Standort der verarbeitenden Industrie zum touristischen und kulturellen Dienstleistungsbetrieb. Burgen, Kirchen, Schlösser und Parks, Straßen, die vom Mittelalter bis ins 19. Jahrhundert im Zentrum der Kultur- und Geistesgeschichte Deutschlands standen, sowie Geburts-, Wohn- und Sterbehäuser allbekannter historischer Persönlichkeiten bieten sorgsam gepflegte Erinnerungspunkte an eine vergangene, aber lebhafte Zeit. Visionen sind gefragt. Wo sonst in Deutschland locken Talsperren zum Windsurfen, schneesichere Mittelgebirgslagen zum Abfahren, umgeben von einer überaus dichten Kulturlandschaft mit an die hundertfünfzig Museen, sieben mehrspartigen Theatern und einer über Jahrhunderte gewachsenen Kultur, die in jeder Epoche ihre Höhepunkte gehabt hat, auf so dichtem Raum? Einen «ungehobenen Schatz» nennt der kulturell ambitionierte Wirtschaftsminister «sein» Thüringen, und er hat recht damit. Egal wer in der Regierungsverantwortung sitzt, die Entwicklung dieses Landes in der Mitte Europas zum touristischen Zentrum wird niemand aufhalten können. Dazu ist das Pfund, mit dem es wuchern kann, viel zu kostbar. Es gibt kaum noch etwas zu verlieren für Thüringen, aber sehr viel zu tun und zu gewinnen.

Die Klassikerstraße wird von den Fremden leben müssen. Und die Gewohnheiten der Fremden werden sich für die Klassikerstraße verändern müssen. Eine Studie hat gezeigt, daß neunzig Prozent der Touristen, die mit Bussen ins Land strömen, sich auf ihrer Fahrt nicht weiter als fünfhundert Meter von ihrem Gefährt entfernen und immer in der Gruppe bleiben. Die mit großem Abstand meistbesuchten Stationen in Thüringen sind: Goethehaus, Goethe- und Schillergruft (jetzt wieder «Fürstengruft» genannt), Schillerhaus sowie die Wartburg, meist alles an einem Tag, ohne Übernachtung. Durchschnittliche Verweildauer aller Thüringenreisenden: drei Tage. Dabei bietet sich das Land förmlich für einen längeren Aufenthalt an. «Im Winter kommt kein Mensch. Das ist unser Problem» sagt der Denkmalpfleger der Stiftung Weimarer Klassik. Im Sommer drängen sich die Touristen in den kleinen Stuben von Goethe- und Schillerhaus. Führungen sind unmöglich, weil sich sonst überhaupt nichts mehr bewegen würde. Wenn es nach den Vorstellungen der Tourismusbranche ginge, wären Klassik als Aprés-Ski-Vergnügen und Kuren mit Klassiker-Touch *die* Lösung. Aber noch ist es nicht soweit. Die Hotelburgen in Oberhof sind nur zu einem Viertel ausgelastet, und Privatquartiere gibt es noch nicht genug. Die große alte Thüringer Bäderkultur ist dabei, sich zu erholen. Vielen fällt es schwer, sich umzustellen, sehr zum Bedauern des thüringischen Wirtschaftsministeriums. Die 62 Millionen Landesmittel, die 1992 als Zuschüsse für Privatinvestitionen in die touristische Infrastruktur reserviert waren, sind nur zum Teil abgerufen worden. Zwanzig bis dreißig Prozent Wachstum jährlich in der Tourismusbranche klingen gut, aber das Ausgangsniveau war sehr niedrig.

Ein Umdenken findet auch in der Rezeption der Klassiker statt. Die betuliche, konservative «Erbepflege» in der DDR, lange Zeit ein Refugium gesamtdeutscher Bildungsbürgerlichkeit, macht zeitbezogenen Interpretationen Platz. Es soll Bewegung in die Theater und in die Feuilletons kommen. Die Aufführungen zum Thüringer Herbst

Nur ein paar Minuten von Weimars Innenstadt entfernt: Goethes Gartenidyll im Park an der Ilm

sind gute Beispiele dafür. Mira Erzegs Clavigo-Inszenierung im Nationaltheater holt Goethe vom Sockel, indem sie die autobiographischen Züge des Trauerspiels betont. Der Dichter zwischen zwei Frauen und einem schwulen, stürmisch-drängenden Freund. Auch Goethes «Faust» steht auf dem Programm des Thüringer Herbstes. Die Inszenierung von Prof. Fritz Bennewitz wagt sich dabei in eine etwas andere Richtung, fern von anthroposophischer Engelsduselei und musealer Verkalkung. Schließlich gibt es noch, ebenfalls im Nationaltheater Weimar, das ironische Schau-/Hörspiel «Eckermann und sein Goethe», das augenzwinkernd das Verhältnis des

alternden Dichters zu seinem Privatsekretär aufs Korn nimmt.

Auf der Suche nach attraktiven Aufhängern verfallen Tourismusexperten und Interessengruppen jedoch in eine regelrechte Straßeninflation: Porzellanstraße, Romantikerstraße, Weinstraße, Straße des Kunsthandwerks, Straße der Romantik… Wovon andere zuwenig haben, hat Thüringen fast zuviel. Der alljährliche Thüringer Herbst bildet den Höhepunkt der Aktivitäten der Klassikerstraße und bezieht die Theater und Gedenkstätten entlang des Weges in ein Veranstaltungsprogramm ein, das über die lokale Kulturszene hinaus von internationaler Ausstrahlung sein soll. Das abwechslungsreiche Programm von Vorträgen, Festumzügen, Theateraufführungen und Konzerten anläßlich des Thüringer Herbstes ist jedoch von zweifelhaften Höhepunkten geprägt. Ausgerechnet unter dem Motto «Über allen Gipfeln ist Ruh» soll ein Wandertag sangesfreudige Bürger und Gesangvereine unter dem Dirigat Gotthilf Fischers zum Gipfel des vom Waldsterben auch nicht verschonten Kickelhahns führen, der stillen Erhebung im Thüringer Wald, die einst Goethe zu seinem einprägsamen Memento mori inspirierte. Ob dem sangesfreudigen Charismatiker mit seinem Massenständchen am Kickelhahn im Verein mit allen versammelten Jagdhornbläsern und Trachtengruppen eine solche Annäherung gelingen kann, mag jedoch vorläufig dahingestellt bleiben.

Zurück in die Zukunft

THEATERGESCHICHTE
UND ZEITGEIST

«Vorwärts, Herr von Bülow, zeigen Sie den Meiningern, wo's lang geht! Zurück in die Zukunft!» So beendete der Rezensent der Mitteldeutschen Allgemeinen seine Betrachtungen zu den «Meininger Landesmusiktagen Hans von Bülow '94». Theater in Thüringen: Da gibt es mehr zu entdecken als Theatergeschichte, mehr als Weimar mit Goethe und Schiller.

Da sind die überwiegend mehrspartigen Landestheater oder Stadttheater in Altenburg, Eisenach, Erfurt, Gera, Meiningen, Nordhausen, Rudolstadt und Weimar, deren Fortbestehen – wenngleich nicht immer in der alten Form – mittlerweile gesichert scheint. Kein eigenes Ensemble, aber traditionsreiche Spielstätten haben darüber hinaus Arnstadt, Gotha, Greiz, Heiligenstadt und Hildburghausen aufzuweisen. Daneben hat sich die Anzahl von acht Sinfonieorchestern in Thüringen, die noch 1990 existierten, in der Zwischenzeit durch Fusionen um die Hälfte reduziert.

Doch neben den ehrwürdigen Theaterinstitutionen gibt es auch noch ein «anderes Theater», zum Beispiel das Theaterhaus in Jena, der Geheimtip für Liebhaber des alternativen freien Theaters. Außerdem gibt es Kabarett und renommiertes Puppentheater nicht nur für Kinder, jede Menge Festivals sowie engagiertes Amateurtheater an historischen Plätzen.

Theater in Thüringen. Warum nicht durch Thüringen reisen und dort innehalten, wo Theatergeschichte gemacht wurde – wie in Weimar und Meiningen – und wo heute wieder oder immer noch gespielt und experimentiert wird, Erbpflege betrieben und Innovationen gewagt werden. Die Reise führt weit zurück in die Vergangenheit.

Wie auf einer Schatzsuche kann man in Thüringen museale Räume durchstreifen, deren Aura gefangennimmt, wenngleich vieles gerade in seiner Verstaubtheit interessant erscheint, durch seine Patina gewinnt. Immer wieder überrascht in Thüringens Theatern eine Lebendigkeit, die gekonnt mit Traditionen (auch jüngeren Datums) jongliert.

Wie das geschieht, hängt von der Organisationsform des Hauses ab, den verantwortlichen Intendanten und ihrer Fähigkeit, die jeweiligen Erfahrungen zuzulassen und mit den gegenwärtigen – besonders den finanziellen – Bedingungen umzugehen.

Da war es für das kleine Meiningen mit seiner großen Theatergeschichte sicher ein Glücksfall, direkt nach der Wende mit dem jungen Ulrich Burkhardt einen Intendanten zu bekommen, der mit der Theaterarbeit sowohl im Osten als auch im Westen Deutschlands vertraut war und beides zu integrieren verstand. Die Zeiten, da Führungsposten im Theater ausschließlich mit «Westimporten» besetzt wurden, sind längst vorbei. Hubert Kross jr. wechselte nach acht Jahren, die er als Dramaturg, Regisseur und Intendant in Nordhausen verbracht hatte, im Sommer 1994 als Operndirektor an die Bühnen der Stadt Gera. Er verließ «sein» Theater in dem Bewußtsein, daß die Förderung dieses Nordthüringer Hauses auch in Zukunft gesichert scheint.

Die Bühne als Nische

Theater in Thüringen, das war in der Vergangenheit Provinztheater auf gehobenem Niveau. Aufregende Uraufführungen bekannter DDR-Dramatiker wie Volker Braun, Peter Hacks, Heiner Müller oder Ulrich Plenzdorf fanden – wenn überhaupt – an den Theatern der Hauptstadt statt. Nur einmal, zum 20. Jahrestag der Wiedereröffnung des Nationaltheaters, wurde Volker Brauns «Hans Faust» in Weimar uraufgeführt. Das war am 27. August 1968, und Fritz Bennewitz, der damalige Intendant, führte Regie.

Weimar war für jedes deutsche Regime ein besonderer Ort – auch für die Nationalsozialisten. Die Dramatiker Goethe und Schiller wurden zu allen Zeiten von den Machthabern schamlos vereinnahmt und zur Selbstdarstellung benutzt. Doch die Klassiker mit ihren immergültigen Themen boten auch immer die Möglichkeit, durch die Art der Inszenierung und entsprechende Betonungen Bewußtsein zu schärfen und an etwas zu erinnern, das sich den Botschaften des herrschenden Regimes widersetzte – Theater als regionale Nische, ganz besonders in der thüringischen Provinz.

Daneben entwickelte sich fern von Berlin in Erfurt, Jena, Rudolstadt, Greiz und anderswo eine zukunftsträchtige Kleinkunst und Kabarettszene. Wie das Erfurter Theater «Die Arche», wo aufmerksame Besucher heutzutage viel über die laufende Vergangenheitsbewältigung erfahren: «Anna Stasia oder Aktenleichen ungelöst» und «Der Hausmeister kehrt zurück», eine Ein-Mann-Polit-Satire nach dem Motto «Seit Pfingsten wird erbarmungslos zurückgekehrt.»

«... Es kommt darauf an, daß eine geschickte Wahl der Stücke, bezüglich auf die Tage, getroffen werde, so kann man auch für die Zukunft auf gute Einnahmen hoffen. Überhaupt ist mir nicht bange, das Geld, was in der Gegend zu solchem Genuß bestimmt sein kann, ja etwas mehr, in die Kasse zu ziehen…» so schrieb schon im Jahre 1802 Goethe aus Lauchstädt an Schiller. Was nützt das schönste Theater mit langer Tradition, wenn keine Zuschauer kommen. Nach Öffnung der Grenzen waren die Theater plötzlich leer. Alte Organisationsformen der Kartenverteilung brachen zusammen, und bei den sich überschlagenden Geschehnissen und wirtschaftlichen Unsicherheiten hatten die Menschen andere Sorgen. Inzwischen hat das Theater trotz der Konkurrenz flächendeckender Satellitenschüsselwälder sein Publikum wiedergefunden. Georg Mittendrein, Intendant in Altenburg, konnte zu Beginn der vorigen Spielzeit sogar ein kleines Wunder verkünden. Sein Theater hatte 25000 Besucher dazugewonnen, ein Zuwachs von 35 Prozent. Das lag nicht etwa daran, daß das Theater seiner Aufgabe als «moralische Anstalt» wieder gerecht wurde, wie der Theaterleiter den Zustrom besonders der jugendlichen Zuschauer deutete, sondern vielmehr an Publikumsmagneten wie der europäischen Erstaufführung von «Das beste kleine Hurenhaus in Texas» oder der Theater-Seifenoper «Grease», die einst John Travolta zum Durchbruch verhalf. Beim Lesen der Spielpläne fällt das große, vielfältige Angebot an Kinder- und Jugendstücken auf. Es wird mehr geboten als das obligatorische Weihnachtsmärchen westlicher Bühnen. Touristen mit Kindern können auf der Reise durch die Theaterlandschaften den Nachwuchs beruhigt mitnehmen. An Angeboten für sie fehlt es nicht.

Auch in Meiningen, dem südthüringischen Staatstheater, will man, wie Chefdramaturgin Gundula Reinig erklärt, «nicht belehren oder erziehen». Langweilige Belehrungen hätten die Menschen in Thüringen lange genug ertragen. Jetzt hätten sie ein Recht auf Unterhaltung. Die Meininger wollen deshalb auch «nicht beweisen, wie man ein Haus leerspielt», und trotzdem Werte setzen und bewahren. Sie fühlten sich der aufklärenden Tradition Schillers verpflichtet und spielen nicht nur zu den «Meininger Landesmusiktagen Hans von Bülow» den Wallenstein. Schillers Trilogie wurde in der modernen Inszenierung von Fritz Bennewitz so verkürzt, daß das dreiteilige Drama an einem Abend über die Bühne geht.

Theater für Liebhaber

Theater in Thüringen hat seine Wurzeln im Theater zu Hofe. Jede noch so kleine Residenz hatte ihr Theater. «Schlag nach im Gotha!» An den Höfen Thüringens machte man mit Fähigkeiten, die dem Theater dienlich waren, Karriere. Berühmtestes Beispiel: Goethe in Weimar. Das Theater diente der Unterhaltung einer gelangweilten Hofgesellschaft, sollte aber auch belehren und bilden. Aufmerksame Besucher lesen in einem Theaterprospekt aus dem ostthüringischen Altenburg, was ein Chronist schon am Ende des 18. Jahrhunderts notierte: nämlich, daß sich die Sitten der Altenburger Landbevölkerung spürbar verbessert hätten, seit diese in der Stadt die Theateraufführungen besuchte. Die Leute vom Lande kamen immer dann besonders zahlreich, wenn Schiller gespielt wurde.

Durch das gemeinsame Spiel von Hofgesellschaft und Bürgern wuchs über Jahrhunderte im kleinstaatlichen kulturellen Wettbewerb der

Thüringer Provinz zwischen Greiz und Eisenach, Altenburg und Meiningen eine dichte Theaterlandschaft, die durch zwei diktatorische Systeme nicht zerstört werden konnte.

Von der Hofbühne zum Arbeitertheater

Eine Rundfahrt durch Thüringens Theater könnte in Hildburghausen, südöstlich von Meiningen beginnen. Im Stadtführer ist nachzulesen, daß an der Südostseite des Friedensparks «ein recht brauchbares Ergebnis der Verschwendungssucht der Fürsten» von Sachsen-Hildburghausen noch heute besuchenswert sei: das Hildburghausener Theater. 1720 als Ball- und Fechthaus erbaut, wurde der Bau der Mode entsprechend um 1750 in ein Hoftheater verwandelt. Ende des 18. Jahrhunderts verhalf Herzogin Charlotte, eine Schwester der preußischen Königin Luise, der winzigen Residenz trotz leerer Staatskasse und strenger Sparmaßnahmen zu einem guten Ruf als Kunst- und Kulturstadt. Zu ihren Freunden und Verehrern gehörte der Schriftsteller Jean Paul, und stolz sind die Hildburghausener auch auf einen einjährigen Aufenthalt des elfjährigen Carl Maria von Weber. Nach einem Gastspiel der Theatertruppe seines Vaters blieb der Knabe in der Stadt, um sein Klavierspiel zu vervollkommnen.

Heute gastieren im Stadttheater die Thüringer Philharmonie Suhl und das Meininger Theater. Ansonsten sind dort Aufführungen des Hildburghausener Amateurtheaters zu sehen. Unter der Leitung des passionierten Amateurschauspielers Rolf Weißleder bildete sich zu Beginn der siebziger Jahre in Hildburghausen ein festes Laienensemble, daß sich 1974 «Arbeitertheater Majakowski» nannte. 1989 wurde mangels schauspielernder Arbeiter daraus die «Amateurbühne Majakowski». Es empfiehlt sich, die Entwicklung dieses Amateurensembles an traditionsreichem Ort, das heute Märchen spielt, weiter zu verfolgen.

Kulturelles Highlight in der Landeshauptstadt: Carl Orffs Carmina Burana auf den Domstufen

Je nach Jahreszeit sind von Hildburghausen aus Abstecher zum Naturtheater Steinbach / Langenbach möglich, wo von Mai bis August Gastspiele unterschiedlichster Art stattfinden. Das Repertoire umfaßt Volksmusik mit den «Lustigen Musikanten», Musicals und Opernaufführungen. Um die 3000 Plätze zu füllen, müssen auch schon mal in die Jahre gekommene deutsche Schlagersänger herhalten. Geplant sind Open-Air-Kino-Veranstaltungen.

Nicht weit von Steinbach entfernt

ist das Dorftheater «Friedrich Schiller» in Bauerbach. Nach der skandalösen Uraufführung der «Räuber» in Mannheim zog sich Schiller 1782 aufs Land nach Bauerbach zurück. Während seines achtmonatigen Aufenthaltes vollendete er hier «Kabale und Liebe». Das Dorf pflegt seit Schillers 200. Geburtstag sein Andenken. In Bauerbach gibt es ein Schillerhaus, und ein «Liebhabertheater» spielt auf einer idyllisch gelegenen Naturbühne besonders gern das im Dorf fertiggestellte Stück. Für die Kleinen steht «Pippi Langstrumpf» auf dem Spielplan, und im Hochsommer eignet sich das Amphitheater mitten im Wald vorzüglich für Rockspektakel.

Die «Meininger»

Wer ein geschichtsträchtiges Haus und professionell dargebotenes Theater liebt, macht gleich Station in Meiningen. Die kleine Stadt an der Werra wurde unter dem «Theaterherzog» Georg II. zu einer der ersten Schauspiel- und Orchesteradressen Deutschlands. Georg war ein vielseitig gebildeter und interessierter Kronprinz. Der ehemalige Schüler des Münchner Historienmalers Wilhelm von Kaulbach begeisterte sich schon als Student für die italienische Renaissance-Malerei, Shakespeare und Beethoven. Seine Militärausbildung absolvierte er in Berlin. Er hatte Charles Keans berühmte Shakespeare-Inszenierungen in London gesehen und sich längere Zeit in Italien aufgehalten. Als er 1866 als Vierzigjähriger die Verantwortung im eher ärmlichen Herzogtum übernahm, galt sein Hauptinteresse dem 1831 erbauten, bis dahin unbedeutenden Hoftheater. Mit seiner dritten Frau, der Schauspielerin Ellen Franz (nach der Eheschließung «Helene Freifrau von Heldburg») und dem Schauspieler, Regisseur und späteren Intendanten

Ludwig Chronegk begründete er ein Theater, das im ausgehenden 19. Jahrhundert den Realismus und Historismus auf der Bühne zu einem glanzvollen Finale führte. Die Geschichte der Meininger läßt sich sehr gut im Theatermuseum im Schloß Elisabethenburg nachvollziehen.

Die bedeutendsten Schauspieler der Epoche spielten in Meiningen. Da die sachkundigen, gebildeten Zuschauer der Welt kaum nach Meiningen reisten, gastierte das Theater in ganz Europa. 2591 Aufführungen in 38 Städten machten «die Meininger» weltweit bekannt. Auf einer Karte im Museum sind die Routen generalstabsmäßig nachgezeichnet.

In den Inszenierungen der Meininger gab es nichts Nebensächliches, alles auf der Bühne hatte gleichwertige Bedeutung. Solopartien und Massenszenen wurden auf das genaueste eingeübt. Kein Schauspieler war zweitrangig. Jeder mußte Haupt- und Nebenrollen spielen. Die naturalistische Inszenierung ging so weit, daß nicht Theaterstoffe verwandt wurden, sondern eigens aus Lyon und Genua importierte Textilien und edle Pelze. Der Herzog war für Dramaturgie, Bühnenbild, Kostüme und «Oberregie» zuständig. Seine Frau besetzte die Rollen und übernahm die Einstudierung, während Ludwig Chronegk für die «Unterregie», die Volksszenen und die gesamte Organisation – auch der Reisen – zuständig war.

Im Theater konzentrierte sich der Herzog auf das Schauspiel, der Verzicht auf die Oper hinderte ihn nicht daran, eine glanzvolle Hofkapelle zu fördern. Eine stilbildende Epoche begann für das Orchester, als der mit dem Herzogpaar befreundete Hans von Bülow 1880 für Meiningen gewonnen werden konnte. Bülow, der erste große Musiker, der sich ausschließlich aufs Dirigieren konzentrierte, übertrug die «Meininger Prinzipien» des Schauspiels auf die Orchesterarbeit und formte die Hofkapelle zu seinem weltberühmten Orchester. Franz Liszt und Richard Wagner zog es nach Meiningen ebenso wie Edvard Grieg. Auf Einladung von Bülows kam auch Johannes Brahms, dessen Vierte Sinfonie am 25. Oktober 1885 in Meiningen uraufgeführt wurde. Im gleichen Jahr übernahm der einundzwanzigjährige Richard Strauss die Leitung der Hofkapelle. Am Ende dieser Ära war es Max Reger, der mit dem berühmten Orchester noch einmal in ganz Europa gastierte.

Als das Theater 1908 abbrannte, ließ der Herzog im Rekordtempo ein neues Haus bauen. 1909 wurde es mit der Aufführung von Friedrich Schillers «Wallenstein» festlich in Betrieb genommen. Mit dem Tod des Herzogs ging 1914 eine glanzvolle Zeit in Meiningen zu Ende. Doch die Inszenierungen der Meininger zeigten Wirkung. Stanislawski in Moskau und Antoine in Paris nahmen sie zum Vorbild.

Kein Wunder, daß sich Intendant Ulrich Burkhardt auf das Spannungsfeld von Tradition und Moderne beruft, in dem sich das Meininger Drei-Sparten-Theater heute bewegt. Der junge Intendant scheint mindestens ebenso besessen vom Theater wie damals der Herzog. Mit seinem unkonventionellen Team, in dem nicht Herkunft aus Ost oder West, sondern Kenntnisse entscheidend sind, gibt er seinen Vorstellungen Ereignischarakter. Das lockt Besucher nach Meiningen.

Das Theater ist in der 24000-Einwohner-Stadt der größte Arbeitgeber, und fast jede Familie war oder ist in irgendeiner Form mit dem Haus verbunden. Ulrich Burkhardt hat es geschafft, daß der 1987 begonnene Anbau, der einige Jahre sein Dasein als Rohbau fristete, schließlich nicht abgerissen, sondern fertiggestellt wurde, so daß das Meininger Staatstheater heute über genug Arbeitsräume und auch über eine Studiobühne – «Georgie's Off» – verfügt. Hier kann das Ensemble mit Aufführungen experimentieren, die das große Theater nicht füllen würden.

Mehr als 160000 Besucher fahren jährlich nach Meiningen. Sie kommen aus allen Richtungen, Abonnenten sind bis zu anderthalb Stunden im Auto unterwegs, um schließlich im prachtvollen Theaterraum Platz nehmen zu können, dessen Wandbespannungen die Spuren der Zeit nicht verbergen können. Die Besucher knarren erwartungsvoll mit den alten, gepolsterten Stühlen und werden ganz still, wenn der Vorhang sich öffnet. Denn Meininger Theater ist kein langweilig belehrendes, sondern sinnliches, unterhaltendes Theater – aber mit Standpunkt.

Die Fahrt nach Meiningen wird mit Besonderem belohnt. Inszenierungen von August Everding oder von Bernhard Victor von Bülow (alias Loriot, einem Großneffen des berühmten Dirigenten) stehen auf dem Spielplan. Auch Fritz Bennewitz, der in Meiningen die DDR-Erstaufführung von Brechts «Dreigroschenoper» inszenierte, arbeitet wieder in dem Haus, an dem er bereits in den fünfziger Jahren tätig war. Im neuen Spielplan findet sich die deutsche Erstaufführung der Oper «Medea» des Alexis-Sorbas-Komponisten Mikis Theodorakis. Zum Repertoire gehört auch «Die Kinder vom Bahnhof Zoo», womit das traditionsreiche Haus im Trend der Zeit liegt. Zwar sieht man auf Thüringens Straßen und Plätzen noch keine Junkies, aber die ersten Drogenrazzien fördern sogar in der südthüringischen Provinz manches zutage. Die Meininger Theaterbesucher sehen von alledem jedoch nur die Theaterversion, und anschließend läßt man es sich in einem der fein herausgeputzten Cafés und Restaurants Meiningens gutgehen.

Eisenach, Rudolstadt, Gotha, Erfurt

Nächste Station ist die Oper in Eisenach, das Eisenacher Schauspiel hat kein eigenes Ensemble mehr und übernimmt Produktionen aus Rudolstadt. Das Land vollbrachte mit der Zusammenlegung einen kulturpolitischen Spagat, der wenig Gegenliebe fand. Inzwischen haben die freigestellten Schauspieler selbst die Initiative ergriffen und mit Unterstützung des Landes ein freies Theater gegründet: das «Burgtheater» im Schloß Fischbach, das auch schon auf Gastspielreise geht. Ein anspruchsvolles Oper- und Konzertprogramm bieten Musiktheater und Landeskapelle – und ergänzen das ohnehin schon reiche Musikleben der Wartburgstadt.

Die Rudolstädter andererseits verweisen nicht nur stolz auf die Tradition des Schwarzburgischen Hoftheaters, das immerhin einige Jahre von Weimar aus von Johann Wolfgang Goethe geleitet wurde, sowie auf die reiche musikalische Tradition der Hofkapelle, sondern beziehen sich auch auf die jüngere Vergangenheit. Das alte Komödienhaus, dessen Neugestaltung bereits Walter Gropius, damals Leiter des

Weimarer Bauhauses, als nicht durchführbar abgelehnt hatte, wurde von 1982 bis 1984 aufwendig umgebaut und im Juni 1984 im Rahmen einer Festwoche wiedereröffnet. Nach der Fusion der Thüringer Landeskapelle Rudolstadt mit dem Sinfonieorchester der Stadt Saalfeld verteidigten die Rudolstädter ihr Mehr-Sparten-Theater, doch sie kamen nicht umhin, ihr Musiktheater zu schließen.

Das Rudolstädter Schauspiel macht mit interessanten Inszenierungen auf sich aufmerksam. Bereits vor der Wende stellte die junge Regisseurin Konstanze Lauterbach mit «Carmen Kittel» ein Stück vor, das mit drastischer Symbolik den wohlbehüteten Alltag in der DDR in Frage stellte. Die talentierte junge Regisseurin wurde auch prompt nach Leipzig verpflichtet. Mittlerweile ist sie als Nachwuchstalent bundesweit berühmt. Im Sommer spielen die Rudolstädter auf Schloß Heidecksburg und im Liebhabertheater Schloß Kochberg.

Hoch über Gotha fällt schon von weitem die weiß erstrahlende vierflügelige Renaissanceschloßanlage mit ihren «tausend Fenstern» auf: Schloß Friedenstein. Neben beachtlichen kunst- und landesgeschichtlichen Sammlungen, ungewöhnlichen Museen und einem wahren Labyrinth von Sälen, Kammern, Fluren und Gemächern birgt das Schloß eine theatergeschichtliche Rarität: Das «Ekhof-Theater» mit seiner einzigartigen barocken Bühnenmaschinerie hatte seine Hoch-Zeit unter dem berühmten Lessing-Schauspieler Konrad Ekhof, der nach dem Brand des Weimarer Theaters nach Gotha kam und dort eines der ersten deutschen «stehenden» Theater leitete, das von der Gunst Herzog Ernsts II. abhängig war. Dieser strich Ekhof Lessings «Emilia Galotti» vom Spielplan, das Stück war ihm wohl zu fortschrittlich.

Heute gibt es gelegentlich im Sommer Gastspiele und Konzerte auf der Bühne des ehrwürdigen kleinen Theaters, wenn auch die Maschinerie nicht mehr ganz funktioniert. Eine fachgerechte Restaurierung würde Millionen verschlingen, die gegenwärtig nicht aufzutreiben sind. Ein eigenes Orchester hat Gotha nicht mehr. Das Landessinfonieorchester mit Sitz in Gotha mußte wegen fehlender Gelder mit der Erfurter Philharmonie zusammengehen.

Erfurt verfügt über eine schillernde Theaterszene mit einem Drei-Sparten-Stadt-Theater, Kabarett und Puppentheater sowie dem Philharmonischen Orchester Erfurt. Früher unter einem Dach vereint, sind heute «Die Arche», das Thüringer Satiretheater und Kabarett, und das Puppentheater «Waidspeicher» eigenständige Produktionsstätten. Mit Dietrich Taube kam der erste westliche Intendant nach Thüringen. Er muß das Theater nun durch schwierige Zeiten leiten, denn die überfällige Sanierung des Opernhauses steht noch immer an. Das Musiktheater zieht ins Kultur- und Freizeitzentrum am Moskauer Platz und hofft auf 1996. Zu erwähnen ist noch das Jugendtheater «Die Schotte», das ein internationales Kinder- und Jugendfestival veranstaltet. Neben einer regen Pflege der kirchen- und kammermusikalischen Traditionen glänzt Erfurt durch internationale Straßentheater, das Festival «Artefact», die Philharmonischen Festwochen und ein Jugendblasorchester. Zu einem populären Spielort für zeitgenössische und klassische Konzertaufführungen entwickeln sich die neu restaurierten «Kaisersäle».

Klassik und Welttheater in Weimar

In Weimar prägten Johann Wolfgang Goethe und Friedrich Schiller die Form des Theaters, die wir als deutsche Hochklassik bezeichnen und die bis heute Wirkung auf den deutschen Bühnen – und in der Erwartungshaltung des Publikums – zeigt.

In ihrer Theaterarbeit war Bildung und Belehrung des Publikums – und der Schauspieler – das oberste Gebot. Nicht Volkstheater in der Mischung von Tragödie und Komödie oder das «wirkliche Leben», wie es die Dichter des Sturm und Drang beschrieben, wollte man zeigen, sondern die Natur «idealisch» verklärt vorstellen. Das Publikum setzte sich aus dem Adel des Hofes, dem gebildeten Bürgertum und den Jenaer Studenten zusammen. Ende des achtzehnten Jahrhunderts hatte Weimar 6500 Einwohner. In dieser kleinen, abseits gelegenen Residenz entwickelten die beiden Dichter Weltliteratur und Welttheater. Sie übersetzten und bearbeiteten mit unterschiedlichem Erfolg für die deutsche Bühne Stücke von Voltaire, Shakespeare, Picard, Racine, Calderon, Molière, Marivaux, Beaumarchais, Goldoni und Gozzi. Und natürlich inszenierten sie ihre eigenen Werke. Schon bevor Schiller nach Weimar kam, gab Goethe den «Don Carlos» und begann mit den «Wallenstein»-Aufführungen. In Weimar wurden Schillers «Maria Stuart», die «Jungfrau von Orleans» und «Wilhelm Tell» uraufgeführt. Goethes «Egmont» war von Schiller zum ersten Mal in Mannheim gezeigt worden, die «Iphigenie auf Tauris» wurde als Prosafassung für die Liebhaberbühne geschrieben, in Versen inszenierte sie später Schiller am Weimarer Hoftheater. Für die schauspielernde Hofgesellschaft schrieb Goethe auch «Die Laune des Verliebten», ein Schäferspiel, und das Lustspiel in Versen und drei Aufzügen «Die Mitschuldigen». Sein «Torquato Tasso» wurde in Weimar uraufgeführt. In Weimar schrieb er «Hermann und Dorothea» und den «Faust», den der Dichter allerdings nie auf der Bühne gesehen hat.

In Weimar gab es bereits am Ende des siebzehnten Jahrhunderts ein Barocktheater im Schloß. Als Schloß und Theater 1774 durch einen Brand vernichtet wurden, ging die Seylersche Truppe nach Gotha. In Weimar spielten nun die Hofgesellschaft und ein bürgerlicher Kreis an wechselnden Orten. Gespielt wurde im Wittumspalais, im Fürstenhaus, auf Schloß Ettersburg, in Tiefurt, aber auch im Reitstall. Als sich Goethe, der Theaterintendant, dem Liebhabertheater der Herzogin annahm, verwischten die Standesgrenzen, und wer nur halbwegs in der kleinen Residenzstadt talentiert war, spielte mit.

Im Winter 1775 war Johann Wolfgang Goethe auf Einladung des Herzogs von Sachsen-Weimar von Frankfurt nach Weimar gekommen und zog anfangs in wilder Kumpanei mit dem acht Jahre jüngeren Herzog Carl August durchs Ländle. Gleichzeitig gelang es Herzoginmutter Anna Amalia, den eigenwilligen, hochbegabten jungen Mann an ihren «Musenhof» zu binden. Er arrangierte Feste, schrieb Schwänke und

Singspiele für ihr Liebhabertheater, wurde Dichter des Hofes, Regisseur und Schauspieler am höfischen Theater. Es war ein munteres Treiben, in das auch die Hofkapelle für die Singspiele und die Handwerker der Stadt für Kostüme und Requisiten einbezogen wurden. Goethe, vom Herzog offiziell mit der Leitung dieses «Gesellschaftsspiels» beauftragt, gelang es im November 1776, Corona Schröter von Leipzig nach Weimar zu verpflichten. Schon als Student hatte ihn die blutjunge Schauspielerin bezaubert. Als sie nach Weimar kam, war ihre Stimme trotz ihrer Jugend bereits strapaziert. Doch ihre Ausstrahlung zog nicht nur den jungen Herzog, sondern auch seinen Freund, Berater und wichtigsten Staatsdiener magisch an. Es kam zu einer romantischen Beziehung, die bis heute etwas Geheimnisvolles hat. Goethe schrieb für Corona Schröter. Höhepunkt der gemeinsamen Arbeit und ein wichtiges Datum deutscher Theatergeschichte war die Uraufführung der Prosafassung der «Iphigenie» am 6. April 1779, mit Corona Schröter in der Titelrolle und dem Dichter als Orest im Redoutenhaus an der Esplanade.

Den Besitzer des Redoutenhauses, Anton Georg Hauptmann, würde man heute als Investor bezeichnen. Er baute schließlich an der Esplanade ein neues Theater, dort, wo heute das Deutsche Nationaltheater steht. Doch der Eifer der Amateurschauspieler ließ nach, die politischen Geschäfte forderten die Kraft und Aufmerksamkeit des Dichters. 1782 legte Goethe die Leitung des Liebhabertheaters nieder. Seine ehemaligen Mitspieler blieben ihm als Zuhörer seiner Dichtungen erhalten.

Nur zwanzig Mitglieder zählte Joseph Bellomos Truppe, die der Herzog 1785 engagierte. Doch als der Herzog 1791 den Vertrag auflöste, hatte die Truppe an 643 Spieltagen 282 Werke aufgeführt. Rühr- und Sittenstücke, aber auch Shakespeare, Schillers «Kabale und Liebe» und Goethes Trauerspiel «Clavigo». Dem erwartungsvollen Publikum bot man Opera buffa und Singspiele, aber auch Opern von Mozart, Benda und Gluck. Doch das Niveau ließ zu wünschen übrig, Goethe befand «Schlendrian», und Joseph Bellomo kehrte mit seiner Truppe nach Graz zurück.

Auf Bitten des Herzogs übernahm Johann Wolfgang Goethe die Leitung des Herzoglichen Hoftheaters. Am 7. Mai 1791 wurde es feierlich mit Ifflands «Jägern» eröffnet. Dem neuen Theaterdirektor gelang es mit geringen Mitteln, die der Herzog dem Theater zugute kommen ließ, den «Weimarer klassischen Stil» zu entwickeln. (1781 soll das Wiener Burgtheater 100 000 Gulden ausgegeben haben, während das Weimarer Theater mit lediglich 7000 Talern bezuschußt wurde.) Die Geliebte war dem Herzog teurer zu stehen gekommen als sein Theater. Trotzdem war das Theater ein preiswertes Vergnügen: «So genießt Weimar», schrieb Christoph Martin Wieland im «Teutschen Merkur», «eines Vorzugs, dessen keine andere Stadt in Deutschland sich zu rühmen hat: ein deutsches Schauspiel zu haben, welches jedermann dreimal in der Woche unentgeltlich besuchen darf.»

Goethe ersehnte ein «schönes Ganzes», was mit heutigen Augen betrachtet wohl manchmal recht pathetisch und manieriert gewirkt haben muß. Das Theater entwickelte sich zum kulturellen Mittelpunkt Weimars, der durch seinen kassizistischen Theaterstil weit über die Grenzen des Fürstentums hinaus eine Ausstrahlung besaß. Die sommerlichen Gastspiele in Bad Lauchstädt bei Halle taten ein übriges. Daß der Theaterleiter 26 Jahre im Amt, das ihn anstrengt, durchhält, ist gewiß auch der Freundschaft und engagierten Mitarbeit Friedrich Schillers sowie der Unterstützung durch seine Lebensgefährtin und spätere Frau Christiane Vulpius zu verdanken, die die Kontakte zu den Schauspielern pflegte und sich souverän in diesen Kreisen bewegte.

Schwierig wurde es für den Intendanten Goethe, als die Schauspielerin Caroline Jagemann die Geliebte des Herzogs und Frau von Heygendorf offiziell «nobilisiert» wurde. Caroline Jagemann stammte aus Weimar, wurde frühzeitig als Talent entdeckt und mit Unterstützung der Herzogin Anna Amalia am berühmten Mannheimer Nationaltheater zur Sängerin und Schauspielerin ausgebildet. Als sie 1797 als Zwanzigjährige an das Weimarer Theater zurückkehrte, wurde sie schnell der vergötterte Mittelpunkt der Weimarer Bühne. Selbstbewußt war sie nicht bereit, sich dem strengen Regime und den Theaterprinzipien Goethes unterzuordnen. Goethe ertrug aus Freundschaft zu dem Herzog ihre Sticheleien und Intrigen. Zuerst gelang es Caroline Jagemann gemeinsam mit dem Bassisten Stromeyer die Leitung der Oper an sich zu reißen. Einige Jahre später, 1817, war es schließlich die von dem intriganten Duo durchgesetzte Bühnenpräsenz eines Pudels, die Goethe veranlaßte, den Intendantensessel zu räumen. Die einflußreiche Schauspielerin nutzte Goethes Abwesenheit, um das damalige Sensationsstückchen «Der Hund des Aubry de Mont-Didier» mit einem lebendigen Pudel in der Hauptrolle aufzuführen. Zuviel für Goethes Konzept der «edlen Einfalt und stillen Größe». Er, der sich nach Friedrich Schillers Tod einsam und müde fühlte, es gleichwohl schaffte, das Theater in den schwierigen Zeiten des Krieges und der leeren Kassen zu erhalten, nutzte diesen Affront als willkommenen Anlaß, die reizlos gewordene Theaterleitung niederzulegen.

1994 hat ein neuer Intendant das Zepter im Deutschen Nationaltheater übernommen. Günther Beelitz, der sich nach erfolgreicher Theaterarbeit in Darmstadt, Düsseldorf und München selbstbewußt der Herausforderung Weimar stellte, löste Fritz Wendrich ab, der seit 1987 die Geschicke des Weimarer Theaters lenkte. Als einziger Intendant der DDR war er über die Wende hinweg im Amt geblieben. Mit seiner Intendanz verbinden sich Namen wie Christiane Ehmig-Könning, Leander Haußmann und Christiane Friedrich.

Für Günther Beelitz mag Weimar eine Herausforderung sein, die er mit kluger Sondierung angeht. Als er seinen ersten Spielplan präsentiert, wird nicht die so oft an deutschen Bühnen gehörte Klage der fehlenden Mittel gesungen, sondern ein künstlerisches Konzept vorgestellt, das durch Kooperation mit anderen Theatern auch in finanziell schwierigen Zeiten anspruchsvolle Inszenierungen möglich macht. Er knüpfte an die Tradition des Hauses und des Ensembles, doch die Handschrift des neuen Intendanten ist erkennbar. Er präsentiert ein Team, das über vielseitige Erfahrungen aus

Ost- und West-Theaterarbeit zurückgreifen kann. Ganz neu in Weimar ist das Tanztheater: Andere Häuser schließen diese Sparte, aber Beelitz gründet mit dem Chefchoreographen Joachim Schlömer und vierzehn Tänzern das Weimarer Tanztheater. Eine Hommage an das Bauhaus.

Hinzugekommen sind auch Werkstätten und vor allem eine neue Spielstätte: das «TIM», Theater im Malsaal, das im Mai 1995 mit Johann Wolfgang Goethes «Satyros oder der vergötterte Waldteufel» in der Inszenierung von Wolfgang Maria Bauer eröffnet werden soll.

Reisende, die ihre Klassiker so sehen wollen, wie sie im Reclamheft gedruckt sind, wird das neue Nationaltheater enttäuschen. Günther Beelitz will «keinen Zaun um die bürgerliche Vergangenheit Weimars ziehen und Eintritt verlangen», er will eine lebendige Entwicklung des kulturellen Angebots. Mit der Oper Leipzig kooperiert das Nationaltheater, um Arnold Schönbergs «Moses und Aron» in der Regie von George Tabori zu realisieren. Es ist der Beitrag des Nationaltheaters zum Kunstfest 1995. Im Programm findet sich auch Richard Wagners «Parsifal». Den Ring als Weimarer Inszenierung erhofft sich Beelitz bis 1999 ins Repertoire zu bekommen, doch da müssen erst zusätzliche Stimmen das Ensemble stärken. Die Oper soll wie das Schauspiel aus eigenen vorhandenen Kräften überzeugen.

Kunstfest Weimar

Das Goethe-Zitat «...erwünschtes Evangelium, dem Deutschen zu sagen, daß er, anstatt sich selbst zu beschränken, die Welt in sich aufnehmen muß, um auf die Welt zu wirken...» steht statt der üblichen Grußworte im Programm des Kunstfestes 1994. Dieses Sommer-Festival wird von der Stadt Weimar und der Stiftung Weimarer Klassik veranstaltet. Es war ein «Wessi in Weimar», der das seit 1990 stattfindende Fest für die europäische Moderne und den kritischen Diskurs öffnete. Bernd Kauffmann kam als Präsident der Stiftung Weimarer Klassik von der Kulturstiftung Niedersachsen in die Stadt an der Ilm. Das Kunstfest will in einem bis 1999 angelegten Faust-Projekt die Vorstufen des Fauststoffes und seine vielfältigen Interpretationen vorstellen. Geboten werden darüber hinaus internationales Tanztheater, kontroverse Installationen und Ausstellungen. In Symposien tragen renommierte Teilnehmer zur gegenwärtigen Rezeption der Schriftstel-

Anderswo werden Theater geschlossen, in Thüringen bekommen sie Zuwachs: das avantgardistische Theaterhaus Jena

ler und Philosophen bei, die in Weimar wirkten oder in der Residenz – wie zum Beispiel Jacob Michael Reinhold Lenz – nicht wirken konnten. Beispielhaft für das Konzept war Peter Steins Inszenierung «Die Orestie des Aischylos» mit russischen Schauspielern in russischer Sprache mit deutscher Simultanübersetzung, die in Weimar im Gelände der ehemaligen russischen Kasernen, im «Haus der Offiziere», Premiere im deutschsprachigen Raum hat. Nach dem Modell seiner Arbeit an der Berliner Schaubühne inszenierte Peter Stein die einzige erhaltene Trilogie der griechischen Tragödie mit russischen Schauspielern in Moskau. Das international geförderte Theaterereignis geht anschließend auf Tournee durch den gesamteuropäischen Festspielzirkus. Ende Juni beginnt das Weimarer Kunstfest und ist immer für einige kulturelle Sommerbonbons in der Klassikerstadt gut.

Raumtheater in Jena

Von Weimar bis Jena ist es ein Katzensprung. In der berühmten Universitätsstadt findet sich heute die Avantgarde des Thüringer Theaters. Das Theaterhaus Jena ist keine Institution, sondern ein sich entwickelndes Geschehen, auch wenn das kollektive Theater jetzt als GmbH eine eigenständige Organisationsform gefunden hat.

Allein das Gebäude liefert Geschichten genug. Nachdem Ende 1986 der Zuschauerraum des von Gropius zu Beginn der zwanziger Jahre umgebauten Stadttheaters abgerissen wurde, war noch der Bühnenturm als mahnende Erinnerung an einen Neubau vorhanden. Geldmangel verhinderte den Neubau, ein kompletter Abriß konnte gerade noch verhindert werden. Im November 1991 kam in dieses Fragment eine Gruppe von Absolventen der Ost-Berliner Schauspielschule «Ernst Busch» mit den Regisseuren Horst-J. Lonius und Sven Schlötcke. Sie kamen dank des schnellen Handelns des damaligen Kulturdezernenten auf ABM-Basis nach Jena, um dort aktuelles Theater zu machen. Von Berlin nach Jena brachten sie die konkrete Utopie von einem selbstbestimmten, selbstbewußten, freien Ensembletheater. Heute bilden dreizehn Gesellschafter, darunter sechs Schauspieler, eine GmbH. Im Beirat sitzen der Oberbürgermeister der Stadt und der thüringische Minister für Wissenschaft und Kunst.

Im Theaterhaus Jena wollen sich die alternativen Macher mit Inhalten identifizieren. Starre Arbeitszeitregelungen und Arbeitsbereichsabgrenzungen lehnen sie ab. Die Verantwortung jedes einzelnen ist gefordert. Praktikable Mitbestimmungskriterien sollen dies ermöglichen. Die Jenaer kennen die Erfahrungen des Frankfurter Schauspiels, der frühen Schaubühne und des Theaters an der Ruhr, trotzdem wagen sie einen neuen Versuch, um dem «Gesamtprodukt Theater» eine neue Qualität zu geben.

Die Arbeit begann mit «offenen Projekten». Um das Theater zu Beginn zu sichern, «mußte intensiv und kreativ produziert werden». In dieser Zeit entstand zum Beispiel «WüsteGegenZeit». In einer Theaternacht wurde Amerika als Inbegriff der westlichen Welt und des Freiheitsraumes thematisiert, «einer Welt, die sich gerade über uns gelegt hatte».

Später spielte das Ensemble unter anderem nach Huxley die «Schöne neue Welt», Büchners «Leonce und Lena», realisierte eine Georg-Heim-Montage und einen Wolfgang-Borchert-Abend. Stücke von Shakespeare, Ibsen und Christoph Hein folgten. Alle Inszenierungen bleiben mehrere Spielzeiten im Repertoire, die Präsentation geschieht mit hoher Eleganz.

Wo in diesem Bruchstück eines Theaters Theater gespielt wird? Auf allen Bühnen und im Malsaal. Seiten-, Hinter- und Hauptbühne wurden zu einem großen, flexiblen Spielraum zusammengefaßt. Unterbühne und Malraum wurden zu weiteren Spielorten. Das Publikum sitzt auf Podesten, die räumliche Trennung von Bühne und Publikum wurde aufgehoben. Diese Situation fordert Schauspieler und Zuschauer und ermöglicht einen ungewöhnlichen Dialog.

Der nahe, ferne Osten

Menschen mit guter Kondition fahren jetzt weiter nach Gera, zum Landestheater, das mit dem nordöstlich gelegenen Altenburg fusioniert wurde. Die Stadt am Mittellauf der Weißen Elster ist für ihre Tuchfabrikation berühmt und war Sitz der Residenz der Fürsten Reuß (jüngere Linie). Hier hat auch das scharfzüngige Kabarett «Fettnäppchen» (mit mundartlichem Doppel-p) seinen festen Ort, wenn es nicht gerade durch deutsche Lande tourt. In Altenburg, im äußersten Nordosten Thüringens gelegen, beruft man sich auf Richard Wagner, der aber die Stadt nie besucht hat. Dennoch ließ er sich von den beiden Baumeistern des Altenburger Theaters in Bayreuth das Festspielhaus bauen. Winnifred Wagner erkor Altenburg 1943 bis 1945 als Ausbildungsstätte für die Wagner-Enkel Wieland und Wolfgang, und Wieland inszenierte am dortigen Landestheater seinen ersten «Ring der Nibelungen».

Ist die Jahreszeit entsprechend, darf die Theaterreise durch Thüringen keinesfalls den Theaterherbst in Greiz aussparen. Schließlich hatten auch die Fürsten «Reuß ältere Linie» ein eigenes Theater. In der ostthüringischen Stadt wird alljährlich im Herbst im Oberen und Unteren Schloß, im Sommerpalais und in einer Fabrikhalle bunt gemischtes Theaterprogramm geboten. Es gastieren professionelle Gruppen aus dem In- und Ausland, gezeigt werden aber auch Produktionen, die nur für Greiz in Workshops während des Theaterherbstes an Ort und Stelle erarbeitet wurden. Für ein paar Wochen wird dann die Stadt im Südosten Thüringens zum

Großes Provinztheater mit langer Tradition: Theater Gera

Mekka der europäischen Theateravantgarde. Greiz ist übrigens auch Sitz des Vogtländischen Sinfonieorchesters.

Um die Theaterrundreise abzurunden, bleibt noch Nordhausen am Südrand des Harzgebirges zu erwähnen. Hier in Nordthüringen fusionierte das traditionsreiche LOH-Orchester Sondershausen mit dem Theaterorchester Nordhausen. Der so entstandene größere Klangkörper kann mit einer neuen Qualität an alte Traditionen anknüpfen. Das formidable Orchester bietet Sinfoniekonzerte in Sondershausen im Haus der Kunst, im Theater in Nordhausen, Schloßkonzerte im Blauen Saal und Sommerkonzerte im Achteckhaus in Sondershausen. Natürlich ist das LOH-Orchester auch das Orchester des Musiktheaters Nordhausen, zu dem auch die Sparten Operette, Musical, Schauspiel, Ballett und Jugendtheater gehören.

Ein charmantes Bonbon am Schluß unseres Rundkurses ist das Liebhabertheater im Schloß Sondershausen. Hier kann man sich an den Dichter Johann Carl Wezel erinnern, der nach erfolgreichen Jahren in Berlin, London und Wien in seine Heimatstadt zurückkehrte, dort als Irrer abgestempelt wurde und verachtet starb. So ist es eben in Thüringen: wo man sich auch befindet, ein Theater, ein Dichter oder ein Musiker war oder ist garantiert in erreichbarer Nähe.

Kersti Schwarze

Zwischen den

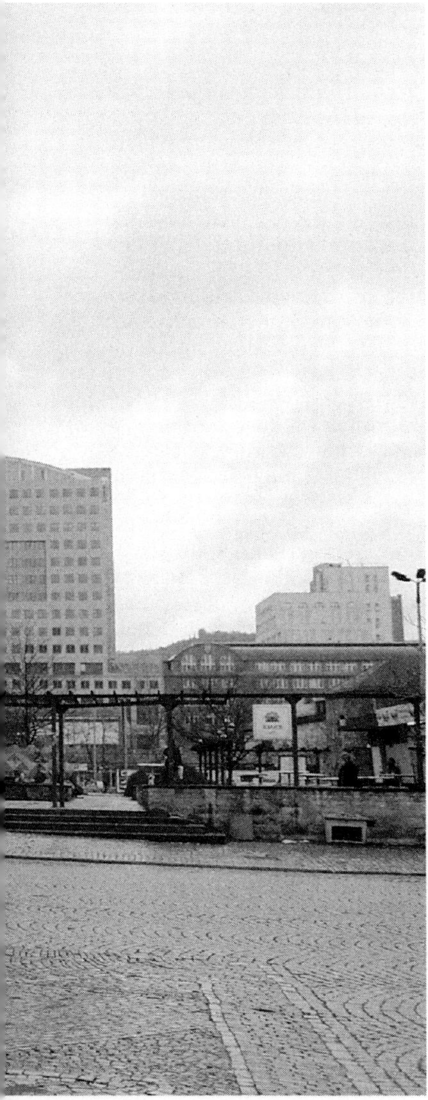

Zeilen

Wo sonst, wenn nicht in Weimar, sollte sich über die Jahrhunderte der literarische Masseschwerpunkt Thüringens verdichtet haben? Überlassen wir uns dem Sog, um die gewonnene Zentrifugalkraft im gleichen Schwung wieder auszunutzen.

Schon bleibt links das Belvedere zurück, rechts das Gartenhaus Goethes, gleich schrumpft der Stadtkern mit seinem Deutschen Nationaltheater unweit des von Bildungstouristen gern besuchten Schillerhauses samt den Kneipen, Cafés und Galerien rechter Hand. Links auf dem Hügel über der Stadt prunkt die Ruhmeshalle des großen Philosophen, der wenig dafür konnte, wie ihn die Nationalsozialisten zu ihrem Propheten erhoben. Auch im Nietzsche-Jahr lohnt der profane Säulenbau den Aufstieg nicht – es sei denn, man mag im einquartierten Studio des Mitteldeutschen Rundfunks den x-ten Aufguß über die «bedenkenlosen Montagearbeiten der Schwester Elisabeth Förster-Nietzsche am geheiligten Werk ihres Friedrichs» räsonieren.

Suchen wir besser einen Ort lebendiger Literatur. Der ist so einfach nicht zu finden im übermächtigen Schatten der Ahnen. Halblinks des Goethe-Platzes lockt das «Lesecafé Gratis» atmosphärisch an den Weimarhallenparkteich. Hier stimmen die Preise, schmeckt das Bier bei vorzüglicher Küche, der Kaffee sowieso. Das Besondere: Statt ausgestopfter Eulen trugen die Inhaber Criseldis Langbein und Ronald Stubendorff Regale zusammen und füllten sie mit Büchern auf. Lesen ist gratis. Lesungen gewinnen ihr besonderes Flair. Der Vorstand der Literarischen Gesellschaft Thüringens um Marie E. Lüdde und Wulf Kirsten bereitet hier die jährlichen Thüringer Literaturtage vor und lädt zum literarischen Stammtisch. 1990 fand man sich als kleines Fähnlein an diesem Ort in der gemeinsamen Sorge um die literarische Kultur im Land, denn die drohte einmal mehr, den berühmten Bach hinunterzugehen. Kurioserweise zählt die Gesellschaft unter ihren eingeschriebenen Mitgliedern inzwischen mehr Autoren als der Thüringer Verband Deutscher Schriftsteller (VS) und der Freie Deutsche Autorenverband (FDA) zusammen.

Unrühmliches Wort Schriftstellerverband: Just in dieser Kulturstadt verdammte die überwältigende Mehrheit seiner Probanden 1976 Reiner Kunze vollmundig aus ihren Reihen. Anlaß bot den fädchenführenden Führungsoffizieren die Veröffentlichung seiner «Wunderbaren Jahre» bei S. Fischer. Doch überlassen wir uns der Fliehkraft.

Der Traum vom Höhenflug

Mit der Kalesche nach Jena war es für die Honorigen vergangener Zeiten ein Tagesausflug. Heutzutage ist die Autobahn zwischen beiden Orten nicht unbedingt zu empfehlen. Sie spielt eine sichere Kugel im Stauroulette. Versuchen wir die Landstraße mit ihren blaßblühenden Gewerbeflächen, vorbei an Cospeda mit seinem kleinen Museum der mustergültigen preußischen Niederlage gegen die napoleonische Schlachtmaschine 1806 bei Jena und Auerstedt. Heute kann das Kalkplateau wieder relativ gefahrlos betreten werden; die russischen Panzer haben ihr Übungsfeld geräumt.

Am Stadtrand von Jena reihen wir uns artig ein in den infarktgefährdeten Verkehr. Sollte der Freiherr von Goethe nicht auch etwas dazu gesagt haben, besser noch geschrieben? Er war doch dabei, 1785, beim (mißglückten) Flugversuch des Heißluftballons. – Oder was wissen wir über Herrn Professor Schiller und seine Gewohnheiten im Gartenhaus im Leutratal? Immerhin schrieb er da den «Wallenstein». Ist das nicht merkwürdig? Seine Berühmtheit verdankt das naturgeschützte Biotop den zahlreichen und freiwachsenden Orchideen. Nochmal merkwürdig: Hölderlin hielt es nur ein Jahr in der Stadt. Dafür kamen Vertreter der Romantik wie Novalis, Ludwig Tieck, die Brüder August Wilhelm und Friedrich Schlegel und der Philosoph Friedrich Wilhelm Joseph von Schelling. Wer sich ihnen verbunden fühlt, das Museum ist bei Gottlieb Fichte untergekommen.

Wir rollen inzwischen an den kärglichen Resten der mittelalterlichen Stadtmauer an der smoggeräucherten Sandsteinfassade der nicht immer ehrwürdig gewesenen Universität vorbei. Wem's gefällt, der kann auf dem Markt um die Ecke vor dem kurfürstlichen Denkmal des dicken «Hahnfried» für ein nettes Erinnerungsfoto posieren, wie auf dem Titelfoto Lutz Rathenow. Weiter oberhalb schämt sich das klotzige Universitätshochhaus seiner architektonischen Väter. Seiner aufgeblasenen Rundheit hatte 1968 der historische Stadtkern um den Eichplatz weichen müssen, damit nach der Vision der sozialistischen Himmelsstürmer ein neues, industrielles, zeissgeprägtes Zeitalter im Stadtzentrum anbreche.

Auf der Suche nach dem literarischen Widerspruchsgeist dieser Epoche gelangen wir nach Neulobeda in die sozialistische Plattenbausiedlung mit ihren 14000 WE (laut DDR-Duden: «Wohnungseinheit»). Steigen wir ein ins Jahr 1973. Erich Honecker lud zu den «Weltfestspielen der Jugend» nach Berlin. Offenheit schien möglich. Initiativen der Jugendlichen wurden gefördert. Der Student Lutz Rathenow durfte seinen Lyrikzirkel aus dem Dachzimmer der elterlichen Wohnung in Jena-Ost ins Kulturhaus Neulobeda verlegen, in den Raum eines heutigen China-Restaurants. Bis zu dreißig Leute erhitzten sich an Ideal (Prager Frühling) und Wirklichkeit (Partei-Staat-Armee, Meinungsmanipulation), lasen und diskutierten kritische eigene – beileibe noch keine eigenständigen – Texte. Lutz Rathenow stellte Bücher vor, nicht nur aus dem Osten. Werke von Ernst Bloch und Robert Havemann kursierten. Nebenan Nähzirkel und Kochkurse. Jürgen Fuchs, der in Jena Psychologie studierte, und Rainer Kirsch lasen vor vollen Sälen. Wolf Biermann besuchte diesen und jenen. Beim Auftritt der Liedermacherin Bettina Wegner faßte das Kulturhaus die Menschenmasse nicht.

Die kritische Selbstsicherheit im Arbeitskreis, vor allem seine Resonanz verschaffte dem «MfS» (Ministerium für Staatssicherheit) bald ungeahnte Betätigungsfelder im «OV ‹Pegasus›» (OV = Operativer Vorgang). «IM ‹Regina›» (IM = Inoffizieller Mitarbeiter) wußte zur Taktik des Kreises zu berichten: «Soviel ich weiß, werden keine besonderen Sicherheitsvorkehrungen getroffen... Aus Ausführungen Lutz Rathenows konnte ich entnehmen, daß bei Gefahr der Anwesenheit von politischen Funktionären... wesentlich schwierigere Lyrik zum Vortrag gebracht wird, damit die sich den Kopf zerbrechen können.» Anders als die «Zirkel Schreibender FDJ-ler» und «Schreibender Arbeiter», die sich an die Spielregeln hielten, aber auch anders als streng konspirativ arbeitende Gruppen, entstanden hier erstmals Elemente einer Subkultur, die ihre Öffentlichkeit suchte und fand.

Zum zentralen Poetenseminar 1974 waren einige aus dem Kreis als einzige offizielle Delegation des Bezirkes Gera in Schwerin angereist. Bernd Markowsky sang zwei Kinderlieder von Wolf Biermann. Die halbe Nacht lang folgten verhörähnliche Gespräche samt der Forderung, sich von ihm zu distanzieren. Es kam zum Eklat, zur demonstrativen Abreise. Ein knappes Jahr später hatte sich der Kreis selbst aufgelöst – zum Ärger der «MfS». Denn der Kern traf sich weiter, konspirativ.

Ein Jahr darauf: Der Herbst der DDR war angebrochen. Biermann fand die Tür hinter sich vernagelt. Protestresolutionen zogen Vorla-

Wessis in Weimar: Pilgerer vor dem Goethehaus am Frauenplan – anschließend breitet der weiße Schwan seine Flügel aus

dungen und Verhöre nach sich, auch in Jena. Jürgen Fuchs erhielt nach Abschluß seiner Diplomarbeit den Exmatrikulationsbescheid. Die Knebelbrüder des Sozialismus sahen in ihm (nicht zu Unrecht) den Kopf demokratiefordernder Gegenkultur. Gleichgesinnte sollten verunsichert werden, «zersetzt». Mancher wurde es, angesichts der Aussicht auf elf Monate Haft und Abschiebung nach Westberlin. Die kleine Wohnung in der Lutherstraße 25 war verwaist. Ein zum Jahreswechsel 1977 im «Sonntag» abgedruckter Leserbrief Lutz Rathenows bot willkommenen Anlaß für dessen Exmatrikulation. Der entscheidende Satz: «Freiheit für alle Demokraten und Patrioten, die das Jahr 77 hinter Gefängnismauern beginnen, ganz egal wo auf der Welt.» Die Sektion Geschichte bezog die Forderung auf Fuchs und die anderen Verhafteten in der Stadt. Rathenow zog nach Berlin. Freunde wanderten aus. Jena degenerierte wieder einmal zur literarischen Geisterstadt.

Die kritischen bildenden Künstler allerdings blieben weiter unbequem am Ort ihrer Inspiration. Lutz Leibner schnitzte demonstrativ das Abbild der Lauscher, überdimensional, fast einen Meter groß: «Das Ohr». Frank Rub malte Schweineschnauzen als unverblümte Schnüffelmetapher in sein Bild «Der Hausbesuch».

1979 ermöglichte die Stadtkirche dem Malerehepaar Eve und Frank Rub zusammen mit dem Holzplastiker Lutz Leibner die Ausstellung «Hoffnung, Glaube, Humanismus». Die Machtverwalter fühlten sich entlarvt. Drei Bilder mußten abgehängt werden. Pilgerzüge Neugieriger waren die Folge und ein Ermittlungsverfahren wegen «Herabwürdigung der staatlichen Organe durch Skizzen und Ölgemälde». Die Rubs wurden in den Rang eines eigenen «operativen Vorgangs» erhoben. Das Szenario zielte auf existentielle Vernichtung und psychische Zerrüttung. Auch dagegen gründete der Maler 1982 die Jenaer Friedensgemeinschaft mit. Deren Aktivitäten brachten ihm und weiteren fünfzehn Freunden im Januar 1983 sechs Wochen Untersuchungshaft ein.

Auf wen zählen?

Hinter der Scheibe eines Fensters, / hinter der Mauer eines Hauses. / Hinter dem Gitter eines Fensters, / hinter der Mauer eines Gefängnisses / auf wen zählen? (Frank Rub)

Lutz Rathenow streute mit Hilfe von akkreditierten Korrespondenten und Jürgen Fuchs in Westberlin so lange Informationen in die westlichen Medien, bis der Druck der Öffentlichkeit die Freilassung der Inhaftierten bewirkte.

Ein denkwürdiges Datum: der 18. März 1983. Das «MfS» zerschlug die Demonstration des Friedenskreises und seiner Sympathisanten. Zweihundert bis dreihundert Leute hatten ohne «gesellschaftlichen Auftrag» und mit Spruchbändern im Stadtzentrum gegen die Auf- und Nachrüstung in Ost und West protestiert.

1985 gab das Ehepaar dem Druck der Vorladungen und Verunsicherungsgespräche sowie den Kriminalisierungsversuchen durch «IM» nach und willigte in die Ausreise ein. Inzwischen zurückgekehrt, bauen sie in Graitschen bei Jena ein Haus und – wenn auch kaum mit finanziellem Rückhalt – ein Atelier, das zugleich Begegnungsstätte für Künstler und Freunde werden soll.

Poetik des Exodus

Interessant wurde Jena wieder 1987. «Kaktus», bürgerlich: Thomas Grund, und seine Freunde initiierten über die «Junge Gemeinde» die Reihe «Künstler für andere». Sie luden Liedermacher und Autoren, denen die staatlichen Kulturniks ihre Podien verweigerten, in die Friedenskirche und ins Lutherhaus ein. Freya Klier, Stephan Krawczyk, Monika Maron, Gabriele Stötzer-Kachold, Lutz Rathenow und andere kamen. Das Befürfnis nach politischer Diskussion und Positionsfindung war enorm, der Zuspruch entsprechend. Praktische Hilfe für die «Dritte Welt» wurde ebenso zum Bestandteil der Reihe wie die Unterstützung der vom Staat ignorierten Schwulen- und Lesbenarbeit. Die unspektakuläre Selbsthilfe erstreckte sich bis zur Wende.

Der Freundeskreis um den Zahnarzt Dr. Joachim Hoffmann entdeckte eine weitere Nische alternativer Kultur. Sie kreierten Hofvernissagen in der Johannisstraße. Den Höhepunkt bildeten 1988 fünf Vernissagen – Bilder, Platiken, Musik, Lesungen – und Fetz. Der Stadtrat für Kultur, Herr Ebert, war «begeistert» über dieses Haar in seiner Kultursuppe. Er ließ eine Zwischenmauer in den Hof einziehen, Bilder verschwanden. Aber, und das war neu: Das Gericht verurteilte die Stadt zu Schadenersatz.

Mit den «Poetik-Vorlesungen zur Beförderung der Humanität» an der Jenaer Universität begann eine neue Liberalität im ehrwürdigen Dunstkreis der Alma Mater in der Saalestadt. Der Saalfelder Lehrer Dr. Edwin Kratschmer, der in den «Offenen Fenstern» auch Jürgen Fuchs und Lutz Rathenow ans Licht der poetischen Welt verhalf, regte diese Reihe an. Die Veranstaltungen geraten immer wieder zu besonderen Ereignissen: «Der Tod ist ein Meister aus Deutschland». Mit der beängstigend aktuellen Todesfuge von Paul Celan spannte Jürgen Fuchs in der Eröffnungsvorlesung im Juni 1993 den Bogen von brennenden Ausländerwohnheimen bis zur doktrinären Sprache der SED.

Dem mährischen Dichter und Übersetzer Ludvik Kundera geriet die Vorlesung um seine kafkaeske Biographie – zwanzig Jahre Schreibverbot nach '68 – unversehens zur Geschichtsstunde. Der Dramatiker und Romanschriftsteller Pavel Kohout, Kommunist, Dissident, Verkünder der zweitausend Worte und Mitbegründer der «Charta 77», vertiefte sie einen Monat später aus dem Blickwinkel des Exilanten.

Wolf Biermann fand sich vor einer überfüllten Aula. «Du, laß dich nicht verhärten, / in diesen harten Zeiten...» Seine «Ermutigung» sang er an diesem Abend nicht. Er war gekommen, schroff abzurechnen mit dieser Stadt, mit diesem «Land der Revolution ohne Revolutionäre», das eine «Demokratie ohne Demokraten» gebiert. Er erinnerte an verhaftete und gequälte Freunde, an zerstörte Lebensläufe in Jena. Es war keine Vorlesung, die er hielt. Es waren Leviten, die er las. Und er sang – natürlich sang er – für manchen wenig schmeichelhafte Lieder.

Herta Müller dachte Wochen später nach über die Abnormität der Norm, die jede Diktatur installiert: «Und die überwältigende Mehrheit des Volkes trägt sie willig...» – eben: «das Ticken der Norm». – Andrzej Szcypiorski, Tadeus Rozewicz, Wulf Kirsten, Günter Kunert setzten die Reihe fort.

Gewichtige Autorenstimmen aus dem Jena nach der Wende bleiben rar. Die Ausnahme: Ines Eck, die mit «Steppenwolfidyllen» 1991 ihren anspruchsvollen, von der Kritik sehr gelobten Romanerstling vorstellte. Inzwischen harren drei weitere Romanmanuskripte – ein sich schließender Kreis von der Nazizeit bis zur Befindlichkeit nach der Wende – der Dinge. Dazu dramatische Texte, die zwar sachkundiges Lob, aber kaum eine Spielstätte finden. Ein wenig Geld verdient sie mit der Herausgabe des alternativ-frech-informativen grünen «Eselsohr» (Prädikat: sehr lesenswert).

Inzwischen backt Jena mit am Kuchen «Europäische Kulturstadt 1999». Springen wir ab und wünschen dem Theaterhaus, es möge in seiner jetzigen Form erhalten bleiben. Denn welche Stadt besitzt schon eine Spielstätte ohne Zuschauerraum! – Kein Witz aus Schilda.

Avantgarde im Osten

Nähert man sich der kleinen vogtländischen Stadt Greiz mit ihren 33000 Einwohnern, geschieht das unweigerlich durch dunkle Nadelwälder. Was zuerst auffällt, ist die reiche Architektur dieser ehemaligen Residenzstadt. Ihr Wahrzeichen, hoch über der Weißen Elster das «Obere Schloß». Im Zentrum das «Untere Schloß». Am Rande gelegen das Sommerpalais des Reußischen Fürstenhauses in einem Landschaftsgarten englischen Stils. Die reichverzierten Jugendstilhäuser im Weichbild der Stadt waren über Jahrzehnte ebenso dem Verfall preisgegeben worden wie die ins Tal und an die Hänge geduckten Armenhäuser der Textilarbeiter vergangener Epochen.

«Häuserhänge, wie / von naiven gemalt...
Am Schloßturm / fahnen, ausgehängt nach / ost und west, zwei /taube ohren...
Wälder wälder, auszuschweigen / das wort»

«Erinnerung an Greiz» nannte Reiner Kunze diese Verse. 1962 zogen er und seine Familie in die Stadt. Fünfzehn Jahre lang bekam das literarische Wort aus Greiz durch ihn Gewicht. Kunzes Gedichte, in der DDR kaum gedruckt, wanderten in Abschriften von Hand zu Hand. Mancher ging dafür in den Knast. So auch der Schriftsteller Utz Rachowski aus dem nahe gelegenen Plauen: 27 Monate Haft wegen Verbreitung eigener Gedichte und solcher von Wolf Biermann und Reiner Kunze.

Das literarische Wort aus Greiz war gefährlich geworden. Ostern 1977 trieben die bekannten Knebelmännchen Kunze aus dem Land. Über die Stadt brach eine kulturpolitische Eiszeit herein. Zu spüren bekam die auch der Schriftsteller Dr. Uwe Grüning. In seiner Nische zwischen Naturlyrik und prosaischen Landschaftsbeschreibungen hielt er es nur ein paar Jahre aus. Anders Hansgeorg Stengel, der in Greiz gebürtige Satiriker und Wortjongleur. Als Hausautor des «Eulenspiegel»-Verlags tingelte er durch die «größte DDR der Welt» und brauchte sich um Zuspruch nicht zu sorgen.

Hart traf die Erstarrung vor allem einen Philosophie- und einen Lyrikzirkel in Greiz. Ibrahim Böhme, dazumal noch Manfred, hatte beide ins Leben gerufen. Zwischen 1965, seinem nebulösen Auftauchen, und 1977, seinem für viele unverständlichen Verschwinden, war dieser Funktionär Motor, Lehrer und Enfant terrible des Greizer Kulturlebens. Mit erfundenen Leninzitaten drückte der spätere kometenhafte Aufsteiger an die Spitze der Ost-SPD lokale Parteigrößen an die Wand und führte einen Kern von zehn bis fünfzehn jungen Leuten in ihrer gesellschaftskritischen Sinnsuche zusammen. Mit ihnen entwickelte er Visionen eines demokratischen Sozialismus –, und als IM «Paul Bonkarz» bespitzelte er sie.

Reiner Kunze, dessen Gedichte Böhme in einem hundertfünfseitigen Psychogramm für die Stasi interpretierbar machte, urteilt über das schizophrene Multitalent: «Er ist anders als alle Spitzel in meiner Akte. Er hat sich eine Welt geschaffen mit lebendigen Menschen. Er wollte Gott sein.»

In dem Greizer Lyriker Günter Ullmann wirkt noch heute die Freundschaft zu Ibrahim Böhme nach. «Böhme wollte die Palastrevolution. Dabei hat er sich die Hände schmutzig gemacht.» Ullmann sagt es und weiß seit seiner Akteneinsicht, daß es Böhme war, der dem «MfS» seine geheimsten Gedanken verriet. Protestresolutionen an den Staatsrat und den Schriftstellerverband gegen die Ausbürgerung Biermanns und Kunzes und gegen die Verhaftung von Jürgen Fuchs hatten für ihn eine Serie von Verhören in der Geraer Stasi-Zentrale zur Folge. Die Vernehmer nutzten Böhmes Informationen und trieben Ullmann so weit, bis er im Verfolgungswahn Telefonleitungen zerschnitt. Im Glauben, man hätte ihm Abhörgeräte implantiert, ließ er sich sämtliche Zähne ziehen. Jeden in seiner Nähe verdächtigte er der Stasi-Mittäterschaft, auch seine Frau. Nur einen nicht: Manfred Otto Ibrahim Böhme. Es erschien ihm absurd. Denn der war ja der Initiator und Organisator. Nacheinander erfolgten Einweisungen in drei psychiatrische Kliniken. Damit erschien der Lyriker der Staatssicherheit als «gesellschaftlicher Störfaktor liquidiert» zu sein. Nach außen hin zurückgezogen, wurde er in den folgenden Jahren zum seismographischen Beobachter gesellschaftlichen Unrechts. Bis zur Wende schrieb er vierzehn Buchmanuskripte für die Schublade. Ein Großteil seiner poetisch eindringlichen Zeitzeugenschaft liegt inzwischen gedruckt vor.

Dem Greizer Kreis gehörte auch Arnold Vaatz an, nach der Wende Umweltminister in Sachsen. Er pflegte engen Kontakt zu Reiner Kunze und schrieb Gedichte und Prosa von analytischer Intensität. Aus seiner religiösen Grundhaltung heraus hatte er den Reservistenwehrdienst verweigert und war zu körperlich schwerer Strafarbeit im Knast der Maxhütte Unterwellenborn verurteilt worden.

Klaus Rohleder, bekannt geworden als «Beckett vom Bauernhof», stieß zum Kreis, zunächst mit Satiren und Kabarettexten. Ein Regiestudium wurde ihm verweigert. Vom offiziellen Kulturbetrieb ignoriert, zog er sich auf seinen Hof nach Waltersdorf zurück, schrieb Hörspiele für Kinder und fand erstmals 1988 mit einer Theaterpremiere Anerkennung in Ostberlin.

In die Runde gehörten von Anfang an auch die Mitglieder der Beat-Gruppe «media nox». Genosse Herzog, SED-Kulturwächter der Stadt, verfügte gegen sie bereits 1965 Auftrittsverbot wegen «sozialismusfremden englischen Gesangs».

In den siebziger Jahren wandte sich die Band der Sonderstufe dem Free-Jazz zu. Höhepunkte bildeten die Auftritte bei den internationalen Jazz-Tagen. 1976, nach Protestresolutionen gegen die Biermann-Ausbürgerung belegte besagter Herr Herzog die Gruppe erneut mit Auftrittsverbot.

Das Besondere an der Greizer Literatur seit den siebziger Jahren läßt sich nicht mit den üblichen literarischen Wirkstrukturen erklären. Kulturelle Vernetzungen in einer selbst für DDR-Verhältnisse ungewöhnlichen Repression und der Widerstand gegen die Hermetisierung bilden ihre Wurzeln. Es kam zu bemerkenswerten Wechselwirkungen zwischen Theater, Literatur, Musik und bildender Kunst, nachvollziehbar etwa im Werk der international bekannten Greizer Holzbildhauerin Elly-Viola Nahmacher. Zu DDR-Zeiten wurde sie vorsorglich aus dem Verband Bildender Künstler hinausexpediert. Jazz- und Lyrikprogramme, eine andere Form der Greizer Metamorphose, führten «media nox» und Günter Ullmann inzwischen in mehrere Städte zwischen Bremen und München.

Ein Abriß der Greizer Literaturlandschaft bliebe unvollständig, fände nicht auch das Pendant, der 1990 gegründete Verlag «Weisser Stein» Erwähnung. Das Profil unter dem Herausgeber und gelernten Gärungstechnologen Michael Rudolf: Schmähbilder und Cartoons von F.W. Bernstein, bissige Auslassungen Wiglaf Drostes und Prosaergüsse des Zynikers Gerhard Henschel. Eine Anthologie mit dem Anspruch «Neue Thüringer Literatur» rundet das Programm nach schräg unten ab. Markante Stimmen aus dem Land, etwa die von Gabriele Stötzer, Ines Eck, Hanns Cibulka, Wulf Kirsten, Armin Müller, Günter Ullmann sucht man darin vergebens.

Das Dreigestirn Droste-Henschel-Rudolf mag nun mal den Ullmann nicht, den Rathenow nicht, und viele andere nicht –, und mancher Greizer mag den Rudolf nicht besonders. Bezichtigte er die Eingeborenen doch schon mal mit defätistischen Tupfern, sich in die Reihen der Westzyniker auf das Mitteldeck ihres «Titanic»-Flaggschiffs hinabschreibend. So angespornt und die «FAZ» zum Schutzschild geknifft, reklamiert er für sich im regionalen Freizeitmagazin «Pulverturm» (8/93) wissende Belesenheit: «Die Stasi» habe «Rathenow-Vorlesungen ehedem selbst veranstaltet und besucht», und im «Rabe» (1/94) setzt er munter drauf: «Was machen die Ostschreiber, wenn der Zonenbonus endgültig verspielt ist? Dann schreiben sie Nazi-Heftchen voll, lernen ihre Stasi-Akte auswendig...» Ach ja: «Menschlich fühl ich mich verbunden» mit dem «erzengelnden Michael aus Greiz.» Findet er doch so staunenden Gefallen an Leserbriefen «von imbezilen Dumpfbacken, seien sie aus Berlin, Torgau oder Bad Klosterlausnitz.» (Pulverturm 12/93)

Entspannen wir uns also in Erwartung der Fortsetzung – oder steigen wir aus und nehmen mit Günter Ullmann die ernsteren Themen in Augenschein:

Greiz '92
krawattenteutsche / honigärsche / bethronen die / unregierbar / gewendeten arbeitslosen / müllhalden / eines großstadtüberbrückten / vergilbten / perlen- / lichts.

Udo Scheer

Unterwegs

EISENACH UND DIE WARTBURG

Ein feste Burg

Das etwas schiefe Rathaus der Stadt Eisenach soll offenbar geradegerückt werden. Ein Bauzaun sichert die Passanten vor Staub, und zwei lange Balken stützen das Renaissancegemäuer, das seit den schweren Bombenangriffen in den letzten Kriegsmonaten eine bedenkliche Neigung aufweist. Bisher hatte jedoch niemand daran Anstoß genommen, im Gegenteil: Man amüsierte sich darüber, daß auch in Eisenach ein «schiefer Turm» zu finden sei. Dem gestrengen Auge der bundesdeutsch geschulten Bauaufsicht entgeht jedoch nichts mehr, was noch vor wenigen Jahren mit viel Improvisationstalent übertüncht und handwerklicher Genialität geflickt, aber leider gelegentlich auch grob vernachlässigt wurde. Jedenfalls sei das Gebäude baufällig, so entschied man, aber es könne gerettet werden. Ringsumher erstreckt sich, dort, wo einmal ein neuer Stadtkern entstehen soll, erst einmal ein weites stadtarchäologisches Grabfeld, auf dem man die Reste der mittelalterlichen Gewölbekeller freigelegt hat, die einmal unter den Stadthäusern lagen.

Gleich gegenüber dem Rathaus befindet sich die nächste Großbaustelle, das ehemalige herzogliche Schloß, ein prunkvoller Barockbau des Architekten Gottfried Heinrich Krohne, der 1742 bis 1754 die Mittel des Bauherren, Herzog Ernst August, bis an die Grenze erschöpfte. Auch heute sind die Bauherren, das Land Thüringen und die Stadt Eisenach, bis an die Grenze ihrer Leistungsfähigkeit belastet, denn die umfassende Renovierung wird wohl Millionen verschlingen, bis endlich die Pretiosen der Sammlungen des Thüringer Museums Eisenach – unter anderem eine bedeutende Sammlung thüringischer Porzellane vom 18. bis zum 20. Jahrhundert – wieder im «Neuen Residenzschloß»

der Öffentlichkeit präsentiert werden können. Bis dahin muß man sich schon in andere europäische Großstädte bemühen, um diese Schätze zu sehen, denn das Museum hat sie auf Ausstellungstournee geschickt. Einen weiteren Schatz der Eisenacher Sammlungen, die mittelalterlichen Schnitzplastiken, kann man jedoch in der Predigerkirche, die als Museum dient, bewundern.

Der weite Marktplatz Eisenachs dient seit dem dreizehnten Jahrhundert an jedem dritten Sonntag vor Ostern als Austragungsort eines alten germanischen Rituals, des «Sommergewinns». Eigentlich müßte das Fest ja im März «Frühlingsgewinn» heißen, aber man sagt, daß die alten Germanen nur zwei Jahreszeiten, Sommer und Winter, kannten, und in Ermangelung richtiger Blumen zu dieser unwirtlichen Jahreszeit schmückt man von altersher zum Fest die Innenstadt mit einem wahren Meer von Papierblumen, achthunderttausend sollen es angeblich sein. Der Festumzug zum Sommergewinn gipfelt in einem Wettstreit zwischen Frau Sunna auf einem prächtigen, sommerlich geschmückten Gefährt und Herrn Winter auf einem ebenso prächtigen, einen Eispalast symbolisierenden Wagen. Naturgemäß siegt regelmäßig Frau Sunna, und der Winter geht in Gestalt einer Strohpuppe in Flammen auf.

Auf der anderen Seite des Marktplatzes steht die Georgenkirche, in der man gleich am Eingang erfährt, daß hier einer der berühmtesten Söhne der Wartburgstadt getauft wurde: Johann Sebastian Bach. Natürlich wird hier auch seine Musik besonders gepflegt, und nicht nur zu den Eisenacher Bach-Tagen ertönt die prächtige Orgel mit seinen Präludien und Fugen. An den anderen großen Sohn der Stadt, Martin Luther, erinnern die vom Marktplatz abgehende Lutherstraße und das Wohnhaus der Familie Cotta, in dem der junge Luther als Knabe wohnte, während er auf der Pfarrschule St. Georg Latein lernte. Die Schule steht nicht mehr, sie wurde von Friedrich dem Weisen 1507 abgerissen, aber die Früchte jener Tage, Luthers Rekordübersetzung der Vulgata in flüssiges Deutsch auf der Wartburg, sind unsterblich geworden und zieren Sonntag für Sonntag die Predigten prote-

«Clara», «Pia», «Cora» und «Maja» tragen geduldig die kleinen Besucher auf die Wartburg

stantischer Pastorinnen und Pastoren.

Nicht weit vom Lutherhaus ist es zum Bachhaus am Frauenplan. In allerbester thüringischer Museumstradition wird hier der Besucher aufs feinste verwöhnt mit einem erstklassigen musikalischen und museumspädagogischen Angebot. Die alten Instrumente, eine Hausorgel in der Art, wie sie von Johann Sebastian Bach gespielt wurde, ein altes Clavichord und ein Cembalo stehen nicht nur zur Dekoration hier, sondern ertönen unter geschickten Händen des Museumspersonals zu Illustrationen der Tonkunst Bachs.

Auf dem Weg zur Wartburg kommt man zu einem weiteren historischen Ort, der ehemaligen Gaststätte «Goldener Löwe», in der 1869 unter der Federführung August Bebels das Programm der deutschen Sozialdemokratie, die Abschaffung der «Klassengesellschaft», Beseitigung der kapitalistischen Produktionsweise und «Errichtung des freien Volksstaates» beschlossen wurde. Wer es dann eilig hat, auf die Wartburg zu kommen, kann sich an der Kreuzung Wartburgallee / Marienstraße in den «Wartburgexpreß» setzen, obwohl ein schöner Fußweg an der Villa des plattdeutschen Dichters Fritz Reuter und den drei Hainteichen durch den Buchenwald hinauf zur Burg führt.

Symbol gesamtdeutscher Identität

«Wart' Berg, du sollst mir eine Burg werden!» Ganz romantisch stellte sich der Meininger Hofbibliothekar Ludwig Bechstein im 19. Jahrhundert die Gründung der Wartburg vor. Mittelalterliches war damals höchst beliebt, nachdem die Griechen und Römer als Vorbilder ausgedient hatten. Der Thüringer Märchendichter legte die sagenhafte Gründung der Burg auf das Jahr 1067 fest: Graf Ludwig aus dem Thüringer Wald, Ahnherr der Ludowinger, entdeckte auf der Jagd die Schönheit der Landschaft und wollte sich dauerhaft niederlassen. Leider gehörte dieser Flecken schon den benachbarten Herren von Frankenstein. Ludwigs Landraub gelang durch List. In Körben ließ er «eigenen Grund und Boden» als lose Erde herbeischaffen, um als Ehrenmann eidlich den Besitz zu bestätigen.

Fest steht, daß ein erstes Bauwerk auf dem Berg die Funktion einer Grenzwarte besaß. Später beherbergten die Burgmauern vor allem jene, die einen Drang zum Repräsentieren oder zum Reformieren verspürten: Residenz der Ludowinger, Wohnung der heiligen Elisabeth, Versteck Martin Luthers, Absteigequartier vornehmer Reisender, Gefangenenkerker, Ausgangspunkt der bürgerlich-demokratischen Oppositionsbewegung, Nazi-Propagandabühne und gepflegt-prominenter Platz unter sozialistischer Herrschaft.

Nach neun Jahrhunderten hat der malerische Flecken seine Faszination nicht eingebüßt. Bei der Tourismusbranche gilt die Wartburg als «Euro-Ziel» ersten Ranges und ist in der internationalen Beliebtheitsskala Schloß Neuschwanstein dicht

Andrang zur Lektion in Sachen deutsche Nationalgeschichte: Schlangestehen auf der Wartburg

auf den Fersen. Zwischen zweitausend und dreitausend Gäste drängen Tag für Tag durch die Gemäuer, um sich deutsche Geschichte zu vergegenwärtigen. Was sie finden, ist architektonische Dichtung. Damit verklärten Menschen des neunzehnten Jahrhunderts das Mittelalter. An der Schwelle zum Jahr 2000 ist der kultivierte Pauschalreisende durchaus in der Lage, echtes Mittelalter von der

ausgeschmückten Mittelalter-Fiktion zu unterscheiden. Er läßt sich gern bei beidem anregen. Immerhin ist genauso zur Vergangenheit geworden, daß ein Erbgroßherzog von Sachsen-Weimar-Eisenach schwärmerisch den Landgrafensitz seiner Vorfahren zu einem romantisch-historisierenden Märchenschloß umbauen ließ.

Die Ahnen hatten sich durch geschickte Heiratspolitik seit dem elften Jahrhundert stets weiter ausgebreitet. Aus der Grenzwarte des Grafen Ludwig wurde zunächst eine steinerne Burg. Zu Gast waren hier Walther von der Vogelweide, Wolfram von Eschenbach und Heinrich von Ofterdingen. Die Legende vom Sängerkrieg datierten die Romantiker auf den Beginn des dreizehnten Jahrhunderts. Als aus einem künstlerischen Wettstreit unter Landgraf Hermann I. tödlicher Ernst zu werden drohte, mußte der ungarische Magier Klingsor zur weisen Schlichtung herangezogen werden. Da der Magier nebenbei die Geburt einer

Anschauliche Musikgeschichte: der Direktor des Bachhauses an der Hausorgel

ungarischen Prinzessin prophezeite, schickte Hermann unverzüglich Brautwerber für den erstgeborenen Sohn gleichen Namens aus. Tatsächlich kam eine Elisabeth, Tochter des Königs Andreas II. und der Gertrud von Andechs-Meran, als Vierjährige 1211 zur Wartburg. Mit neun wurde sie Hermanns Verlobte. Weil der Bräutigam starb, vermählte sie sich mit dessen Bruder Ludwig, der wiederum später auf einem Kreuzzug ums Leben kam. Die Mutter dreier Kinder setzte sich früh für Arme und Kranke ein. Ihre engagierte Nächstenliebe brüskierte die bessere Gesellschaft. Als Anhängerin einer christlich-barmherzigen Lebensweise konnte sie die höfischen Erwartungen nicht erfüllen und verließ die Burg, um allen Privilegien zu entsagen. In Marburg starb Elisabeth vierundzwanzigjährig. Bereits vier Jahre nach ihrem Tod wurde sie durch Papst Gregor IX. heiliggesprochen.

Von der Reformation zum Renommierobjekt

Viele Katholiken pilgern zur Wartburg «auf den Spuren» der heiligen Elisabeth, während die Lutheraner kommen, um sich das Zimmer anzusehen, in dem Martin Luther sich als Junker Jörg vor den Häschern von Kaiser und Papst verbergen mußte. Der kritische Augustinermönch war 1521 von Papstbann und Reichsacht des Kaisers getroffen, weil er in seinen 95 Thesen sämtliche Mißstände der Kirche seiner Zeit aufgelistet hatte. Da die kleinen Fürsten ebenfalls unter der Zentralgewalt des Kaisers litten, sympathisierten sie mit Luther, und so «entführte» Friedrich der Weise ihn heimlich auf die Wartburg. In

«Schutzhaft» übersetzte Martin Luther dort in einer Rekordzeit von zehn Wochen das Neue Testament aus dem Griechischen ins Deutsche, womit er die einheitliche deutsche Schriftsprache begründete.

Bis ins achtzehnte Jahrhundert wurde es zunehmend still um die Wartburg. Die Eisenacher Fürstenlinie war ausgestorben, und die Wartburg diente nur noch als Kerker oder als Station für durchreisende Adlige. Als der junge Johann Wolfgang Goethe 1777 auf der Burg weilte, machte die Burg auf ihn zwar noch den Eindruck eines «düsteren Kastens», war aber durchaus schon Denkmal deutscher Identität. Erst durch Luther, so meinte Goethe, seien die Deutschen ein Volk geworden. So schrieb er 1819, zu einer Zeit, da es in Deutschland noch 38 Staats- und Zollgrenzen gab. Zwei Jahre vorher hatte die Jenaer Burschenschaft zum dreihundertsten Jahrestag der Reformation und zum vierten Jahrestag der Völkerschlacht bei Leipzig die Studenten aller lutherischen Universitäten auf die Wartburg eingeladen. Carl August ließ die Wartburg für den Empfang rüsten. Hinter der schwarz-rot-goldenen Fahne mit goldenem Eichenlaub und Fransen zogen 468 Studenten unter Glockengeläut aus Eisenach zur Burg. «Ehre, Freiheit, Vaterland», so forderten sie, und Goethe und Carl August verteidigten ihr Streben gegen die Angriffe der Konservativen, die nicht lange auf sich warten ließen.

Ihre jetzige Gestalt hat die Wartburg der Zarentochter Maria Pawlowna und ihrem beträchtlichen Vermögen zu verdanken. Deren Sohn, Erbgroßherzog Carl Alexander, holte im Zeichen einer verbreiteten Besinnung auf Geschichte und Tradition in den vierziger Jahren des neunzehnten Jahrhunderts zahlreiche Entwürfe ein, um die Wartburg zu einer würdigen Wohnstatt, im Stil der Walhalla in Regensburg oder Schloß Neuschwansteins, umzugestalten. Für Hugo von Ritgen, Architekt, Kunsthistoriker und Gießener Universitätsprofessor, wurde der Auftrag zum Lebenswerk. Doch mit der Vollendung der Wartburg, die eigentlich zur fürstlichen Residenz umgestaltet werden sollte, kam das Ende der deutschen Fürstenhäuser und das Ende des letzten deutschen Kleinstaates, des Herzogtums Sachsen-Weimar-Eisenach. 1918 fiel die Wartburg einer öffentlichen Stiftung zu. Neben Thüringen als Rechtsnachfolger des Landesherrn waren im Stiftungsausschuß noch vier Mitglieder des großherzoglichen Hauses vertreten.

Die NSDAP entdeckte in den dreißiger Jahren die Wartburg als schmückenden Rahmen für propagandistische Veranstaltungen. Als jedoch das Hakenkreuz ein seit achtzig Jahren aufgesetztes christliches Kreuz auf der Burgspitze ersetzen sollte, hagelte es Proteste der Bevölkerung. Erst im November 1944 wurde das sogenannte Lutherkreuz endgültig entfernt, da es angeblich von einem englischen Flieger gerammt worden war. Gegen Kriegsende rückten zunächst die Amerikaner ein, danach die Sowjets. Schon Anfang 1946 wurde die Burg wieder für den Besucherverkehr geöffnet. Teile der Burg wurden vierzig Jahre lang von den Partei- und FDGB-Kadern als Nobelgästehaus geführt, Besucher durften im Jägerstübchen Wildschwein speisen, und 1983, zum fünfhundertsten Geburtstag Martin Luthers, präsentierte der sozialistische Staat ein generalüberholtes Renommierobjekt. Seit 1989 wird das Denkmal erstürmt wie noch nie.

Ein Rundgang durch die Burg

Es gibt drei Grundregeln für einen Wartburgbesuch. Erstens: Man gehe zu Fuß auf den Burgberg oder, wenn man Kinder hat, auf dem traditionellen Eselspfad. Am romantischsten sieht die Burg aus, wenn man sich ihr gemächlich auf einer kleinen Wanderung nähert. Zweitens: Man besuche die Burg zu «ungewöhnlichen Zeiten», möglichst außerhalb der Saison an einem Wochentag. Von Mai bis September ist die Burg häufig so stark von Touristen frequentiert, daß die Führung zur Qual wird und die Stimmung des historischen Gemäuers im Gewühl verlorengeht. Drittens: Man nehme sich mindestens drei Stunden Zeit, denn mit Wartezeiten ist zu rechnen.

Nur wenige Elemente innerhalb des gotischen Gemäuers stammen tatsächlich von der alten Wartburg. Häufig sind sie gar nicht auf den ersten Blick erkennbar, denn sehr geschickt hat der historische Architekt Hugo von Ritgen die romanischen Versatzstücke in ein neoromanisches Ensemble eingeordnet, das eher einer Theaterkulisse gleicht als einer mittelalterlichen Festung. Schon die Zugbrücke ist eine romantische Nachempfindung der alten Brücke, die im achtzehnten Jahrhundert durch eine Steinbrücke ersetzt wurde und im Zuge der romantischen Umgestaltung ihre heutige Gestalt bekam. Nur mit Hilfe des Fremdenführers kann man herausfinden, ob ein Kapitell achthundert oder hundert Jahre alt ist. Beim Durchgang durch die inneren Räume wird der Kontrast zwischen «echtem» und «nachempfundenem» Mittelalter schon deutlicher. Der schlichte kühle Rittersaal mit seinem durch eine mächtige Mittelsäule gestützten Kreuzgratgewölbe und seinem imposanten Kamin steht in krassem Gegensatz zur benachbarten Elisabeth-Kemenate, die vollständig durch glänzende Bildmosaiken aus farbigem Glas und Perlmutt verkleidet ist, auf denen das wohltätige Leben der heiligen Elisabeth dargestellt wird. Ein «Ah» und «Oh» geht durch die Menge, wenn man hört, wie lange, teuer, aufwendig und kompliziert die Bauarbeiten für das glitzernde Raumkunstwerk waren.

Im Sängersaal darüber hat Moritz von Schwindt den Versuch unternommen, den Betrachter in die verklärte Vergangenheit der Burg zurückzuführen, indem er von einem illusionistischen Trick Gebrauch machte: Er gestaltete den Raum, in dem der Zuschauer steht, genau so, wie er auf dem Fresko über den Sängerwettstreit, das scheinbar auf die Wand gespannt ist, dargestellt wird. Ein historisches Programm, das die Großtaten der Protagonisten der eigenen Vergangenheit wie in einem historischen Schauspiel nacheinander vorstellt, wird hier und im folgenden «Landgrafenzimmer» ausgebreitet. Auch die Sammlungen, die erst nach dem Wiederaufbau im neunzehnten Jahrhundert mittelalterliche Gobelins, Truhen und Schränke, Tafelbilder und Skulpturen zusammentrugen, dienten diesem Zweck: die Ausstaffierung von Schauräumen deutscher Geschichte.

Die Wartburg ist eines der wenigen Museen, die es schaffen, ausschließlich von Eintrittsgeldern ihren Unterhalt zu bestreiten. Bei bis zu 3500 Besuchern in der Saison täglich fließen die so reichlich, daß man es sich leisten kann, High-Tech-Restaurierungsmethoden anzuwenden wie eine mikroklimatische Feinmessung vor den Fresken Moritz von Schwindts, die sogar die Einflüsse der Körperfeuchtigkeit und des Luftzuges, der durch die vorüberziehenden Massen verursacht wird, zu messen vermag. Man kann also sicher sein, daß die Eintrittsgelder für den Erhalt des Bauwerks gut angelegt sind.

Trotz des Andrangs schaffen es die routinierten Fremdenführer immer wieder, die internationale Besucherschar mit ihren gekonnt dargebotenen Anekdoten und Erläuterungen zu «edutainen». So lernt man eine weitere Version kennen, wie der Gründer der Burg, Landgraf Ludwig, zu dem Beinamen «der Springer» gekommen ist, und findet endlich heraus, was es mit dem berühmten Sängerkrieg auf der Wartburg auf sich hat. Am Ende der einstündigen Führung – der einzigen Möglichkeit, die Räumlichkeiten der Burg von innen zu betrachten – schließlich sieht man noch in der Lutherstube das riesige Loch im Putz an der Stelle, wo die Souvenierjäger bis zu Anfang des Jahrhunderts immer wieder den berühmten Tintenfleck abgekratzt haben, den Martin Luther angeblich in der Ecke seiner Schreibstube verursacht hatte. Auch dies beruht auf einem Mißverständnis. Offenbar hat man den Augustinermönch etwas zu wörtlich genommen, als er sagte, daß er «mit Tinte gegen den Teufel ankämpfe».

Evelyn Schwab/
Matthias Schossig

Der schiefe Turm von Eisenach soll geradegerückt werden: das alte Rathaus

Landkarten, Schulen, Versicherungen

GOTHA

Größer könnte der Kontrast nicht sein. Unrettbar zerfallene Bausubstanz, über Jahre ungesicherte Dächer, in Fetzen herabhängende Zwischendecken bis ins Erdgeschoß, und gleich daneben, in strahlend gelbe Dispersionsfarbe getaucht, ein im Standard der neunziger Jahre renoviertes Haus. In Gotha wird besonders deutlich, daß viele Jahre lang die Bemühungen, einen historisch gewachsenen Stadtkern zu erhalten und behutsam durch Neubauten zu ergänzen, sich auf einen kleinen Bereich der Innenstadt beschränkt hat, während die Gebäude an der Peripherie dem Verfall preisgegeben waren. Es wird abgerissen, und bei vielen Gebäuden bleibt nichts weiter übrig als die denkmalgeschützte Fassade. Dabei haben die Bauten um den Hauptmarkt durchaus musterhaften Charakter für DDR-Innenstadtsanierung. Zur 1200-Jahr-Feier Mitte der siebziger Jahre hatte man alle zur Verfügung stehenden Kräfte aufgeboten, um dem schlechten Beispiel anderer Städte im Lande Paroli zu bieten, und erstaunlich behutsam begonnen, das alte Gebäudeensemble der Innenstadt wiederherzustellen. In der westlichen Innenstadt war man weniger zimperlich und riß ganze Straßenzüge ein, um in Plattenbauweise neuzubauen. Was dabei herauskam, ist trotzdem unüblich, denn die dreigeschossigen Neubauten mit Satteldach halten sich an den historischen Stadtgrundriß und vermeiden die Bausünden der Einheits-Vorstadtsiedlungen am Rande ostdeutscher Städte.

Gotha hat eine ganze Reihe baugeschichtlicher Besonderheiten aufzuweisen: Schloß Friedenstein, das «Schloß der tausend Fenster», eine schon von weitem sichtbare dreiflügelige Schloßanlage, die größte ihrer Art in Thüringen und die einzige in Europa, die noch während des Dreißigjährigen Krieges entstand; einen dreißig Kilometer langen Kanal aus dem vierzehnten Jahrhundert, der das Wasser der Leina aus dem elf Kilometer südlich der Stadt gelegenen Schönau vor dem Walde in die Innenstadt führt, sowie den Flößgraben, der sogar die Elbe-Weser-Wasserscheide überwindet und gemeinsam mit dem Leinakanal nicht nur die «Wasserkunst» auf dem oberen Hauptmarkt speist, sondern die gesamte Innenstadt mit frischem Trinkwassser aus dem Thüringer Wald versorgt. Eine weitere kleine Sensation, die auf den ersten Blick gar nicht als solche zu erkennen ist, betritt man, wenn man in Gotha mit der Bahn ankommt: Der kleine Bahnhof aus der ersten Hälfte des 19. Jahrhunderts läßt nicht vermuten, daß Gotha ein wichtiger Verkehrsknotenpunkt an der Achse Frankfurt – Leipzig war und bis heute trotz seiner geringen Größe von 56000 Einwohnern Intercity-Haltepunkt ist. Freunde des öffentlichen Nahverkehrs können gleich am Bahnhof in die Thüringerwaldbahn umsteigen, eine elektrische Überlandstraßenbahn, die über Schnepfenthal, Reinhardsbrunn und Friedrichroda nach Tabarz fährt.

Ein Rundgang durch Gotha

Tritt man auf den Bahnhofsvorplatz in Gotha und blickt die Bahnhofstraße hinunter, weiß man gleich, worum es in Gothas Geschäftswelt traditionell geht: Banken und Versicherungen. Rechts und links der breiten Chaussee, in großzügigen parkähnlichen Gärten steht eine Reihe von ehemaligen Bank- und Versicherungsgebäuden in historischem Stil, die signalisieren, daß Gotha der Ursprungsort des deutschen Versicherungswesens war: In den zwanziger Jahres des 19. Jahrhunderts gründete der Kaufmann E. W. Arnoldi die Gothaer Feuer- und Lebensversicherungsbank, und dem Geschäft mit der Sicherheit verdankt die Stadt ihren wirtschaftlichen Aufschwung.

Das Stadtbild Gothas wird von allen Seiten dominiert von Schloß Friedenstein, der geschlossenen frühbarocken Schloßanlage mit ihren vier Fassaden, die gemeinsam mit ihren Parkanlagen ebensoviel Platz einnimmt wie die gesamte Innenstadt innerhalb des Rings von Parkstraße und Gartenstraße, Bürgeraue und Friedrichstraße. Ernst dem Frommen, dem Erbauer des gigantischen Schlosses, geht nicht nur auf Grund seines Namens der Ruf voraus, ein äußerst tugendsamer Mensch gewesen zu sein. Große Feste, Freß- und Saufgelage, aufwendige Kleider und luxuriöse Jagden waren ihm zuwider. Schloß Friedenstein, so benannt wegen des zur Zeit seiner Erbauung soeben geschlossenen Westfälischen Friedens, der den Dreißigjährigen Krieg beendete, ist nicht die einzige Großtat des Herzogs. Er ließ mehrere Schulen bauen, Lehrbücher verfassen und kümmerte sich persönlich um die Einhaltung seines 38-Punkte-Programms zur Erziehung der Jugend: Sauberkeit, Frömmigkeit, gutes Benehmen bei Tische, Ordnung und Pünktlichkeit seiner Zöglinge führten schon bald dazu, daß man sagte, des Herzogs Bauern seien gelehrter als anderswo die Städter und Edelleute. Die Ausmaße des Schlosses (140 mal 100 Meter Grundriß) bieten reichlich Platz für die umfangreichen Sammlungen der Museen der Stadt Gotha: eine bedeutende Münzsammlung, Tafelbilder von Cranach bis Rubens (einschließlich des beliebten «Gothaer Liebespaars»), ein Kupferstichkabinett mit 35000 Blatt vom 15. bis zum 20. Jahrhundert, kostbare sakrale Schnitzplastiken, die «Kunstkammer» der Ernestiner mit Raritäten und Pretiosen aus allen Epochen, das «Chinesische Kabinett», eine imposante Sammlung von Antiken und Ägyptica und nicht zuletzt die Sammlung von Meißener und Gothaer Porzellan. Doch damit ist es noch nicht genug: Das Schloß beherbergt neben seinen Residenzgemächern noch ein komplett erhaltenes intimes barockes Hoftheater, das «Ekhoftheater», ein regionalgeschichtliches und volkskundliches Museum mit interessant inszenierten Schauräumen zur Entstehungszeit des Schlosses sowie eine absolute Rarität, das kartographische Museum. Die Exponate für dieses Museum brauchten nicht von weit her geholt zu werden, denn Gotha ist mit den kartographischen Anstalten des Justus Perthes die Pionierstadt der modernen wissenschaftlichen Kartographie. In dem Museum kann man nicht nur den Arbeitsplatz eines Kartokupferstechers betrachten, sondern in der Ausstellung «Imago Mundi» einem leibhaftigen Nashorn (ausgestopft) ins Auge schauen. Wer dann immer noch nicht genug Museumsluft geschnuppert hat, kann sich anschließend ins Museum der Natur begeben, dort ungläubig Saurierfußstapfen und Thüringerwaldelefanten nachspüren oder sich in einer neuen Ausstellung über «Artenschutz – ein Weltproblem» kundig machen.

Zu Füßen der Ostfassade des Schlosses liegt die Orangerie, die wohl noch einige Zeit ihrer Instandsetzung harren wird, und auf der anderen Seite die Heinrich-Heine-Bibliothek. Dort und auf der anderen Straßenseite der Friedrichstraße ist traditionell eine Art kulturelles Zentrum Gothas. In dem kleinen Schloßcafé finden gelegentlich Lesungen statt, und das immer gut gefüllte Kino zeigt an, daß laut Statistik die Gothaer die eifrigsten Kinogänger der Republik sind. Hinter der gegenüberliegenden Westseite des Schlosses kann man sich an der Grabpyramide des Gothaer Oberhofmarschalls Hans Adam von Studnitz vorbei durch die Straße Am Tivoli zur Gedenkstätte «Gothaer Parteitag 1875» begeben, mit dem Saal, in dem sich einst die bürgerlichen Anhänger des Allgemeinen Deutschen Arbeitervereins Ferdinand von Lassalles mit der Sozialdemokratischen Arbeiterpartei August Bebels unter dem «Gothaer Programm» der Sozialdemokratie zusammenschlossen.

Vor dem viergeschossigen Haupttrakt des Schlosses, dem Nordflügel mit dem barock überladenen Thronsaal, in dem gelegentlich Konzerte stattfinden, steht ein überlebensgroßes Abbild des frommen Gründervaters mit Blick auf «seine» Residenzstadt. Leicht abschüssig kann man nun an der «Wasserkunst» vorbei über den oberen zum unteren Hauptmarkt die Treppen hinabsteigen, dem zentralen Platz von Gothas Altstadt mit dem theatralisch in der Mitte plazierten roten Renaissancerathaus. Hier auf dem Markt, einem echten Wochenmarkt mit Gemüseständen und qualmendem Bratwurstgrill, trifft man sich zum vormittäglichen Plausch und kann in den vom Markt abgehenden Straßen und ihren Geschäften noch den gesamten Einkauf erledigen. Durch die Jüdenstraße kommt man zum Augustinerkloster mit seinem sehenswerten Kreuzgang, und gleich um die Ecke findet sich auch die Gotha-Information, in der man wie in Thüringen üblich von der Zimmervermittlung bis zum Kartenvorverkauf alles erledigen kann, was man unterwegs zu organisieren hat.

LANDESHAUPTSTADT
ERFURT

Klöster, Kirchen und Märkte

Schon immer war Erfurt die einzige Stadt in Thüringen, die den Namen «Großstadt» verdient hat. Bereits im Mittelalter platzte sie aus den Nähten ihrer engen Stadtmauern, an die heute bis auf einen kleinen Rest am Juri-Gagarin-Ring nur noch die Ringstraßen erinnern, die vielspurig das Zentrum umlaufen. Eine riesige Festung auf dem einzigen Berg der Stadt, Hunderte mittelalterlicher Gebäude, Klöster und Kirchen künden von einer reichen Vergangenheit. Vierzig Jahre als Bezirkshauptstadt der DDR haben Erfurt nicht

gerade verschönert, aber kulturell ist die Stadt immer Thüringens Metropole geblieben. Einige Glanzpunkte der alten Bausubstanz wurden als Vorzeigeviertel herausgeputzt, aber weite Teile, wie das Michaelisviertel, waren ungeschützt dem Verfall preisgegeben. Ebenso ging es mit der Theater-, Literatur- und Musiklandschaft. Streng reglementierte Vorzeigeveranstaltungen wurden erheblich unterstützt, kleine, unabhängige und kritische Initiativen, wenn sie nicht kontrolliert werden konnten, mundtot gemacht. Dennoch wuchs so manches lebendige Pflänzchen durch die Maschen der sozialistischen Zensur.

Die Stadt rühmt sich gern ihrer liberalen Traditionen. Zwar herrschten jahrhundertelang die katholischen Mainzer und ihre Statthalter in der Stadt, aber Mainz war fern, und die Erfurter bewahrten sich ihre städtischen Freiheiten. Stolz weisen sie auf die Religionsfreiheit der Stadt hin, die sie sich selbst zu den fanatisierten Zeiten von Bauernkriegen, Reformation und Gegenreformation bewahren konnte. In den «Dunkelmännerbriefen», die in Erfurt kursierten, nahmen humanistische Spötter die Borniertheit der Scholastiker aufs Korn, indem sie in bestem «Küchenlatein» Fragen aufwarfen wie: «Ist es eine Todsünde, an Festtagen ein Ei zu essen, in dem schon ein Junges ist?» oder «Muß ein zukünftiger Magister der Theologie Magister nostrandus oder noster magistrandus heißen?» Zahlreiche Verlage verbreiteten schon im fünfzehnten Jahrhundert die Weisheiten, die in Erfurt hervorgebracht wurden. Hier ließ Adam Ries seine mathematischen Grundlagenwerke drucken, schrieb Meister Eckhart seine mystischen Visionen nieder, schilderte ein Anonymus in «Carmen satiricum occulti Erfordensis» das bunte Treiben der tausend Scholaren in der Stadt, und hier brachte Thomas Occam seine messerscharfen Welterklärungen zu Papier.

«Grüne Aue und Kardinal», «Großer Schwanenreiter und Paradies», «Zum Stolzen Knecht», «Zum Großen und Neuen Schiff»,. «Zum Paradies und Esel», «Zum Goldenen Einhorn.» «Roter Ochse» – Postboten vor dem Zeitalter der Aufklärung hatten, wenn sie durch das Gassenlabyrinth Erfurts zogen, keine Hausnummern, sondern phantasievolle Namen im Kopf. Noch heute prangen, in Stein gehauen und bunt bemalt, über den Toreingängen der prächtigen Bürgerhäuser die rätselhaften Symbole aus vergangener Zeit. Erfurt, seit 1990 Sitz der thüringischen Landesregierung, blickt auf eine Geschichte zurück, die viel weiter zurückreicht als die schriftlich dokumentierten 1250 Jahre, die die Stadt 1992 feierte.

Ein Spaziergang am Anger, der geschichtsträchtigen Achse der Erfurter Innenstadt, ist wie das Blättern in einem «Bilderbuch der deutschen Geschichte», wie Arnold Zweig über Erfurt schrieb. Gotik, Renaissance, Barock, Rokoko, Jugendstil und historistische «Neo-Stile» reihen sich auf engem Raum aneinander.

«Erfordia turrita», die Turmstadt

Erfurts große Zeit als Handelsmetropole und kulturelles Zentrum Ostdeutschlands nahm historisch seinen Anfang, als der Missionar der Deutschen, Bonifatius, im Jahre 792 Papst Zacharias vorschlug, hier ein Bistum zu errichten. Mit der Christianisierung begann für Erfurt eine Phase, die ihren Charakter als städtische Metropole über das gesamte Mittelalter und darüber hinaus begründete. Die Lage Erfurts in einer sanften Schleife des Flusses Gera (früher Erphe = die Braune), die genau am Kreuzungspunkt zweier europäischer Handelsstraßen lag (Nürnberg – Lübeck, Bremen, Hamburg und Paris – Frankfurt – Kiew), machte sie zu einem idealen Warenumschlagplatz. Bereits ungezählte Jahrtausende vorher hatten an dem natürlich begünstigten Ort zwischen Thüringer Wald und Harz Menschen gesiedelt, mehrere kleine Weiler und dörfliche Siedlungen lagen in dem Gebiet, das später Erfurt bildete.

Die große Zeit Erfurts begann jedoch im frühen Mittelalter, mit der Trennung von verarbeitenden Zünften und handelndem Gewerbe. Die Stadt war bereits im elften Jahrhundert aus der Herrschaft der thüringischen Herzöge in den Besitz der kurmainzischen Erzbischöfe übergegangen und blieb von da an achthundert Jahre lang mainzisch. Siebenunddreißig Kirchen und ebenso viele Klöster zierten im Mittelalter mit ihren zahlreichen spitzen Türmen und Türmchen, die – wenngleich häufig ohne dazugehöriges Kirchenschiff – noch heute die Silhouette Erfurts durchsetzen, die Stadt.

Neben den Kirchen waren es die Märkte, die Erfurt prägten. Sie erfüllten die gesamte Innenstadt mit regem Handel: Gewürze, Edelmetalle, Stoffe, Wein und vor allem der Waid, die Pflanze der Blaufärber. Die Krämer entwickelten sich zu wohlhabenden und einflußreichen Bürgern, die allmählich den in der Ferne herrschenden Fürstbischöfen die Macht in der Stadt abnahmen, bis schließlich nur noch Wasserwirtschaft und Gerichtspflege in der Hand der Mainzer Landesherren lagen.

Die Bürgerstadt Erfurt war schon seit frühester Zeit Sitz und Treffpunkt von Kaisern und Königen. Karl der Große machte die Stadt mit ihrer Königspfalz auf dem Petersberg zu einem Grenzhandelspunkt im Handel mit Slawen und Awaren. Heinrich I. und die Ottonen hielten im zehnten Jahrhundert in Erfurt Hof, und 1184 war die Peterskirche Schauplatz der historischen Unterwerfung Heinrichs des Löwen, der sich gegen die Zentralgewalt des Heiligen Römischen Reiches Deutscher Nation aufgelehnt hatte, unter Friedrich Barbarossa. Rudolf von Habsburg hielt sich Ende des dreizehnten Jahrhunderts mehrere Jahre in der Stadt auf. In einem der schönsten Renaissancegebäude der Stadt, im «Haus zur Hohen Lilie», residierte vorübergehend der Schwedenkönig. An Gustav Adolf, der sich vergeblich bei den Friedensverhandlungen dafür eingesetzt hatte, daß Erfurt reichsfreie Stadt wird, erinnert eine Gedenkplatte. Trotz der Macht und des Reichtums des Handelsplatzes Erfurt wurde die Stadt niemals unabhängig und genoß nie die Privilegien einer Hansestadt wie viele andere Handelsstädte im Reich. Zwar wird die Martinsstatue am Fischmarkt von den Erfurtern gern ihr «Roland» genannt, aber Erfurt blieb immer unter kurmainzischer Herrschaft. Rat und Bürgerschaft ertrotzten sich jedoch große Unabhängigkeit, und die Stadt dehnte sich im dreizehnten Jahrhundert bis zu einer Einwohnerzahl von über 50000 aus. Damit war sie eine der größten deutschen Städte des Mittelalters.

Vom Stadtwappen Erfurts prangt noch heute das Wagenrad der Mainzer, in Erfurt galt jedoch niemals das sonst allgemein übliche Prinzip «cuius regio eius religio». Erfurt, als Studienort und Wirkungsstätte Martin Luthers, war zwar eine der Hochburgen der Reformation, aber in der Stadt gab es immer ein tolerantes Nebeneinander verschiedener Konfessionen. Die Universität, 1392 gegründet, verhalf der Stadt

«Erfurt, obgleich die älteste, größte und volkreichste Stadt in Thüringen, übt auf die Reisenden, die nicht etwa durch Geschäfte in das verworrene Häusermeer hineingezogen werden, eine nur geringe Anziehungskraft. Ihr ehemaliger Glanz ist mehr oder weniger verblichen, wenn auch die Neuzeit den Verkehr und die Wohlhabenheit der uralten Metropolis unverkennbar wieder hebt; die Einwohnerzahl ist im Vergleich zum 14. Jahrhundert um die Hälfte gesunken, wenn sie auch im Vergleich mit den Zeiten des siebenjährigen und französischen Krieges um die Hälfte wieder gewachsen ist; die unregelmäßige Bauart der vielen engen, winkeligen Gassen mit ihren unschönen Häusern vermag das Auge nicht zu befriedigen, obwohl einige hübsche Plätze und mancherlei merkwürdige Gebäude Tritte und Schritte fesseln; die feste Cyriaksburg außerhalb und der freundlichere Petersberg in der Stadt schauen drohend von ihren Felsköpfen herab, und die Seele wird von einem beengenden Gefühle beschlichen, wenn man die finstern Thore und Wallgräben passiert, obgleich die militärische Besatzung der dünnbevölkerten Stadt auch wieder das Gepräge eines vielbewegten Lebens aufdrückt.

Heinrich Schwerdt, *Album des Thüringer Waldes*. Leipzig 1880

Straßenmusik als Überlebenskunst in Erfurts Fußgängerzone

mit ihren «artes liberales» zu großer geistiger Liberalität und europäischer Bedeutung. Bis ins fünfzehnte Jahrhundert war die Erfurter Universität nach der Prager die größte im Reich.

Erst im deutsch-französischen Krieg mit dem Einmarsch der napoleonischen Truppen 1816 litten die alten Gassen größeren Schaden. Kanonenkugeln zerstörten Teile der Festung Petersberg und der Innenstadt. Der Domplatz, der einstmals ebenso dicht bebaut war wie die gesamte Innenstadt, wurde vollkommen zerstört. Die Stadt kam zu Preußen, und die Universität wurde aufgelöst – sie zählte zum Schluß sechzehn Studenten und 22 Professoren.

Erfurt verfügt über eine der ältesten Universitäten. Zwar wurde das Haus 1816 geschlossen, aber eine medizinische Fakultät existierte bis

«Pons Rerum Venalium»: die Krämerbrücke aus der Vogelperspektive

1989. 1987 bildete sich eine «Interessengemeinschaft Alte Universität», und 1990 erließ die Gemeinschaft den Aufruf zur Gründung einer Europäischen Universität in Erfurt. Im Dezember 1993 schließlich beschloß der Thüringer Landtag die Neugründung der Erfurter Universität, und am 29. April 1994 hielt der thüringische Ministerpräsident Bernhard Vogel die Gründungsansprache im Augustinerkloster. Als erstes soll ein sozialwissenschaftlich orientiertes Max-Weber-Kolleg gegründet werden, das dann am Anfang einer geisteswissenschaftlich orientierten Uni steht. Daneben soll es einen juristischen, einen wirtschaftswissenschaftlichen Fachbereich sowie eine katholische Fakultät geben.

Im alten Universitätsviertel am östlichen Ende der Krämerbrücke, wo heute der «Alte Schwan» steht, kann man das einstige Universitätskrankenhaus sehen, in dem sich heute die Arbeits- und Atelierräume der Landesdenkmalpflege befinden. Am Kreuzsand 9/10 stehen noch zwei der zahlreichen «Studentenbursen», die – wegen Steuerersparnis teilweise übers Wasser gebaut – den Studenten als Wohn- und Arbeitsstätten dienten. Die meisten Gebäude der Universität standen je-

Humanisten zu ihren «Königlichen Sitzungen», aus denen heraus sie gegen die scholastische Starre der Dominikaner in Köln polemisierten.

Ein Rundgang durch die Innenstadt

Ein Rest der alten Handelsstraße, deren Existenz die Stadt ihre mittelalterliche Bedeutung zu verdanken hat, ist die vielgerühmte Krämerbrücke. Das besondere an diesem Bauwerk ist, daß es eigentlich gar keine Brücke ist, sondern eine schmale Gasse auf starken Pfeilern und Balken, die über die Gera führt. Von den beiden Kirchen, die am Ein- und Ausgang der Brücke standen, ist nur noch eine erhalten. Schon im zwölften Jahrhundert hat es hier eine Brücke mit Marktbuden gegeben, die jedoch Ende des fünfzehnten Jahrhunderts einer Feuersbrunst zum Opfer fielen und allmählich durch die bunt zusammengewürfelten Fachwerkbauten ersetzt wurden, die heute eine der Hauptattraktionen Erfurts bilden. Eine Buchhandlung, ein Antiquitätenhändler, ein Touristenbüro und eine Porzellanmalerwerkstatt machen die Krämerbrücke zu einem bewohnten Stück urbaner Geschichte.

Hinter den Mauern des Augustinerklosters hat schon immer etwas mehr Freiheit geherrscht als draußen in der Welt. Natürlich hält man in Erfurt wie überall das Gedenken an den deutschen Reformator Martin Luther bewahrt, aber bei einem Besuch kann man sich davon überzeugen, daß das geistliche Leben mehr ist als das Wirken einiger prominenter Gestalten der Historie. Probst Heino Falcke, der die klösterliche Ruhe nach dem Motto «Kontemplation und Aktion» ein

doch im Bereich Michaelis- und Augustinerstraße. Das «Collegium Maius», Michaelisstraße 39, ist der Rest eines einstmals fast dreitausend Quadratmeter großen Gebäudekomplexes, das sich bis zur Gera hinzog. Die erhaltenen meterhohen Mauern entlang der Straße mit den spätgotischen Fensteröffnungen markieren den Grundriß des einstigen Zentralgebäudes der Universität, die im vierzehnten Jahrhundert die meistbesuchte im Reich war. Martin Luther, Johannes Gutenberg, Adam Ries und später Christoph Martin Wieland studierten hier. In der Engelsburg, heute Studentenklub in der Allerheiligenstraße, trafen sich die aufgeklärten

Erfurts Domstufen putzen sich für Theateraufführungen anläßlich der Festwochen heraus

Leben lang zu einem konsequenten Engagement für den Frieden genutzt hat, hatte hier seine Klause und wird auch im Ruhestand hier zu Hause sein.

Gleich hinter dem Rathaus, hinter einem Bauzaun in einer der vielen Baulücken Erfurts, die sich allmählich schließen, fällt der Blick auf die Ausgrabungen der alten Synagoge, die man hier Ende der achtziger Jahre freilegte. Das alte Gewölbe beschäftigt nun die Stadtarchäologen und erinnert an eine lange Geschichte des Judentums in Erfurt. Die Juden Erfurts wurden jedoch, wie auch in anderen deutschen Städten, bereits im vierzehnten Jahrhundert verfolgt. Nachdem in den dreißiger Jahren steigende Lebensansprüche der Landgrafen und des Adels diesen Personenkreis in die finanzielle Abhängigkeit von Erfurter Juden gebracht hatten, rief der Mainzer Erzbischof Gerlach von Nassau 1349 die Schuldner praktisch zum Judenmord auf, indem er den Mördern Straffreiheit zusicherte. Auch 1938 brannte in Erfurt die Synagoge, jüdische Geschäfte wurden enteignet, und viele, die nicht rechtzeitig emigrieren konnten, wurden in die Konzentrationslager deportiert. Dennoch sammelte sich nach dem Krieg wieder eine jüdische Gemeinde in Erfurt. Die Stadt kann sich sogar rühmen, die einzige zu sein, die sich während der vierzig Jahre DDR den Neubau einer Synagoge ermöglichen konnte. In der neuen Synagoge am Juri-Gagarin-Ring kommt heute eine weit versprengte, aber sehr aktive jüdische Gemeinde zusammen, die vom Eichsfeld bis in den Thüringer Wald, von der hohen Rhön bis ins Osterfeld reicht.

Der weite Platz vor dem Dom und der Severikirche ist mit fast vier Hektar einer der größten Plätze Europas. Seine jetzige Größe bekam der Platz jedoch erst 1813, als bei der Beschießung der von den Franzosen besetzten Stadt die preußisch-russischen Truppen nicht nur die Türme der Peterskirche auf der Zitadelle, sondern auch weite Teile des Andreasviertels abbrannten. Der preußische Platzkommandant machte keine halben Sachen und ließ die Restbebauung des Domplatzes vollständig einebnen, um einen großen Exerzierplatz zu gewinnen. Heute lieben die Erfurter ihren Domplatz. Ein Wochenmarkt und eine Kirmes können bequem gleichzeitig abgehalten werden, und Massenveranstaltungen wie das Konzert von José Carreras oder der traditionelle «Jedermann» auf der Domtreppe sind Open-Air-Highlights im Erfurter Sommer. Pläne, die ursprüngliche Bebauung wiederherzustellen, stießen auf wenig Gegenliebe. Das Bauensemble des Mariendoms und der Severikirche mit der monumentalen Freitreppe, die zu den beiden Kirchen hinaufführt, ist die Visitenkarte dieser Stadt, und die Instandsetzung der durch jahrzehntelange Braunkohlenberäucherung geschädigten Bausubstanz wird zur Herausforderung für die Denkmalschützer von Kirche, Stadt und Land. Zu den meistbewunderten Schätzen gehören die Glasfenster im 25 Meter hohen Chor des Mariendomes. Von 1370 bis 1420 entstanden, zählen die biblischen Motive zu den kostbarsten noch erhaltenen gotischen Glasfenstern. In dem alten Gemäuer des Severikreuzganges ist eine gemeinschaftliche Forschungswerkstatt der Bauhütten der Erfurter und der Kölner Dombauhütten, des Fraunhoferinstituts Würzburg und des Bundesforschungsministeriums eingerichtet worden, um der Schädigung insbesondere der Kirchenfenster in den östlichen Bundesländern auf den Grund zu gehen und der Nachwelt die Meisterwerke der Kirchenfensterbaukunst zu erhalten.

Galerien, Theater und das Europäische Kulturzentrum

1986 wurde in einem alten Waidspeicher in der Großen Arche zwischen Marktstraße und Domplatz ein kleines, intimes Theater eröffnet, das beweisen sollte, daß es in der DDR auch kritisches Theater geben kann. Dem Kabarett Arche gelang die Gratwanderung zwischen konstruktiver Kritik und schonungsloser Satire bis zum Ende der DDR so gut, daß die Vorstellungen meist ausverkauft waren, und das nicht nur durch die vielen Besucher der Stadt. Auch das Puppentheater machte durch die Wiederbelebung einer langen Tradition und sorgfältig inszenierte Klassiker von sich reden. Die erfolgreiche Inszenierung «Wer fürchtet sich vorm schwarzen Mann?» ist ins Englische und ins Hebräische übersetzt worden und ging auf Tournee in die USA, nach Australien und Israel. In einer völlig veränderten Kulturlandschaft, in der die Theater nicht nur ideologisch, sondern auch ökonomisch in die Selbständigkeit entlassen sind, geht es dem Theater im Waidspeicher nicht anders als allen anderen auch: Es kämpft ums Überleben und um Besucherzahlen.

Hinter der Fassade des Hauses «zum Roten Ochsen» verbirgt sich mehr, als die zierlichen Stockwerke und das Blendwerk des Giebels vermuten lassen: ein regelrechter Kunsthallenbetrieb, wie er in eine Metropole wie Erfurt gehört, der seit 1976 nichts von seiner Ausstrahlung eingebüßt, sondern durch die seit 1991 stattfindende Triennale der «Configura» noch erheblich dazugewonnen hat. Auf fast tausend Quadratmeter Ausstellungsfläche finden in dem ehemaligen Kino auch größere Ausstellungen Platz. In der DDR machte sich die Galerie einen Namen durch Ausstellungen der klassischen Moderne, die bis in die achtziger Jahre im Sozialismus noch eine kleine Sensation waren: Marc Chagall, Pablo Picasso, Henri Matisse und Alberto Giacometti.

Das stattliche Renaissancehaus am Anger 37/38 «Zum Güldenen Hecht» gegenüber dem Florabrunnen ist ein Stück Erfurter Kulturgeschichte. Ende des achtzehnten Jahrhunderts war es der pensionierte Präsident der preußischen Kammer in Minden, der in Erfurt zusammen mit seiner attraktiven und kultivierten Tochter Karoline, der späteren Frau von Humboldt, seinen literarischen und wissenschaftlichen Neigungen nachgehen wollte. Die «Assemblees» in diesem Hause waren der kulturelle Mittelpunkt Erfurts. Hier verlobte sich Friedrich Schiller mit einer Freundin Karolines, Charlotte von Lengefeld. Die Gebrüder Humboldt gingen ein und aus, und auch Johann Wolfang Goethe und sein Freund und Arbeitgeber Carl August von Sachsen-Weimar waren Gäste des Hauses. Wenn heute das Europäische Kulturzentrum Brücken schlägt zwischen der bewegten Kulturszene der osteuropäischen Länder und neuen Tendenzen im vereinigten Deutschland, dann steht der weite Horizont in diesem Haus in guter Tradition. Schaut man sich an, was hier an aufregenden Ausstellungen, Symposien, Aktionen, Lesungen und Gesprächen stattfindet, hat man den Eindruck, daß Erfurt in Thüringen wieder einmal im Schnittpunkt steht. Nur sind es diesmal nicht wie im Mittelalter die Handelsstraßen zwischen Kiew und Paris, Nürnberg und Lübeck, son-

Das Haus des Dialogs – Europäisches Kulturzentrum im Dacherödenschen Haus

dern es sind kulturelle Tendenzen und Aktivitäten zwischen den sich auflösenden Grenzen von Ost und West, die sich hier treffen.

Metamorphose eines Stadthauses: der Kaisersaal

Der klassizistische Gebäudekomplex in der Futterstraße, der heute in neuem Glanz erstrahlt und wieder wie schon 1871 «Kaisersaal» genannt wird, blickt auf eine wechselvolle Geschichte zurück. 1714 stellte Ballmeister Sommer aus Leipzig im neuerbauten Universitäts-Ballhaus den ersten Billardtisch Erfurts auf. Über fünfzig Jahre lang nutzten herumziehende Schauspielertruppen den Saal für ihre Gastspiele, und 1791 wurde in Anwesenheit des Dichters Friedrich Schillers «Don Carlos» uraufgeführt. 1808 wurden die Säle zum Treffpunkt des europäischen Hochadels. Seinen Namen erhielt der Saal, als Napoleon I. von Frankreich sich hier mit Alexander I. von Rußland, vier Königen, einer Königin, achtzehn regierenden Fürsten und Fürstinnen, dreißig Erb- und anderen Prinzen nebst ihren Ministern und Hofstaat zum Fürstenkongreß traf. Fünf Jahre später diente das Haus als Hospital, und ab 1815 begannen Gastspiele des von Goethe geleiteten Weimarer Theaters. Nach dem Umbau in den dreißiger Jahren des neunzehnten Jahrhunderts ging den Besitzern das Geld aus, der Theaterbetrieb wurde eingestellt, und der Konzert- und Ballsaal wurde zum Vergnügungszentrum Erfurts. 1891 tagte mit August Bebel der als «Erfurter Parteitag» in die Geschichte eingegangene Parteitag der SPD. Die wilden zwanziger Jahre und den Zweiten Weltkrieg überstand der Saal mit Varieté, Kabarett und als Kino, und 1945 wurde das Haus getreu der sozialistischen Sprachregelung in «Kongreßsäle» umgetauft. Mitte der sechziger Jahre schließlich eigneten sich die Büromaschinenwerke Optima Erfurt die Räume als Kulturhaus an und richteten eine Gedenkstätte «Erfurter Parteitag 1891» ein, die 1982 wieder geschlossen wurde. Nach der kompletten Renovierung tanzen nun wieder Prominenz, Presse und die Politiker Thüringens vereint beim Landespresseball im Mai für 150 Mark Eintritt pro Person. Wie sich die Zeiten ändern.

Vitrine der Klassik

WEIMAR

«Ist Wieland hier? Ist Herder hier? Ist Goethe hier?» So fragte der Russe Nikolai Karasin 1789 an der Grenze zum Großherzogtum Sachsen-Weimar den wachhabenden Sergeanten, und der antwortete: «Ja! Ja! Ja!». Eine Grenze gibt es weit und breit nicht mehr, aber die Frage nach den Protagonisten der deutschen Klassik ist unausgesprochen immer noch allgegenwärtig. Hunderttausende Besucher strömen jedes Jahr ins Zentrum der Stadt, in der Lucas Cranach und Martin Luther, Johann Wolfgang Goethe und Friedrich Schiller, Johann Gottfried Herder und Christoph Martin Wieland, Friedrich Nietzsche und Richard Wagner, Henry van de Velde und Walter Gropius lebten und arbeiteten. Nicht immer waren die Heroen der deutschen Geistesgeschichte jedoch zu ihren Lebzeiten bei den

Teltower Rübchen, wie zu Goethes Zeiten, gibt es nicht mehr in seinem Garten am Frauenplan

Einheimischen wohlgelitten. Als Goethe genug von Weimars provinzieller Enge und kleinlichen Intrigen hatte, ging er nach Italien; Schiller war zwar ein berühmter Theaterdichter, aber hatte zeitlebens Schwierigkeiten, sich über Wasser zu halten; van de Velde hatte mit der Ausländerfeindlichkeit der Weimarer Nationalisten zu kämpfen, und eine international einflußreiche Persönlichkeit wie Harry Graf Kessler wurde zum Opfer eines von konservativen lokalen Kreisen inszenierten Skandals um seine Beziehung zu dem Avantgarde-Künstler Auguste Rodin. Und schließlich ist Weimar immer auch in einem Atemzug zu nennen mit Buchenwald, dem Synonym für die Grausamkeit und die Unmenschlichkeit des Nationalsozialismus, der in der Geschichte Weimars eine besondere Rolle gespielt hat.

Kulturhauptstadt Europas

Dennoch übt die mußevolle und feinsinnige Atmosphäre dieses Ortes gerade heute ihre Faszination auf seine Besucher aus. Hinter fast jedem Gemäuer verbirgt sich eine interessante Geschichte, hier wird Vergangenheit lebendig. Was von den Größen der deutschen Geistesgeschichte gedacht und gesagt wurde, ist hier besser als andernorts dokumentiert und zugänglich gemacht worden. Jeder, der mit offe-

Ein Hort klassischer Bildung – die Herzogin-Anna-Amalia-Bibliothek

nen Augen durch Weimar läuft, wird Anregungen bekommen, näher nachzuforschen und sich auf Spurensuche zu begeben. An einem einzigen Tag kann man auf engstem Raum mehrere Schlösser, Residenzen, Museen, Kirchen und Bibliotheken mit erlesenen bibliophilen Kostbarkeiten, Hochschulen, jahrhundertealte Wirtshäuser, geschichtsträchtige Gassen betrachten und in einem einladenden Park spazierengehen.

Dabei ist Weimar immer klein und intim geblieben. Die großen Handelsstraßen, die Thüringen seit dem Mittelalter zum europäischen Handelszentrum gemacht haben, führten in sicherer Entfernung an der Residenzstadt vorbei, und der Wettbewerb, den die Metropole des kleinen Großherzogtums mit den benachbarten Kleinstaaten führte, spielte sich im wesentlichen auf kulturellem Gebiet ab. Noch heute zählt die meistbesuchte Stadt Thüringens einschließlich der dicht bevölkerten Randgebiete nicht mehr als sechzigtausend Einwohner.

Eine mittelgroße Stadt mit wenig Industrie, einer schnell wachsenden touristischen Infrastruktur und einem einmaligen Ensemble von kulturträchtigen Bauten, Museen und Gedenkstätten hat natürlich ihre Probleme. 1999, zum 250. Geburtstag Goethes und zum achtzigsten der Weimarer Republik und des Bauhauses ist Weimar zur «Kulturstadt Europas» gekürt worden. Das weckt ehrgeizige Perspektiven: «Neu erfahrbar» soll die große Vergangenheit der Stadt gemacht werden, «kritisch und innovativ» und nicht ausschließlich museal und denkmalpflegerisch sollen ihre großen Geister rezipiert werden. Das alljährliche Kunstfest kann bereits auf eine erfolgreiche Tradition in dieser Hinsicht zurückblicken. Aber mitten in einer tiefen strukturellen Krise sind die Schatullen der Gemeinde leer: Ein Loch von zwanzig Millionen DM klafft zum Beispiel im Haushalt 1994, ehrgeizige Projekte sind gefährdet.

Die kulturelle Blüte Weimars, die bis heute den Charakter der Stadt entscheidend prägt, war die Wende vom achtzehnten zum neunzehnten Jahrhundert, die Zeit, in der unter der Regentschaft des Großherzogs Carl August die «großen Vier», Christoph Martin Wieland, Johann Gottfried Herder, Johann Wolfgang Goethe und Friedrich Schiller, Weimar zum geistigen und literarischen Zentrum Deutschlands machten. Besonders Goethes vielseitiges Wirken hat bis auf den heutigen Tag zahlreiche Spuren hinterlassen, und während eines Spazierganges auf den Spuren des großen Universalgelehrten und Dichters vermeint man allenthalben auf kleine, stimmungsvolle Erinnerungspunkte zu treffen, die die Atmosphäre jener Zeit über viele Generationen lebendig gehalten haben.

Goethehaus und Weißer Schwan

Fast ein Menschenalter lang war Johann Wolfgang Goethe mit der Stadt verbunden. 1775 kam er als Sechsundzwanzigjähriger nach Weimar, und 1832 entschlief er sanft in einem Sessel in seinem Haus am Frauenplan. Schon zu Goethes Zeiten führte der erste Weg des Weimarbesuchers zu diesem Gebäude. Daran hat sich bis heute nichts geändert. Über dreihunderttausend Besucher drängen sich jährlich durch die zwanzig Kammern in der Beletage des «Palais» (so scherzhaft Anna Amalia) des Universalgelehrten, Tendenz steigend. Es heißt, daß in den Räumen seit Goethes Tod nichts verändert wurde. Einmal an der Pforte angemeldet, schritt der Gast die von Goethe selbst entworfene, für das Haus viel zu breite, sanft ansteigende Treppe hinauf und gelangte in den Gelben Saal, nicht ohne einen Blick in das Büstenzimmer geworfen zu haben, in dem Goethe, der das Wahre und Schöne in den Werken der klassischen Antike fand, Gipsabgüsse vorbildlicher Antiken aufstellte. Im Junozimmer oder im angrenzenden Urbinozimmer empfing ihn dann der Geheimrat – nach einer gewissen Wartezeit, wie es sich gehört. Die Räume, in denen Goethe seine umfangreichen mineralischen und kunstgeschichtlichen Sammlungen aufbewahrte, waren das Allerheiligste, in das nur engsten Freunden und Familienangehörigen Einlaß gewährt wurde. Insbesondere in den Privatgemächern im hinteren, dem Garten zugewandten Teil des Hauses war Goethe meist allein. Dies war sein «Kloster», ebenso wie der Garten der Öffentlichkeit gänzlich verschlossen. In dieser Zurückgezogenheit fand der launische Dichter die Muße, die «Wanderjahre» zu verfassen und «Faust II» fertigzustellen. Wir dürfen heute hemmungslos in die intimsten Bereiche des Dichters vordringen, dürfen sei-

Ein Brief Goethes im Gartenhaus im Ilmpark

nen Sterbestuhl und seine einfache Kammer beschnüffeln, uns die Nase an den Scheiben der Sammlerschränke plattdrücken und staunen, welch allseitig interessierter Mikrokosmos sich dort vor uns ausbreitet.

Der weitläufige Anbau des Goethehauses, das Goethe-Nationalmuseum, ist meist viel weniger frequentiert, obwohl man dort im lockeren Schnellverfahren eine Einführung in das Leben und Wirken Goethes erhält. Der Staatsmann, Naturforscher, Theaterintendant und Privatmann Goethe wird durch eine Vielzahl von Dokumenten, Bildern, Handschriften und Plastiken vorgestellt.

Ein paar Häuser weiter, im Eckhaus Frauentorstraße 23, betreibt Herbert Frauenberger seit dem Wiederaufbau des alten Gasthauses 1989/90 das Restaurant zum Weißen Schwan. Als der Weiße Schwan noch ein Gasthof war, brachte Goethe hier seine Besucher unter. «Der weiße Schwan begrüßt Dich jederzeit mit offenen Flügeln», schrieb er seinem Freund und musikalischen Berater Carl Friedrich Zelter nach Berlin. Wer sich rechtzeitig anmeldet, dem breitet der Schwan noch heute seine luxuriösen Flügel aus. Gleich am Eingang grüßt ein bronzener Goethe, und ein kleines Schaukästchen erinnert an den Besuch des japanischen Kaisers Akihito und seiner Gemahlin Michiko, die auf eigenen Wunsch bei ihrem Deutschlandbesuch 1993 hier speisten. Niemand vermutet jedoch, wenn er das stilvolle, scheinbar alte Gebäude betritt, daß es sich um einen nachempfundenen Neubau handelt, doch wen kümmert's, wenn sich an der weißgedeckten Tafel im Chor die Silberhauben heben und die Düfte der thüringischen Haute Cuisine die Feinschmeckernasen kitzeln.

Vom Schillerhaus zum unvollendeten Stadtschloß

Die Haustüre zu Schillers Wohnhaus wird nur gelegentlich für Ehrengäste geöffnet. Das allgemeine Publikum betritt das Haus von hinten, durch das Vorzeige-Literaturmuseum der späten DDR, das Schillermuseum. Nach vier Jahren Bauzeit wurde 1988 der einzigartige Versuch eröffnet, die kulturgeschichtliche und historisch-politische Wirkung Schillers, die Rezeption seiner Werke und ihr Nachleben in der darstellenden und bildenden Kunst umfassend dazustellen. So harmonisch, wie sich der moderne Bau in den Hinterhof des Schillerhauses einfügt, so traditionell und konservativ ist diese lehrreiche Dauerausstellung. «Denn er ist unser» hieß es frei nach Schiller in der DDR. Schon die Nationalsozialisten reklamierten jedoch das Erbe des großen deutschen Klassikers. Häufiger als jeder andere deutsche Dramatiker wurde Schiller an den Theatern zwischen Rostock und Ilmenau aufgeführt. DEFA-Filme, DFF-Hörspiele, umfangreiche Ausgaben, Bibliographien und Lesebücher widmeten sich der Pflege des «humanistischen Erbes». Noch weiß man nicht so recht, ob man den Verlust der Gründlichkeit, mit der man in der DDR dabei zu Werke ging, bedauern oder sich freuen soll, daß die Eifersucht, mit der die beiden deutschen Staaten ihre Klassiker für sich zu vereinnahmen versuchten, nun endgültig der Vergangenheit angehört.

Die Unachtsamkeit eines Alchimisten beim Goldmachen war es, die das Feuer entstehen ließ, das 1618 die ehrwürdige siebenhundertjährige Burg der Grafen von Weimar in Schutt und Asche legte. Nur der Turm, der Portalbau und einige Wirtschaftsgebäude blieben übrig, und damit war der Auftakt für die Bautätigkeit gegeben, die dreihundert Jahre lang währte, unzählige Baumeister – einschließlich Goethe – und mehrere große Brände erlebte und schließlich zu dem neobarocken, immer noch nicht ganz fertig wirkenden Bauwerk führte, das wir heute vor uns haben. Dabei verhüllt die äußere Gestalt, daß es sich einmal um einen eleganten, zu Park und Stadt offenen, dreiflügeligen klassizistischen Schloßbau gehandelt hat, der vielen Thüringer Schlössern der Folgezeit zum Vorbild diente. Denn der letzte Großherzog ließ noch 1914 den Innenhof durch einen vierten historisierenden Südflügel versiegeln. Nur der runde Turm an der südwestlichen Ecke erinnert noch an die alte Wasserburg Hornstein, die Veste der Thüringer Landgrafen, die einst an dieser Stelle stand. Es sieht zwar auf den ersten Blick nicht so aus, aber dieses Gebäude war fast ein Jahrtausend lang der Mittelpunkt der Macht in Thüringen. Hier errichtete der Venezianer Girolamo Sartorio am Ende des siebzehnten Jahrhunderts eines der ersten Opernhäuser, hier wirkte Sebastian Bach von 1708 bis 1716 als Hoforganist und Konzertmeister des Fürsten, und hier dilettierte Johann Wolfgang Goethe mit «viel Liebe zur Baukunst» als Bauleiter, immer auf der Suche nach fähigen Architekten, die das umfangreiche Bauvorhaben weiterführten. Vollendet wurde es eigentlich nie, immer nur weitergeplant und umgestaltet.

Anfang der fünfziger Jahre zog die Verwaltung der «Nationalen Forschungs- und Gedenkstätten der deutschen Literatur in Weimar», kurz: NFG, hier ein. Die NFG wurde vor einigen Jahren zur Stiftung Weimarer Klassik, der heutigen Gralshüterin der deutschen Klassik.

Anna Amalia, die Herzogin von Sachsen-Weimar und geborene Prinzessin von Braunschweig-Wolfenbüttel, brachte die Fürstliche Bibliothek im Grünen Schloß unter. Die Rokoko-Prinzessin begründete in der vom preußisch-österreichischen Krieg gebeutelten Stadt ihren «Musenhof», indem sie nach der Art der literarischen Salons in den europäischen Metropolen die illustresten Geister ihrer Zeit um sich scharte. Die herzogliche Bibliothek wurde zum Archiv dieses Salons und seiner umfangreichen Nachwirkungen. Der kalenderbildschöne Rokokosaal ist ein wahres Prunkstück rokokoklassizistischer Innenraumarchitektur. Nach einer kurzen Phase als «Zentralbibliothek der deutschen Klassik» wurde das gute Stück im adelsliebenden Nachwendejargon zur «Herzogin Anna Amalia Bibliothek» umgetauft.

Von der Kunstgewerbeschule zum Bauhaus

Tritt man an das Gebäude der Hochschule für Architektur und Bauwesen in der Geschwister-Scholl-Straße, fällt der Blick im Treppenhaus auf eine Kostbarkeit der klassisch-modernen Bildhauerei: ein lebensgroßer weiblicher Akt von Rodin. Das elegante Jugendstilgebäude mit seiner schwungvollen Treppe, die einen würdigen Rahmen für Rodins Skulptur bildet, wurde 1904 bis 1906 nach Entwürfen von Henry van de Velde erbaut. Nach dem Vorbild der Arts and Crafts-Bewegung in England gründete van de Velde hier eine Kunstgewerbeschule, die das traditionelle Kunsthandwerk pflegen und weiterentwickeln sollte. In einer Zeit, in der mit industriell hergestelltem Gußeisen die verschnörkeltsten Formen in Massenauflage hergestellt werden konnten und die Industrialisierung weite Bereiche des herstellenden Gewerbes erfaßte, erschien die aufwendige Handarbeit des Kunstgewerbes wie ein Anachronismus. Und doch wurden auf der Kunstgewerbeschule Werkstätten für Buchbinderei, Keramik, Metallarbeiten, Weberei, Goldschmiedearbeiten und Teppichknüpfen eingerichtet. Wichtige Impulse für das Thüringer Kunsthandwerk gingen von dieser Schule aus. Van de Velde kehrte wegen zunehmender Ausländerfeindlichkeit dem nationalistisch gesinnten Weimar den Rücken und sorgte dafür, daß Walter Gropius sein Nachfolger wurde. Damit war der Grundstein für die einflußreichste Bewegung in der Ästhetik der Moderne gelegt, die Entwicklung des Bauhauses. Gropius erließ einen Aufruf, das Bauhausmanifest. Bildhauerei, Malerei, Kunstgewerbe, Handwerk und Architektur sollten zusammenfinden, um gemeinsam an dem «neuen Bau der Zukunft» mitzuwirken. Damit war jedoch kein Bauwerk gemeint, sondern eine soziale Skulptur, eine konkrete Utopie. Die Architektur und mit ihr die Schule für «Formgebung» traten jedoch immer mehr in den Mittelpunkt der Arbeit am Bauhaus. Die Meister, die Gropius ans Bauhaus berief, lesen sich wie ein Katalog der klassischen Moderne: Lyonel Feininger, Johannes Itten, Paul Klee, Gerhard Marcks, László Moholy-Nagy, Georg Muche

Ins Nietzschearchiv oder ins Lisztmuseum kommen wenig Besucher, auch nach Andenken Herders oder Wielands forscht wohl nur der Fachmann. Lächerlich solch ein Geniekult, lächerlich, ein Leben in Spiritus zu konservieren, lächerlich, die Bewohner einer Stadt zu Mitwirkenden eines beständigen Passionsspieles zu machen. Aber unsereiner könnte sich freuen, daß man doch noch irgendwo einen Dichter ehrt, indem man seinen Wohnort zu einem Sanctuarium weiht, wenn das Ganze nicht bloß ein Naturschutzpark wäre. Als in Amerika die Urwälder fast überall dem Erdboden gleichgemacht, beinahe alle edlen Tiere erlegt, die Indianer mit Branntwein und Flintenkugeln nahezu ausgerottet worden waren, zäunte man ein Stückchen ein und schuf den Yellowstonepark. Dann zeigte man ihn der Welt, als Zeichen des pietätvollen Verständnisses, das das angeblich so nüchterne Amerika der Natur entgegenbringt, und konnte ruhig den Rest der Urwälder, der Indianer und der Tiere vernichten. Wir hingegen haben Weimar.

Aus: **Egon Erwin Kisch**: *Hetzjagd durch die Zeit.* Aufbau-Verlag, Berlin und Weimar 1986

This is the house where Goethe lived, worked and died. He was the German spirit of liberty, and his house should not be damaged further.

Zettel an der Tür des von einer Bombe getroffenen Goethehauses, 1945 und Oskar Schlemmer. Gleichzeitig mit der ästhetischen Revolution setzte das Bauhaus eine grundlegende Reform der Kunstschulen in Gang, was die Gegner auf den Plan rief. Denn die goldenen Zwanziger Jahre waren auch die Jahre, in denen die reaktionären, nationalistischen Strömungen besonders in Weimar immer mehr an Einfluß gewannen. Hitler und die NSDAP machten Weimar zum Ort ihres zweiten Gründungsparteitages 1925, und 1929 gelang es den Nazis bei den thüringischen Kommunalwahlen, in Weimar 26,4 Prozent der Stimmen zu bekommen und erstmals an einer Landesregierung beteiligt zu werden. Die Mittel wurden der progressiven Schule gestrichen, und das Bauhaus mußte nach Dessau umsiedeln, wo es schließlich 1932 von den Nationalsozialisten völlig geschlossen wurde. Walter Gropius und Marcel Breuer gingen als Architekturlehrer an die Harvard Universität, und Hans Meyer und sieben seiner Schüler bildeten die «rote Bauhaus-Brigade», die in der UdSSR beim Aufbau der künstlichen Trabantenstädte half. Nun besinnt sich die Weimarer Hochschule für Architektur und Bauwesen auf ihre Bauhaustradition zurück. 1995 ist die Eröffnung einer Dauerausstellung über die Kunstgewerbeschule und das Bauhaus in der Kunsthalle am Theaterplatz geplant. Der Rektor der Schule, Gerd Zimmermann, ist bestrebt, die ganzheitliche, interdisziplinäre Sicht des Bauhauses wieder zur Leitvision seiner Schule zu machen.

Im Park an der Ilm

«Die ihr Felsen und Bäume bewohnt, o heilsame Nymphen, / Gebet jeglichem gern, was er im stillen begehrt! / Schaffet dem Traurigen Trost, dem Zweifelhaften Belehrung, / Und dem Liebenden gönnt, daß ihm begegne sein Glück! / Denn euch gaben die Götter, was sie den Menschen versagte; / Jeglichem, der euch vertraut, tröstlich und hilfreich zu sein.»

Goethes 1782 in den Felsen unterhalb des Römischen Hauses eingemeißelte Distichen sind das Programm dieses naturnahen Landschaftsparks. Der ehemalige Welsche Garten hinter dem Grünen Schloß, ein streng geometrischer, künstlicher Renaissancepark mit als Pyramiden zurechtgestutzten Bäumen und einer hölzernen «Schnecke» im Mittelpunkt, mußte einer romantisch-klassischen Naturauffassung weichen, die für das Empfinden der Weimarer Klassik typisch war. Besonders schöne Orte in der Natur, «seltsam romantische Fleckchen», an denen sich die Nymphen tummeln, zogen die Hofgesellschaft ins Freie. Goethe lud 1778 Anna Amalias Namenstagsgesellschaft zu einem vergnüglichen Diner im Grünen, und man entschied, die Ilmauen zu einem Naturrefugium mit «Einsiedelei», «Fels- und Grottenwerk», «Klosterruine» und «Borkenhäuschen» umzugestalten. Dies wurde zu Carl Augusts Steckenpferd. Er kaufte allmählich alle Gärten im Ilmtal auf, rodete alte Baumbestände, legte die dekorativen Felsen am Rande frei, baute Brücken über die Ilm, richtete eine Fähre ein, schuf Badeplätze und ließ Quellen einfassen. Die Wege, die sich heute durch den Park schlängeln und die markanten Punkte in der schönen Landschaft miteinander verbinden, sind Carl Augusts «bestes Teil» gewesen. Ein abend-

Verordneter Antifaschismus der frühen DDR: Fritz Cremers Monumentalskulpturen am Buchenwald-Denkmal

licher Spaziergang durch die duftenden Auen läßt schnell vergessen, daß das Stadtzentrum nicht einmal zehn Minuten entfernt ist.

Stadtmuseum im Bertuchhaus und Nietzsche-Archiv

Das geräumige Haus an der Bürgerschulstraße kann auf eine wechselvolle Geschichte zurückschauen. Sein Erbauer, der «Kaufmann der Goethezeit», Friedrich Justin Bertuch, war ein äußerst findiger Geschäftsmann. Selbst Autor und Verleger, beteiligte er sich an zahlreichen äußerst populären Verlagsprojekten. Mit Christoph Martin Wieland gab er den «Teutschen Merkur» heraus, übersetzte die Bestseller seiner Zeit aus dem Französischen und Spanischen, begründete die Jenaer «Allgemeine Literaturzeitung» und verlegte das «Journal des Luxus und der Moden». Dabei gelang es ihm, die Redaktion, Druckvorlagenherstellung, den Druck, die Buchbinderei und den Vertrieb unter einem Dach zu behalten, dem Dach des Bertuchhauses. Darüber hinaus genoß er das volle Vertrauen des Großherzogs Carl August, der ihm die Verwaltung seiner finanziellen Angelegenheiten überließ, und gemeinsam mit Goethe beteiligte er sich an der Umgestaltung des Parks an der Ilm. Der Gesamtkomplex des Bertuchhauses erstreckte sich über neunzig Meter an der Bürgerschulstraße. Der hintere Teil seines «Landes-Industrie-Comptoirs» mußte in den dreißiger Jahren dem Bau der Weimarhalle, der noch immer größten Veranstaltungshalle Weimars, weichen. Bereits 1933 machten die Nazis das Haus zum Sitz ihrer Gauleitung in Thüringen, bis es schließlich ab 1954 als Stadtmuseum genutzt wurde. Nach umfänglichen Renovierungsarbeiten stehen nun dem Stadtmuseum über zwanzig Räume zur Verfügung, in denen man sich einen Überblick über die Geschichte Weimars verschaffen kann. Einige Räume sind speziell dem «Kaufmann der Goethezeit» Johann Friedrich Justin Bertuch gewidmet.

Die «Villa Silberblick» ist eines der vielen Sterbehäuser Weimars. Elisabeth Förster-Nietzsche, die Schwester des subjektivistischen Philosophen, pflegte ihren Bruder nach dessen geistigem Zusammenbruch ab 1897 in ihrem Haus in der Humboldtstraße 36. Sie zählte sich zu Anfang des Jahrhunderts zu der Gruppe «Neues Weimar», einem lockeren Zusammenschluß Weimarer Künstler und Kunstfreunde um Harry Graf Kessler, Henry van de Velde und Ludwig von Hofmann, die Weimar hundert Jahre nach seinem klassischen Zeitalter wieder zum geistig-kulturellen Zentrum in Deutschland machen wollten. Nach dem ersten Weltkrieg gerieten Elisabeth Förster-Nietzsche und das Nietzsche-Archiv immer mehr in den Sog rechtsradikaler Politik. Mussolini und Hitler hofierten die alte Dame und machten sich die Radikalität des Philosophen für ihre Ideologie zunutze. Die Sowjetische Militäradministration schloß 1945 das Nietzsche-Archiv. Die Jugendstil-Innenausstattung verfiel in einen Dornröschen-Schlaf und wurde erst 1991 nach umfangreicher Restaurierung wieder der Öffentlichkeit zugänglich gemacht. Anfang der siebziger Jahre wurde das Wohn- und Sterbezimmer Nietzsches zum Gästehaus der Stiftung Weimarer Klassik umgebaut.

Von der Weimarer Republik nach Buchenwald

Erst 1919 endete mit dem Einigungsvertrag zwischen dem Großherzogtum Sachsen-Weimar und dem deutschen Reich der letzte Rest Kleinstaatlichkeit in Deutschland. Im selben Jahr beschloß nach den ersten freien Wahlen in Deutschland der sozialdemokratische Rat der Volksbeauftragten, die Nationalversammlung nicht in der Hauptstadt Berlin, sondern im kleinen Weimar stattfinden zu lassen. Die Klassikerstadt bot sich nicht nur wegen ihrer geistigen Tradition für ein neues deutsches Parlament an, sondern hatte auch mit dem nun leerstehenden Stadtschloß und dem Deutschen Nationaltheater in der Mitte des Reiches gute Voraussetzungen, um die vielen großen und kleinen Fraktionen mit ihren 423 Abgeordneten zu beherbergen.

«Alle Staatsgewalt geht vom Volke aus», heißt es in der Verfassung, die die Weimarer Nationalversammlung beschloß. Auf dieser Basis kam es in Deutschland zu einer kurzen, heftigen kulturellen Blüte, den «goldenen Zwanziger» Jahren. Gleichzeitig unterzeichnete jedoch die Weimarer Nationalversammlung nach heftigen Kontroversen den Versailler Vertrag, der Deutschland zu erheblichen Reparationszahlungen an die Gegner des Ersten Weltkrieges verpflichtete. Diese Belastungen, zusammen mit der allgemeinen Wirtschaftsrezession, führten schließlich zu der sozialen Krise, aus der die Nationalsozialisten mit ihrer Ideologie vom «großgermanischen Weltreich» politischen Profit zogen.

Ein kalter Wind fegt über den Ettersberg. Der Weg zur KZ-Gedenkstätte führt an einem gigantischen Mahnmal vorbei, das nicht nur der Opfer des Lagers gemahnen, sondern am Ende der fünfziger Jahre gleichzeitig die Aufbauleistung des jungen stalinistischen Staates dokumentieren sollte. Die heroische Figurengruppe von Fritz Cremer, die Anreihung der riesigen Flammenschalen auf den Steinpylonen entlang der «Straße der Nationen» und der weit ins Land sichtbare Glockenturm wirken etwas zu monumental, zu pathetisch. Sie sind das steinerne Symbol einer «Diktatur des Proletariats», die sich selbst als der einzige antifaschistische Staat auf deutschem Boden verstand. Das Mahnmal sollte vor allem vom «unbeugsamen Kampfeswillen» der Kommunisten im Lager zeugen. «Nie wieder Faschismus! Nie wieder Krieg!» tönte es zwischen roten Fahnen.

Der Besuch der Gedenkstätte gehörte in der DDR zum Pflichtprogramm aller Schulklassen, Jungpioniere, VEB- und LPG-Belegschaften, Betriebskampfgruppen, Volksarmisten und FDGB-Gewerkschaftsgruppen. Hier wurden Soldaten der Volksarmee auf die DDR vereidigt, Massenkundgebungen und Fahnenappelle veranstaltet. Noch 1989 waren es täglich Tausende, die an der Stelle der Ermordung Ernst Thälmanns vorübergingen, jetzt ist man gelegentlich ganz allein auf dem steinigen Barackenfeld.

Hinter den Kulissen der Gedenkstätte ist mittlerweile ein erbitterter Streit zwischen verschiedenen Parteiungen entbrannt, die das bittere Mahnmal für sich beanspruchen: kommunistisch geprägte Opfergruppen, antikommunistische Gulag-Ideologen, Mitarbeiter, die weitgehend die politische Wende überdauert haben, und westdeutsche Historiker, die eine Neubewertung und Umgestaltung der Gedenkstätte empfehlen.

Am 9. November 1993 wurde in Buchenwald ein neues Mahnmal für die jüdischen Opfer des KZ eingeweiht. Es ist leicht zu übersehen auf einem raschen Rundgang, denn kein großes Monument, keine pathetische Tafel erinnert an die über elftausend Juden, die in Buchenwald ermordet wurden. Dort, wo zwischen den Grundmauern der anderen Baracken schwarzes Basaltgeröll ausgebreitet ist, klafft an der Gedenkstätte ein tiefes Loch. Eine Betonmauer mit eingearbeiteten Holzsplittern begrenzt das weite, bodenlos gewölbte steinige Loch. Dahinter – auf englisch, hebräisch und deutsch – eine Mahnung an die noch lebenden Zeugen, nicht zu schweigen, damit nicht vergessen wird, was hier geschehen ist.

Das ganze Jahr über steht die Jugendbegegnungsstätte interessierten Gruppen, aber auch Einzelpersonen offen, die an einem näheren Studium in der Bibliothek und an einem Austausch mit anderen interessiert sind. Im Sommer finden internationale Workcamps statt, die sich der Pflege der Gedenkstätte und einer Auseinandersetzung mit der dunklen Seite der deutschen Geschichte widmen.

In der Verkaufsstelle für Literatur kann man neben der neuen Broschüre «Rundgang durch die Gedenkstätte» noch die alte mit demselben Titel, aber ganz anderem Inhalt bekommen. Der Unterschied wird schnell deutlich: Das Internierungslager der sowjetischen Militäradministration, das nach der Befreiung des KZ auf dem Gelände eingerichtet wurde, wurde in der DDR niemals erwähnt. Eine historische Aufarbeitung wäre, selbst wenn sie gewünscht worden wäre, kaum möglich gewesen, weil viele Unterlagen erst nach dem Ende der UdSSR wieder in den Archiven aufgetaucht sind. Der neue Direktor Thomas Hofmann hatte sich 1991 zum Ziel gesetzt, die einseitige Geschichtsbetrachtung der DDR durch eine «unaufdringliche historische Aufklärung» zu ersetzen und auch über die Opfer zu informieren, die vorher nur am Rande erwähnt wurden: Juden, Homosexuelle, Sinti und Roma. Doch eine solche Form der Aufarbeitung gerät leicht in die reißerischen Untiefen von Boulevardpressen-Aufmachern: «So halfen die Kommunisten den Nazis beim Morden», tönte die Bild-Zeitung und haute einen groben Klotz auf das zarte Pflänzchen der vorsichtigen Annäherung der verschiedenen gesellschaftlichen Gruppen. So streitet man sich mittlerweile, wer denn nun die eigentlichen Helden und wer die Opfer waren und welchen Häftlingsgruppen welcher Raum in der Darstellung der KZ-Gedenkstätte eingeräumt werden soll. Doch genau darum geht es in Buchenwald gerade nicht.

«Für ihre Söhne» – die Jüdische Gedenkstätte in Buchenwald

JENA

Die Stadt der sieben Wunder

Seit einigen Jahren gleichen viele Städte in Thüringen Großbaustellen, allen voran Jena. Statt die alten Fabrikgelände von Carl Zeiss Jena in Stadtkern kostenintensiv zu restaurieren, riß man die Produktionsstätten kurzerhand ein und zieht nun ganze Straßenzüge neu hoch. Lediglich der Sitz der Hauptverwaltung, der neben dem Universitätshochhaus die Silhouette der Stadt dominiert, blieb stehen. Durch geschickte Gebäudekosmetik hat man es jedoch

geschafft, aus dem schlichten, kastenförmigen Zweckbau ein postmodernes Stück dekorativer Architektur zu machen. Dahinter klafft eine riesige Baulücke. Doch von Monat zu Monat wird deutlicher, daß die Großstadt Jena mit ihren knapp hunderttausend Einwohnern ihre Urbanität nicht nur bewahren kann, sondern in eine neue Dimension entwickelt.

Urbanität ist nichts Neues für Jena. Schon von der Autobahn aus fällt Neulobeda ins Auge, eine musterhafte sozialistische Plattenbausiedlung. Zu Füßen des ältesten Siedlungsortes der Gegend, der Ruinen der Lobdeburg, verstellt ein Labyrinth von elfstöckigen, monotonen Vorstadtgettoblöcken die Sicht auf die Muschelkalkhöhen. Was zur modernen Vorzeigestadt werden sollte, geriet vielen Jenaern zum Ärgernis. Aber man lernte, damit zu leben, und bei einer Miete von durchschnittlich hundert Mark konnte man sich sogar einer interessanten Aussicht aus den fernbeheizten Wohnungen erfreuen. Darüber hinaus war für Freizeitmöglichkeiten in Kulturhaus, Hallenbad, Sporteinrichtungen und Kindergarten gesorgt. Mittlerweile haben sich die Mieten vervielfacht, die kulturellen Einrichtungen sind teilweise verschwunden, aber ein neues Einkaufszentrum steht in der Mitte der Siedlung. Das Nostalgie-Hotel «Maxx» hat sich Lobeda-West zum stilvollen Ambiente für Geschäftsreisende ausgesucht; ein großes Gewerbegebiet entsteht in unmittelbarer Nähe.

Die Stadtautobahn verbindet die Trabantenstadt mit dem alten Zentrum, das im Zweiten Weltkrieg durch Bombardierung der Rüstungsindustrie fast ganz zerstört wurde. Was die alliierten Flugzeuge nicht schafften, erledigten die Sprengtrupps des Ulbricht-Regimes, indem sie wertvolle noch erhaltene Altstadtteile einebneten, um für den Rundturm in der Mitte Platz zu machen. Die philosophischen Fakultäten nutzen den Turm, im obersten Stock ist ein Studentencafé. Daß heute ausgerechnet die Geisteswissenschaften das Wahrzeichen Jenas aus einer kaum vergangenen Zeit besetzen, ist bemerkenswert. Vierzig Jahre lang dominierten die pragmatischen Wissenschaften das Feld, das Geistige beschränkte sich offiziell auf die starren Sprachregelungen der marxistisch-leninistischen Staatsideologie. Davon ist jedoch nichts mehr zu spüren. Jena hat auch andere Traditionen, auf die es sich berufen kann. Und so findet man hier, was es sonst in Thüringen höchstens noch in Erfurt gibt: eine lebendige, junge Theater- und Kunstszene, verrauchte Jazzkeller, Galerien, Kneipen, Nachtleben, Tagescafés – und nicht zuletzt, in unmittelbarer Nähe des Zentrums, einen Stadtpark an der Saale, den man in Jena kennzeichnend das «Paradies» nennt. Die Zutaten stimmen, um Jena zu einer der interessantesten Universitätsstädte Deutschlands zu machen.

Septem miraculae Jenae

Abrisse haben in Jena ihre Tradition. Die Tatsache, daß von der alten quadratischen Stadtmauer so gut wie nichts mehr und von den drei mächtigen Toren nur noch eines steht, haben wir Goethe zu verdanken, der seinerzeit für die Bau- und Wegekommission im Großherzogtum Sachsen-Weimar zuständig war. Ihm stand das Bauwerk aus dem finsteren Mittelalter bei seiner Stadterweiterungsplanung im Wege. Einige der letzten Meter Stadtmauer stehen jedoch noch, sorgfältig herausgeputzt samt Wehrgang, zwischen Johannistor und Pulverturm, direkt im Schatten des Universitätshochhauses, das von den Jenaer Studenten die Umschreibung «phallus jenensis» erhalten hat.

Vor dem respektlosen Humor der Jenaer Studenten ist offenbar gar nichts sicher. Ihren Universitätsgründer Kurfürst Johann Friedrich den Großmütigen, dessen bronzenes Standbild erhobenen Schwertes mit einem Buche bewehrt auf dem unteren Marktplatz steht, benannten sie der Bequemlichkeit halber in «Hahnfried» um, denn wer wollte schon sagen: «Bis heute abend um acht, am ‹Standbild des Kurfürsten Johann Friedrich des Großmütigen›»? Das einstige Weinbauernstädtchen mit den drei Klöstern in seiner quadratischen Umfriedung mit den vier Ecktürmen war eher durch eine Laune der Geschichte zur Ehre einer Universität gekommen. An dieser Entscheidung war der Reformator Martin Luther nicht ganz unschuldig, dessen Grabplatte übrigens in der Michaeliskirche bewundert werden kann, obwohl der Reformator in Wittenberg begraben ist. Kurfürst «Hahnfried», Anhänger der Reformation, hatte im Schmalkaldischen Krieg Wittenberg an den katholischen sächsischen Kurkreis verloren. Das verwaiste Dominikanerkloster, dessen Mönche wegen der Reformation längst das Weite gesucht hatten, wurde zum Ursprungsort der Saaleuniversität, zum Collegium Jenense. Ein Blick in den spitzwegisch verwinkelten Innenhof des Collegiums offenbart, daß die Alma Mater Jenensis auf eine stolze Tradition von annähernd vierhundertfünfzig Jahren zurückblicken kann.

Der Forschungsdrang der Jenaer Wissenschaftler brach immer wieder Tabus und trieb zum Teil seltsame Blüten. Weiß etwa jemand nicht, was «rolfincken» bedeutet? Es ist das Zerlegen menschlicher Körper, um Aufschluß über deren Anatomie zu gewinnen. Werner Rolfinck ist es angeblich zuzuschreiben, daß im achtzehnten Jahrhundert die Kriminalitätsrate erheblich gesunken ist. Der unerschrockene Anatom hat nämlich die hingerichteten Missetäter vor versammeltem Auditorium erstmals zum Zwecke medizinischer Studien seziert. Und da zu jener Zeit die Universitätsvorlesungen öffentlich waren, hatte der Unterricht einen abschreckenden Effekt. Ein anderer Jenaer Wissenschaftler ist gar in die Weltgeschichte der Kuriosa eingegangen, weil sein Haus von der Jenaer Studentenschaft in weinseligem Ulk als eines der «Sieben Wunder Jenas» verewigt wurde: *Domus Weigeliana*, die Heimstatt des genialen Mathematikers und Philosophen Erhard Weigel. Das Gebäude verfügte über zahlreiche wundersame Einrichtungen, Paradebeispiele des Jenaer Erfindergeistes: ein alle Etagen verbindender Fahrstuhl, eine nach dem Prinzip der kommunizierenden Röhren funktionierende Weinleitung vom Keller bis ins Studierzimmer sowie allerlei ingeniöse Vorrichtungen zur Beobachtung und Vermessung der Gestirne.

Auch die anderen sechs der *septem miraculae Jenae* künden von der kuriosen Erfindungsgabe der Bewohner Jenas – oder zumindest vom Humor der Studenten: *Ara, caput, draco, mons, pons, vulpecula turris:*

Ara ist der Altar, genauer gesagt, die Durchfahrt direkt unter dem Altar der Michaeliskirche, durch die man heute noch mit einem Trabi hindurchfahren könnte. *Caput* ist das seltsame närrische Haupt des «Schnapphans», einer mittelalterlichen mechanisch bewegten Skulptur, halb Narr, halb Teufel, die grinsend nach einer goldenen Kugel schnappt, doch sie nie zu fassen bekommt. Die einen sagen, die Kugel versinnbildliche die Seele, andere meinen, es sei ein Symbol alles Irdischen. Das Original dieser Erfindung kann man im Stadtmuseum Göhre bewundern; eine Kopie schnappt im Stundentakt am Rathaus nach der Kugel. *Draco* ist ein seltsamer siebenköpfiger, vierschwänziger hölzerner Drache; *mons* der Jenzig, der steile Muschelkalkhügel nordöstlich der Stadt; *pons* die nicht mehr existierende Camsdorfer Brücke, die 1946 durch eine neue, mittlerweile ebenfalls baufällige ersetzt wurde; und *vulpecula turris* schließlich der reizvollste Aussichtspunkt über die Stadt: der Fuchsturm auf dem Hausberg, der seinen Namen von den einst darauf stehenden drei «Häusern», den Burgen Greifberg, Kirchberg und Windberg, erhielt. An einem sonnigen Tag reicht der Blick vom Ausguck des Fuchsturms bis hin zur Leuchtenburg bei Kahla im Süden, zum Töpferdorf Bürgel im Osten, zu den Dornburger Schlössern im Norden und in dunstiger Ferne zu den Höhenzügen des Thüringer Waldes.

Welt aus Glas

Weigels Forschergeist ist ein Beispiel für die Ingeniosität, die Jenas Geschichte geprägt hat. Jedoch erst

Der Marktplatz ist in Thüringen seit jeher gut für Tratsch und Neuigkeiten aller Art

das Zusammenspiel von Wissenschaft, handwerklicher Feinmechanik und der jahrhundertealten Kenntnis um die Glasherstellung, das in der Zusammenarbeit von Carl Zeiss, Ernst Abbe und Otto Schott ihre Synthese fand, war es, das für Jena im neunzehnten Jahrhundert einen industriellen Aufschwung ermöglichte, dessen Fortführung auf den verschiedensten Ebenen auch heute wieder sowohl geographisch als auch wirtschaftlich im Zentrum der städtischen Entwicklung steht.

«Uns geht es besser, als alle glauben, aber schlechter, als viele hoffen», orakelte Lothar Späth, der Manager und Vorstandsvorsitzende der Jenoptik GmbH. Durch geschickte Diversifizierung der neuen Technologie-Holding in Produktions-, Regionalentwicklungs- und Dienstleistungsgesellschaften, die Beteiligung europäischer und amerikanischer Investoren und Joint-ventures ist es ihm immerhin gelungen, die von der Treuhand geforderte Zusage, 10200 alte Arbeitsplätze aus dem früheren Unternehmen zu sichern, noch zu übertreffen, was im Vergleich mit anderen Großbetrieben in der ehemaligen DDR durchaus nicht gewöhnlich ist. Immerhin zählte das ehemalige Kombinat VEB Carl Zeiss Jena mit seinen 25 Betrieben in der ganzen DDR bis 1990 noch 69000 Beschäftigte. Neue Technologien, wie das neue «Reinraumgebäude» im Gewerbepark Göschwitz, in dem unter staubfreien Bedingungen Herstellungsanlagen für Mikrochips gebaut werden, versprechen, Jena zu einem europäischen Silicon Valley zu machen, Bestellungen aus Japan und USA liegen bereits vor.

1998 soll der Durchbruch ge-

Jenaer Elegien

1

Bei uns verwest die Zeit frohtrüb
Die Lebensbombe dort tickt
zackig keck. Schwachsinn hier,
Unsinn dort. Es gammeln vor sich hin
die lauen Alternativen. Schwachsinn
gebärdet sich: Von Sinnen.
Sinniere ruhig: wer hievt
die Zukunft flott. Erdwürmer
würgen Spottdrosseln. Die Anker
verlassen das Schiff. Wer weiß,
was er will – wer will, was er weiß?
Laues Wasser wird durch Quirlen heiß.

2

Den Aufstieg hochgeschwitzt, Gedenksteine
vom studentischen Leben. Bergfeste, abgesoffen,
zerstreute Haufen Asche, verbotene Feuer.
Erinnerungsschnaps. Die Lobdeburg lobt den
Verfall. Blitzen Säbel im Stein? Und wie
riecht die Angst vor dem Kampf. Eine Ruine,
nicht ruiniert von Touristen. Teufelslöcher,
schußweit entfernt. Filmfelsen. Verschleppte
wer dieses Stück Wildwest? Hubschrauber über
den Bäumen. Die Russen spielen Rückzug aus Kabul.
Selten stürzt einer ab. Verwunschener Ort,
der geheime Flugplatz. Noch ist Jena nicht
verloren, singen die Freunde nicht. Abfeiern
das Verschwinden der Natur, solange Belege vorhanden.
Löffle sie aus, deine Wortsuppe, Satz für Satz.

3

Rauchsignale einer Stadt,
geliftete Seelen,
entherzte Wahrheiten
nerven die Menschen.
Alle Eindeutigkeiten blättern ab,
die Vögel fliegen wie immer,
Sonne beleuchtet den Tag
der hinterläßt seine Stunden.
Spuren zu Rätseln,
die sich in Frage stellen.
Mitten im Satz ein Husten,
am Fluß lockt der Grund,
tief tief tief unten gähnt
ein Gründer gelangweilt.
Flüssigkeit staut sich am Wehr.
Tosendes Rascheln der Protokolle
im Reißwolf. Papiersäcke, ins Wasser
gekippt. Wenn Fische sprechen würden –
hier gibt es nicht mal Angler am Rand.
Auf den Brücken Leute, reichlich
Menschenzeichen Signale Rauch.

Lutz Rathenow, in: *Verirrte Sterne oder Wenn alles wieder mal ganz anders kommt, Gedichte*. Merlin Verlag, 1994 schafft sein, und nach den mageren Jahren des Aufbaus sollen, so Späth, dann schwarze Zahlen geschrieben werden. 1993 wurde mit dem Neubau von siebenhundert Wohnungen begonnen, und die große Baulücke in der Mitte Jenas wird mit einem neuen Dienstleistungszentrum mit Büros, Hotels, Kaufhäusern und Gewerbebetrieben gefüllt. Die Stadt erschließt zusammen mit den Investoren der neuen Mitte Jenas für 25 Millionen die 15000 Quadratmeter des ehemaligen Zeiss-Hauptwerkes. Hier entstehen für eine halbe Milliarde Gesamtvolumen eine Einkaufspassage, Hotel, Wohn- und Geschäftsräume, Gebäude für die Universität und Fachhochschule.

Die Literaturstadt

Jena ist nicht nur die Stadt der Tüftler und Technokraten, sondern auch der Dichter und Denker: Martin Luther und Philipp Melanchthon predigten und lehrten hier Theologie, Friedrich Gottlieb Klopstock dichtete seine poetischen Lieder, Johann Wolfgang Goethe und Friedrich Schiller schlossen Freundschaft, Friedrich Hölderlin besuchte die philosophischen Vorlesungen von Johann Gottlieb Fichte, Georg Wilhelm Friedrich Hegel entwickelte seine Philosophie, und die Gebrüder Schlegel scharten einen Kreis junger Dichter und Philosophen um sich: die Romantiker, die zu einer Gegenbewegung zur vorherrschenden Weimarer Klassik wurden. Weniger bekannt ist, daß die Stadt auch im Hochbarock ein Zentrum deutscher Literatur war und daß in unserem Jahrhundert neben Jakob van Hoddis, Georg Heym und Franz Jung noch zahlreiche andere Vertreter des literarischen Expressionismus in Jena studiert und gewirkt haben.

Auch in der DDR erwies sich das aufmüpfige, mit gesunder Selbstironie gesegnete Jena neben Leipzig und Berlin als Ort literarischer und politischer Freiheiten, die man sich gegen alle Versuche der Bevormundung erkämpfte. Das «Bitterfelder Manifest» von 1965 hatte die Dichter und Kulturschaffenden des «Arbeiter- und Bauernstaates» auf Parteilinie einzuschwören versucht. Wer Kritik üben wollte, mußte dies entweder im Privaten tun oder seine Kritik so verklausulieren, daß man ihren Sinn nur noch zwischen den Zeilen erkennen konnte, in subjektivistischer Lyrik oder versteckten Andeutungen. Wer sich nicht der offiziellen Sprachregelungen bediente, machte sich sofort verdächtig. Bereits in den sechziger Jahren bildete sich in Jena eine von der Studentenbewegung im Westen und vom Prager Frühling inspirierte vielfältige kulturelle Szene. Der Liedermacher Wolf Biermann, schon damals mit Auftrittsverbot belegt, schlug von Jena aus die Brücke zu dem Berliner Dissidenten Robert Havemann.

In den siebziger Jahren gelang es dem Kreis um den Psychologiestudenten Jürgen Fuchs und um Lutz Rathenow als Leiter des Arbeitskreises Literatur im Neulobedaer Kulturhaus, ein Forum zu gewinnen. Mit hektographierten Arbeiten und mit der Schreibmaschine angefertigten Vervielfältigungen ging man – in bescheidenem Maße – an die Öffentlichkeit. Die Stasi hatte ihre Ohren und Augen überall, «Vorgang Pegasus» wurde aktenkundig. 1976 folgte die Ausweisung Biermanns, Jürgen Fuchs wurde verhaftet, und Lutz Rathenow ging 1977/78 von

High-Tech-Standort Jena: Vorbild für die Entwicklung in den neuen Bundesländern

Jena nach Berlin, um dort als Regieassistent und Schriftsteller zu arbeiten. Es entwickelte sich so etwas wie eine subversive Achse Jena–Berlin, denn die starke Opposition in Jena ließ die Verbindung nach Berlin nie abreißen. 1981 starb der Jenaer Arbeiter Mathias Domaschk unter ungeklärten Umständen im Geraer Stasigefängnis. Ein Jahr später beging man seinen Todestag mit zahlreichen Protestkundgebungen. Mit der Festnahme des Dissidenten Roland Jahn setzte eine ganze Welle von Verhaftungen ein, der «Jenaer Friedenskreis» veranstaltete eine Reihe ungewöhnlicher öffentlicher Aktionen, und schließlich wurde Roland Jahn «ausgebürgert». Jürgen Fuchs, Lutz Rathenow und andere sorgten dafür, daß die Aktionen im Westen bekannt wurden und öffentlichen Druck erzeugten. «Jena war das Vorspiel für politische Aktionen in Berlin später», berichtet Lutz Rathenow. Ein Teil von Jenas Subkultur verlegte sich auf künstlerischen Aktionismus. Man traf sich in der «Orchidee», im Café «Freundschaft», gründete 1986 ein «Unabhängiges Philosophie-Seminar Jena» und gab einige Zeitschriften im Selbstverlag in Kleinstauflage heraus, «Versus. Jenaer literarische Flugblätter» und «Frau anders», die erste Lesbenzeitschrift der DDR. Für viele war das Ende der «unabhängigen Kultur» in Jena nach der Wende gleichzeitig der Beginn einer neuen städtischen Kultur, «schrill, bunt, proteushaft und laut».

Ein Rundgang durch die Stadt

Das Riesenmikroskop im Herzen Jenas sollte angeblich nach den ursprünglichen Plänen eigentlich durch einen zweiten Turm zu einem Fernglas ergänzt werden. Dazu kam es jedoch nie. Hochfliegende Pläne, Jena zu einer Rüstungsschmiede des Warschauer Pakts zu machen, verliefen im Sande, und der Turm wurde der Universität übergeben. Heute nutzen die in Bewegung geratenen geisteswissenschaftlichen Fakultäten die sechsundzwanzig Stockwerke des «schiefen Turms» von Jena, von dem man immer den Eindruck hat, er neige sich ein wenig zur Seite. Tatsächlich sind die statischen Unterlagen zusammen mit etlichen anderen Akten verschwunden, und die Zukunft des Turms ist ungewiß. Ein erheblicher Teil von Jenas Altstadtensemble mußte Ende der sechziger Jahre für den Bau weichen. An die Sprengungen und weiträumigen Evakuierungen der Innenstadt erinnern sich die Jenaer Bürger noch gut. Es dauerte Jahre, bis das Gebäude zu seiner heutigen Höhe herangewachsen war, und es gehörte von 1969 bis 1972 zum traditionellen Besuchsprogramm zu beobachten, wie weit der Turm schon gediehen war.

Haltepunkt südlich des Saalbahnhofs

In unmittelbarer Nähe des von Jenaern ungeliebten Turmes tritt man durch ein altes Torhaus in einen mittelalterlichen Innenhof mit einer schattenspendenden großen Linde in der Mitte: das Collegium der Jenaer Universität. In dem ehemaligen Dominikanerkloster brachte Kurfürst Hahnfried 1548 die Universität samt ihrer Bibliothek unter, berühmte mittelalterliche Handschriften, Inkunabeln wie die «Weltchronik» von Otto von Freising und eine Liederhandschrift auf Pergament aus den Zeiten des höfischen Minnegesanges. Einen großen Aufschwung erlebte die Universität nach dem Dreißigjährigen Krieg im siebzehnten Jahrhundert mit Gelehrten wie dem Mediziner Werner Rolfinck und dem Mathematiker-Astronom Erhard Weigel. Der erfindungsreiche Mathematiker war es auch, der im Torhaus des Gebäudes 1655 einen «Akademischen Buch- und Disputationsladen» gründete. Das expandierende Buch- und Verlagswesen vervielfältigte anfangs vorwiegend wissenschaftliche Bücher und vor allem Luther-Bibeln, aber bald kamen auch schöngeistige Autoren wie Georg Neumark von der «Fruchtbringenden Gesellschaft» oder der Bardenpoet Friedrich Gottlieb Klopstock in Mode.

An einem der beiden letzten von vier Ecktürmen der Stadtmauer, dem «Anatomieturm», findet sich

eine Gedenktafel, an der sich oft ein Streit entzündet: War es nun Johann Wolfgang Goethe selbst oder war es sein medizinischer Lehrer und Berater Justus Christian Loder, der ein «missing link» in der Entwicklungsgeschichte der Primaten vom Affen zum Menschen, den Zwischenkieferknochen, entdeckte? «Ich habe gefunden weder Gold noch Silber, aber was mir eine unsägliche Freude macht – das os intermaxillare am Menschen!» schrieb jedenfalls der Dichter voller Begeisterung über diesen Fund an seinen Freund Johann Gottfried Herder.

Ein erstaunliches Phänomen in der andernorts ums Überleben ringenden Theaterlandschaft ist das Theaterhaus Jena. An der Stelle, wo noch bis in die sechziger Jahre das nach Entwürfen von Walter Gropius im Bauhausstil errichtete Theater stand, befindet sich heute nichts als ein großer leerer Platz, gut geeignet für ein sommerliches Open-air-Konzert. Der bedauerliche Abriß war voreilig, denn man «hatte gerade Abrißkapazitäten frei», und für einen Neubau reichte das Geld nicht mehr. Nur der Bühnentrakt des Theaters blieb von der Abrißbirne verschont und stand jahrelang leer. 1991 begann das Theaterhaus Jena mit einem als Arbeitsbeschaffungsmaßnahme finanzierten jungen Ensemble, Theater zu machen. Zwei Jahre später hatten sich die Schauspieler mit einem Durchschnittsalter von 28 Jahren durch ihre «genreüberschreitenden, provokanten und amüsanten» Aufführungen einen Namen weit über die Grenzen Thüringens hinaus gemacht und konnten den Schritt in die Selbständigkeit wagen. Die «Video-Nacht» im Theatercafé, der allmonatliche «Kultfilm», spektakuläre Gastspiele und der Mut zum Risiko machen das Theaterhaus Jena zur gegenwärtig interessantesten Theateranstalt Thüringens.

Schiller-, Haeckel- und Volkshaus

Als schlecht bezahlter außerordentlicher Professor hielt Friedrich Schiller 1790 seine Antrittsvorlesung: «Was heißt und zu welchem Ende studiert man Universalgeschichte?» Selbst ein Leben lang um eine gesicherte Existenz ringend, unterschied er streng zwischen «Brotgelehrten», die «nur darum die Kräfte ihres Geistes in Bewegung setzen», um ihren «sinnlichen Zustand zu verbessern und eine kleinliche Ruhmsucht zu befriedigen», einerseits, und «philosophischen Geistern», die zu «vereinigen» suchen, was «der Brotgelehrte trennt», andererseits. Schiller nährte die Hoffnung, an der Salana (so hieß die Universität Jena, bis sie in der Nazizeit mit Schillers Namen geschmückt wurde) ein Auskommen zu finden. Er heiratete in aller Stille in der kleinen Dorfkirche in Wenigenjena, die seither «Hochzeitskirche» heißt, Caroline von Wolzogen. Das junge Glück war jedoch von kurzer Dauer, denn Schiller wurde schon nach dreieinhalb Semestern so krank, daß er seine Lehrtätigkeit aufgeben mußte. Von den Wohnungen, in denen Schiller während seiner Aufenthalte in Jena gelebt hat, ist nur noch das idyllische Gartenhaus im Schillergäßchen erhalten geblieben. Die Bleibe, die später auch von Ernst Abbe bewohnt wurde, beherbergt ein kleines Museum. Stehpult und Bücherregale im Dachstübchen stammen nicht aus Schillers Besitz, aber man kann sich gut vorstellen, daß die naturnahe Atmosphäre dem Dichter bei seiner Arbeit am «Musen-Almanach» und bei den Recherchen für «Wallenstein» sehr entgegenkam.

In den Jahren von 1872 bis 1876 unternahm ein englisches Forschungsteam zum erstenmal eine Expedition in die Tiefen des Ozeans und förderte eine Unzahl von nie vorher gesehenen Kleinlebewesen zutage. Der Biologe, Darwinist, Philosoph und Künstler Erich Haeckel wertete zwölf Jahre lang die Funde der Tiefsee-Expedition aus. 4318 verschiedene Arten niederer Meerestiere beschrieb er und fertigte akribische Zeichnungen an. Die «Kunstformen der Natur», die er in der Entwicklung der Arten und in der Dynamik des Wachstums von Lebewesen entdeckte, inspirierten Haeckel zu einer zeichnerischen Tätigkeit, ohne die viele Ornamente und Zierformen des Jugendstils nicht denkbar wären. In der Villa Medusa, in der Haeckel an seinem Schreibtisch saß, sind achthundert seiner Aquarelle gesammelt. Die Nachwirkungen von Haeckels Abstammungslehre in den Naturwissenschaften kann man im Phyletischen Museum bewundern.

Man muß schon genau hinsehen, um festzustellen, daß es sich beim Volkshaus nicht nur um das Stammhaus der Jenaer Symphoniker und um den größten Veranstaltungsort Jenas handelt, sondern um ein Haus mit einer neunzigjährigen bewegten Geschichte. Das Haus ist seit seiner Entstehung im Besitz der Carl-Zeiss-Stiftung und spielte schon immer eine große Rolle im Kulturleben der Stadt. In der Nähe der Produktionsstätten war es sowohl Anlaufstelle für Versammlungen und politische Veranstaltungen als auch für Konzerte und Theatergastspiele.

Botanischer Garten und Museen

Der große Gingko-Baum am Fürstengraben wurde vom ehemaligen Administrator der Universität Jena, dem Geheimrat Johann Wolfgang Goethe, eingepflanzt. Er machte aus dem ehemals fürstlichen Lustgarten den Hortus medicus, in dem Heilkräuter und drogenliefernde Pflanzen kultiviert wurden. Auch das herrliche Alpinium, dessen zweitausend Fels- und Gebirgspflanzenarten aus ganz Europa auf dem nährstoffarmen Kalksteinboden prächtig gedeihen, geht auf Goethes planerische Aktivitäten zurück. Rund um das ehemalige Inspektorenhäuschen, einem der Lieblingsplätze Goethes, trifft man heute verliebte Studenten ebenso wie staunende japanische Touristen, Reisegruppen aus Westdeutschland, aber auch die alte Dame mit ihrem Pudel.

Die Wende vom achtzehnten zum neunzehnten Jahrhundert war die große Zeit Jenas. Die Gebrüder August Wilhelm und Friedrich Schlegel und ihre Frauen Caroline und Dorothea standen im Mittelpunkt des Kreises der Jenaer Frühromantiker, zu denen unter anderen Novalis, Clemens Brentano, Ludwig Tieck, die Philosophen Johann Gottlieb Fichte und Joseph Schelling sowie der Berliner Theologe und Philosoph Friedrich Daniel Schleiermacher zählten. Die großen Köpfe, die sich um die Jahrhundertwende hier versammelten, ließen Jena als «Stapelstadt des Wissens und der Wissenschaften» erscheinen, zu deren Ordnung und Anhäufung Goethe selbst als Verantwortlicher für die «unmittelbaren Anstalten» – heute würde man sagen: Institute – beitrug. Nachdem Friedrich Schlegel den Musen-Almanach von Schiller verrissen hatte, war die anfängliche Harmonie zwischen den Klassikern aus Weimar und der naturnah-emanzipatorischen Bewegung der Romantiker vorbei. In den «Xenien» zog nun Schiller im Gegenzug über die Romantiker her. Im Haus der Caroline Schlegel fand sich ein literarischer Salon zusammen, in dem neben den Literaten auch bildende Künstler, Philologen und Naturwissenschaftler teilnahmen und gemeinsam eine interdisziplinäre «symphilosophische» Utopie entwickelten. Im ehemaligen Wohnhaus des Philosophen Fichte zwischen dem Löbdergraben und der Straße unterm Markt erinnert in musealer Form an die kurze, heftige Phase der Romantik in Jena und an ihr Ende in allzumenschlichen Querelen und Schwierigkeiten.

Bei den ersten Mikroskopen aus der Werkstatt von Carl Zeiss und seinem Sozius Ernst Abbe wurde die beste Linsenkombination noch durch «Pröbeln» nach Methode Versuch und Irrtum ermittelt. Weil die Zeissianer alles so gründlich machen, haben sie auch beim Sammeln optischer Gerätschaften und Brillen einen unermüdlichen Fleiß entwickelt. Eine eindrucksvolle Sammlung alter und neuer Mikroskope haben sie seit der Jahrhundertwende zusammengetragen, eine der größten Brillensammlungen Europas, Fernrohre und Spiegelteleskope und nicht zuletzt eine Grafiksammlung mit Motiven rund um Glas, Camera obscura, Brille und Fernrohr mit Blättern von Albrecht Dürer bis Honoré Daumier.

Altenburg, Gera, Greiz und Schleiz

DER FERNE OSTEN

Schon immer wurde in Gera gern gebuddelt. Schon im fünfzehnten Jahrhundert lagerten die Geraer Bürger ihr Bier in einem weit verzweigten mehrstöckigen Höhlensystem, das bis zu zehn Meter tief unter den Häusern in den lockeren Zechsteinkalk gegraben wurde. Ursprünglich hatte jedes Haus in der ostthüringischen Region einen solchen Keller, «Höhler» genannt. Erst im Zweiten Weltkrieg verband man die Keller untereinander, um sie als Luftschutzbunker zu nutzen, wodurch ein riesiges Labyrinth von etwa neun Kilometer Gesamtlänge geschaffen wurde. Daß in und um Gera aber nicht nur Bierkeller in die Erde gegraben wurden, zeigt die geologische Sammlung im Museum für Naturgeschichte. Die Bodenschätze der Region waren seit alters Objekt der Begehrlichkeit ihrer Einwohner. Zahlreiche stillgelegte, verrostete Fördertürme, die östlich und südlich von Gera in die Landschaft ragen, zeugen von einer noch gar nicht so lange vergangenen Zeit. Dabei war es jedoch nicht nur Kohle und Erz, die gefördert wurden, sondern vierzig Jahre lang Uran, der Grundstoff für die sowjetische Nuklearrüstungsindustrie. Die riesigen Halden bei Ronneburg sind zu einem strahlenden Mahnmal der dunkelsten Epoche des kalten Krieges geworden, der hier im wahrsten Sinne des Wortes ein Krieg war, wenn auch ein stiller, geheimer Krieg, der Tausende von Menschen das Leben gekostet hat.

Das zweite Standbein des wohlhabenden Gera seit dem Mittelalter war die Textilindustrie. Auf den

Weiden rechts und links der Elster grasten große Schafherden, die den Rohstoff für die heimischen Wollweber lieferten. Heute erinnert nur noch der Name der Siedlung «Schafswiese» daran, daß einst dort, wo sich heute das große Naherholungsgebiet des Stadtwaldes mit seinen geschützten Baumbeständen und dem Tierpark erstrecken, saftiges Weideland war. Die Elster lieferte auch die Energie für die Maschinenspinnereien, die bereits 1815 mit Wasserkraft in großen Mengen die Wolle verspannen. Als schließlich in den dreißiger Jahren des neunzehnten Jahrhunderts die Dampfmaschinen in die Spinnereien und Webereien Einzug hielten, konnten auch die erzürnten Wollweber aus Ronneburg, die die ersten englischen Höllenmaschinen kurzerhand zertrümmerten, das Fortschreiten der industriellen Revolution nicht mehr aufhalten.

Ein Rundgang zum Otto-Dix-Haus

In der Mitte der Stadt steht einsam ein historisches Relikt. Das ehemalige «Zucht- und Waisenhaus» und heutige Stadtmuseum wirkt in seiner strengen klassizistischen Gliederung wie ein früher Vorläufer der nach einheitlichem Baukastensystem zusammengesetzten Plattenbauten, die Geras Zentrum verstellen. Hier war es jedoch nicht wie in Jena die stalinistische Bauwut der frühen DDR, die historische Baustubstanz plattmachte, um der «neuen Zeit» Platz zu machen, sondern die alliierten Bomber, die das Zentrum der Stadt in Schutt und Asche legten. Rings um den roten Barockbau mit seinen vier durch weiße Pilaster gegliederten Fassaden gruppierten sich die urbanen Versatzstücke einer ostdeutschen Großstadt: eine Plattenbausiedlung mit großem Kinderspielplatz in der Mitte, ein Tagungs- und Kongreßhotel im einheitlichen Interhotel-Design, eine Stadthalle in Gestalt einer Miniaturausgabe des Berliner Palastes der Republik und eine Stadtinformation mit einem etwas zu groß geratenen Obergeschoß, dessen Nutzungsmöglichkeiten zu phantastischen Spekulationen Anlaß geben könnten. Die Plattenbausiedlung hinter dem Hotel Maritim galt zu Zeiten ihrer Erbauung als mustergültig. Der Brunnen in dem weiten Innenhof der dreiflügeligen Hochhausanlage, der «Sonnenbrunnen» des Jenaer Künstlers Karl-Heinz Appelt, gab der Anlage den Namen «Sonnenhof». Tatsächlich hat die weit ausladende innerstädtische Wohnanlage einen gewissen Reiz, und wenn es nur deswegen ist, daß die Eltern in sämtlichen Wohnungen vom Balkon herab ihre spielenden Kinder im Auge behalten können. Die zentrale Veranstaltungshalle, die «Ponndorfhalle» des Kulturhauses, die von der Innenausstattung her zum Gediegensten gehört, was moderne DDR-Architektur hervorgebracht hat, und der großzügige Platz davor stehen mit der gleich dahinter liegenden historischen Altstadt in einem städtebaulichen Kontrast. Das Bindeglied zwischen dem in Plattenbauweise erstellten neuen Zentrum der Stadt und der Altstadt ist das Stadtmuseum, in dem man sich einen guten Überblick über die Entwicklung der Stadt Gera in ihrem Umfeld, dem Vogtland und Fürstentum Reuß, Jüngere Linie, oder einfach «J. L.», verschaffen kann. Von der Hauptgeschäftsstraße in der Fußgängerzone der Altstadt, die in Gera «Sorge»

Die «Sorge» in Gera: Ostthüringens Einkaufsmeile

heißt, gehen in Richtung Markt und Große Kirchstraße überdachte Passagen ab, unter denen man sich bei Regen gern zu einem Pläuschchen zusammenfindet. Überhaupt gehören die Geraer zu den gesprächigsten Thüringern, und es kann schon einmal passieren, daß man sich an einer Straßenecke regelrecht «festquatscht». Der alte Marktplatz mit dem Simsonbrunnen in der Mitte, das barocke Rathaus mit seinem weißen Turm, von dem aus man eine schöne Rundumsicht auf die Altstadt hat, und die reich verzierte Stadtapotheke sind die Glanzstücke des alten Gera. Die Große Kirchstraße mit ihren kleinen Läden ist die einzige Straße in Gera, die noch fast vollständig in ihrem alten Baubestand erhalten ist. Am Ende der Straße thront hoch auf dem Nicolaiberg die Salvatorkirche.

Gera kann sich ebenso wie Gotha, Erfurt und Jena glücklich schätzen, eine Straßenbahn zu haben. Das umweltfreundliche Verkehrsmittel verbindet das Zentrum der Stadt mit ihren Außenbezirken. Das neueste Neubauviertel, das Neulobeda Geras, liegt im Süden der Stadt, an der Straße nach Greiz. Die Plattenbauten sind teilweise erst in den achtziger Jahren entstanden, das Viertel war für 45000 Einwohner geplant, die Planungen wurden jedoch durch die Wende durchkreuzt, so daß Bieblach-Ost mit den riesigen, 220 Meter hoch ragenden Betonschornsteinen des Gasturbinen-Heizkraftwerks im Nordosten der Stadt in Autobahnnähe das größte Neubauviertel Geras geblieben ist.

Ein Außenbezirk älteren Datums ist Untermhaus, das schönste Viertel Geras, besonders in der Gegend um den Mohrenplatz. Ob der Name «Untermhaus» wirklich, wie die Untermhäuser sagen, davon kommt, daß dies das Residenzviertel Geras ist und alle Bewohner «unter» ihrem Landesfürsten gewohnt haben, ist ungewiß. Jedenfalls hat dieser Stadtteil noch das Flair einer alten Urbanität und ist dabei, sich zum schicksten Viertel Geras zu entwickeln. Besonders deutlich wird das um den Mohrenplatz herum, in der Gegend des Otto-Dix-Hauses. Otto Dix ist zwar in dieser Stadt geboren und hat einige Jahre hier verbracht, ansonsten ist die Beziehung zu Gera eher dürftig. Dennoch hält die Stadt große Stücke auf ihn, und die Sammlung im Otto-Dix-Haus mit einigen aufschlußreichen Jugendwerken und insbesondere den Feldpostkarten, die Otto Dix' «desastres de la guerra» sein könnten, ist durchaus sehenswert.

Ihrem Namen alle Ehre machte die Orangerie nur in ihren Anfangsjahren, Mitte des achtzehnten Jahrhunderts, als in Greiz noch die Reußen der jüngeren Linie die Landesfürsten waren. Damals beherbergten die lichtdurchfluteten Räume noch 444 Orangenbäume, Säulenkakteen, Aloe-Arten, Gummibäume sowie zahlreiche Gewürz- und Teepflanzen. Als exotische Krönung erhielt der Hofgärtner die fürstliche Lizenz, Kaffee auszuschenken. Ein Sommerlokal, die «Küchengartengesellschaft», existierte jedoch nur bis 1872, heute gibt es dafür ein Café. Die Orangerie beherbergt eine stattliche Kunstsammlung mit Einzelstücken der Malerei und Plastik vom 16. Jahrhundert bis in die Gegenwart und einer umfangreichen Grafiksammlung, darunter auch eine Sammlung «Handzeichnungen der DDR». Ein kleiner Spazierweg durch den Küchengarten, der schon lange keine Petersilie und keine Möhren mehr produziert, und man ist im Geraer Theater, einem der mehrspartigen Theater Thüringens.

Bad Köstritz

Schon in den zwanziger Jahren unseres Jahrhunderts begann man mit den Vorbereitungen für ein Schütz-Museum in Bad Köstritz. Erst 1985 konnte jedoch die Forschungs- und Gedenkstätte in ihrer heutigen Form eröffnet werden. Heute ist dieses Haus ein ganz besonders feines unter den thüringischen Museen. Die «Forschungs- und Gedenkstätte Heinrich-Schütz-Haus» ist nicht nur ein Ort, an dem mit großer Hingabe musikwissenschaftliche Forschung betrieben und in einer hervorragend gestalteten Ausstellung das Leben und Wirken des Komponisten Schütz präsentiert wird, sondern an dem auch die musikalische Tradition durch zahlreiche hochkarätige Musikveranstaltungen lebendig gehalten wird. Im Erdgeschoß befindet sich ein kleiner Konzertsaal, in dem regelmäßig das Ensemble für alte Musik der Schütz-Akademie, das sich besonders der Musik des 17. Jahrhunderts widmet, Konzerte gibt. Internationale Gäste, musikalische Akademien und Symposien und besonders die alljährlich in der ersten Oktoberhälfte in Bad Köstritz veranstalteten Schütz-Tage machen das Heinrich-Schütz-Haus zu einem besonderen Leckerbissen für die Freunde der alten Musik.

«18 ... 20 ... nur nicht passen» Die Skatstadt Altenburg

Das Altenburger Skatgericht hatte nach der Wende alle Hände voll zu tun. Nicht nur die Anfragen zur Klärung von Regelstreitigkeiten aus aller Welt nahmen schlagartig zu, sondern es stellte sich ganz grundsätzlich die Frage: Französisch oder Deutsch? «Blinde» oder «Gucki»? Kreuz, Pik, Herz, Karo oder Eicheln, Schellen, Grün und Rot? Denn vierzig Jahre geteiltes Deutschland hatten auch die Gepflogenheiten beim Lieblingskartenspiel aller deutschen Stammtische auseinanderwachsen lassen: Deutschland-Ost spielte mit den alten deutschen Farben, Deutschland West – wie defätistisch – mit den französischen. Das Urteil fiel wahrhaft salomonisch aus: Bei künftigen Skatmeisterschaften werden beide Spielarten des deutschesten aller Kartenspiele zugelassen, je nach Laune der Teilnehmer der Runde, wobei, um die Nerven der westdeutschen Skatspieler zu schonen, zwar die Farben auf deutsch, aber die Figuren (Ober, Unter, König, Daus) der Einfachheit halber auf französisch (Bube, Dame, König, As) angegeben werden können.

Das Skatspiel hat in Altenburg lange Tradition. Als zwischen 1806 und 1810 in den Wirren der Napoleonischen Kriege vermutlich bayerische Soldaten das «Schafkopf»-Spiel nach Sachsen brachten, kam dies den spielfreudigen Altenburgern gerade recht. Der Schafkopf war jedoch für die feinsinnigen Sachsen auf die Dauer zu primitiv, und so ersannen sie ein neues Spiel mit Elementen der komplizierteren Tarock-, L'Hombre- und Solo-Spiele: das Skatspiel. 1832 gründeten die Gebrüder Bechstein eine Spielkartenmanufaktur, deren alte Druckerpresse, Spielkartenmacherwerkzeuge und Entwürfe man im Spielkartenmuseum auf dem Schloß bewundern kann. Bereits Mitte des 19. Jahrhunderts war das Spiel aus Altenburg zum deutschen Kartenspiel an sich avanciert. Doch nicht nur Spielkarten kamen aus Altenburg, mehrere Hutfabriken produzierten die berühmten «Chapeaux Claques» oder Klapphüte, und drei findige Dresdner Schlossergesellen gründeten eine international erfolgreiche Nähmaschinenfabrik, die gemeinsam mit den beiden anderen Fabriken schon 1927 etwa 2300 Arbeiter beschäftigte.

Heute ist die Beschäftigungslage im Nordostzipfel Thüringens keineswegs mehr rosig. Mit 25 Prozent Arbeitslosenquote liegt Altenburg an der Spitze der Republik, denn die ausgedehnten Braunkohlentagebaue des Meuselwitzer Reviers sind abgewickelt, und der größte Arbeitgeber der Region, die Ronneburger Uran-Wismut, konzentriert sich mit minimalem Personalaufwand auf die Schadensbegrenzung der ökologischen Altlasten. Immerhin 12000 der 49000 Bewohner Altenburgs waren noch vor wenigen Jahren im umliegenden Kohlen- und Uranbergbau beschäftigt, und dennoch galt Altenburg während vierzig Jah-

Der Hofadvokat und Notarius Hempel war in den zwanziger Jahren in Altenburg eine so bekannte Persönlichkeit, daß die Redensart: Das hat gewiß der Hempel gemacht! im ganzen Land sprichwörtlich wurde. Auch die Erfindung des Skatspiels brachte man mit seinem Namen in Verbindung; denn die Sage erzählt: Als Gymnasiast reiste Hempel mit einigen Mitschülern oftmals von Altenburg nach Kitscher, einem Dorfe bei Borna. Da sollen sie im Pfarrhaus beim Pastor Dinter eingekehrt sein und sich ab und zu auch durch ein unschuldiges Solospielchen vergnügt haben. Einstmals aber wurde Hempel die Sache zu langweilig, und er rief, die Karten weglegend: «Das Spiel ist zu einfach; ich werde es verbessern, daß es was zu raten gibt!» Nach einigem Nachdenken griff er wieder nach den Karten, legte zwei vom Spiel auf den Tisch, verteilte die übrigen dreißig an die Spieler, und der Skat war erfunden. Er verdrängte die Kartenspiele des Altenburger Landes: Süßemilch, Grobhanns, Einundzwanzig, Häufeln, Tippen, Solo, Schafskopf, und die Leute ergaben sich ihm mit Leidenschaft. Gewisse Dörfer und Wirtshäuser waren durch Spielsucht in Verruf, ja man sagt, daß die Altenburger Bauern um Laubtaler nach der Elle – vierzehn Stück auf die Eile – gespielt haben.

In: *Sagen aus Thüringen*. Rowohlt Taschenbuch Verlag, Reinbek 1993 ren DDR als Stiefkind Thüringens. Die frühere Residenzstadt mit ihrer umfangreichen denkmalgeschützten Bausubstanz bietet noch heute trotz zig Millionenaufwand für den Wiederaufbau ein über ganze Straßenzüge fast surreal ruinöses Bild. Selbst das nach dem Vorbild der Dresdener Semperoper gestaltete Landestheater, in dem seit 1870 Theater gespielt wird, hat an seiner klassizistischen Fassade eine ehrwürdige Patina angesetzt, die ihm gar nicht schlecht steht, jedoch zu befürchten gibt, daß die schwefligen Abgase dem Bauschmuck aus Sandstein bereits arg zugesetzt haben. Ein mehrspartiges, reges Theater, vier Museen, zahlreiche Zier- und Kunstgärten, Parks, jahrhundertealte Schloßgärten und eine ehemalige Residenz mit großer Geschichte sind denn auch die Trümpfe, die Altenburg zum Gewinn zunehmender Besucherzahlen auszuspielen gedenkt, denn auch hier setzt man auf einen wachsenden Tourismus als Wirtschaftsfaktor. Mehrere Hotels sind in den letzten Jahren entstanden. Die Spendenaktion, die Landesvater Bernhard Vogel für den Erhalt des Schlosses initiiert hat, ist daher nicht ganz uneigennützig.

Der debile Reiz der Altstadt findet seine Fortsetzung im über Jahrzehnte vernachlässigten Altenburger Schloß, das den anderen großen Thüringer Residenzen in keiner Weise nachsteht. Von der mittelalterlichen Burg, die auf einem riesigen Felsen mitten in der Stadt stand, ist nur noch der gewichtige Rundturm, die «Flasche», aus dem 10. Jahrhundert übrig. Eigentlich handelte es sich um zwei Burgen, eine Kaiserpfalz, von Friedrich Barbarossa begründet, und eine gräfliche Burg, die, durch einen Burggraben voneinander getrennt, nur durch eine Zugbrücke zu erreichen waren. Bei einer Führung durch die Räume des alten Schlosses lernt man die wechselvolle Geschichte der Altenburger Residenz kennen, wobei die interessanteste Episode sicherlich der Altenburger Prinzenraub ist, eine Geschichte, die sich anhört wie ein historischer Kriminalroman: Ein böser Ritter (Kunz von Kauftungen) fühlt sich, nachdem er für den guten Kurfürsten (Friedrich der Sanftmütige) Kriegsdienst geleistet hat, von diesem ungerecht behandelt und entführt am 7. Juli 1455 in erpresserischer Absicht die beiden jugendlichen Prinzen Ernst und Albert, die Begründer der beiden Hauptlinien der Wettiner. Mit Hilfe des Küchenjungen Hans Schwalbe gelingt es ihnen, durch die Küche im Erdgeschoß von der Puritz her in die oberen Gemächer des Schlosses einzudringen und die beiden zu rauben. Obwohl sie sich auf der Flucht nach Böhmen trennen, werden die Entführer jedoch gefaßt, die Prinzen befreit und der verwegene Bösewicht in Freiberg enthauptet.

«Schleiz – Greiz – Hinterpommern» – die südostthüringische Provinz

Wer mit dem Auto die Achse München – Berlin bei Schleiz verläßt, um den Südosten Thüringens zu erkunden, gerät erst einmal auf eine ungewöhnlich breite, gut ausgebaute Landstraße, die sich bei näherem Hinsehen als eine der ältesten Rennstrecken der Welt entpuppt: das Schleizer Dreieck. Vor ein paar Jahren noch knatterten hier frisierte Trabis um die Wette, während heute regelmäßig die rasenden Litfaßsäulen des Tourenwagenbusineß durch den kurvenreichen Rundkurs nahe der Autobahn preschen.

Obwohl die Stadt Schleiz der Geburtsort Johann Friedrich Böttgers ist, der die für Thüringen folgenreiche Erfindung des Porzellans gemacht hat, und Konrad Duden einstmals das städtische Gymnasium leitete, bezieht die Stadt ihre Identität seit den frühen zwanziger Jahren in erster Linie aus ihrer Rennstrecke und bezeichnet sich als «Rennstadt Schleiz». Von der Residenz, in der seit dem siebzehnten Jahrhundert die von Reuß-Schleiz ihren Herrschaftssitz hatten, ist nach dem Krieg nichts weiter übriggeblieben als zwei einsam in der Innenstadt stehende Turmruinen.

Wem es nach historischen Gemäuern zumute ist, der muß sich schon auf etwas verschlungenen Wegen zum Schloß Burgk bemühen. Am besten jedoch, man nähert sich der einzigartigen dreieckigen ehemaligen Wohn- und Wehrburg mit der Bahn und die letzten Kilometer auf einem Wanderweg durch das idyllische schattige Saaletal. Unvermittelt taucht dann die Burganlage auf einem steilen Felsen über der Saale auf. Das Erscheinungsbild der Burg hat sich seit ihrer Erbauung zu Beginn des 15. Jahrhunderts kaum verändert, lediglich die Ausstattung ist im Lauf der Jahrhunderte immer reicher geworden. So wurde unter der Herrschaft der Reußen im 17. und 18. Jahrhundert die Schloßkapelle ausgebaut, und das weit über die Grenzen Thüringens hinaus bekannte Prunkstück von Schloß Burgk, die kleine Silbermann-Orgel mit ihrem hellen Klang, thront nach wie vor in alter Frische über der Empore. Nicht nur anläßlich des alljährlichen Thüringer Orgelsommers, bei dem Thüringens Kirchen sich den Luxus leisten, international bekannte Organisten ins Land zu holen, erklingt dieses Schmuckstück.

Greiz, die unbekannte Schöne

«Aufgang für Fremde verboten!» So liest man enttäuscht auf einem verwitterten Schild, wenn man versucht, den Turm des Oberen Schlosses zu ersteigen, um den weiten Blick vom Greizer Burgberg über das Vogtland zu genießen. Der Ort hoch über der weißen Elster ist einer der ältesten Siedlungsplätze der ganzen Region, die «Alte Burg» trägt ihren Namen zu Recht. Dabei waren es slawische Stämme, die seit der Jungsteinzeit hier siedelten, und der Name «Greiz» heißt nichts anderes als «umfriedeter Ort». Der sechseckige Burgfried, der auf dem gewaltigen dunklen Schieferfelsen in der Mitte der ehemaligen Residenz der Reußen (ältere Linie) thront, ist vermutlich der letzte Rest der Alten Burg, die Mitte des sechzehnten Jahrhunderts niederbrannte und um 1700 durch die stattliche Schloßanlage ersetzt wurde, wie sie sich heute präsentiert.

Das Obere Schloß zu der privaten bürgerlichen Mietwohnanlage zu machen, die sie gegenwärtig darstellt, ist ausnahmsweise kein Einfall sozialistischer Restraumverwertung. Schon um die Jahrhundertwende entdeckten die Beamten des reußischen Staates die nicht mehr genutzte Residenz als Wohngegend bester Lage und ließen die ehemaligen fürstlichen Suiten zu geräumigen Mietwohnungen umbauen. Seitdem ist der größte Teil des Schlosses von einigen Familien bewohnt, die ihre privilegierte Wohnlage wohl zu schätzen und vor neugierigen Blicken zu schützen wissen.

Jedoch nicht die gesamte Anlage des Oberen Schlosses ist der Öffentlichkeit verborgen, denn die Greizer Außenstelle des Thüringischen Staatsarchivs ist eine wahre Fundgrube für speziell an der wechselvollen Geschichte des reußischen Staates in Ostthüringen Interessierte. Das Archiv veranstaltet gelegentlich kleine Ausstellungen aus seinem reichhaltigen Fundus, und Besucher sind gern gesehen. Außerdem gibt es noch die Freilichtbühne im oberen Teil des Schloßhofes, in dem gelegentlich an lauen Sommerabenden schon einmal das symphonische Orchester oder eines der anderen Ensembles der Region aufspielt.

Überhaupt ist dieses Greiz voller kultureller Überraschungen, obwohl man im Gespräch mit Einheimischen häufig den Eindruck gewinnt, sie liebten ihre Stadt nicht so sehr und würden ihre Besucher lieber gleich wieder nach Hause schicken. Dabei kann man auf einem Spaziergang durch Greiz einiges entdecken: einen sonnigen Weg zwischen Jugendstilhäusern und Elsterufer, dem «Elstersteig»; einen ausgedehnten englischen Park mit dem Sommerpalais (darin eine der bedeutendsten europäischen Grafiksammlungen mit einer exzellenten Abteilung «Schabkunst des 16. und 17. Jahrhunderts», die Karikaturensammlung «Satiricum» sowie eine der kostbarsten Bibliotheken Thüringens und wechselnde Karikaturenausstellungen von internationalem Rang); zahlreiche hervorragend erhaltene Jugendstil-Stadthäuser; eine von Kriegen fast vollständig verschonte Altstadt; ein symphonisches Orchester (die Vogtlandphilharmonie Greiz / Reichenbach) und nicht zuletzt einen lauschigen Innenhof im Unteren Schloß, wo man sich im Café Lebensart körperlich und sinnlich laben kann, denn hier trifft sich die Greizer Szene zu regelmäßigen Folk-, Klezmer- und Kleinkunstveranstaltungen, einschließlich Auftritten der lokalen Free-Jazz-Formation «Media Nox».

Nicht zuletzt gilt die Stadt als «heimliche Hauptstadt der Poesie», und zwar auch ohne Johann Wolfgang Goethe, der die Stadt zeitlebens konsequent gemieden hat. Neben einer Anzahl regional bekannter Heimatdichter und Sammler des reichen vogtländischen Sagenschatzes war Greiz in der jüngeren Vergangenheit neben Jena der wichtigste Treffpunkt unabhängiger Literaten in der DDR. Reiner Kunze, Uwe Grüning, Günter Ullmann und Hansgeorg Stengel lebten und leben zum Teil noch immer in der Stadt, und Arnold Vaatz, Lutz Rathenow sowie Jürgen Fuchs gehören zum Umfeld der gelegentlich «Greizer Schule» genannten Autorengilde (mehr darüber im Kapitel «Zwischen den Zeilen»). Doch wer diese und viele andere schöne Seiten von Greiz für sich entdecken will, muß wirklich «anders» reisen und vom Touristen zum Besucher werden, denn, um es mit Hansgeorg Stengel zu sagen: «Was immer man über die famose Stadt sagen und schreiben mag: Sie ist unter den thüringischen Städten vergleichbarer Größe die gewiß unbekannteste», und das zu Unrecht.

Der Name ist irreführend. Das Synonym für das Wandern im Thüringer Wald, der Rennsteig, hat nichts mit rastlosen Joggern zu tun, sonder mit dem Wort «Rain» für Grenze. Der 168 Kilometer lange Höhenweg zwischen Hörschel an der Werra im Westen und Blankenstein am Oberlauf der Saale wird von Dutzenden von Markierungssteinen gesäumt, die nicht als Orientierungspunkte für Wald-

ANDERS WANDERN

Rechts und links des Rennsteigs

läufer dienen, sondern einst die Territorien kleinstaatlicher Landesfürsten absteckten. Fast die Hälfte des Kammweges war noch im vorigen Jahrhundert eine wechselnde Zickzack-Naht, die verschiedene Ländereien voneinander trennte. Die verwitterten Hoheitszeichen am Wegesrand sind heute noch stumme Zeugen der ehemaligen Zerrissenheit in unzählige Herzogtümer und Grafschaften.

«Gut Runst!»

«Wenn man durch die freudenleere leipziger Fläche sich müde und matt hindurchgearbeitet hat, dann empfängt den Pilger das freundliche Land mit seinen tausendfach wechselnden Reizen.» So bemerkte bereits Friedrich Gottlob Wetzel am Ende des achtzehnten Jahrhunderts. Denn im Gegensatz zu den sumpfigen, mühsam zu durchwandernden Ebenen verläuft der Höhenweg des Rennsteigs entlang der Berghänge und -kämme in sieben- bis achthundert Metern über dem Meeresspiegel durch eine abwechslungsreiche Landschaft. Schon seit dem späten Mittelalter nutzten Kuriere diesen Vorteil, der ihnen ein rasches Vorwärtskommen ermöglichte. Als 1830 der Topograph Julius von Plänckner den noch heute gültigen Streckenverlauf festlegte und in fünf Tagesetappen aufteilte, begann damit auch die touristische Erschließung des Thüringer Waldes. Ende des 19. Jahrhunderts kam es schließlich zur Gründung des «Rennsteigvereins», und die frühesten publizierten Wanderführer machten den Weg zu einem der populärsten Deutschlands.

Einzigartige Rennsteig-Rituale wie zum Beispiel der «Runst-Gesang» – mit *Runst* wird der Gewaltmarsch in voller Länge bezeichnet – werden seit 1991 alljährlich wieder zu Pfingsten von der älteren an die jüngere Generation weitervererbt. Im Kreis stehend stimmen die Wanderer an bestimmten Punkten ihre Lieder an, eine Tradition, die zu DDR-Zeiten nicht gern gesehen war. Ebenfalls erst durch den Wegfall der Grenze konnte der ursprüngliche Streckenverlauf des Wanderweges wiederhergestellt werden, denn dreizehn der südlichsten Kilometer des Höhenweges verliefen auf dem Territorium der Bundesrepublik Deutschland. Fast vierzig Wanderkilometer, die zwar zum Hoheitsgebiet der Deutschen Demokratischen Republik gehörten, waren jedoch als grenznahes Gebiet auch für wandernde Bürger tabu. Der restliche, 115 Kilometer lange Abschnitt wurde jedoch eifrig begangen und war ab 1983 Teil des «Wanderweges der Freundschaft Eisenach-Budapest», der durch das Erzgebirge, die Sächsische Schweiz, das Iser- und Riesengebirge, über die Beskiden und die Tatra bis nach Ungarn führte.

Inzwischen ist der Rennsteig wieder in seiner vollen Länge begehbar. Die vielen Imbißbuden à la «Walli's Futterkrippe», die kurz nach der Einheit wie Pilze aus dem Boden schossen und die hungrigen Wanderer auf Waldlichtungen mit Rostbrat- und Currywürsten bis zum Abwinken versorgten, haben zum größten Teil wieder dichtgemacht. Denn mit nur drei umsatzstarken Monaten im Jahr kann man sich keine Existenz aufbauen. Teilweise gilt der Höhenweg jedoch als übererschlossen: Besonders auf dem Abschnitt zwischen dem Rennsteiggarten bei Oberhof – einem in den siebziger Jahren angelegten Botanischen Garten mit viertausend verschiedenen Gebirgspflanzen – und Neustadt am Rennsteig gleicht der Weg einer asphaltierten Schneise, die zwischen eintönigen Tannenwäldern hindurchführt. Die Autostraße verläuft teilweise parallel in Hör- und Sichtweite, und die Spitzen der Fichten sind durch das Waldsterben erschreckend gelichtet. Wer zwischen Juni und September, der Hauptsaison, auch dem rückwärtsgerichteten Vereinsrummel zu Pfingsten umgehen möchte, sollte die ausgetretenen Pfade meiden, sich selbst verproviantieren und Wanderwege abseits des Rennsteigs auswählen. In den einsamen Seitentälern wie an den Wasserläufen

Vom «R» wie Rennsteig zum «G» wie Goethe-Wanderweg

von Schwarza, Weißer Schwarza und im Biosphärenreservat Vessertal. Quer zu den üblichen Wegen erwarten einen beim anderen Wandern abwechslungsreiche Mischwälder, blühende Märchenwiesen, Hochmoore und unvorhergesehene Ausblicke auf eine seit Jahrhunderten geprägte Kulturlandschaft. Die idyllische Landschaft wirkt so friedlich wie die einer Modelleisenbahnanlage im Maßstab eins zu eins.

Auf Goethes Spuren

Der achtzehn Kilometer lange Wanderweg von seinem Amtshaus in Ilmenau nach Stützerbach gehört zum Repertoire der klassischen Tagestouren in Thüringen und wird mit dem weißen verschlungenen «G» auf den Buchenstämmen am Wegesrand gekennzeichnet. Am Rathaus vorbei leitet später der Mittlere Berggraben in den Wald hinauf zum Schwalbenstein, dem ersten Pflichtstopp für Goethefans. Am Fuße des Felsens wird der Meister mit den Anfangsworten des vierten Aktes der Iphigenie zitert: «Wem die Himmlischen viel Verwirrung zugedacht haben, wem sie den erschütternden schnellen Wechsel von Freude und Schmerz bereiten, dem geben sie kein höher Geschenk als einen ruhigen Freund.»

Das Auge sieht bereits den weiteren Weg nach Manebach hinunter und zum Kickelhahn hinauf. Kurz vor dem Großen Hermannstein, dem ehemaligen Platz einer Raubritterburg, zweigt ein Pfad zur Höhle am Fuße der Porphyrklippe, die Goethe als schützender Ort zum Schreiben und Zeichnen diente, aber auch als Ausflugsziel für einen Spaziergang mit Charlotte von Stein.

Die mit 861 Metern höchste Erhebung auf der Wanderung ist der Kickelhahn. Vom Turm reicht der Blick bis zum Inselsberg und nach Oberhof, bei klarem Wetter sogar bis nach Weimar und bis zum Brocken im Harz. Der Ort gilt auch als Höhepunkt von Goethes Naturbeschreibung; hier entstanden nicht nur seine Landschaftszeichnungen mit Tälern, in denen der Nebel hängt, sondern auch das bekannte Memento mori «Über allen Gipfeln ist Ruh', / In allen Wipfeln spürest Du / Kaum einen Hauch; / Die Vöglein schweigen im Walde, / Warte nur, / balde ruhest Du auch.»

Besonders am Wochenende herrscht Hochbetrieb. Hier dampfen nicht nur die Täler, sondern in der Gaststätte die Thüringer Klöße auf dem Mittagstisch. Aber schon nach einer Viertelstunde Fußmarsch

Über allen Gipfeln ist Ruh… – der Aussichtsturm auf dem Kickelhahn

gelangt man zum Jagdhaus Gabelbach, einem spätbarocken Bau, der durch die «Gabelbachgemeinde», einen Verein, dessen Mitglieder dem Dichten und Trinken frönten, berühmt wurde. Heute gibt es hier eine Goethe-Gedenkstätte, die seine naturwissenschaftlichen Studien und das Jagdwesen am Weimarer Hofe im 18. Jahrhundert darstellt, gleich daneben ein Berg- und Jagdhotel. Bis kurz nach der Wende stiegen in dem Haus die Spitzen der politischen Elite der DDR ab, denn das Haus war ein Ferienheim des Zentralkomitees der SED.

Bei der Hirtenwiese überquert der Weg die Eisenbahnlinie Ilmenau – Stützerbach und führt zum Knöpfelstaler Teich, wo es zum «Finsteren Loch» geht, einem Lagerplatz der herzoglichen Jagdgesellschaft, wie es Goethe in seinem Gedicht «Ilmenau» der Nachwelt überliefert hat. Am Gasthof Auerhahn vorbei kommt man zum Schloßberg und wieder hinunter nach Stützerbach, und nur wer schnell gewandert ist, dem gelingt es noch einen Blick in das dortige Goethehaus zu werfen. In dem von Wiesen und Feldern umgebenen ehemaligen Kneipp-Kurort weilte Goethe über ein dutzendmal.

Ein Zug bringt die ermüdeten Wanderer zum Ausgangspunkt in Ilmenau zurück oder in Gegenrichtung zur Station Rennsteig, einem ungewöhnlichen Bahnhof, der direkt auf der Kammhöhe liegt und von beiden Talseiten in einer Spitzkehre als Sackbahnhof angefahren wird. Hier stößt man auf den Rennsteig, kann das «G» der Markierung gegen ein «R» vertauschen, und das Dorf mit dem Namen «Allzunah» liegt nicht mehr in weiter Ferne.

«In weiter Ferne – so nah»

Nuggets im Schwarzatal

Im kurstädtischen Bindeglied zwischen der Residenzstadt Rudolstadt und Saalfeld, Bad Blankenburg, beginnt gleich am Ortseingang links mit einem schmalen, langgestreckten Kurpark einer der beliebtesten Wanderwege Thüringens durch das Tal der Schwarza. In angenehmer Distanz zur belebten Straße, die auf der anderen Seite der Schwarza verläuft, schlängelt sich der Waldweg mal dicht, mal etwas weiter entfernt von den wilden Wassern der Schwarza durch das enge Tal. Die Füße werden leicht und das Gemüt erhoben, wenn man in der Kühle des gemischten Waldes auf schattigem Weg ausschreitet, freundlich begleitet von dem im Sonnenlicht glitzernden Gebirgsbach. Türkisgrüne stille Becken, gefüllt vom kalten Wasser der Quellen und Rinnsale von den Höhen des Thüringer Schiefergebirges, wechseln sich ab mit schäumenden Stromschnellen über rundgewaschene harte Felsen und Gerölle, in denen das weiche Wasser im Laufe der Jahrhunderte seine Strudelhöhlen und Rinne eingeschliffen hat. Wie überall in Thüringen ist es auch im Schwarzatal nicht weit bis zum nächsten geschichtsträchtigen Ort. So trifft man nach ein paar Stunden Waldeinsamkeit bereits auf ein weiteres Relikt der großen Zeit der kleinen Staaten. Einer der frühesten thüringischen Duodezfürsten, Günter der XXI. von Schwarzburg-Blankenburg wird zwar in der «Kaisergalerie», dem einzigen restaurierten Raum der stattlichen Ruine aus dem 18. Jahrhundert, als einer der 43 deutschen

Das Schwarzatal, einstmals anziehend durch Gold und bedichtet nicht nur von Schopenhauer und Sophie Mereau, ist heute durch Abgase bedroht. Auf den Höhen gibt es die Tanne nicht mehr. Mancher Vogelgesang ist seit meinem ersten Thüringer Sommer verstummt. Einem Warner allerdings hätt ich damals nicht geglaubt. Wir radelten durch eine harmonisch gewachsene, für uns unzerstörbare Welt. Wir verweilen in Ilmenau und Stützerbach, später auf der Heimfahrt in Arnstadt und Erfurt, und natürlich in Weimar mit seinen Museen. Was aber blieb, war eher eine beiläufig besuchte Kirche am Weg, ihr Zusammenklang mit dem Dorf, und drinnen eine bemalte Holzgalerie, eine Grabsteininschrift und ein bäuerliches Kruzifix. Was blieb, war der Glasbläser in Frauenwald, bei dem wir zwei Wochen herbergten. Wenn wir frühstückten, schauten wir ihm durch die offene Tür beim Formen medizinischer Gläser und kleiner phantasievoller Figuren zu. Was blieb, war ein schnurrenerzählender, Pfeife schmauchender Turmwächter mit Ziegen auf dem Kickelhahn und das Gefühl, hier könnte ich heimisch sein.

Klaus Steinhaußen: *Mitten in Deutschland;* in: *Mein Thüringen.* Greifenverlag 1992

Die Kaisergalerie auf der Schwarzburg: deutsche Geschichte personifiziert

Kaiser geführt. Historiker sehen dies jedoch etwas differenzierter, da das Gegenkönigtum des Schwarzburgers gegen Karl IV. «eine Episode ohne geschichtliche Wirkung» blieb. Dennoch war der Ort bereits seit dem 12. Jahrhundert der Sitz eines der mächtigsten thüringischen Adelsgeschlechter, die wie andernorts die thüringische Landschaft durch ständige Erbteilungen und Zusammenlegungen zu einem herrschaftlichen Flickenteppich machten.

Einen Eindruck vom kunstsinnigen Reichtum des Thüringer Adels bietet die Sammlung kostbarer Tafelgeschirre und Figurinen aus der Produktion der umliegenden Manufakturen, denn die Region ist Zentrum und Ursprung der Kunst des Porzellanmachens: Georg Macheleidt hatte im benachbarten Sitzendorf zeitgleich mit dem gewöhnlich als Erfinder des Porzellans geltenden Johann Heinrich Böttcher das «Weiße Gold» entdeckt. Die geheimen Zutaten des alchemistischen Wunderwerks brauchten die erfindungsreichen Tüftler nicht von weit her zu holen: Holz zum Brennen gab es mehr als genug, und die Kaolinerde kam aus reichen Lagerstätten am Sandberg bei Steinheid sowie vom oberen Saalatal und aus der Leipziger Senke.

Das «Schwarze Gold» der Gegend ist der Schiefer in seinen verschiedenen Erscheinungsformen: als Tafel- und Griffelschiefer, zur Herstellung der Schindeln für Dach und Fassadenverkleidung sowie als Alaunschiefer, der erdgeschichtlich ältesten Variante, 430 Millionen Jahre alt, im Gegensatz zum 100 Millionen Jahre «jungen» Dachschiefer. Der Alaunschiefer jedoch blieb jahrhundertelang ein ungehobener Schatz, weil der Papst sich die Konkurrenz für seine italienischen Abbaugebiete verbat. War Alaun doch zur Gerbung und als Insektengift (in Form von Vitriol) ein be-

Wildwasser im Schwarzatal

gehrter Stoff und eine sprudelnde Einnahmequelle. Erst die Reformation entfachte im Thüringer Schiefergebirge einen Alaunschieferrausch, dessen Folgeschäden heute zu beliebten Ausflugszielen geworden sind. So strömen jährlich über 200000 Touristen in die Saalfelder «Feengrotten», die nichts weiter sind als ein Mitte des 19. Jahrhunderts stillgelegter Alaunschieferstollen mit farbenfrohen mineralischen Ablagerungen. Überhaupt werden die Hinterlassenschaften einer frühen Industrialisierung in der Region besonders gern präsentiert: ein riesiges Schiefertagebauloch in Lehesten, jetzt Naturschutzgebiet, die Heinrichshütte in Wurzbach mit regelmäßigem Schaugießen, das alte Sägewerk im Museum von Reitzengeschwenda und aus jüngerer Zeit das Wasserkraftwerk in Ziegenrück, das die Carl-Zeiss-Werke in Jena in ihrer Frühzeit mit Elektrizität versorgte, sowie die Staumauern von Hohenwarte- und Bleilochtalsperre und das eindrucksvolle Pumpspeicherkraftwerk bei Goldisthal.

Die dritte Sorte Gold, das eigentliche Edelmetall, hat ebenfalls Geschichte im Thüringer Wald. Es wäre kaum verwunderlich, wenn man schon bald im Bett der Schwarza bärtige Gestalten mit Sieb und Pfanne stehen sähe, die Nuggets aus dem Schwemmgut des Flusses waschen, trägt der Fluß doch mit dem reißenden Schmelzwasser im Frühjahr immer wieder auch Goldanteile mit sich. In Reichmannsdorf hat man sich bereits auf die Tradition des Goldbergbaus im Thüringer Wald besonnen, und ein reger Bürgermeister setzt sich dafür ein, daß

Die steilste Seilzugbahn der Welt: von Obstfelderschmiede nach Lichtenhain

ein Museum entsteht und Besucher eigenhändig mit kompetenter Anleitung auf Goldsuche gehen können. Ein weiteres «technisches Denkmal», wenngleich noch rege in Betrieb, ist die Bergbahn von Obstfelderschmiede. Für einen Obolus, der geringer ist als der Preis für einen Eisbecher mit frischen Erdbeeren in Schwarzburg, überwindet die «steilste Seilzugbahn der Welt» im Schrittempo seit 1923 etwa einen halben Kilometer Höhenunterschied (einen Meter Höhe auf vier Meter Strecke, um genau zu sein). Die Deutsche Bahn AG hat sich nicht lumpen lassen und den alten Waggons mit dem Übertünchen des «DR»-Emblems gleich einen neuen Gesamtanstrich gegönnt und sinnigerweise ein Lautsprechersystem einbauen lassen, das nun die Stille des einzigartigen Aufstiegs der lautlosen Bahn durch das Waldidyll mit touristischer Werbepoesie und dezenter New-Age-Fahrstuhlmusik untermalt. Auf der Bergstation Lichtenhain kann der passionierte Bahnreisende dann in einen Kurswagen umsteigen, der verblüffend einer alten Berliner S-Bahn ähnelt, und nach Cursdorf fahren, der Endstation des Bahn-Kuriosums und Ausgangsstation für Wanderungen in die reizvolle Umgebung: ein weiter Rundumblick vom Fröbelturm, eine einsame Wanderung durch die Wälder und Wiesenlandschaft des Tals der Weißen Schwarza zurück ins Schwarzatal, die man entlang des weniger begangenen Oberlaufs bis zu ihrer Quelle bei Scheibe-Alsbach verfolgen kann.

Till Bartels/
Matthias Schossig

Am ersten Freitag im Juli und dem darauffolgenden Wochenende wird Rudolstadt, die verträumte Ex-Residenzstadt am Saale-Knie zur Hauptstadt der Weltmusik. Fiedeln, Zimbeln, Drehleiern, Quetschkommoden, Schalmeien, Dudelsäcke, Zithern, Bouzoukis, Handtrommeln und Pennywhistles aller Länder treffen sich zum bedeutendsten deutschen Festival für traditionelle Musik. Eine bunte Konzertmischung aus traditioneller Volksmusik, von «Cajun bis zu traditionellen Gesängen aus Aserbeidschan, von politischen Liedern der Intifada zu ukrainisch-englischem Folkrock, von afrikanischen Klängen bis zu den A-capella-Gesängen aus Südalbanien», wird auf einem

Jenseits des Thüringer Waldes

AN SAALE UND WERRA

Dutzend Bühnen in und um die Innenstadt geboten, so der Programmtext. Das «Tanz & Folkfest» hat in Rudolstadt einen Ort gefunden, dessen Genius loci für eine schöngeistige und freisinnige Veranstaltung dieser Art geradezu eine Einladung ist. Sechshundert Jahre lang waren das Stadtschloß Ludwigsburg sowie die prächtige, über Rudolstadt thronende Heidecksburg Residenz derer zu Schwarzburg-Rudolstadt, bis das Fürstenhaus im November 1918 als allerletztes der kleinen deutschen Fürstentümer abdankte. Im Laufe der extrem langen Herrschaftszeit hatten die Rudolstädter Regionalpotentaten reichlich Gelegenheit, sich als volkstümliche Kultursponsoren zu betätigen.

Tatsächlich galt die große Mehrzahl der Regenten als kunstsinnig, gebildet und aufgeklärt, und der Kontakt von Herrschaft und Volk nahm sogar gelegentlich Züge von Leutseligkeit an. Anlaß waren populäre Festlichkeiten wie das «Vogelschießen», ein Volksfest auf dem Rudolstädter Anger, bei dem sich neben den Bürgern der Stadt auch gelegentlich die Fürstlichkeiten aus den umliegenden kleinen Territorien amüsierten und das traditionell alljährlich vom Landesherrn eröffnet wurde. Das Vogelschießen bot verschiedenen reisenden Theatergruppen ein Podium, um ihre Komödien, Tanz- und Singspiele aufzuführen. Institutionalisiert wurde die Gaukelei ab 1793 mit dem Bau des Komödienhauses, das von der Truppe des Weimarer Hoftheaters unter der Leitung von Johann Wolfgang Goethe bespielt wurde. In Rudolstadt fand auch die erstmalige Begegnung Goethes mit Friedrich Schiller statt, im Haus der Familie von Lengefeld, deren Tochter Friedrich Schiller heiratete.
Gern verweist man in Rudolstadt auch auf die noch ältere Tradition der Hofkapelle – eine der ältesten in Deutschland – , die einst von Richard Wagner geleitet wurde und mit Virtuosen wie Franz Liszt und Nicolo Paganini aufspielte. Freunde der Klassik können sich heutzutage anläßlich der Rudolstädter Festspiele im Anschluß an das Tanz & Folkfest an der Musik Siegfried Wagners ergötzen. Diese Festspiele sind mittlerweile bekannt dafür, daß sie neben anderen Spezialitäten die selten gespielten Opern des von Kennern als seinem Vater Richard zumindest ebenbürtig betrachteten Wagner-Sprößlings erneut zu Gehör bringen.
Auch in literarischer Hinsicht ist Rudolstadt eine stille Größe, verfügt die Stadt doch über eine der interessantesten Bibliotheken Thüringens. Ein Aufstieg zur Heidecksburg lohnt nicht nur wegen der allbekannten Porzellan- und antiken Waffensammlung und ihres vorbildlichen barocken Interieurs, sondern auch wegen der kostbaren Sammlung alter Bücher, die dort in den Regalen schlummert. Ein auf der Heidecksburg ansässiger traditionsreicher deutscher Verlag, der 1919 von dem Wandervogel Karl Dietz gegründete Greifenverlag, hat zwar trotz seines starken heimatkundlichen und belletristischen Programms die Umbrüche und Machenschaften anläßlich des Wechsels zur Marktwirtschaft nicht überlebt, doch ist aus den Überresten des alten ein neuer Verlag entstanden, der durch interessante Faksimileausgaben aus ebenjener Bibliothek von sich reden macht.
Wer auch nur oberflächliches historisches Interesse mit nach Rudolstadt bringt, wird schnell fündig. Die Geschichte der Residenz ist voller Anekdoten (siehe auch: Im Reich der Burgen und Schlösser), und das hiesige Fürstenhaus hat für kuriose Legendenbildungen gesorgt, die sogar die notorische Adelsschmäh des Sozialismus überlebt haben: So gilt die Bezeichnung «Brummochse» laut eines Gerichtsbeschlusses des Rudolstädter Landgerichts im 19. Jahrhundert hier nicht wie andernorts in Thüringen als schlimme Beleidigung. Wer es nicht glaubt, kann sich die Details in der Kneipe «Zum Brummochsen» bei einem Glas Bier zu Gemüte führen. Tragische Gestalten wie die «Weiße Frau», die in liebestoller Verblendung ihre zwei Kinder ermordete, geistern durchs Rudolstäd-

ter Jenseits ebenso wie die Geschichte von der «heldenmütigen» Fürstin Katharina von Schwarzburg, die beim Frühstück auf der Heidecksburg dem berüchtigten Herzog von Alba mit dem Spruch: «Fürstenblut für Ochsenblut!» die Stirn bot und ihm eine Garantie für das von Plünderung bedrohte Viehzeug ihrer Untertanen abtrotzte. Doch nicht nur erzählerische, sondern auch steingewordene Zeugnisse erzählen in Rudolstadt von einer reichhaltigen Historie. Wer sich beispielsweise wundert, woher die Stadt ihren Reichtum an Jugendstilvillen und -stadthäusern hat, der wird merken, daß Rudolstadt zur Gründerzeit ein aufstrebender Industriestandort war mit einer Pianofabrik und dem erfinderischen Fabrikationsbetrieb «F. Ad. Richter & Cie.», der durch Herstellung alltäglicher Notwendigkeiten wie Grammophone, Arzneimittel, Schokolade, die berühmten Ankersteinbaukästen für die Kinder und der bis nach Übersee bekannt gewordene «Anker-Pain-Expeller», ein kurioser Apparat zur Schmerzlinderung, ein Vermögen machte, eine gigantische Villa baute und über 800 Mitarbeiter in Lohn und Brot hatte. Im «nationalsozialistischen» Deutschland wurde die Industrie der Region 1935 durch den IG-Farben-Betrieb «Thüringische Zellwolle» in Schwarza erweitert, der sich als Hersteller von Chemikalien und Kunstfasern etablierte. Aus dem «NS-Musterbetrieb» wurde nach dem Krieg ein «sozialistischer Musterbetrieb», aus «Perlon» «Dederon». In jüngster Vergangenheit wechselte das «Textilfaserkombinat Wilhelm Pieck» aus dem «Eigentum des Volkes» an einen fernöstlichen Investor, und Geschichten von eigennützigen Praktiken zwischen den ominösen Fremden und der «Treuhand» reichern die Legendenbildung Rudolstadts um eine schmerzlich gegenwartsnahe Variante an.

Hildburghausen und das Konversationslexikon

«Mein lieber Freund und Kupferstecher!» Diese mahnende Anrede des Dichters Friedrich Rückert an den Porträtstecher Carl Barth, der zu einem verabredeten Termin wegen Krankheit unentschuldigt ferngeblieben war, hat aus irgendeinem sonderbaren Grund einen höheren Bekanntheitsgrad erlangt als alle seine romantischen Dichtungen und ist Bestandteil des deutschen Sprachgebrauchs geworden. Der Kupferstecher Barth war nicht der erste vielbeschäftigte Illustrator in Hildburghausen, denn die kleine Residenzstadt war ein verlegerisches Zentrum ersten Ranges, insbesondere was preiswerte Ausgaben von Klassikern und allgemeinbildende, populäre Schriften anbelangte. Spätestens seit Friedrich Justin Bertuch, der Ende des achtzehnten Jahrhunderts in Weimar mit seinen populären Reise- und Modejournalen mehr kommerziellen Erfolg hatte als alle Weimarer Klassiker zusammen, war klar, daß Bildung nicht nur frei machte, sondern auch erfolgreich. «Bildung macht frei» war in der Tat der Wahlspruch des Hildburghausener Verlegers Joseph Meyer, den heute noch jedes Kind als Vater von «Meyers Konversationslexikon»kennt, dem jedoch darüber hinaus das Verdienst gebührt, mit seinem «Bibliographischen Institut» jenes Bildungsgut breiten Schichten zugänglich ge-

Jugendliche in der Fußgängerzone

macht zu haben, das vorher wenigen Privilegierten vorbehalten war, die sich die kostbaren, in Leder gebundenen Bände traditioneller Verlage leisten konnten. Joseph Meyer hingegen brachte neben seinem 52bändigen Konversationslexikon auch noch die «Miniaturbibliothek der deutschen Klassik» heraus, vertrieb Schöngeistiges in Form von «Groschenheften» und machte sich zur Aufgabe, «gründliche und nützliche Kenntnisse schnell, sicher und mit dem wenigsten Aufwande an Zeit und Geld» an den Mann zu bringen. Im Stadtmuseum Hildburghausen kann man die Erstausgaben der Werkausgaben des Bibliographischen Instituts bewundern. Der Verlag, der unter dem Sohn des Gründers, Hermann Meyer, mit dem «Tierleben» des Dorfpastors Brehm und seines vielgereisten Sohnes aus Schnepfenthal einen noch größeren verlegerischen Erfolg als das Konversationslexikon landen konnte, verabschiedete sich jedoch 1874 von dem wirtschaftlich ins Abseits geratenen Provinzstädtchen und zog in die Buchmetropole Leipzig.

An der Ruhe und Langsamkeit einer der ehemals kleinsten unter den thüringischen Residenzstädten hat sich bis heute nichts geändert. An einem Sommermittag scheint auf dem geräumigen Marktplatz der kleinen Kreisstadt die Zeit stehenzubleiben. Wer sich in der übersichtlichen Stadt umschauen will, kann sich gegenüber dem grünen Renaissancerathaus in der Hildburghausen-Information über das kleine, aber feine kulturelle Angebot informieren oder gleich in den schattigen Schloßpark gehen, dem jedoch seit 1945 das Schloß fehlt, denn das ist bei einem Bombenangriff vollkommen zerstört worden. Die Hildburghausener trauern jedoch kaum um diesen Verlust, denn die Herrschaft war niemals sonderlich beliebt. Im Gegenteil, die Verschwendungssucht und Lasterhaftigkeit der Hildburghausener Landgrafen war über Jahrhunderte hinweg sprichwörtlich. Einzige Ausnahme war der letzte Herzog, besser gesagt dessen Frau, Herzogin Charlotte, die Schwester der Königin Luise von Preußen. Trotz leerer Kassen vermochte es die Herzogin mit den guten Beziehungen, der Provinzstadt den Ruf eines Zentrums der Kultur und Kunst zu verschaffen. Selbst eine ausgebildete Sängerin, zog sie den bürgerlich-romantischen Schriftsteller Jean Paul nach Hildburghausen, der ihr und ihren drei Schwestern seinen Erziehungsroman «Titan» widmete. Den hielt es jedoch auch nicht lange in Hildburghausen, und zur Vollendung der Trilogie seines Bildungsromans zog er ins benachbarte Meiningen an den «Musenhof» Georgs I.

«Hoch auf dem Gelben Wagen»: Meiningen

Daß Meiningen eigentlich nicht zu Thüringen gehört, wird noch heute jeder Meininger bestätigen. Bereits in der Geschichte waren es die Würzburger Fürstbischöfe, für die Meiningen die nördlichste Bastion ihres Herrschaftsbereiches bildete. Diese Zugehörigkeit schlägt sich bis heute im gesprochenen Dialekt und im Selbstverständnis der Einwohner nieder. Mit der Grenzöffnung und der Wiederinbetriebnahme der Bahnlinie nach Schweinfurt und Würzburg ist auch die Verkehrsanbindung ins Fränkische wieder direkter als die zum Thüringer Becken auf der nördlichen Seite des Thüringer Waldes. Folglich trifft man zu den gut besuchten Aufführungen des traditionsreichen Meininger Theaters (mehr über diese im Artikel: «Zurück in die Zukunft – Theatergeschichte und Zeitgeist») auch hauptsächlich auf Besucher vom «flachen Lande», und die verwöhnten Meininger pikieren sich gern über die bäuerliche Begeisterungsfähigkeit der ländlichen Besucher, wenn diese selbst bei einer durchschnittlich gelungenen Inszenierung in hemmungslose Beifallsstürme ausbrechen. Das kleine Meiningen mit seiner großen Theatertradition ist gerade dabei, sich wieder zu einem Theater- und Kulturzentrum der Region zu entwickeln, und spektakuläre Inszenierungen prominenter Regisseure sowie eine Besinnung auf die hochkarätige musikalische Geschichte des Ortes ziehen Besucher aus Kassel, Fulda, Würzburg, Schweinfurt und sogar aus Nürnberg zu Theateraufführungen nach Meiningen.

Neben der Theatergeschichte hat Meiningen – wenngleich in relativ bescheidenem Rahmen – auch Literaturgeschichte gemacht. Der Märchen- und Sagensammler Ludwig Bechstein, der mit einem großzügigen Stipendium des Theaterherzogs in Leipzig studieren konnte, leitete die Meininger Hofbibliothek und betätigte sich hauptsächlich als Heimatkundler und Historiker. Die Hinterlassenschaft des zweiten bekannten Literats Meiningens, Rudolf Baumbach, der hauptsächlich wegen seines Liedes «Hoch auf dem

Gelben Wagen» bekannt wurde, kann in seinem ehemaligen Wohnhaus bewundert werden. Seine Lieder gingen um die Welt, während andere Meininger Dichter, wie zum Beispiel Kurt Erich Meurer, ein wenig beachteter, aber hochbegabter Lyriker, auf den ebenfalls im Baumbachhaus hingewiesen wird, im Verborgenen blieben.

Die Besinnung auf das Historische erweist sich gerade in Meiningen jedoch gelegentlich auch als Hemmschuh. So scheiterte das Vorhaben einen ortsansässigen Industriebetriebes, ein Gebäude im Bauhausstil zu errichten, am Widerstand des Bauausschusses, wohl in Mißachtung der Tatsache, daß das Bauhaus ebenso zu thüringischer Geschichte gehört wie der in Meiningen so stark vertretene Klassizismus. Ebenso konnte unlängst der Plan einer bayerischen Investorengruppe, ein Einkaufszentrum am Werraufer zu errichten, nicht umgesetzt werden. «Hätte Georg II. einen solchen Bauausschuß zur Seite gehabt, würde heute noch am Theater gebaut», spotteten kritische Beobachter. Ebenso heftig streiten sich die Fraktionen in Meiningen um die Pflege ihrer ausgedehnten Parks und Gärten. Die «Natur-Fraktion» möchte gern ein wenig Wildnis und Artenvielfalt sehen, während die Puristen am liebsten die alten Pläne hervorkramen und die Gartengestaltung mit Zirkel und Lineal vornehmen würden. Keine Sorgen hingegen haben die Meininger, wenn es um die Renovierung der zahlreichen Bankgebäude aus dem 19. Jahrhundert geht, die Meiningen schon frühzeitig zu einem thüringisch-fränkischen Finanzzentrum gemacht haben. Fünfzehn Kreditinstitute haben ihre herrschaftlichen Gebäude wieder in Besitz genommen und in Windeseile aufs nobelste instand gesetzt. In Meiningen wird man keine Containerprovisorien für Sparkassenfilialen wie anderswo in Thüringen finden.

«Erlebte Geschichte» – mittelalterliche Musikanten spielen auf

Ein besonderer Leckerbissen für Theaterfreunde ist die Theatergeschichtliche Sammlung der Staatlichen Museen Meiningen auf Schloß Elisabethenburg. Ein Besuch des Meininger Theaters heute wäre un-

vollständig ohne die Kenntnisse des großen Einflusses, den das Theater dieser Stadt auf die gesamte Theatergeschichte Europas und schließlich auch Amerikas hatte. Denn das naturalistische Theater eines Stanislawski ist ohne die Höhepunkte des illusionistischen Theaters und die wissenschaftliche Akribie, mit der bei den Inszenierungen unter der Hand des Meininger Theaterherzogs Georg II. vorgegangen wurde, nicht denkbar. Die Theatergeschichtliche Sammlung enthält Bühnendekorationen und -modelle, Requisiten, Kostüme und vor allem Hunderte von Bühnenbildteilen zu den verschiedenen Inszenierungen, die nach den Entwürfen des Herzogs von den Gebrüdern Brückner in Coburg unter Verwendung feinster authentischer Materialien angefertigt wurden. Ebenso beachtlich wie die Theatertradition Meiningens ist die musikalische, denn die Hofkapelle wurde nach Hans von Bülow auch von Richard Strauss und besonders Max Reger geleitet, der in Meiningen seine Hauptschaffensperiode erlebte. Bildungshung-

Die Landschaft um die Gleichberge wird in älteren Reiseführern als Fränkisches Nizza gepriesen. Das soll ihre üppige Sinnlichkeit umschreiben. Sie ist eine südliche Enklave inmitten nordischer Kargheit.
Der Keuperboden trägt nach dem warmen Mairegen eine verschwenderische Fruchtbarkeit zur Schau. Der dem nahen Gebirge vorgelagerte Buntsandsteinwall läßt einen Regen- und Wärmestau entstehen, von dem die Kleinlandschaft unterm Doppelgipfel der Basaltberge geprägt ist.
Ein äolischer Golfstrom, philosophierte Onkel Emil, der verehrte Eremit. Und er behauptete, nicht nur die Vegetation sei von diesem Mikroklima geformt, auch die Menschen würden davon beeinflußt. Und natürlich, fügte er hinzu, vom vulkanischen Ursprung der Berge. Die im Verein erzeuge eine Leidenschaftlichkeit, die nur zeitweilig und unter Anstrengung zu zügeln sei, bei besonderen Konstellationen aber, Föhnlagen vor allem, elementar hervorbreche. Als Beweis nannte er die jährlichen Jüchsener Lichtmeßfeiern, bei denen es immer wieder zu blutigen Messerstechereien kam. Und selbst der Kalte Markt zu Römhild vermochte die leicht erhitzbaren Gemüter nicht hinlänglich abzukühlen.

Harald Gerlach: *Pfingsttour nach Dingsleben, oder Das Rätsel am Rand des Grabens;* in: *Mein Thüringen.* Greifenverlag 1992

rige Besucher des Schlosses brauchen, um sich bei einer Tasse Kaffee zu entspannen, nicht einmal das historische Gemäuer zu verlassen und können dies im Turmcafé, das im prunkvollen Rokoko-Hessensaal, dem höchstgelegenen Raum des Schlosses, untergebracht ist, in vollkommen stilgerechter Umgebung tun.

Schmalkalden und die Reformation

Die Regionen jenseits des Thüringer Waldes haben schon immer großen Wert auf ihre Eigenständigkeit gelegt. Das hat nicht nur geographische, sondern auch historische Gründe. Ein Teil Thüringens, der jahrhundertelang zu Hessen gehörte, ist die Eisengießerstadt Schmalkalden mit ihrem Schloß Wilhelmsburg. Die komplett aus dem sechzehnten Jahrhundert erhaltene Bausubstanz des Stadtkerns von Schmalkalden mit seinen kunstfertigen Fachwerkhäusern und idyllischen verwinkelten Gassen zählt zum Reizvollsten, was Thüringen an Stadtansichten zu bieten hat. Die «Große Kemenate» des Schlosses war deshalb in zwei Hälften geteilt, die von beiden Häusern in Anspruch genommen wurden.

Die Schloßanlage bietet ein einzigartig geschlossenes Bild einer Spätrenaissanceanlage mit dem typischen Roll- und Beschlagwerk, einem mit phantastisch symbolischen Fresken ausgemalten Saal und einer dreigeschossigen Kapelle, in der Altar, Kanzel und Orgel in einer Achse übereinander angeordnet sind. Das Ambiente verleitet geradezu, Ausflüge in die Vergangenheit zu machen, und die regelmäßig in den Sommermonaten stattfindenden Schloßkonzerte, bei denen auch die kostbare alte hölzerne Orgel des Göttinger Orgelbaumeisters Daniel Meyer von 1587/89 ihren wunderbaren Klang entfaltet, bieten eine stilvolle Möglichkeit dazu. Auf keinen Fall sollte man auf Schloß Wilhelmsburg versäumen, an einer der museumspädagogisch vorbildlichen Führungen teilzunehmen, die nicht nur durch die Kapelle und die Gemächer des Schlosses, sondern auch durch seine im Originalzustand erhaltene Schloßküche führen, in der man einen deutlichen Eindruck von der Lebensart und den kulinarischen Besonderheiten einer vergangenen Zeit gewinnt.

Schmalkalden stand mehrfach im Mittelpunkt schwerwiegender Entscheidungen über den Verlauf der Reformation und deren Folgen. So trafen sich 1531 die Reformierten und die Lutheraner in Schmalkalden, um das 1529 in Marburg gescheiterte Gespräch fortzusetzen. Kurfürsten, Landgrafen und Grafen sowie Vertreter aus allen reformierten deutschen Städten kamen überein, jegliche Angriffe auf Glaubensfragen, insbesondere durch Kammergerichtsmandate, abzuwehren. Die Fronten zwischen Lutheranern und Reformierern einerseits sowie Katholiken andererseits verhärteten sich in der Folge, und die Konsequenz war der Schmalkaldische Krieg, der 1547 mit der Niederlage Kurfürst Johann Friedrichs («Hahnfried») von Sachsen bei Mühlberg endete. Die Gegenreformation breitete sich aus, das Eichsfeld wurde rekatholisiert, in den Städten Thüringens arrangierte man sich, und die Glaubensfreiheit im Lande wurde zu einer frühen bürgerlichen Tugend.

WEITES PANORAMA

Das Eichsfeld mit Heiligenstadt und Mühlhausen

Spricht man mit einem Weimarer über Thüringen, so rechnet er zu der Region das Thüringer Becken mit seinen Städten von Eisenach bis Gera, natürlich den Thüringer Wald und das Schiefergebirge, manchmal sogar Altenburg, Greiz und Schleiz, Sonneberg und das hessische Schmalkalden, aber das Eichsfeld zählt für ihn nicht mehr zu Thüringen. Das hat, neben der kulturellen Isolation der eichsfeldischen «Hochlandbewohner», hauptsächlich historische Gründe. Das katholische Eichsfeld war schon

immer von den umgebenden Landstrichen isoliert, Hainleite und Goldene Aue im Osten, Harz, Leinetal und das südniedersächsische Duderstadt mit seiner traditionellen Anbindung an die Universitätsstadt Göttingen im Norden, im Süden die Rhön und die alte Kaiserpfalz Mühlhausen umrahmen das Eichsfeld. Die Muschelkalkböden beiderseits des schmalen Leinetales sind so wenig ertragreich, daß das Leben der Eichsfelder im wesentlichen ein Kampf um das Überleben war. Die Eichsfelder gelten als sparsam und verschlossen. Bräuche und Volksfeste orientieren sich am katholischen Jahreskreis: Kirchweih, Palmsonntag, Himmelfahrt, Fronleichnam, Erntedankfest, Allerheiligen. Marienwallfahrtsorte, wundertätige Kreuze und Marienbilder, Schönstattkapellen, zahlreiche Bildstöcke, Wegekreuze und alte Kreuzwegstationen sind allgegenwärtige Markierungspunkte einer ungebrochenen Volksfrömmigkeit. An dem tief verwurzelten Volksglauben konnten auch vierzig Jahre DDR nicht rütteln. Viel hat sich nicht geändert im Leben der Höhendörfer im Eichsfeld. Die großen Umzüge zu Kirchweih und Fronleichnam brachten schon immer mehr Leute auf die Straße als alle anderen Ereignisse – Revolutionen und Demonstrationen inbegriffen.

Die Eichsfelder haben andere Sorgen. Fast ein ganzes Jahr lang kämpften beispielsweise die Kalikumpel von Bischofferode gegen die Plattmacher von westdeutschen Kalikonzernen und Treuhand. Hartnäckigkeit und Bauernschläue zählen zwar zu den Tugenden der Eichsfelder, aber gegen die tiefgreifenden Strukturveränderungen in der Region waren letztlich auch sie machtlos. Immerhin haben die streitbaren Kumpels es geschafft, daß die internationalen Medien auf Mißstände und Ungereimtheiten im Zuge der Auflösung planwirtschaftlicher Wirtschaftsstrukturen aufmerksam wurden. Dabei wurde ein Gregor Gysi bei den Hungerstreikenden ebenso freudig aufgenommen wie die zu Tränen gerührte Predigt des katholischen Kaplans nach Bekanntwerden des Scheiterns der Besetzung.

Aus dem Osten nach Friedland: Die Via Mala der Flüchtlinge

Östlich von Friedland, an einer reizvollen Engstelle des Leinetals gelegen, steht gleich neben der Straße, in der Nähe des Gutshofes Besenhausen, eine scheinbar völlig beziehungslose große alte, ausladend überdachte Holzrampe. Kein Hinweisschild, keine Gedenktafel weist darauf hin, und in keinem Touristenführer steht der Ort verzeichnet: der britische Checkpoint, durch den nach 1945 monatlich Tausende von Vertriebenen aus dem Osten und Heimkehrern zu Fuß mit Handwagen über die Feldwege ins Durchgangslager Friedland strömten. Die Älteren in den Grenzdörfern auf beiden Seiten der ehemaligen Demarkationslinie können sich noch an die Flüchtlingsströme erinnern, und manch ein schlitzohriger Eichsfelder hat es nach dem Krieg verstanden, aus den Heimkehrern und Flüchtlingen Kapital zu schlagen. Handwagen wurden zu Wucherpreisen vermietet und Übernachtungsplätze zur Verfügung gestellt, deren Preis-Leistungs-Verhältnis auf fatale Weise an die Verhältnisse unmittelbar nach der «Wende» erinnert.

Heute erinnert nichts mehr

daran, daß die Straße von Friedland nach Kirchgandern 40 Jahre lang am britischen Checkpoint endete. Die Ländereien des Baron von Stockhausen, des Eigentümers von Gut Besenhausen, lagen größtenteils jenseits der Grenze und wurden von der LPG Kirchgandern bewirtschaftet. Es läuft ein Restitutionsverfahren, das der alten Adelsfamilie wieder zu ihrem Besitz verhelfen soll. Der unüberwindliche Zaun aus «Streckmetall» und das komplizierte Grenzsicherungssystem sind zwar mittlerweile fast überall restlos abgebaut, und den ehemaligen Grenzverlauf spürt man hauptsächlich daran, daß die Straße plötzlich durch den neuen Asphalt für eine Weile ganz «holperfrei» wird, wenn man in den ehemaligen Sperrbereich hineinfährt. Dabei ist es gerade ein paar Jahre her, daß die Bahn bereits in Arenshausen, fünf Kilometer vor der «Staatsgrenze», für die meisten ihre Endstation hatte und die Lautsprecher verkündeten: «Weiterfahrt nur mit Sondergenehmigung!»

Die Heiligenstädter Leidensprozession

Heiligenstadt wird dominiert von drei prächtigen gotischen, allsonntäglich bis auf den letzten Platz besetzten Kirchen. Am Sonntagvormittag ist es so still in der Stadt, daß die Klänge der Orgel und des frommen Gemeindegesanges die Straßen der Altstadt erfüllen. Ein großes ehemaliges Jesuitenkolleg mit prächtigem barockem Portal, in dem jetzt das Heimatmuseum untergebracht ist, zeugt von der Rolle Heiligenstadts als Zentrum der Gegenreformation. Die Jesuiten spielten bei der Entwicklung des Landstriches eine zentrale Rolle. Von hier aus wurden bereits in den siebziger Jahren des 16. Jahrhunderts die städtischen und dörflichen Gemeinden des Eichsfeldes durch die Truppen der katholischen Allianz rekatholisiert nach dem Motto: «willst du nicht mein Bruder sein, so schlag ich dir den Schädel ein», so daß das Eichsfeld zu einer einzigartigen katholischen Exklave in einem dominant evangelischen Umfeld wurde. So wird seit 1581 alljährlich zum Palmsonntag die Heiligenstädter Leidensprozession veranstaltet. Tausende ziehen dann in einer langen Schlange durch das Zentrum Heiligenstadts, und die großen, bunt bemalten szenischen Figurengruppen des Leidens Jesu drängen sich auf den Schultern der kräftigen Eichsfelder Burschen durch die Menge. Die Heiligenstädter Leidensprozession gilt als die größte ihrer Art in Deutschland und ist nur mit den Figurenumzügen im katholischen Sizilien vergleichbar.

Eine der Hauptattraktionen Heiligenstadts ist das Literaturmuseum Theodor Storm. Bereits am Eingang grüßt eine lebensgroß auf dem Bürgersteig errichtete Bronzefigur des Dichters. Die Leiterin des Museums ist gleichzeitig die Führerin, die gern die wenigen Besucher in die Dauerausstellung zu Leben und Werk Theodor Storms einführt. Lebendig wird das Museum immer, wenn sich die Kinder aus der Umgebung im Märchenraum im ersten Stock treffen und den eingeladenen Märchenerzählern lauschen. Immerhin gehört Heiligenstadt zur Deutschen Märchenstraße, denn die Gebrüder Grimm weilten in der Stadt, um an ihrem Deutschen Wörterbuch zu arbeiten und die Märchen, die man sich in dieser Gegend seit

Frommes Straßentheater: die Heiligenstädter Leidensprozession

alters erzählte, aufzuschreiben. Außerdem verfaßte Theodor Storm hier sein köstliches Kindermärchen «Der kleine Häwelmann». Der Gewölbekeller des Museums ist ideal für gemütliche Lesestunden und literarische Stammtische.

Ein anderer Dichter, auf den die Stadt sich gern beruft, war Heinrich Heine. Dieser ließ sich, nachdem er in Göttingen den Doktortitel der Jurisprudenz erworben hatte, hier in die christliche Kirche aufnehmen und taufen. Sein Aufenthalt in Heiligenstadt war jedoch eher eine folgenlose Anekdote. An den dritten großen Namen, der mit Heiligenstadt in Verbindung gebracht wird, Tilman Riemenschneider, erinnert heute eine umfangreiche Ausstellung von Kopien seiner Werke, die im Heimatmuseum eine dauerhafte Bleibe gefunden haben, nachdem sie vom Mainfränkischen Museum in Würzburg 1991 der Stadt als Dauerleihgabe überantwortet wurden. Ein kleines Schild an der Klausmühle weist darauf hin, daß der größte deutsche Herrgottschnitzer des Mittelalters um 1460 hier das Licht der Welt erblickte, obwohl man weder Ort noch Datum mit Sicherheit belegen kann.

Müntzerstadt Mühlhausen

Die große Zeit der freien Reichsstadt Mühlhausen ist lange vorbei. Im Grunde schon seit Ausgang des

Mittelalters. Die Stadt in der fruchtbaren Unstrutniederung am Rande des Eichsfeldes gilt zwar unter Kennern als das Rothenburg des Nordens, sie hat jedoch schon bessere Zeiten gesehen. Die zwei gotischen Kathedralen Divi Blasii und St. Marien mit ihrem seltenen Reichtum an Bauplastik und Glasmalerei, das schlichte zweigeteilte Rathaus – eine Hälfte gotisch, die andere Renaissance –, die zahlreichen alten Fachwerkhäuser und die Reste der Stadtmauer sind nur deshalb so geschlossen erhalten, weil die bewegteste Epoche in der Geschichte der Stadt mit dem Ende des Bauernaufstandes 1525 vorüber war. Gleich auf den ersten Blick fällt jedoch auf, daß die Luftverschmutzung mit ihren ätzenden Kohlen- und Schwefeldünsten dem äußeren Erscheinungsbild der mittelalterlichen Bausubstanz arg zugesetzt hat. Die Porphyrmaßwerke, die Bauplastik, die kostbaren Glasmalereien und das Mauerwerk lassen teilweise nur noch andeutungsweise ihre frühere Pracht erkennen. Mit einer der bedeutendsten bauplastischen Ensembles Mühlhausens an der Marienkirche hat man die aufwendigen Restaurierungsarbeiten begonnen, die die Stadt auf Jahrzehnte hinaus sehr viel Geld kosten werden. Die Figuren am südlichen Querschiffgiebel der Marienkirche zeigen wahrscheinlich Kaiser Karl IV. und seine Gemahlin sowie Begleiter aus ihrem Gefolge, die überlebensgroß die Huldigung der unter kaiserlichem Schutz stehenden Stadt entgegennehmen. Die vom Altan herunter grüßenden Figuren sind ein Hinweis darauf, daß Mühlhausen einst auf königlichem Grund entstanden war und als freie Reichsstadt immer ihre Unabhängigkeit von den umliegenden Fürstentümern bewahren konnte.

Thomas Müntzer, der aufrührerische Prediger, Opponent Martin Luthers und antiklerikaler Revolutionär, wurde in der DDR stark glorifiziert. Als Prediger an der Marienkirche wurde er für Mühlhausen zu einer zentralen Figur des sechzehnten Jahrhunderts. Das Bauernkriegsmuseum in der Kornmarktkirche ist ein interessantes Beispiel für eine Art von ideologiebildender Geschichtsschreibung, die für die DDR typisch war. Es ist eines der wenigen vollständig erhaltenen Museen, an denen man die DDR-spezifische Museumsdidaktik des dialektischen Materialismus studieren kann. Die Meinungen, ob man ein solches Museum erhalten sollte, gehen erheblich auseinander, aber angesichts der Tatsache, daß nur noch wenige Ausstellungen in der gleichen Form wie vor dem Ende der DDR erhalten sind, sollte man die noch verbliebenen als interessantes und bisweilen kurioses Zeitdokument erhalten.

Die «größte bemalte» Leinwand der Welt

Schon von weitem sieht man auf einer Anhöhe über dem weitläufigen Unstruttal bei Bad Frankenhausen eine mächtig erscheinende Rotunde, eine Art modernen Burgfried. In weitem Bogen nähert man sich dem Gebäude, das von überall her als «Bauernkriegsmuseum» ausgeschildert ist. Bereits einen halben Kilometer abseits, noch nicht in Sichtweite des zylinderförmigen Gebäudes, endet die Autofahrt auf einem großen gebührenpflichtigen Parkplatz. Der Ort in der Landschaft hat etwas Reizvolles, auf der Hochebene des Schlachtbergs am Kyffhäusergebirge, mit weitem Blick übers Tal. Ein heller, mit einheimischen Kalksteinplatten sorgfältig gepflasterter Gehweg schlängelt sich ebenso hell wie der weite Himmel darüber an Feldern und halb verwilderten Streuobstgärten vorbei vom Parkplatz zum Denkmal. Die entgegenkommenden Ausflügler haben jenen leicht abwesenden Ausdruck in den Augen, den man bei Kinogängern nach einem Monumentalfilm mit Überlänge beobachten kann. Im Foyer des Bauernkriegspanoramas geht es denn auch fast so zu wie im Kino. Zehn Mark Eintritt eröffnen dem Zuschauer Zugang zu einem breiten Treppenaufgang, der hinauf in die halbdunkle Rotunde mit dem Monumentalwerk des ehemaligen Vorzeigemalers der DDR, Werner Tübke, führt.

Der Leipziger Akademieprofessor Tübke, einst einer der auserwählten DDR-Maler auf der Documenta, ließ eine Schar seiner Studenten sechs Jahre lang seine Entwürfe planquadratweise unter Zuhilfenahme von Projektoren auf die Leinwandrotunde übertragen. Was dabei herauskam, ist ein überwältigendes Rundbild im Stil der Panoramenmalerei des neunzehnten Jahrhunderts, dramatisch ins Halbdunkel der Atmosphäre eines Planetariums gedimmt, in einer schlecht belüfteten, finsteren Tonne, die wie das gesamte Bauwerk etwas Beklemmendes hat. Die voluminösen Betonwände des labyrinthisch verschachtelten Gebäudes, das ein Höhepunkt der kulturellen Selbstdarstellung des real existierenden Sozialismus sein sollte, verleihen den Innenräumen – dem Museumscafé, den «Konferenzräumen» im ersten Stock sowie den engen Wendeltreppen des Seitengebäudes – bestenfalls den Charme eines luxuriös ausgestatteten Atombunkers.

Kurz vor dem Ende der DDR, im Mai 1989, konnte die Walhalla des historischen Materialismus im Arbeiter- und Bauernstaat eingeweiht werden. Die Besucherströme der ersten Monate sind mittlerweile verebbt, die dicht gedrängt sitzenden, staunenden Betrachter auf den kunstledernen Sitzpolstern in dem theatralisch beleuchteten Zylinder beginnen sich zu lichten. Wenn sich die Augen erst einmal an die Dunkelheit gewöhnt haben, kann man einen ausgedehnten, phantastischen Spaziergang durch die illusionistische Allegorienlandschaft des Panoramas unternehmen. Eine mißglückte Verkündigung (der vom

Auf Wanderschaft durch das mittelalterliche Mühlhausen

Engel Aufgesuchte hält sich die Ohren zu), Thomas Müntzer inmitten einer wüst übereinandergeschichteten Schlachtenszene, ein Tanz unter dem Galgen, Hunderte beziehungslos aneinandergereihte Motive, Bosch und Breughel lassen grüßen. Selbst Golo Manns Loblied auf die «Zaubermacht der Kunst» angesichts Professor Werner Tübkes gigantischer Figurentrommel auf dem Schlachtberg bei Bad Frankenhausen kann nicht über die allgemeine Ratlosigkeit beim Anblick des manieristischen Zitatengewimmels auf dem Leinwandrund hinwegtrösten. Auch der Gymnasiallehrer, der mit kräftiger Stimme den schalltoten Raum des stickigen Zylinders mit seinen Erläuterungen zu füllen versucht, verbreitet eine Dreiviertelstunde lang mehr oder weniger hilflose Entschlüsselungs- und Interpretationsversuche. Wohin das Auge auch fällt: gewichtige Gesten, Figurencluster, perspektivische Brüche und Allegorien zuhauf. Wer es länger als ein paar Stunden aushält, mag entdecken, daß es sich auch hier um nichts anderes als eine weitere – wenn auch ungemein artistisch-überhöhte – Darstellung des historischen Kampfes der fortschrittlichen humanistischen Kräfte gegen die Unterdrücker und Verführer des Volkes in Form von Thron und Altar handelt; eine definitive Würdigung und schlüssige Interpretation des figurativen Riesenwerkes jedoch wird – falls sie jemals zustande kommen sollte – gewiß noch einige Zeit auf sich warten lassen. Besucher, die angesichts eines Kunstwerkes gern zuerst fragen, wie lange der Maler dafür gebraucht hat, kommen hier voll auf ihre Kosten. Das Panorama starrt vor Superlativen.

Tritt man aus dem Dunkel des rätselhaften Kunstwerks wieder ans Tageslicht, wird man geblendet von dem weiten, hellen Himmel über dem fruchtbaren Tal der Unstrut, und der Blick fällt in der Ferne auf die Höhenzüge von Hainleite, Schmücke und Hoher Schrecke. Spätestens bei diesem Blick über die fernen Hügel wird sich jedoch die bedrückende, nachhaltige Ausdruckskraft des gigantischen Rundbildes beweisen. Man meint förmlich sehen zu können, wie die Schlachtformationen des kaiserlichen Heeres auf den ungeschützten Hochebenen dem Bauernaufstand im Mai 1525, der ja das Leitmotiv dieses Allround-Kunstwerks sein soll, ein blutiges Ende bereiteten. Die Bilderrotunde wird zur Zeitmaschine und die Visionen des Malers zum Vehikel der Phantasie, um eine geschichtliche Tiefenstruktur zu erahnen, die im Grunde ebenso unbegreiflich und komplex ist wie das luminose Leinwandrund im ehrfurchtheischenden Halbdunkel.

Heute ist die Rotunde und ihr Vorplatz mit seiner schönen Aussicht zur Begegnungsstätte nachdenklicher Wessis mit verunsicherten DDR-Bürgern geworden, die noch nicht ganz sicher sind, ob die Art und Weise, wie sie gesellschaftliche und historische Zusammenhänge zu beurteilen gelernt haben, tatsächlich auf den Müllhaufen der Geschichte gehört. Wer mittwochs nachmittags kommt, kann sich darüber hinaus noch die zehn Mark Eintritt ersparen, denn dies ist der Nachmittag, an dem die «Einheimischen» geladen sind, das Monument gratis zu bewundern.

Dunkle Höhlen: Kyffhäuser

Nur ein paar Autominuten vom Schlachtberg entfernt steht an der Stelle der ehemaligen Burg Kyffhausen das Kyffhäuserdenkmal. Die alte Burg, deren Ruine in die Anlage des kolossalen Nationaldenkmals integriert ist, hatte ihre große Zeit mit dem Ausbau durch Friedrich Barbarossa Mitte des zwölften Jahrhunderts bereits überschritten. Schon im fünfzehnten Jahrhundert war die Festung nur noch eine Ruine, und um das alte Gemäuer begannen sich jene Sagen vom goldenen Zeitalter unter Deutschlands Ur-Kaiser zu ranken, die von dessen wilhelminischen Epigonen zur Aufrechterhaltung ihres Machtapparates ausgeschlachtet wurden. Das Denkmal ist eines von zahlreichen Nationaldenkmälern, die im neunzehnten Jahrhundert in Deutschland errichtet wurden; die «Walhalla» bei Regensburg, das Hermannsdenkmal im Teutoburger Wald, das Niederwalddenkmal bei Rüdesheim, das Deutsche Eck in Koblenz und das Völkerschlachtdenkmal in Leipzig, letzteres – erst 1913 – ebenfalls von Bruno Schmitz, dem Architekten des Kyffhäuserdenkmals, errichtet. Die Denkmäler sind Ausdruck eines monarchistischen Nationalgefühls, das eine ganze Epoche prägte und ganz besonders im Mythos von Barbarossa, der angeblich tief im Berg seiner eigenen Wiederauferstehung sowie der des Deutschen Reichs harrt, seinen Ausdruck findet. «Sein Bart ist nicht von Flachse / Er ist von Feuersglut / Ist durch den Tisch gewachsen, / Worauf sein Kinn ausruht», so heißt es in dem Gedicht «Barbarossa» von Friedrich Rückert, das Generationen von Gymnasiasten auswendig dahersagen mußten. Wem der Mythos in der Phantasie nicht reicht, der kann sich in die kühlen Kreidehöhlen im benachbarten «Barbarossahöhlen»-Garten begeben und sich dort in dunkler Tiefe persönlich in den harten Thron vor jenen «marmelsteinernen» Tisch fläzen, in welchem – nachdem die Besucherscharen abgezogen sind – der Geist des Rotbarts wieder Platz nimmt. Wenngleich es Johann Wolfgang Goethe im Mai 1776 noch gelang, die Ruine unter rein ästhetischen Gesichtpunkten zu betrachten und eine Reihe von Zeichnungen der verfallenen Kapelle und der reizvollen Umgebung anzufertigen, führte offenbar siebzig Jahre später kein Weg mehr am nationalen Pathos des Ortes vorbei. Heinrich Heine war schon 1844 die Lust an dem monarchistischen Gedusel vergangen, als er auf seiner Rundreise durch Deutschlands Nationalheiligtümer in «Deutschland – ein Wintermärchen» dichtete: «‹Herr Rotbart› – rief ich laut – ‹du bist / Ein altes Fabelwesen, / Geh, leg' dich schlafen, wir werden uns / Auch ohne dich erlösen.›» Und über die Burschenschaften, die bereits unter der schwarzrotgoldenen Fahne 1810 in Frankenhausen am Fuße des Kyffhäusers ein patriotisches Musikfest gefeiert hatten, hatte er auch wenig Rühmliches zu berichten: «Auch deine Fahne gefällt mir nicht mehr, / Die altdeutschen Narren verdarben / Mir schon in der Burschenschaft die Lust / An den schwarzrotgoldenen Fahnen.» Die DDR mit ihrer Vorliebe für Monumentales verstand es trotz allem, das nationale Denkmal für sich zu reklamieren, ließ den sozialistischen Haus- und Hofdichter Johannes R. Becher einen feierlichen Hymnus auf die klassenkämpferische Seite der Nationalgeschichte dichten und machte sich nichts draus, in einer Reihe mit den historistischen Ideologen der Kaiserzeit zu stehen. Mittlerweile ist auch um diese «Immobilie» ein Streit entbrannt, denn die rückwärtsgerichteten Soldaten- und Traditionsvereine bundesdeutscher Couleur, die sich als Erben des Kyffhäusers verstehen, meldeten territoriale Ansprüche auf ihren Kultplatz an, von dem sie zwischenzeitlich auch schon wieder regen Gebrauch machen. Fahnenschwenkende Aufmärsche von lokalpatriotischen Vaterlandsvereinen gehören mittlerweile wieder zum gewohnten Bild unter dem Kyffhäuserdenkmal. Zur Freude der einheimischen Bevölkerung trägt dies jedenfalls wenig bei. Die hat vom Fahnenschwenken vorerst genug.

Service

Gieboldehausen
Bad Sachsa
Ellrich
Harz
Harzgerode
Stolberg
Ilfeld
Göttingen
Niedersachswerfen
Wolfsberg
Duderstadt
Bischofferode
Nordhausen
Bielen
Sangerhausen
Holungen
Werther
Roßla
Ohmgebirge
535 m
Bleicherode
Helme
Kelbra
Worbis
Kyffhäuser
477 m
Friedland
Leinefelde
Breitenworbis
Großlohra
Sondershausen
Uder
Heiligenstadt
Niederorschel
Artern
Werleshausen
Hainleite
Bad
Frankenhausen
Possen
Wipper
Dingelstädt
Keula
Heldrunge
Ebeleben
Küllstedt
Kindelbrück
Bad Sooden-
Allendorf
Schlotheim
Eigenrieden
Mühlhausen
Greußen
Eschwege
Werra
Oberdorla
Weißensee
Bad
Tennstedt
Kölle
Großengottern
Straußfurt
Sömmerda
Treffurt
Bad
Langensalza
Herbsleben
Gebesee
Schönstedt
Schloßvippach
Mihla
Buttelste
Gräfentonna
Andisleben
Walschleben
Sontra
Berlstedt
Creuzburg
Elxleben
Stotternheim
Behringen
Herleshausen
Goldbach
Wei
Nesse
Bindersleben
Pferdingsleben
Vieselbach
Gerstungen
Eisenach
Teutleben
Gotha
Erfurt
Obersuhl
Ruhla
Wilhelmsthal
Thal
Bad Berka
Marksuhl
Waltershausen
Winterstein
Friedrichroda
Blanken
Dorndorf
Kranichfeld
Bad
Salzungen
Brotterode
Arnstadt
Großer
Inselsberg
916 m
Vacha
Ohrdruf
Ilm
Stadtlengsfeld
Bad
Liebenstein
Pappenheim
Tambach-
Dietharz
Gera
Breitungen
Stadtilm
Großkochbe
Seligenthal
Wernshausen
Thüringer Wald
Geisa
Dermbach
Gräfinau-
Angstedt
Rudolstad
Oberhof
Schmalkalden
Ilmenau
Bad
Blankenb
Steinbach-
Hallenberg
Wasungen
Königsee
Großer
Beerberg
982 m
Tann
Zella-Mehlis
Gehren
Schwarzbur
Kaltennordheim
Stützerbach
Benshausen
Walldorf
Suhl
Schmiedefeld
Groß-
breitenbach
Oberweißbach
Herpf
Meiningen
Rohr
Katzhütte
Wasserkuppe
950 m
Gräfentha
Rhön
Schleusingen
Schönbrunn
Neuhaus a. R.
Themar
Gersfeld
Bibra
Lauscha
Schwarza
Schiefer-
Gebirge
Kleiner
Gleichberg
642 m
Hildburghausen
Mellrichstadt
Eisfeld
Steinach
Bischofsheim
Römhild
Wildflecken
Schalkau
Simmershausen
Rodach
Sonneberg
Kreuzberg
928 m
Neustadt
Bad
Neustadt
Neuhaus-
Schierschnitz
Bad
Königshofen
Burkardroth
Heldburg
Rödental
Münnerstadt
Coburg
Mitwitz
Bad
Kissingen
Kronach
Oberthulba
Stadtlauringen

THÜRINGEN
Eisleben
Halle Neustadt
Halle
Saale
Röblingen a. S.
Schafstädt
Bad Lauchstädt
Querfurt
Barnstädt
Merseburg
Schkeuditz
Wurzen
Leipzig
Trebsen
Mücheln
Bad Dürrenberg
Markranstädt
Markkleeberg
Grimma
Unstrut
Lützen
Zwenkau
Laucha
Freyburg
Weißenfels
Bad Bibra
Böhlen
Bad Kösen
Naumburg
Großgrimma
Bad Lausick
Eckartsberga
Borna
Colditz
Bad Sulza
Camburg
Geithain
Zeitz
Meuselwitz
Apolda
Kohren-Sahlis
Weiße Elster
Pleiße
Dornburg
Kayna
Altenburg
Langenleuba-Oberhain
Jena
Eisenberg
Bad Köstritz
Großenstein
Schmölln
Gößnitz
Waldenburg
Limbach-Oberfrohna
Hermsdorf
Kraftsdorf
Ponitz
Meerane
Stadtroda
Ronneburg
Chemnitz
Münchenbernsdorf
Gera
Crimmitschau
Glauchau
Kahla
Langenhessen
Mosel
Weida
Neustadt
Hohenleuben
Berga
Werdau
Lugau
Triptis
Auma
Pößneck
Zwickau
Triebes
Ranis
Greiz
Zeulenroda
Kaulsdorf
Hohenwartetalsperre
Ziegenrück
Reichenbach
Schneeberg
Aue
Schleiz
Pausa
Rothenkirchen
Remptendorf
Syrau
Auerbach
Schönheide
Plauen
Saalburg
Bleilochtalsperre
Eibenstock
Lehesten
Tanna
Wurzbach
Kürbitz
Falkenstein
Gefell
Moorbad Lobenstein
Grünbach
Fichtelberg 1214 m
Oelsnitz
Tannenbergsthal
Keilberg 1244 m
Hirschberg
Bad Steben
Schöneck
Klingenthal
Erzgebirge
Geroldsgrün
Naila
Adorf
Markneukirchen
Tschechische Republik
Hof
Kraslice
Wallenfels
Konradsreuth
N
Helmbrechts
Rehau
0
25
50 km
Döbraberg 795 m
Münchberg
Schwarzenbach
4
9
72

Reiseplanung

Vorbereiten

Informationsquellen

Thüringen ist die Landschaft mit der größten kulturellen Dichte in Deutschland. Zwischen den stillen Wipfeln des Thüringer Waldes und den weitläufigen Agrarsteppen des Thüringer Beckens, aber besonders inmitten wüster Stadtszenarien aus Baustellen, Ruinen, stillgelegten Industrieanlagen und eilfertig errichteten Zweckprovisorien trifft man auf zahlreiche Orte, an denen Vergangenheit lebendig gehalten und transparent gemacht wird. Viele dieser Orte liegen im Verborgenen, kein Reiseführer weist auf sie hin, und nur der Kontakt mit einem Thüringer, der sich in Geschichte und Volkskunde seines Landes auskennt, kann den Besucher auf ihre reizvollsten Seiten aufmerksam machen. Nicht nur die zahlreichen Vorzeigemuseen und Gedenkstätten, die auch im postsozialistischen Thüringen gut ausgestattete Traditionspflege betreiben, sondern ebenso viele kleine und kleinste museale und kulturelle Einrichtungen führen – zumeist erfreulich unbeschadet – in der «neuen Zeit» ihre Arbeit weiter. Einige neue – wie das Literatenkabinett für die in der DDR verpönte Autorin bürgerlicher Romanzen Eugenie John (Marlitt) in Arnstadt – sind hinzugekommen. Andere sind leider sehr schnell von der Bildfläche verschwunden: besonders die zahlreichen Gedenkstätten zur Geschichte der Arbeiterbewegung. Der **Museumsverband Thüringen** (Greizer Straße 37, 07545 Gera) hat einen kompletten Führer durch alle ihm angeschlossenen 147 Museen (es gibt jedoch noch einige mehr) in Thüringen herausgegeben, der bei vielen Museen an der Kasse erhältlich ist (DM 29,–). Jedes Museum stellt sich in diesem Führer, «Museen in Thüringen», auf ein paar Seiten selbst vor.

Der **Thüringer Landesfremdenverkehrsverband**, Stauffenbergallee 18, 99005 Erfurt, Tel. 0361/602234, Fax 646-1475, gibt eine Reihe sehr brauchbarer kostenloser Broschüren (Versandkosten in Briefmarken beilegen) über verschiedene Themen heraus: «Radwandern durch Thüringen» – mehrere Streckenvorschläge auf wenig befahrenen Straßen kreuz und quer durch Thüringen, «Auf den Spuren von Lucas Cranach» und «Johann Sebastian Bach aus Thüringen» – ausgezeichnete Reisevorschläge, die man gut auf eigene Faust unternehmen kann. Außerdem liefert der Landesfremdenverkehrsverband einen Veranstaltungsplan für ganz Thüringen. Wenn im Herbst die Hauptsaison für Kunst, Kultur und Konzerte im Rahmen des «Thüringer Herbstes» eingeläutet wird, informiert das **Thüringer Ministerium für Wirtschaft und Verkehr**, Aufbaustab Tourismus, Haarbergstraße 61, 99097 Erfurt, Tel. 0361/4278503, Fax 4278600. Das Wirtschaftsministerium hält Interessenten auch auf dem lau-

fenden, wenn es um des Ministers Lieblingskind, die Klassikerstraße, geht. Fast jede Stadt in Thüringen verfügt über ihr eigenes **Fremdenverkehrsamt** (eine Auswahl siehe: Regionale Tips). Die örtlichen Fremdenverkehrsämter sind vorzügliche Ansprechpartner für Einzelreisende wie für Gruppen. Neben der Vermittlung von Privatquartieren – oft der besten Art unterzukommen – besorgen sie Karten für Veranstaltungen, halten Informationen über Museen und Sehenswürdigkeiten bereit, veranstalten Stadtführungen und verfügen über eine Fülle heimatkundlicher Broschüren und aktueller Informationen. Die Damen und Herren von den Städte-Informationen und von den lokalen Fremdenverkehrsämtern sind in der Regel nicht nur kompetent und auskunftsfreudig, sondern überdies auch meistens noch freundlich und gut gelaunt.
Die Literatur über Thüringen wächst mit atemraubendem Tempo. Die Regale sind voll mit Wanderführern, Bildbänden, Reisehandbüchern und historischen Abhandlungen. «Goethes Spuren» sind beinahe omnipräsent. Selbst den Reiseseiten der Tageszeitung entgeht kein Detail über die Entwicklung des Thüringer Fremdenverkehrs, besonders wenn es um die Klassikerstraße und den Thüringer Herbst geht. Die beste Informationsquelle auf der Reise durch Thüringen ist und bleibt jedoch das persönliche Gespräch. Die Thüringer sind Menschen, die sich ihre Muße bewahrt haben. Leicht gerät man in eine Plauderei, in der die Zeit stehenbleibt und den Dingen auf den Grund gegangen wird.

Reisezeit

Die beste Reisezeit für die Städte entlang der Magistrale ist die Zeit außerhalb der Saison, im Frühling, Spätsommer oder Herbst. Zwischen Pfingsten und Ende August treten sich – besonders an Wochenenden – die Touristen in den Metropolen, allen voran Weimar, gegenseitig auf die Füße, und das Gespräch, welches einen Thüringenbesuch immer wieder zu etwas Besonderem macht, ist in der Masse überhaupt nicht möglich. Anders im Thüringer Wald. Hier kann man auf schattigen Waldwegen im Hochsommer herrlich wandern, über hundert Stauseen laden zum Baden ein, und neben der sommerlichen und herbstlichen Wander- und Radfahrsaison gibt es noch eine in den Höhenlagen schneesichere Wintersaison, die häufig bis Anfang März reicht. In den Gebieten um Oberhof, Masserberg, Ernstthal, Lauscha und Neuhaus gibt es eine sehr aktive Wintersportszene. 32 Schlepplifte und zwei Seilbahnen (Oberhof und Oberweißbach) locken zur Abfahrt. Die sportliche Infrastruktur ist wegen der langen Wintersporttradition, die auch in der DDR vorbildlich gepflegt wurde, recht gut. Immerhin gibt es insgesamt rund um den Rennsteig über fünfhundert Kilometer ausgewiesene Langlaufloipen, einige davon sogar unter Flutlicht. Der Naturschutz steht jedoch mittlerweile im Thüringer Wald im Vordergrund, so daß keine neuen Pisten mehr geplant werden. Statt dessen kümmert man sich um die Erhaltung und Renovierung der bestehenden Infrastruktur. Über die aktuellen Schneeverhältnisse informiert das Thüringer Schneetelefon: 036874/581.

Anreise / Herumkommen

Die noch unter dem ehemaligen Verkehrsminister Krause entwickelten öffentlichen Verkehrsprojekte «Deutsche Einheit» (ICE-Trasse durch den Thüringer Wald) treffen in der Planungsphase auf erhebliche Widerstände nicht nur wegen Bedenken der Naturschützer, sondern auch von seiten der thüringischen Städte, die fern von den Metropolen Berlin und München um ihren Anschluß an das Fernbahnnetz kämpfen müssen. Also ist man leider häufig auf das Automobil angewiesen. Jedoch gibt es in Thüringen ein relativ dichtes Bahn- und Nahverkehrssystem, auf das man, wenn man etwas mehr Zeit hat, unbedingt zurückgreifen sollte. Bisher ist die neue Zeit glücklicherweise ohne nennenswerte Streckenstillegungen in Thüringen eingekehrt, wenn auch mit der Pensionierung des letzten

Streckenläufers der Bahnmeisterei Meiningen 1994 ein Stück Eisenbahnromantik dahingegangen ist. Neubaustrecken im Eichsfeld und entlang der Achse Eisenach–Dresden verkürzen die Fahrzeiten. Da die Straßen, allen voran die Autobahn A 4 zwischen Eisenach und dem Hermsdorfer Kreuz, häufig ziemlich überlastet sind, empfiehlt sich ohnehin die Deutsche Bahn. In Erfurt halten die ECs Paris–Leipzig und Paris–Dresden sowie die ICs Frankfurt/Main Dresden und Saarbrücken–Leipzig. (Für spezielle Eisenbahnleckerbissen siehe den Abschnitt *Ausflüge* unter **Arnstadt** und *Sehen und Erleben* unter **Nordhausen**.) Wenn man erst einmal in Thüringen ist, wird die Bahnfahrt zum Erlebnis. Die kleinen Nebenstrecken durch den Thüringer Wald führen durch die reizvollsten Landschaften, und während sich die Automobilisten in ihren überhitzten Blechkisten vor dem unbeschrankten Bahnübergang stauen, fährt man in gemächlichem Tempo steile Berge hinauf, über blumenübersäte Wiesen, durch alte Mischwälder und entlang glitzernder Wildbäche von einem winzigen Bahnhof zum nächsten, und das für ein paar Mark. Wandern und Bahnfahren sind in Thüringen die elegantesten und erlebnisreichsten Fortbewegungsarten. Schließlich bleibt als Fortbewegungsmittel noch der Pferdewagen, der in den letzten Jahren ein kleines Revival zu verzeichnen hat. In Erfurt und Weimar werden regelmäßige Fiakerrundfahrten angeboten, und auch in nahezu allen anderen Kreisstädten Thüringens finden sich Kutschleute, die nach Vorbestellung ihre Pferde anspannen. Die örtlichen Fremdenverkehrsämter helfen bei solchem Anliegen mit Rat, Tat und Adressen.
Wer von weit her anreist, kann dies auch mit dem Flugzeug tun. Der internationale Flughafen Erfurt ist zwar hauptsächlich ein Charterflughafen für urlaubshungrige Thüringer, aber es gibt auch einige Linienflüge aus München / Nürnberg, Berlin-Tempelhof, Köln, Dortmund, Mönchengladbach und Essen-Mülheim.
Und schließlich zählt auch das Fahrrad zu den Verkehrsmitteln. Radwege gibt es zwar in Thüringen kaum, ein Radwegenetz ist allmählich im Entstehen (siehe **Meiningen**, *Ausflüge*), unter anderem ein Radwanderweg entlang der Leine und entlang der Werra. Jedoch gibt es reichlich abgelegene Nebenstraßen, die für Radreisende bestens geeignet sind. Die Kombination Bahn/Rad ist ideal, weil man im Thüringer Wald für Steigungen leicht ein paar Stationen mit der Bahn fahren kann. Als elegante Kombination empfiehlt sich das City-Hopping zwischen den Städten entlang der Magistrale mit Bahn und Fahrrad.

Übernachten/Hotels

Seit einigen Jahren erleben die Thüringer Städte einen Bauboom, besonders in der Hotelbranche. Das Angebot an teuren und sehr teuren **Hotels** ist in Thüringen groß. Nicht ganz so gut bestellt ist es mit preiswerten Hotels und Gasthäusern. Dafür gibt es jedoch reichlich Privatunterkünfte. Alle lokalen Fremdenverkehrsämter und Städte-Informationen vermitteln preiswerte **Privatzimmer**. Das Netz der Jugendherbergen ist relativ dicht – es gibt an die vierzig Jugendherbergen in Thüringen –, aber der Standard läßt teilweise noch zu wünschen übrig. (Das Deutsche **Jugendherbergswerk Landesverband Thüringen**, Postfach 523, 99406 Weimar, gibt für eine Mark ein Verzeichnis der dem Verband angeschlossenen Thüringer Jugendherbergen heraus.) Über die Thüringer Campingplätze informiert der **Verband der Campingplatzhalter in Thüringen**, Stausee Hohenfelden, Tel./Fax 036450/2242.

Lesen

Reiseführer

Ein Problem mit Reiseführern war es in den vergangenen Jahren, daß sie innerhalb weniger Monate schon wieder veraltet waren. Bücher, die sich auf die historischen Stätten konzentrieren, haben zwar Bestand, aber bei den allgemeinen Reiseführern wäre eigentlich eine halbjährliche Aktualisierung notwendig. Die ausführlichsten Hinweise findet man häufig in älteren, heute leider entweder vergriffenen oder wegen Abwicklung der Verlage nicht mehr lieferbaren Titeln. Ein Weg ins Antiquariat kann lohnender sein als der Griff zu Hochgplanzprodukten, die häufig nur allzu schnell zusammengestellt wurden, um die Regale zu füllen.

Handbuch der historischen Stätten Deutschlands: Thüringen. Kröner Verlag. Der komplette Führer zu den Relikten der thüringischen Vergangenheit. Standardwerk für Kunsthistoriker und Liebhaber historischer Details, nach Orten geordnet, mit ausführlichen historischen Artikeln zu sämtlichen Orten in Thüringen im Taschenformat. Für alle, die es ganz genau wissen wollen.

Die grünen Führer, vom Justus Perthes Verlag Gotha, eine Reihe preiswerter kleiner grüner Hefte, die kompetent Städte, Landschaften und Wanderungen durch Thüringen vorstellen und über das Eisenbahnnetz informieren.

Ingrid und Lothar Burghoff: *Reisen zu Schiller*. VEB Tourist Verlag. Literarischer, historisch dialektischer Führer zu den Wirkungsstätten des Dichters. Jenseits von gut und böse.

Thüringer Wald, VEB Tourist Verlag. Ausführliche Beschreibung der Orte, Routen und Landschaften im Thüringer Wald mit exzellenten Wandervorschlägen. Die «praktischen Hinweise» haben jedoch nur noch nostalgischen Wert.

Anne und Jochen Wiesigel: *Die schönsten Schlösser Thüringens*, 1991. Anne und Jochen Wiesigel, *Streifzüge durch Thüringen. Auf den Spuren berühmter Persönlichkeiten*, Echter 1991. Kenntnisreiche Führung durch Orte und Persönlichkeiten der thüringischen Geschichte.

Ernst-Otto Luthardt: *Burgen und Schlösser in Thüringen* und: *Gärten und Parks in Thüringen*, Süddeutscher Verlag, 1992. Reich bebilderte, sachkompetente Bände über die wertvollsten Schätze des Landes.

Lutz Gebhard, *Fahrradführer Thüringer Wald und Umgebung*, Moby Dick, 1992

Literarische Führer

Thüringen ist ein literarisches Reiseland. Daher liegt ein literarischer Reiseführer auf der Hand:

Kleine Bettlektüre für lebenskluge Thüringer – Literarische Leckerbissen, ausgewählt von Hilde D. Kathrein. Scherz Verlag 1991. Kleine Sammlung kurzer Texte von Wolfram von Eschenbach bis Thomas Mann.

Uwe Grüning, Hartwig Schultz, Hein Härtl: *Befreundet mit diesem romantischen Tal. Beiträge zum Romantikerkreis in Jena*. Fremdenverkehrsamt, Jena-Werbung 1993. Das aufregende gesellschaftliche und poetische Experiment des ausgehenden achtzehnten Jahrhunderts, das nichts von seiner Aktualität eingebüßt hat, essayistisch und chronistisch aufbereitet.

Paul Raabe: *Spaziergänge durch Goethes Weimar*, Arche 1993. Die menschliche Seite des Dichters transparent gemacht.

Klaus Steinhausen (Hg.): *Über Allen Gipfeln ist Ruh – Literarische Streifzüge durch Thüringen*. Mitteldeutscher Verlag 1990

Mein Thüringen – Impressionen und Erinnerungen, Greifenverlag 1992. Ein Lesebuch mit kritischen und romantischen Beiträgen über Thüringen von Einheimischen und Exil-Thüringern. Ein Muß zur Beschäftigung mit der jüngeren Vergangenheit: der Beitrag des Jenaer Schriftstellers Lutz Rathenow.

Wolfram Schlothauer: *...nicht nur auf Goethes Spuren – Ein literarischer Führer durch Thüringen*, 1990

Georg Menchén: *Romantische Reise durch Thüringen*, Brockhaus Leipzig 1985. Was Dichter, Reisende und Volkskundler und Reiseschriftsteller vom achtzehnten bis ins zwanzigste Jahrhundert über ihre Begegnungen, Eindrücke und Beobachtungen in ganz Thüringen zu berichten hatten.

Palmbaum – Literarisches Journal aus Thüringen, erscheint vierteljährlich, Abo: Hain Verlag, Markt 10, Postfach 77, 07392 Rudolstadt, Tel./Fax 03672/412139. Lesestoff nicht nur über die Region, eine gebildete Mischung aus Prosa, Lyrik, Buchkritiken und kleinen Artikeln über Phänomene des thüringischen Kosmos, wie die «Litera-Tour durch Thüringen».

Sachbücher

Michael Beleites: *Pechblende – Der Uranbergbau in der DDR und seine Folgen.* Herausgegeben vom Kirchlichen Forschungsheim Wittenberg und dem Arbeitskreis «Ärzte für den Frieden» Berlin, 1988.

Michael Beleites: *Altlast Wismut – Ausnahmezustand, Umweltkatastrophe und das Sanierungsproblem im deutschen Uranbergbau.* Brandes & Apsel, Frankfurt/Main 1992. «Altlast Wismut» ist eine überarbeitete und erweiterte Neufassung der «Pechblende». An den Fakten, die der Autor gründlich erläutert, kommt auch heute niemand vorbei. Ein heißes Thema mit kühlem Kopf behandelt.

Kurt R. Eissler: *Goethe – Eine psychoanalytische Studie.* 2 Bände. Stroemfeld/Roter Stern 1986.

Nachschlagewerke, Geschichtliches

Weimar – Lexikon zur Stadtgeschichte. Herausgegeben von Gitta Günther, Wolfram Huschke und Walter Steiner, Verlag Hermann Böhlaus Nachfolger, Weimar 1993. Kleine Enzyklopädie über Weimars Namen, Orte, Ereignisse. Kenntnisreich und trocken.

Effi Biedrzynski: *Goethes Weimar* – Das Lexikon der Personen und Schauplätze. Artemis & Winkler, Zürich 1992. Eine köstliche Sammlung einfühlsam erzählter, sehr intimer Biographien, eine wahre Fundgrube fur Liebhaber des klassischen Weimar.

Hessisch-Thüringische Brandversicherungsanstalt Kassel–Erfurt, Sparkassen-Kulturstiftung Hessen–Thüringen (Hg.): *Gestalt und Funktion – Kunsthandwerk in Thüringen*, Erfurt/Kassel 1993. Alle wichtigen thüringischen Kunsthandwerker in den Bereichen Keramik, Glas, Schmuck, Metall, Textil und Holz werden in diesem sorgfältig zusammengestellten, aktuellen Führer vorgestellt.

Reinhard Jonscher: *Kleine thüringische Geschichte. Vom Thüringer Reich bis 1945.* Jenzig Verlag, Jena 1993. Kompakte Einführung in anderthalbtausend Jahre Geschichte der Region.

Hansgeorg Stengel: *Thüringen heiter betrachtet*, Tomus 1993. Thüringer Kuriosa von A–Z.

Ludwig Bechstein: *Unterwegs im Reisewagen.* Bilder aus Thüringen. Greifenverlag 1989

Erzähltes

Brachvogel: *Das Rätsel von Hildburghausen.* War die geheimnisvolle verschleierte Dame in Hildburghausen Marie Antoinettes Tochter?

Gustav Freytag: *Das Nest der Zaunkönige.* Historischer Roman über die thüringische Kleinstaaterei am Beispiel der Grafen von Gleichen auf der Mühlburg im 11. Jahrhundert.

Ernst-Otto Luthard: *Ins Land der heiligen Elisabeth… Lese- und Reisewege zu einer großen Frau.* Bamberg 1993. Sagen und Legenden aus Thüringen, humorvoll und kenntnisreich zusammengestellt, mit vielen interessanten Tips für typisch thüringisch geschichtsbefrachtete Lokalitäten.

Roger Nastoll: *Wanderimpressionen aus Nordthüringen.* Greifenverlag, Rudolstadt 1979. Niemals wieder werden wir Gelegenheit haben, wie Nastoll durch das Grenzgebiet unweit der «Staatsgrenze der DDR» zu wandern. Ein stimmungsvoll geschriebenes Zeitdokument, trotz seiner versteckten Spitzen gegen den «Arbeiter- und Bauernstaat» vom Neuen Deutschland hochgelobt.

Sagen aus Thüringen. Herausgegeben von Paul Quensel. Rowohlt Taschenbuch Verlag 1993

Regionale Tips

Die Städte

Eisenach

Vorwahl

03691

Informationen

Fremdenverkehrsamt Eisenach-Information, Bahnhofstraße 3–5, 99817 Eisenach, Mo 10–18 Uhr, Di–Fr 9–18 Uhr, Sa 10–14 Uhr, Tel. 6904-0; Fax 76161. Führungen für Gruppen zu verschiedenen Themen.

Verkehrsmittel

Fahrrad am Bahnhof, Bahnhofstraße 35, Tel. 559343

Übernachten

Wartburghotel, Auf der Wartburg, Tel. 5111. Wer unbedingt auf dem Burgberg nächtigen will, kann dies im Burghotel tun. Einige Wochenenden sind jedoch schon im Oktober für den nächsten Sommer ausgebucht. Unter der Woche empfiehlt es sich, drei bis vier Wochen vorher zu reservieren. Sehr teuer.

Hotel Fürstenhof, Luisenstraße 11–13, Tel. 7780, Fax 203682. Das große alte Kurhaus, in dem der hüstelnde Hochadel zu Anfang des Jahrhunderts in vornehmer Gesellschaft seine Wehwehchen auskurieren konnte, akzeptiert heute alle Kreditkarten und hat Fax auf jedem Zimmer. Teuer.

Hotel Kaiserhof, Wartburgallee 2, Tel. 213513, Fax 203653. Vornehmes Stadthotel mit großer Tradition und gutem Service direkt im Zentrum. Mäßig teuer.

Sophienhotel, Sophienstraße 41, Tel. 2510, Fax 25111. Hotelneubau in der Mitte Eisenachs. Mäßig teuer.

Hotel garni Villa Karoline, Mariental 26, 99817 Eisenach, Tel./Fax 732884. Alte Villa am Fuße der Wartburg. Erschwinglich.

Pension Klostergarten, Am Klosterholz 23, Tel. 625166, Fax 625148. Freundliche große Pension, guter Ausgangspunkt für eine dreiviertelstündige Wanderung zur Wartburg. Erschwinglich.

Jugendherberge, Mariental 24, Tel. 3613

Jugendherberge, Bornstraße 7, Tel. 732012

Wanderherberge Rennsteig, Aue 2, 99843 Thal, Tel. 036929/2288. Preiswerte einfache Unterkunft im Erbstromtal, eine halbe Busstunde von Eisenach, zehn Wanderkilometer von der Wartburg.

Campingplatz Altenberger See, 99819 Wilhelmsthal, Tel. 03691/74137. Neben Stellplätzen für Zelte und Wohnwagen werden auf dem Campingplatz am See kleine Ferienbungalows angeboten.

Schloß Wilhelmsthal, in Wilhelmsthal, Tel. 03691/215627. Im ehemaligen Jagdschloß von Hermann Göring und späteren Gästehaus der SED.

Essen/Trinken/Treffs

Café Brüheim, Marienstraße 1, Tel. 203509. Das blitzblanke Café mit der feinsten Konditorei und der besten Luft in Eisenach, denn Raucher müssen draußen bleiben. Eigene Konditorei. Direkt unterhalb des Bachhauses, daher häufig voller Bustouristen.

Der Zwinger, Wartburgallee 2, Tel. 203343. Paulaner Pils und Dunkel vom Faß, deftiger Imbiß im Keller vom Kaiserhof.

Klimperkasten, Alexanderstraße 49, Tel. 624752. Szenelokal mit Thüringer Spezialitäten.

Marktschänke, Markt 19, Tel. 203461. Thüringer Küche, alles handgemacht und preiswert.

Sehen und Erleben

Wartburg, Tel. 203001, für Führungen: Tel. 250222. Die Führungen fangen im Sommer schon um halb neun Uhr morgens an, im Winter erst um neun, und enden um halb fünf, im Winter schon um vier. Letzter Einlaß eine Stunde vor Schließung. Der Spaß für die Kleinen ist der traditionelle Eselsritt auf den Berg zur Burg (bis 60 kg).

Bachhaus, Frauenplan 21, Tel. 624988, Fax 76437. Oktober bis März: Mo 13–16.45 Uhr (letzter Einlaß), Di–So 9–16.45; April bis September: Mo 12–17.45, Di–So 9–17.45, Führungen nach Vereinbarung, Tel. 203714. Das Bachhaus ist das musikalische Herz Eisenachs. Eine Sammlung historischer Instrumente und eine museumsdidaktische Einführung in Leben und Wirken der Musikerfamilie Bach in Thüringen. Jede Führung beginnt mit einem musikalischen Einführungsvortrag auf historischen Instrumenten. Im Konzertraum wird regelmäßig musiziert.

Lutherhaus, Lutherplatz 8, Tel. 4983. Geöffnet täglich 9–13 und 14–17 Uhr, im Winter sonntags vormittags geschlossen. Wer war eigentlich «Junker Jörg», der volkstümliche Übersetzer des Neuen Testaments?

Automobilbaumuseum, Wartburgallee, Tel. 76056. Geöffnet täglich von 9–17 Uhr, außer montags. Neunzig Jahre Eisenacher Automobilbau vom Dixi R-8 bis zu den zahlreichen, nie gebauten Wartburg-Prototypen, eine der interessantesten Sammlungen historischer Motorwagen. Der Pavillon wird 1995 abgerissen, und das Museum sucht eine neue Bleibe.

Gedenkstätte Goldener Löwe, Marienstraße 57, Tel. 75434, Mo–Fr 9–16 Uhr. Die Ausstellung, die bis 1989 die Geschichte August Bebels und des Eisenacher Kongresses 1869 aus SED-Perspektive abhandelte, wurde durch eine andere – nun in SPD-Perspektive – ersetzt.

Reuter-Villa, Reuterweg 2, Tel. 203971, täglich außer montags 10–17 Uhr. Das Wohn- und Sterbehaus des niederdeutschen Mundartdichters gibt einen Einblick in einen bildungsbürgerlichen Biedermeier-Haushalt. Im ersten Stock befindet sich eine Bibliothek mit über sechstausend Bänden zu Leben und Werk Richard Wagners und im Erdgeschoß die dazugehörige Ausstellung.

Thüringer Museum, Schloß, Markt 24, Tel. 670450. Die berühmte Sammlung Thüringer Porzellans befindet sich für die Dauer der umfangreichen Restaurierungsarbeiten an den Gebäuden des Museums auf Europatournee. Bis die Ausstellungsräume für die Sammlung fertiggestellt sind, zeigt das Museum im Foyer wechselnde Ausstellungen historischer und zeitgenössischer Kunst und Regionalgeschichte.

In der **Predigerkirche** am Predigerplatz, Tel. 624678, Di – So 10 – 17 Uhr, kann man eine feine Sammlung mittelalterlicher Schnitzplastik bewundern.

Märkte

Sommergewinn, am dritten Samstag vor Ostern. Wenn andernorts der Karneval längst verklungen ist, gehen die Eisenacher auf die Straße und feiern mit viel Prunk ein Volksfest mit Festumzug zum Sommergewinn.

Thüringer Töpfermarkt. Anfang Oktober stellen Thüringer Keramiker Hausbackenes, aber auch Kunstvolles vor dem Schloß am Markt zum Verkauf aus.

Kugel-Markt. Anfang Dezember hat man die Chance, sich auf dem Markt mit echtem Lauschaer Christbaumschmuck einzudecken.

Einkaufen

Karlsbuchhandlung, Karlstraße 22, Tel. 691030. Die große Buchhandlung Eisenachs.

Musikalienhandlung und Antiquariat Karl Dieter Wagner, Marienstraße 13, Tel. 624901. Spezialität: Musik aus Thüringen, von den Bachs bis Richard Wagner.

Johannesgalerie, Johannisstraße 1, Antiquitäten und Thüringer Porzellan

Antiquariat am Bachhaus, Am Frauenplan 20, Tel. 03691/625255. Eine echte Fundgrube mit reicher Auswahl an gebrauchten Büchern.

Fahrradservice

L. Helm, Katharinenstraße 129, Tel. 77374

Galerien

Galerie und Studio «Schmales Haus Eisenach», Johannisplatz 9, Tel. 71238. Die Galerie im «schmalsten Haus Thüringens».

Foto-Galerie im Haus Bohl, Karlsstraße 32, Tel. 203472. Fotografie als Kunst.

Keller-Galerie, Tel. 72101, Malerei und Grafik

Konzert

Thüringen und insbesondere Eisenach entwickelt sich zu einem Zentrum für klassische Musik in Deutschland. Alle zwei Jahre werden in Eisenach im Juni die **Telemann-Tage** veranstaltet. Darüber hinaus gibt es den Sommer über im Festsaal des Palas der Wartburg die **Wartburg-Konzerte**, an jedem dritten Sonnabend des Monats im Saal des Landratsamtes die **Eisenacher Kammermusik** und **Konzerte im Empire-Saal**. Die «Gesellschaft Thüringer Bach-Wochen» in Eisenach, mit Sitz im Bachhaus (Tel. 203714), veranstaltet überregional (in Arnstadt, Eisenach, Mühlhausen, Weimar und anderen Wirkungsstätten Johann Sebastian Bachs) alljährlich im März die **Thüringer Bach-Wochen**. Karten und Veranstaltungshinweise über die Eisenach-Information, Tel. 6904-0; Fax 76161, sowie über die Geschäftsstelle der Thüringer Bach-Wochen, Frauenplan 21, Tel. 6249, Fax 76437. Das **Bachhaus** veranstaltet im Winter Konzerte im Konzertsaal, im Sommer Serenaden im Garten, und in der **Reutervilla** gibt es Hausmusik bei Reuters. Darüber hinaus ist Eisenach eine Hochburg der **Kirchenmusik**.

Theater

Landestheater Eisenach, Theaterplatz 4/7, Tel. 2560, Fax 256159. Karten und Programme über **Besucherservice-Büro**: Querstraße 34, Tel. 256232 oder 256233, Mo–Fr 10–17 Uhr, Sa 10–12 Uhr, oder an der Abendkasse, Tel. 256219, eine Stunde vor Vorstellungsbeginn. Neben eigenen Aufführungen des zweispartigen Theaters werden bedeutende Gastspiele nach Eisenach geholt.

Freies Eisenacher Burgtheater, Schloß Fischbach, Malittenburgweg 2, Tel. 290816. Klassik, Satire, Stücke für Kinder, Hintergründiges und Unterhaltsames, eigene Produktionen und Gastspiele.

Kino

UFA-Filmtheater Titania, Georgenstraße 5, Tel. 203252
UFA-Filmtheater Capitol, Alexanderstraße 12, Tel. 203288

Kinder

Bootsfahren auf dem Wilhelmsthaler See

Reiten auf dem Klausberg, Haflinger Hof, Klausberg, Tel. 77507

Ausflüge

Großer Hörselberg. Um diesen Berg ranken sich mehr Sagen als um alle anderen: Nicht nur Frau Holle und Frau Venus in ihrer Doppelgestalt, sondern auch Wotan und Tannhäuser haben hier ihre sagenhafte Heimstatt.

Burschenschaftsdenkmal. Die Burschenschaften, einst fortschrittlich und revolutionär, sind heute zu farbentragenden, maßkrugstemmenden Vetternwirtschaftscliquen verkommen. Daß sie sich hier wieder versammeln, gibt zu denken.

Drachenschlucht, Landgrafenschlucht. Bei Eisenach wird der Thüringer Wald durch tiefe einschneidende Erosionstäler gegliedert, in denen sich steile Schluchten gebildet haben, von denen nach einem Regen kleine Bäche herabrieseln.

Creuzburg. Neben der Wartburg war die Creuzburg im Mittelalter der wichtigste Sitz des Landgrafen. Die alte Werrabrücke und die Liboriuskapelle sind zwar aus dem 14. Jahrhundert, sehen aber noch immer aus wie neu.

Sängerwiese mit Ausflugslokal Pension Waldhaus. Hier fand das erste Sängertreffen statt. Von der Südstadt aus ein schöner Spaziergang.

Heimatmuseum Ruhla, Obere Lindenstraße 29/31, 99842 Ruhla, Tel. 036929/3188. Die kleine Stadt am Rande des Thüringer Waldes ist nicht nur wegen ihrer klobigen Armbanduhren bekannt, sondern hat eine lange Tradition der Eisengewinnung und -verarbeitung. Im Museum befindet sich eine eindrucksvolle Sammlung alter reichverzierter, ebenfalls in Ruhla hergestellter Meerschaumpfeifen.

Erfurt

Vorwahl

0361

Informationen

Fremdenverkehrsamt Erfurt, Krämerbrücke 3, 99084 Erfurt, Tel. 5623436; Fax 5621116, Mo–Fr 10–18 Uhr, Sa–So 10–16 Uhr. Treffpunkt für Stadtführungen.

Tourist-Information, Bahnhofstraße 37, 99084 Erfurt, Tel. 5626267; Fax 5623355, Mo–Fr 10–18 Uhr, Sa 10–13 Uhr

Für Behinderte gibt es einen besonderen **Stadtführer**, der auf Wissenswertes für Rollstuhlfahrer, gesonderte Parkplätze, Dienstleistungen, Ämter und Hindernisse hinweist.

Hinter dem Akronym **ERNA W.** verbirgt sich ein kostenloses «soziokulturelles Monatsmagazin» über die Lokalkultur von Erfurt, Eisenach, Arnstadt und Weimar, einschließlich kritischer Hintergrundberichte und Veranstaltungskalender, herausgegeben vom Europäischen Kulturzentrum in Thüringen.

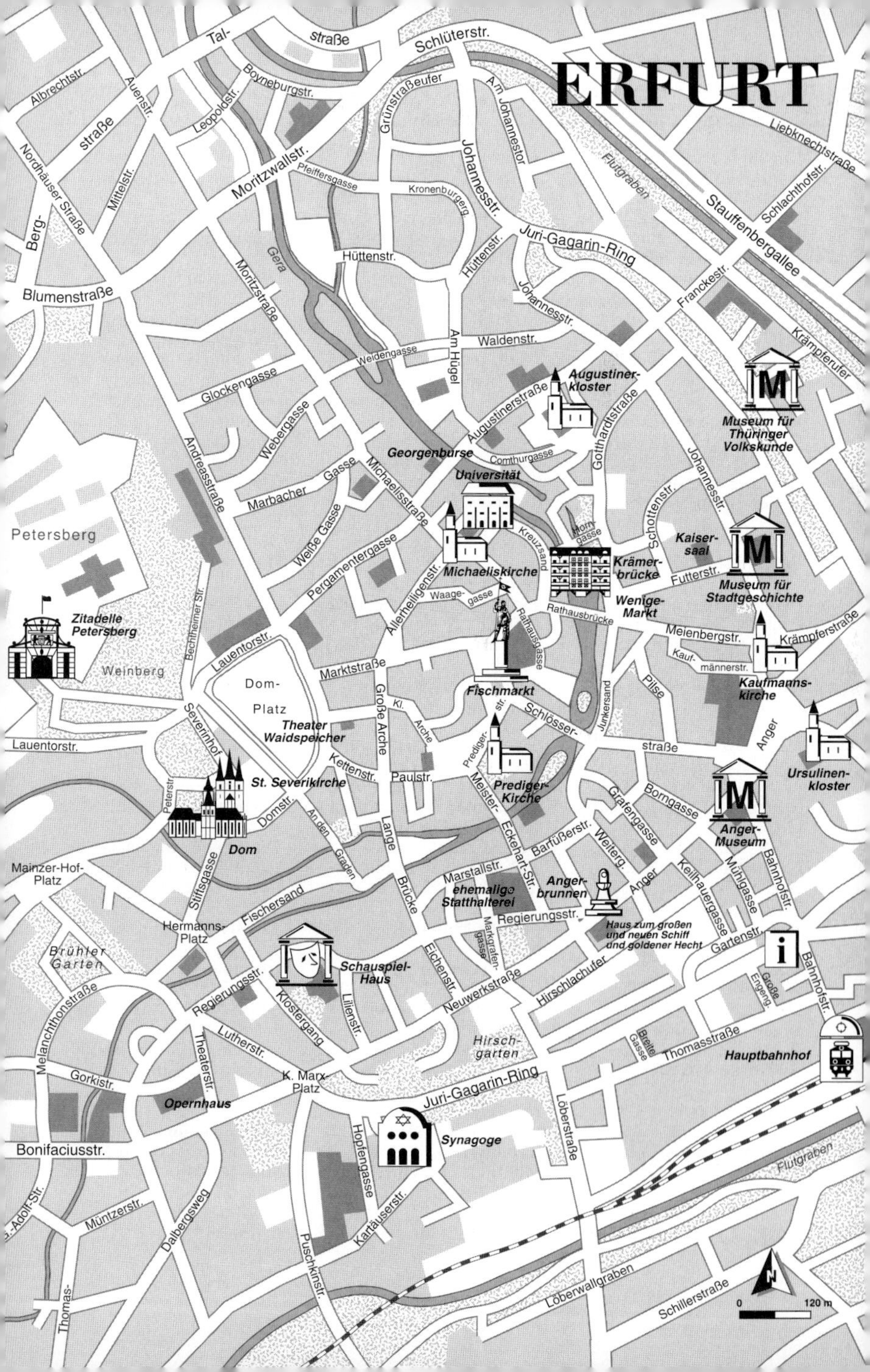
ERFURT
Tal-
straße
Schlüterstr.
Albrechtstr.
Auenstr.
Boyneburgstr.
Grünstraßeufer
Am Johannestor
Leopoldstr.
straße
Nordhäuser Straße
Mittelstr.
Moritzwallstr.
Pfeiffersgasse
Kronenburgerg.
Johannesstr.
Flutgraben
Liebknechtstraße
Schlachthofstr.
Stauffenbergallee
Berg-
Gera
Hüttenstr.
Hüttenstr.
Juri-Gagarin-Ring
Blumenstraße
Moritzstraße
Johannesstr.
Franckestr.
Krämpferufer
Am Hügel
Waldenstr.
Weidengasse
Glockengasse
Augustiner-
kloster
Augustinerstraße
Gotthardtstraße
Museum für
Thüringer
Volkskunde
Webergasse
Georgenburse
Comthurgasse
Andreasstraße
Michaelisstraße
Gasse
Marbacher
Universität
Johannesstr.
Schottenstr.
Weiße Gasse
Horn-
gasse
Kreuzsand
Kaiser-
saal
Museum für
Stadtgeschichte
Petersberg
Pergamentergasse
Michaeliskirche
Krämer-
brücke
Futterstr.
Allerheiligenstr.
Waage-
gasse
Wenige-
Markt
Zitadelle
Petersberg
Bechtheimer Str.
Rathausbrücke
Meienbergstr.
Krämpferstraße
Lauentorstr.
Rathausgasse
Kauf-
männerstr.
Weinberg
Dom-
Platz
Marktstraße
Fischmarkt
Junkersand
Pilse
Kaufmanns-
kirche
Severinhof
Kl.
Arche
Große Arche
Schlösser-
straße
Anger
Lauentorstr.
Theater
Waidspeicher
Prediger-
str.
Ursulinen-
kloster
Kettenstr.
Paulstr.
Meister-
Prediger-
Kirche
Borngasse
Petersstr.
St. Severikirche
Domstr.
An den
Graden
Lange
Eckehart-Str.
Grafengasse
Anger-
Museum
Dom
Barfüßerstr.
Weiterg.
Bahnhofstr.
Mainzer-Hof-
Platz
Stiftsgasse
Marstallstr.
ehemalige
Statthalterei
Anger-
brunnen
Anger
Keilhauergasse
Mühlgasse
Brücke
Fischersand
Regierungsstr.
Haus zum großen
und neuen Schiff
und goldener Hecht
Hermanns-
Platz
Markgrafen-
gasse
Gartenstr.
Brühler
Garten
Schauspiel-
Haus
Eichenstr.
Große
Engeng.
Bahnhofstr.
Regierungsstr.
Klostergang
Lilienstr.
Neuwerkstraße
Hirschlachufer
Melanchthonstraße
Theaterstr.
Lutherstr.
Hirsch-
garten
Breite
Gasse
Thomasstraße
Hauptbahnhof
Gorkistr.
K. Marx-
Platz
Juri-Gagarin-Ring
Opernhaus
Löberstraße
Synagoge
Hopfengasse
Bonifaciusstr.
Flutgraben
G.-Adolf-Str.
Müntzerstr.
Dalbergsweg
Kartäuserstr.
Puschkinstr.
Löberwallgraben
Schillerstraße
Thomas-
0
120 m
N

Das Fremdenverkehrsamt gibt monatlich einen handlichen Veranstaltungskalender mit aktuellem Hotel- und Gaststättenverzeichnis heraus, das **Erfurt Magazin**. Es liegt in den drei Tourist-offices aus und kostet eine Mark.

Orientierung

Stadtführungen April bis Oktober täglich 13 Uhr, November bis März nur samstags 13 Uhr. Treffpunkt: Krämerbrücke 3

Verkehrsmittel

Erfurt verfügt über ein ausgezeichnetes Nahverkehrssystem von Bussen und Straßenbahnen. Es ist auf jeden Fall ratsam, das Auto gleich an einem der kostenlosen P & R-Parkplätze abzustellen und einen preisgünstigen Tagesfahrschein zu lösen, mit dem man 24 Stunden mobil bleibt.

Fahrrad am Bahnhof, Am Bahnhofsvorplatz, Tel. 642 25 96

Übernachten

Hotel Ibis, Barfüßerstraße 9 (gegenüber der Barfüßerkirche), Tel. 664 10, Fax 664 11 11. Zentral gelegenes, gutes Hotel der oberen Preisklasse. Am Wochenende Billigtarife, jedoch nur ohne Reservierung.

Cyriaksburg – Silencehotel –, Cyriakstraße 37, 99094 Erfurt, Tel. 643 83 72, Fax 643 83 73. Gut ausgestattetes Hotel in den alten Gemäuern der Cyriaksburg, einer der beiden frühmittelalterlichen Befestigungen Erfurts, ehemaliges Gästehaus der Staats- und Parteiführung der DDR, der diskrete Charme der Privilegierten.

Erfurter Hof, Willy-Brandt-Platz 1, Tel. 53 10, Fax 646 10 21. Wer von dem historischen Erker, von dem einst Willy Brandt die Ovationen der Erfurter entgegennahm, auf den Bahnhofsvorplatz schauen möchte, sollte hier absteigen (besagte Suite kostet DM 350 pro Nacht). Direkt am Bahnhof, stilvoller als das ebenso teure neue Intercity-Hotel gegenüber.

Töpferhof, 99438 Meckfeld, Tel. 03 62 09 / 2 92. Etwas außerhalb Erfurts bei Bad Berka, zwischen Weimar und Erfurt, liegt das gemütliche Gasthaus mit Galerie, Töpferwerkstatt und Kneipe (rechtzeitig reservieren). Preiswert.

Mühlen-Motel, 99869 Mühlberg, Tel. 03 62 56 / 5 91. Das neu erbaute kinderfreundliche Motel steht neben der alten, in Deutschland einmaligen Öl- und Graupenmühle, die von den Besitzern allmählich wieder zu einer echten, mit Wasserkraft betriebenen Ölmühle restauriert wird. Das Mühlrad läuft schon. Mäßig teuer.

Jugendherberge, Hochheimer Straße 12, Tel. / Fax 562 67 05.

Campingplatz Stausee Hohenfelden, 99448 Hohenfelden, Tel. 03 64 50 / 20 81, Fax 20 82. Thüringens größter Campingplatz in waldreicher Umgebung unweit Erfurts, mit Bungalows, Vermietung aller möglichen Wassersportgeräte, Baden ohne Klamotten und Wasserrutsche.

Essen / Trinken / Treffs

Double B, Marbacher Gasse, Tel. 642 16 71. Von 7 bis 24 Uhr geöffnet. Das Frühstückscafé. Sonntags ab 11 Uhr zum «späten Frühstück mit Live-Musik».

Anger Maier, Schlösserstraße 8, Tel. 642 28 23. Freundlicher Biergarten mit «gutbürgerlicher» Küche.

Feuerkugel, Michaelisstraße, Tel. 646 31 97. Traditionelles Restaurant mit thüringischen, gut gekochten Gerichten, preiswert.

Hopfenberg, Hopfenberg 14, Tel. 353 21, Fax 643 46 08. Schattiger Biergarten für laue Sommerabende, und wenn es kühl wird, in die Keller-Cocktailbar «Kintop».

Weincompanniere auf dem ega-Gelände, Tel. 562 64 95. Stilvolles Weinlokal in den alten Gemäuern der Cyriaksburg. Donnerstags geschlossen.

Tiwa, Kronenburggasse 16, Tel. 6421967. Thai-Küche superscharf und einfallsreich.

Keller-Restaurant im Erfurter Hof, Tel. 531735. Gourmetrestaurant im Keller des Hotels gegenüber vom Bahnhof. Ab 18 Uhr geöffnet, sonntags und montags geschlossen, teuer.

Restaurant im Schloß Molsdorf, Hauptstraße 1, 99192 Molsdorf, Tel./Fax 036202/205. Kleines Speiselokal mit feiner kalter Küche. Im Sommer kann man unter Sonnenschirmen im Schloßgarten des für seine Orgien berühmten Grafen Gotter sitzen, nachdem man sich sein «erotisches Kabinett» angesehen hat. Montags Ruhetag. Mit der Ruhe wird es jedoch bald vorbei sein, denn in unmittelbarer Nähe des Schloßparks ist eine ICE-Strecke und ein Autobahnkreuz geplant.

Schwarzmarkt, Moritzstraße 18a, Tel. 0172-3678621, Café und Musikkneipe (ab 20 Uhr)

Museumskeller, Juri-Gagarin-Ring 140a, gemütliche Kneipe im Museum für Thüringer Volkskunde mit Live-Musik. In der Gaststätte gibt's bis Mitternacht thüringische Küche. Sonntags geschlossen.

Zur Börse, Wenigemarkt 19, Tel. 5626509. Nette Kneipe bei der Krämerbrücke mit fünf verschiedenen Sorten Grappa.

Sgt. Pepper's, Altonaer Straße, Tel. 6430990. Irischer Pub mit 170 Whiskysorten.

Weinhandlung Kohl, Neuwerkstraße 31/32, Tel./Fax 6422561. Weinlokal im ersten Stock mit guter Küche und erlesenen Weinen.

Etwas außerhalb (längerer Spaziergang durchs Grüne) liegt das **Bachstelzencafé**, Tel. 68386 in Erfurt-Bindersleben. Sommercafé zum Draußensitzen.

Flying Dreams, Salomonsborner Straße 12, 99100 Alach. In einer alten Iljuschin 62 betreibt «Flugkapitän» Roland Reichert das abgehobenste Restaurant Thüringens: Curry-Scholle mit Bananensoße, Mexikospieß oder auch ein vegetarisches Risotto stehen auf der Speisekarte. Mittlere Preiskategorie. Mit Blick auf die Landebahn des Erfurter Flughafens.

Sehen und Erleben

Angermuseum, Am Anger 18, Tel. 5623311, Mi–So 10–18 Uhr. Im prächtigen barocken «Kurmainzischen Pack- und Waagehof» befindet sich seit 1886 eine der bestausgestatteten Sammlungen Thüringens: mittelalterliche thüringische Malerei, Thüringer Porzellane und Fayencen, bedeutende thüringische Landschaftsmalerei, insbesondere der Weimarer Malerschule. Die bedeutende expressionistische Sammlung wurde fast vollständig von den Nazis beschlagnahmt. Nur der eigentümliche Haeckel-Raum ist übriggeblieben.

Augustinerkloster, Augustinerstraße 10, Tel. 5623603. Führungen stündlich von 9–16 Uhr, im Winter nur alle zwei Stunden. Montags geschlossen und an Sonn- und Feiertagen nur eine Führung nach der Messe 10.30 Uhr. In diesem Kloster hatte Luther seine Klause, die man nur gezeigt bekommt, wenn man sich für kurze Zeit hinter Klostermauern begibt.

Barfüßerkirche. Barfüßerstraße 20, Tel. 6464010, April bis Oktober Mi–So 10–18 Uhr. Mittelalterliche Sammlung mit seltenen Glasfenstern.

Dom St. Marien und Pfarrkirche St. Severi, Domplatz. Die zwei Hauptkirchen Erfurts mußten wegen Vandalismus leider für den Publikumsverkehr Öffnungszeiten einführen: Dom: Mo–Sa 9–11.30 Uhr und 12.30–17 Uhr, So 14–16 Uhr und natürlich zu den Messen; St. Severi: Mo–Fr 10–12.30 und 13.30–16 Uhr.

Galerie am Fischmarkt im Haus zum Roten Ochsen, Fischmarkt 7, Tel. 6422188, Mi–So 10–18 Uhr und am langen Donnerstag bis 22 Uhr, ab 18 Uhr Eintritt frei. Die 1000 Quadratmeter große städtische Galerie im «ehemals größten und vornehmsten Lichtspielhaus Thüringens» holt seit 1979 die großen Namen moderner und zeitgenössischer Kunst in die Stadt. Die alle vier Jahre stattfindende CONFIGURA wagt die in Thüringen naheliegende Synthese von Kunst und Kunsthandwerk.

Kaisersaal, Futterstraße 15/16, Tel./Fax 56880. Aus drei Patrizierhäusern entstand im 18. Jahrhundert das Universitätsballhaus, das 1808 auf Einladung Napoleons zum Ort des europäischen Fürstenkongresses wurde. Die 6700 Quadratmeter Nutzfläche des zentralen Erfurter Veranstaltungsortes erstrahlen in frisch restauriertem Glanz. Im Ostflügel die historische Gaststätte «Gondel», außerdem ein Weinrestaurant und ein Bistro im Erdgeschoß des Westflügels – gar nicht so teuer – und ein Kongreßgarten mit Freilichtbühne machen den Komplex zu einem urbanen Prunkstück.

Museum für Thüringer Volkskunde, Juri-Gagarin-Ring 140a, Di–So 10–17 Uhr, mittwochs bis 20 Uhr, Tel. 6421765 oder 6439005. Volkskunde lebendig dargestellt. In Workshops für Kinder und Erwachsene werden traditionelle Techniken wie das Maskenmachen wiederbelebt.

Predigerkirche, Predigerstraße. Wenn die mächtige Schukeorgel das edle Kreuzrippengewölbe der dreischiffigen gotischen Pfeilerbasilika, in der einst der Mystiker Meister Eckehart predigte, mit ihren Tönen erfüllt, bleibt kein Auge trocken. Der spätgotische Flügelaltar mit einer der liebevollsten Mariendarstellungen Thüringens zeigt Christi Geburt.

Zoo, Zum Zoopark 8–10, Tel. 723160. Auf zwölf Hektar exotische Tiere von der Dosenschildkröte bis zum Breitmaulnashorn. Die Bürstenschwanzrattenkänguruhs haben sogar gelegentlich Nachwuchs im Beutel.

Einkaufen

Dürerhaus, Schlösserstraße 38, Tel. 6421393. Thüringer Kunsthandwerk vom Bürgeler Geschirr bis zum Blaudruck.

Antiquariat Erfurt, Schlösserstraße 38, Tel. 22075

Buchhandlung Peterknecht, Am Anger 28, Tel. 6422756, Fax 6422089

Wochenmärkte. Es gibt zwar nicht mehr ganz so viele Marktplätze in Erfurt wie im Mittelalter, aber immerhin noch zehn. Irgendwann ist immer Markt, entweder am Domplatz, am Markt Südlicher Ring, am Moskauer Platz, am Riethmarkt, am Drosselbergmarkt, am Nordmarkt, am Wiesenhügelmarkt, am Johannesplatz, am Berlinger Platz oder am Roten Berg.

Fahrradservice

Manfred Kurth, Pergamentergasse 27/28, Tel. 6422874

Galerien / Literaturhäuser

Haus Dacheröden, Anger 37/38, Tel. 6551610 (Galerie) und Tel. 6422695 (Europäisches Kulturzentrum). Das Europäische Kulturzentrum versteht sich als Brücke zwischen Ost und West. Gemeinsam mit der Michail Gorbatschow-Stiftung werden kulturelle Begegnungen, Symposien, Seminare und Ausstellungen veranstaltet, eine interessante deutsch-russische kulturelle Monatszeitschrift, **Via Regia**, herausgegeben und kulturelle Kommunikation mit weitem Horizont gepflegt.

«e. a.» Grafik Café Zimmermann, Kürschnergasse 8, Tel. 5624789. Wechselnde Ausstellungen von Werken auf Papier, und trotzdem wird geraucht.

Galerie Raissa, Michaelisstraße 29, Tel. 6431063, Mo 14–18 Uhr, Di–Fr 11–18 Uhr und Sa 11–14 Uhr. Russische und sowjetische Kunst und Kunsthandwerk.

Studio für moderne Bürogestaltung, Johannesstraße 178, 5667848. Wechselnde zeitgenössische Ausstellungen.

Waidspeicher Kulturhof «Zum Güldenen Kronbacken», Michaelisstraße 10, Di–So 10–17 Uhr, kommunale Galerie mit Ausstellungen des Erfurter Kunstvereins sowie regionalen und überregionalen Sonderausstellungen.

Sport

Eislaufhalle, Arnstädter Straße 53, Tel. 31358 oder 35057, Mo und Mi 19.30 – 21 Uhr, Do 18.30 – 20 Uhr, sonntags 10 – 11.30 Uhr Familieneislaufen.

Konzert

Jedes Jahr im Frühjahr finden die **Thüringer Bach-Wochen** statt mit hochkarätigen Interpreten. Infos und Karten beim Kulturamt, Anger 37/38, Tel. 6551611, 23201

Kammermusik im Rathausfestsaal, Karten über die Erfurt-Information. Von Klassik bis Avantgarde im historisch ausgemalten Rathaussaal.

Konzerte im Schloß Molsdorf, veranstaltet von der Konzert-Agentur Thüringen, Tel. 5623169 oder 03621/54183

Jazzclub, Anger 28/29, Tel. 6432744. Jeden Donnerstag ab 20 Uhr Live Jazz.

Theater

Spielplaninformationen, Theatergespräche, Probenbesuche, Informationen über die **Abteilung Öffentlichkeitsarbeit**, Dalbergsweg 2, Tel. 6464030; Karten bei der **Vorverkaufskasse** für Oper und Schauspiel: Dalbergsweg 2, Tel. 5624314, Di–Fr 10 – 13 und 14 – 17.30 Uhr, Sa 10 – 13 Uhr und So 10 – 12 Uhr, montags geschlossen, und für Kabarett und Puppentheater: Domplatz 18, Tel. 5623828, Di–Fr 10 – 14 Uhr und 15 – 17.30 Uhr. Sämtliche Karten auch bei der Erfurt-Information.

Opernhaus, Theaterstraße, Tel. 51221. Statt knalliger italienischer Tenöre hört man hier eher zarte, gedämpfte Töne à la Peter Schreier und Symphoniekonzerte im Abonnement.

Schauspielhaus, Klostergang, Tel. 6421733. Von der Rocky Horror Show bis zu Molière, und im kalten Februar die Perlen des Karneval in Rio.

Theater Waidspeicher, Große Arche, Domplatz, Tel. 6461530. Das scharfzüngigste Kabarett Thüringens, die Arche, war bereits vor vierzehn Jahren nicht gerade auf den Mund gefallen. Der Stoff wird ihnen so schnell nicht ausgehen.

Die Schotte, Schottenstraße 7, Tel./Fax 6431722. Experimentelles für jung und alt, Pantomime, Clownerien, Chansons und Kindertheater für Kinder ab fünf.

Kino

Der Geheimtip für einen lauen Sommerabend ist das **Open-air-Kino** auf dem Ega-Gelände, das größte Freilichtkino auf dem Territorium der Ex-DDR. Und wenn es regnet, ab ins **UFA** (Anger-Filmpalast) oder, für Cineasten, das einzige off-Programmkino Thüringens, der **Kino Klub Am Hirschlachufer** (Tel. 6422194). Auf nur 60 Plätzen bekommt man die besten DEFA-Filme und selten gesehene Klassiker des europäischen Kinos zu sehen. Wer dreißig Leute zusammenbekommt, darf sich sogar einen Film wünschen, der dann ins Programm aufgenommen wird.

Kinder

Die Schotte, Ti(C)K-Kinder- und Jugendtheater, Schottenstraße 7, Tel./Fax 6431722. Kinder- und Jugendtheater ohne erhobenen Zeigefinger.

Freizeithits für Kids, Petersberg Haus 3, Tel. 606147 oder 606148, täglich von 10 bis 18 Uhr geöffnet. Alles, was Kindern Spaß macht, vom Kinderkino-Kunterbunt bis zur Führung durch die unterirdischen Gänge der Zitadelle.

Ausflüge

Thüringer Freilichtmuseum Hohenfelden, Tel. 036450/2178. Achtzehn Kilometer von Erfurt entfernt steht dieses Museumsdorf, in dem man prächtig restaurierte ländliche Gebäude Mittelthüringens aus dem 18. und 19. Jahrhundert, schöne Gewürz- und Kräutergärten, kleinbäuerliche Landwirtschaft und allerlei antike Gerätschaften bewundern kann.

Schloß und Park Molsdorf, Gothaer Straße 1, 99192 Molsdorf, Tel. 036202/505, Di–So 10–18 Uhr. Das «Versailles Thüringens» des Lustgrafen Gotter mit seinem erotischen Kabinett.

Burg Gleichen. Nur am Wochenende geöffnet. Auf dem Turm der ältesten der Drei Gleichen flattert hoch über dem Hörseltal immer dann eine Fahne, wenn sie für den Besucherverkehr geöffnet ist. Ein herrlicher Blick belohnt für den beschwerlichen Aufstieg.

Kranichfeld. Information: Fremdenverkehrsamt, Markt 4a, 99448 Kranichfeld, Tel./Fax 036450/2021 (Fahrrad am Bahnhof, Tel. 2205). Die Korbmacherstadt mit den zwei Burgen, Oberschloß und Niederburg, war jahrhundertelang geteilt, ein klassisches Beispiel für die Skurrilitäten der thüringischen Kleinstaaterei.

Friedhof der Brüdergemeinde in Neudietendorf. Der Gottesacker der aktiven Brüdergemeinde in Neudietendorf macht anschaulich, daß nach dem Tode alle Menschen gleich sind: Ohne Ansehen des Ranges, des Besitzes und der sozialen Stellung erhält jeder den gleichen schlichten Grabstein, der flach in den Rasen eingebettet wird.

Thüringer Waidverarbeitung, Waidplatz 6, 99192 Neudietendorf, Tel. 036202/569 oder 261, Verkauf und Produktion in Haarhausen, Straße an der Wachsenburg, Mo–Fr 8–12, Do 14–18 Uhr. Malermeister Feige aus Neudietendorf hat entdeckt, daß der Waid nicht nur für seinen blauen Farbstoff genutzt werden kann, sondern auch als Grundstoff und Bindemittel für eine ganze Palette baubiologisch einwandfreier Imprägnierungen, Lasuren, Grund- und Deckfarben. Zu Pfingsten blüht in Haarhausen wieder der Waid.

Gelände für experimentelle Archäologie und Freizeitgestaltung, Haarhausen. Information: Museum für Ur- und Frühgeschichte Weimar, Tel. 06421/3324. Ein Ausflug im Lendenschurz in die Urzeit. Wer möchte nicht einmal wie unsere Vorfahren in einer Lehmhütte wohnen, spinnen, Brot backen, Bandkeramiken herstellen und lernen, wie man mit einfachsten Mitteln auf der Erde überleben kann?

Gera

Vorwahl

0365

Informationen

Fremdenverkehrsbüro Gera-Information, Breitscheidstraße 1, 07545 Gera, Mo–Fr 10–18 Uhr, Sa 9–12 Uhr. Tel. 26432; Fax 24192, Filiale im Hauptbahnhof Tel. 24436

Wer sich einen luftigen Überblick über Geras Altstadt verschaffen will, braucht nicht gleich ins Flugzeug zu steigen, sondern nur die 161 Stufen des **Rathausturms** zu erklimmen, der an Wochenenden von 10–13 Uhr und nach Absprache mit der Gera-Information geöffnet ist. In den Wintermonaten geschlossen.

Verkehrsmittel

Quer durch die Stadt quietscht schon seit 1892 die **Straßenbahn**, ein traditionelles umweltfreundliches Nahverkehrsmittel mit Zukunft.

Fahrrad am Bahnhof, Tel. 26237, Herr Tucholka

Übernachten

Hotel Dorint, Berliner Straße 38, Tel. 43440, Fax 4344100. Neu erbautes Hotel mit allem Komfort. Teuer.

Hotel Maritim, Heinrichstraße 30, Tel. 6930, Fax 23449. Der äußerlich häßliche Klotz im Stadtzentrum, ehemals das Inter-Hotel, jetzt das Business-Hotel der Stadt, zeigt seine Werte im Inneren. Wer das postimpressionistische Einerlei der Hotelzimmerkunst satt hat, kann sich die Suite im Otto-Dix-Stil leisten. Teuer.

Restaurant Hotel am Stadtwald, Am Stadtwald 1, Tel. 7106666. Das schön gelegene Haus am Stadtrand mit gutem Blick auf Gera hat das zu bieten, was man in der DDR gern als «Weltniveau» bezeichnete. Mäßig teuer.

Jugendherberge Froschmühle bei Eisenberg, Mühltal, 07607 Eisenberg, Tel. 036691/3462. In einer alten Sägemühle im Mühltal, etwa zwanzig Kilometer außerhalb Geras, bei der alten Residenzstadt Eisenberg, liegt die sehr spartanisch ausgestattete, aber idyllisch gelegene Herberge.

Campingplatz an der Aumatalsperre, 07570 Weida, Tel. 06603/2561, April bis Oktober. Kleiner Platz am Stausee mit Mini-Kino und Freiluftkegelbahn.
Campingplatz am Strandbad Aga, Reichenbacher Straße 18, 07554 Kleinaga, Tel. 036695/20209. Gut ausgestatteter Platz mit separatem FKK-Badestrand mitten im Wald.

Essen / Trinken / Treffs

Café im Comma, Heinrichstraße 47, Tel. 52180. Geras Szenetreff, freitags mit Live-Rockmusik.

Ferberturm, Am Ferberturm 14, Tel. 28287, montags Ruhetag. Wenn die Außentemperaturen es zulassen, kann man auf der Terrasse sitzen und Rouladen mit Thüringer Klößen essen.

Museumsstuben, Greizer Straße 37–39, Tel. 52941, sonntags Ruhetag. Direkt neben dem Museum für Angewandte Kunst kocht Klaus Fugmann Thüringer Küche der feineren Art.

Zur Alten Feuerwache, Jahnstraße 16, Tel. 23960. Zwischen historischen Feuerwehrutensilien, alten Schläuchen und Spritzen läßt sich in der Traditions-Feuerwehrgaststätte gut plaudern.

Theaterrestaurant, Küchengartenallee 2, Tel. 26903. Mit Blick auf die Orangerie und den Küchengarten schattig im Freien. Mittagstisch und Kaffee.

Sehen und Erleben

Stadtmuseum Gera, Heinrichstraße 2, Tel. 23102, Sa–Do 10–17 Uhr. In einem ehemaligen «Zucht- und Waisenhaus» aus dem 18. Jahrhundert, das wie ein einsames Erinnerungsstück aus längst vergangener Zeit zwischen Plattenbauten im Zentrum Geras steht, sind die Sammlungen zur Lokalgeschichte untergebracht. Ständige Ausstellung: Gera von den Anfängen bis 1925.

Geraer Höhler, Geithes Passage, Tel. 23102, Führungen Mo–Do 11 Uhr und 15 Uhr, Sa 14 Uhr und 15 Uhr, So 10, 11, 14 und 15 Uhr. In dem unterirdischen Labyrinth von ehemaligen Bierkellern unter der Altstadt, das sich immerhin auf neun Kilometern erstreckt, spukt angeblich ein Geist.

Museum für Naturkunde, Nicolaiberg 3, Tel. 52003, Di–So 10–17 Uhr. Einführung in das Ökosystem der ostthüringischen Landschaft im ältesten erhaltenen Bürgerhaus der Stadt, dem «Schreiberschen Haus». Das Museum hat in der 20. Ausgabe seiner Naturwissenschaftlichen Schriftenreihe eine Analyse der Umweltproblematik des Uranabbaus der Region herausgegeben und plant, das geologische Höhlermuseum unter dem Haus durch eine permanente Ausstellung zu erweitern, die sich diesem Problem widmet.

Botanischer Garten, Eingang Nicolaistraße, drei Minuten vom Museum für Naturkunde, Mo–Fr 8–15.30 Uhr. Sämtliche für Ostthüringen typischen Vegetationsformen auf 0,7 Hektar zusammengefaßt.

Museum für Angewandte Kunst, Greizer Straße 37,

Tel. 28750, Di–So 10–17 Uhr. Die Kuratorinnen des Museums haben sehr gut aufgepaßt: Sie verfügen über eine ausgezeichnete Sammlung von Industrie- und Verpackungsdesign aus vierzig Jahren DDR, einschließlich einer Reihe köstlicher Werbeplakate. Außergewöhnlich auch die fotografische Sammlung. Alle zwei Jahre vergibt das Kuratorium außerdem den «Aenne-Biermann-Preis für Deutsche Gegenwartsfotografie». Originelle Sonderausstellungen.

Kunstsammlung Gera, Küchengartenallee 4, Tel. 8322147, Di 13–20 Uhr, Mi–Fr 10–17 Uhr, Sa, So 10–18 Uhr. Orangen blühen keine mehr in der ehemaligen Orangerie des Schlosses Osterstein, und der Garten ist auch schon lange nicht mehr der Küchengarten der reußischen Grafen. Statt dessen beherbergt der Überrest des Schlosses Osterstein – das eigentliche Schloß wurde 1945 fast vollständig zerstört – heute eine über zehntausend Werke umfassende Kunstsammlung quer durch die Jahrhunderte. Wechselnde Ausstellungen im Südflügel. Wunderschöner Park mit Spielmöglichkeiten für Kinder.

Otto-Dix-Haus, Mohrenplatz 4, Tel. 8324927, Di–Fr 10–17 Uhr, Sa, So 10–18 Uhr. An einem der schönsten Plätze Geras, dem Mohrenplatz in Untermhaus, steht das Geburtshaus des Expressionisten Otto Dix. Die 1991 eingerichtete Ausstellung gibt neben einem Einblick in die Werke des Künstlers einen interessanten Querschnitt durch seine Rezeptionsgeschichte.

Reitstadion in Gera-Milbitz, Tel. 21084. Das Sonntagsvergnügen für Freunde des Pferdesports und Wettsüchtige, die es nicht lassen können. Sonnenhut nicht vergessen.

Einkaufen

Antiquariat Arche, Louis-Schlutter-Straße 16a, Tel. 51575

Brendels Buchhandlung, Große Kirchstraße 12, Tel. 23401

Fahrradservice

Fahrradhaus G. und I. Meinhard, Schloßbachstraße 16, Ortsteil Langenberg, Tel. 29601

Galerien / Literaturhäuser

Galerie am Markt, Markt 12a, Tel. 22412, Mo–Mi, Fr 10–18 Uhr, Do 10–20 Uhr, Sa 10–13 Uhr und nach Vereinbarung.

Galerie Na Sowas, Rudolf-Diener-Straße 4, Tel. 24450

Umweltbibliothek, Nikolaistraße 15 im «Grünen Haus», Öko-Telefon: 817584. «Grünes Haus» ist nur als ironischer Euphemismus zu verstehen, denn es handelt sich um ein altes Geraer Mietshaus, das nicht nur an der bröckelnden Fassade noch den Staub von vierzig Jahren DDR trägt, sondern auch im Inneren durch Plumpsklos und chaotische Hausflure beeindruckt. Richtig schwarz vor Augen wird es einem bei einem Kaffeeplausch in der freundlichen Umweltbibliothek, wenn man erfährt, mit welchen Problemen man konfrontiert ist, wenn man die Region unter ökologischen Gesichtspunkten betrachtet.

Kunstverein Klaushaus, Bieblacher Straße 62. Junge Kunst zum Mitmachen.

Sport

Deutscher Alpenverein, Sektion Gera, im Stadtmuseum, Heinrichstraße 2, Tel. 23102. Der DAV veranstaltet Wanderungen in der landschaftlich reizvollen Umgebung und zu den Besonderheiten der ostthüringischen Flora.

Konzert

Kultur- und Kongreßzentrum Gera, Schloßstraße, Tel. 6190, Fax 22067. Wenn «Die Prinzen» aufspielen oder sich der «Musikantenstadl» nach Gera verirrt, dann treten sie in diesem Zentrum auf, das ein wenig an den «Palast der Republik» in Berlin erinnert.

Theater

Kabarett Fettnäppchen, Markt, Tel. 23131. Tag für Tag pünktlich um 19.30 Uhr wird hier der Tritt ins Fettnäppchen zur Tugend und schonungslose Satire zum Normalfall.

Bühnen der Stadt Gera, **Großes Haus**, Bühne am Park, Küchengartenallee, Tel. 6940. Vorverkauf Mo–Fr 12–17 Uhr und eine Stunde vor der Vorstellung an der Theaterkasse im Foyer, Tel. 694105.

Kleines Theater im Zentrum, Gustav-Hennig-Platz. Vorverkauf Mo–Fr 14–16 Uhr und eine Stunde vor der Vorstellung an der Kasse Kleines Theater, Tel. 24707, sowie in der Theater- und Konzertkasse Schloßstraße, Tel. 24010, Mo–Fr 9–18 Uhr, Do bis 19 Uhr, Sa 9–12 Uhr. Das Kleine Theater ist die Spielstätte der **Puppenbühne Oestreich-Ohnesorge**, Tel. 24707, und des **Kollektivtheaters Mitte**, Tel. 200105.

Kino

UFA-Filmtheater, Palast-Theater mit Studiokino

UFA-Filmtheater Metropol mit Kino Kuckuck, Kino Spatz und Kino Eule

Ausflüge

Heinrich-Schütz-Haus, Heinrich-Schütz-Straße 1, PF 22, 07584 Bad Köstritz, Tel. 036605/2405. Das Geburtshaus von Heinrich Schütz, dem großen deutschen Komponisten, ist mehr als ein Museum, es ist eine musikalische Oase, ein internationales Zentrum für neue und alte Musik. Zu den alljährlichen Schütz-Tagen im Thüringer Herbst (1.–15. Oktober) wird neben zahlreichen Konzerten von hohem Niveau ein Festumzug mit historischen Kostümen und Musikinstrumenten aufgeführt.

Wünschendorf. Der kleine Ort in Richtung Greiz hat viel zu bieten: Die seltene gedeckte Holzbrücke über die Elster, die «Kapellbrücke Thüringens», ist bereits vor 1250 entstanden und wurde immer wieder erneuert. Ihre jetzige Gestalt erhielt sie 1786. In der romanischen Veitskirche sind sogar noch Fenster aus romanischer Zeit erhalten, und im Ortsteil Mildenfurth findet sich ein ehemaliges Prämonstratenserkloster mit einem wunderschönen romanischen Eingangsportal. Ein Anziehungspunkt nicht nur für Kinder ist der Märchenwald, in dem mit Wasserkraft angetriebene Märchenfiguren zu bewundern sind. Und anschließend eine Limonade in der Märchenwaldbaude (Tel. 036603/88606).

Museum Burg Posterstein, 04626 Posterstein Nr. 83, Tel. 034496/22595. Die bildschöne mittelalterliche Burg mit dem weithin sichtbaren Bergfried beherbergt ein kleines Museum zur Ur- und Frühgeschichte der Region und beweist darüber hinaus, daß es am Ende des achtzehnten Jahrhunderts nicht nur in Weimar einen Musenhof gab, sondern auch im nahen Löbichau bei Anna Dorothea von Kurland.

Brehm-Gedenkstätte Renthendorf, 07646 Renthendorf, Tel. / Fax 036426/216, täglich 9–12 Uhr und 13–17 Uhr. In dem idyllischen kleinen Backsteinhaus mit Garten auf einer Anhöhe am Nordrand des Dorfes Renthendorf verfaßte Tiervater Brehm sein berühmtes «Illustriertes Tierleben».

Schloßkapelle Eisenberg, Sa, So 14–16 Uhr, sonst nach Vereinbarung, Tel. 036691/404. In der prächtigen Barockkirche finden das ganze Jahr über Konzerte statt.

Hainbergsee Meuselwitz. Im östlichsten Zipfel Thüringens, am Rande des Kohlenpotts Ost, liegt die Heimat des Schriftstellers Werner Hilbig, die Tuch- und Wollweberstadt Meuselwitz. Am Hainbergsee, einem stillgelegten alten Braunkohlentagebau etwas außerhalb, der durch sein schwefelhaltiges, sauberes Wasser berühmt ist, mag er, ebenso wie sein weniger bekannter Kollege, der Autor dieses Buches, als Kind das Schwimmen erlernt haben. Ansonsten wäre in Meuselwitz höchstens noch die Orangerie im Leninpark sehenswert, der bescheidene Rest des Meuselwitzer Schlosses.

Gotha

Vorwahl

03621

Informationen

Gotha Information, Blumenbachstraße 1–3, 99867 Gotha, Mo–Fr 9–17 Uhr, Sa 9–12 Uhr, Tel. 54036; Fax 222134

Verkehrsmittel

Fahrrad am Bahnhof, Bahnhofstraße 13, Tel. 53974

Thüringer-Wald-Bahn. Die Gothaer Straßenbahn fährt nicht nur in Gotha, sondern bis in den Thüringer Wald (siehe Ausflüge).

Übernachten

Motel 5, Eisenacher Straße 87, Tel. 301235, Fax 301239. Kleiner Hotelneubau auf der Anhöhe vor Gotha. Erschwinglich.

Schloß Reinhardsbrunn, 99894 Friedrichroda / Reinhardsbrunn, Tel. 03623/4253, Fax 4251. *Die* romantische Schloß- und Parkanlage schlechthin, 1827 bis 1835 von G. Eberhard errichtet, diente bis vor wenigen Jahren als Rückzugsort der Spitzen der «Partei- und Staatsführung der DDR». Heute kann sich jeder, der es sich leisten kann, in der luxuriösen Herberge auf geschichtsträchtigem Boden verwöhnen lassen. Die einfachen Zimmer sind erschwinglich, die «Komfortzimmer» teuer. Bequem mit der Thüringer-Wald-Bahn von Gotha aus zu erreichen.

Turmhotel Gotha, Am Luftschiffhafen, Tel. 4300, Fax 430430. Neues Tagungs- und Konferenzhotel «zwischen Zeitgeist und Funktionalität», mit Sinn fürs Detail. Außerhalb der Stadt in Autobahnnähe. Teuer.

Hotel «St. Gambrin», Schwabhäuser Straße 47, Tel. 30900, Fax 309040. Das Jugendstilhotel mitten in der Stadt, mit einer schönen Wendeltreppe im Foyer. Ein kultivierter Ort mit guter Küche zwischen einem interessanten Ensemble von Baustellen und Ruinen in Gothas Zentrum. Mäßig teuer.

Campingplatz am Schwimmbad, Querweg 8, 99887 Georgenthal, Tel. 036253/5300, von April bis Oktober geöffnet, mit großem Freibad.

Campingplatz Paulfeld, 99887 Catterfeld, Tel. 036253/5171. Idyllischer Campingplatz einige Kilometer vom Rennsteig.

Essen / Trinken / Treffs

Theatercafé, Ekhofplatz 3, Tel. 54154. Kleines Café im Kulturhaus. Ein Stück unverfälschter lokaler Soziokultur.

Ratskeller, Hauptmarkt 3, Tel. 54057. Gilt als die Nummer 1 der gehobenen Restaurants in Gotha.

Mönchshof, Salzgitterstraße 92, Tel. 26948. Biergarten. Wenn es regnet, sitzt man im künstlichen Biergarten, Marke «Erlebnis-Gastronomie», im Haus.

Carnaby Musik Pub, 18.-März-Straße 24, Tel. 56834. Szenekneipe mit Live-Veranstaltungen für die MTV-Generation.

Die Nische, Heinrichstraße 28, Tel. 24927. Die Musikerinnen der Ex-«Landplage» betreiben ihre eigene gemütliche Kneipe, mit Guinness vom Faß, leckeren kleinen Gerichten und äußerst zivilen Preisen.

Sehen und Erleben

Schloß Friedenstein, Tel. 53036, 9–17 Uhr, montags geschlossen. Die imposante vierflügelige Schloßanlage ist das einzige Bauwerk dieser Güte, das in Thüringen während des Dreißigjährigen Krieges entstand. Heute ist Schloß Friedenstein eigentlich eine Nummer zu groß für die Stadt, denn allein die bauliche Konservierung und Erhaltung des Schlosses reißt erhebliche Lücken in den Kulturetat.

Kartographisches Museum, Tel. 54016. 9–17 Uhr, montags geschlossen. Im Westturm des Schlosses befindet sich neben einer regionalgeschichtlichen und einer volkskundlichen

Sammlung das einzige Museum für Kartographie, denn Gotha ist ja bekanntlich mit dem Verlag des Justus Perthes die Hauptstadt der Kartographen gewesen.

Ekhof-Theater, Tel. 54016, 9–17 Uhr, montags geschlossen. Ein Kleinod der Theatergeschichte ist das Barocktheater, benannt nach der berühmten Schauspieltruppe des Konrad Ekhof, die nach dem Schloß- und Theaterbrand in Weimar an den Gothaschen Hof kam.

Wasserkunst. Auf dem oberen Hauptmarkt zwischen Schloß und Rathaus sprudeln im Sommer Wasserspiele, die die Versorgung der Gothaer mit dem kostbaren Naß zelebrieren sollen, denn schon 1369 hatten die Gothaer die ingenieurtechnische Glanzleistung einer dreißig Kilometer langen Wasserleitung von Georgenthal bis nach Gotha vollbracht, die sogar die Wasserscheide zwischen Elbe und Weser überwindet.

Einkaufen

Bücherstube «Hannah Höch», Marktstraße 15, Tel. 29674. Buchhandlung mit Antiquariat zum Stöbern.

Fahrradservice

Fahrrad Beckert, Schwabhäuser Straße 30, Tel. 53851

Fahrrad Eberhardt, Kindleber Straße 30, Tel. 54184

Galerien / Literaturhäuser

Galerie am Hauptmarkt, Hauptmarkt 44, Tel. 51611, Di–Fr 12–18 Uhr, Sa 9–12 Uhr

Club Parterre, Waltershäuser Straße 1–3, Tel. 56095. Gespräche, Vorträge, Lesungen, Musik und umweltbezogene Kunst.

Galerie Collage 42, Mönchelstraße 8, Tel. 56768.

Konzert

Jedes Jahr im März finden die **Thüringer Bach-Wochen** statt. Infos und Karten bei Kirchenmusikdirektor Uthmar Schneidig, Reinhardsbrunner Straße 14, Tel. 300596

Gotha ist der Sitz des **Landessymphonieorchesters**, das regelmäßig im Ekhof-Theater auf Schloß Friedenstein spielt. Nicht nur im landesweiten **Thüringer Orgelsommer**, sondern auch bei den alljährlich stattfindenden **Landeskirchenmusiktagen** ertönen Gothas Orgeln.

Theater

Kulturhaus Gotha, Ekhofplatz 3, Tel. 52130. Theater, Konzert und Kino in einem Haus. Gothas zentraler Saal.

Kino

Die Gothaer sind laut Statistik Deutschlands eifrigste Kinogänger:
Capitol (zwei Kinos), Pfortenstraße 12, Tel. 40333

KiK (vier Kinos), Ekhofplatz 3, Tel. 52888. Mittwochs gibt es für sechs Mark Eintritt das spezielle Programm des Filmclubs Lumière mit den besten Filmen.

Ausflüge

Museum der Thüringer Spielleute im Bachhaus, Wechmar. (Zugang zur Bachstube, Kirchen- und Ortsführung nach Vereinbarung, Tel. 036256/347 oder 333.) Die Musikerdynastie der Bachs nahm hier vom 16. Jahrhundert an mit dem Urahn Johann Sebastian Bachs, dem Bäcker Veit Bach, ihren Wohnsitz. Ein kleines neues Museum erinnert daran.

Marienglashöhle Friedrichroda, Tel. 03623/4953. 1. Oktober bis 14. April 9–16 Uhr, 15. April bis 30. September eine Stunde länger. Die wasserklaren und grobspätigen Gipskristalle schillern wie Opale, wenn sie ans Tageslicht kommen, und lassen sich zudem sehr leicht verarbeiten. Deshalb nahm man sie besonders gern, um Madonnenstatuen einen übernatürlichen Glanz zu verleihen.

Zauberschlößchen Gräfenhain, Hauptstraße 26, 99887 Gräfenhain,

Tel. 03624/2176. Jeden dritten Mittwoch im Monat treffen sich bei Werner S. Bergfeld im Zauberschlößchen – Zauberwerkstatt, Museum und Kneipe in einem – die Magier der Region und tauschen ihre neuesten Sinnestäuschungen aus. Wer will, kann nach dem Dinner in der Sonnenstube (thüringische «zauberhafte» Küche) die Magier bei der Arbeit beobachten. Im Flur hängt eine Galerie berühmter Zauberer, und im Gruselkeller unter dem Schloß wird es bald anfangen zu spuken.

Thüringer-Wald-Bahn, Waltershäuser Straße 98, Tel. 52402, Fax 52480. Seit hundert Jahren hat Gotha seine «Elektrische». Der einstündige Ausflug mit der Bahn, die direkt vor dem Bahnhof losfährt, führt direkt in den Thüringer Wald nach Tabarz. Eine Haltestelle ist Waltershausen-Schnepfenthal, wo Christian Gotthilf Salzmann und Christoph Friedrich GutsMuths in den Salzmannschen Erziehungsanstalten die philanthropische Pädagogik pflegten. Endstation ist Tabarz. Am 2. Mai, dem Jubiläumstag, werden die historischen Fahrzeuge hochglanzpoliert und auf die Strecke geschickt.

Jena

Vorwahl

03641

Informationen

Fremdenverkehrsamt Jena-Information, Löbderstraße 9, 07743 Jena, Tel. 24671; Fax 23382, Mo–Fr 9–18 Uhr, Sa 9–14 Uhr

Stadtführungen mittwochs und samstags 10 Uhr. Treffpunkt im Kiosk der Jena-Information am Holzmarkt. Hier kann man sich auch auf die schnelle einen Jugenherbergsausweis holen.

Verkehrsmittel

Im Sommer empfiehlt es sich auf jeden Fall, von dem P & R-System Gebrauch zu machen. An der B 88 aus Richtung Lobeda befindet sich bei den Saaleauen ein Parkplatz, von dem aus man durchs «Paradies», den Stadtpark an der Saale, in zehn Minuten in die Innenstadt laufen kann. Die Stadtbusse fahren im Zehnminutentakt überallhin, wo die Straßenbahn nicht fährt. Als eine der wenigen Städte in Deutschland leistet sich Jena sogar eine Neubaustrecke der Straßenbahn in die Trabantenstadt Lobeda.

Mitfahrzentrale Driving, Fürstengraben 30, Tel. 24990

Fahrrad am Bahnhof, Saalbahnhof, Tel. 417361

Bahnhöfe

Saalbahnhof (Intercity-Anschluß), Vermittlung Tel. 4170, Info Tel. 426060, Reservierung Tel. 417362

Paradiesbahnhof (Nahverkehr nach Saalfeld), Tel. 417341

Westbahnhof (Interregio Aachen–Chemnitz), Tel. 417342

Bahnhof Göschwitz (umsteigen zum Nahverkehr), Tel. 331465

Übernachten

Steigenberger Maxx Hotel, Stauffenbergstraße 59, 07747 Jena-Lobeda. Tel. 3000, Fax 300888. Der Renner unter den Geschäftsreisenden, am Rande der Plattenbausiedlung Lobeda-West, postmoderner Hotelneubau mit Nostalgieeinrichtung und japanischem Steingarten im Fitneßbereich. Guter Service, ungezwungen, mäßig teuer.

Hotel & Café Jenaer Hof, Bachstraße 24, Tel. 56469, Fax 56470. Kleines Hotel in einem schmalen Stadthaus im Jugendstil. Nettes Tagescafé im Erdgeschoß. Mäßig teuer, aber mitten in der Stadt.

Hotel zur Sonne, Markt 9, 07614 Bürgel (Richtung Eisenberg an der B 7). Tel. 036692/22522. Gemütliches Hotel im Töpferdorf. Gute Küche, ruhiger und nicht so teuer wie in der Stadt.

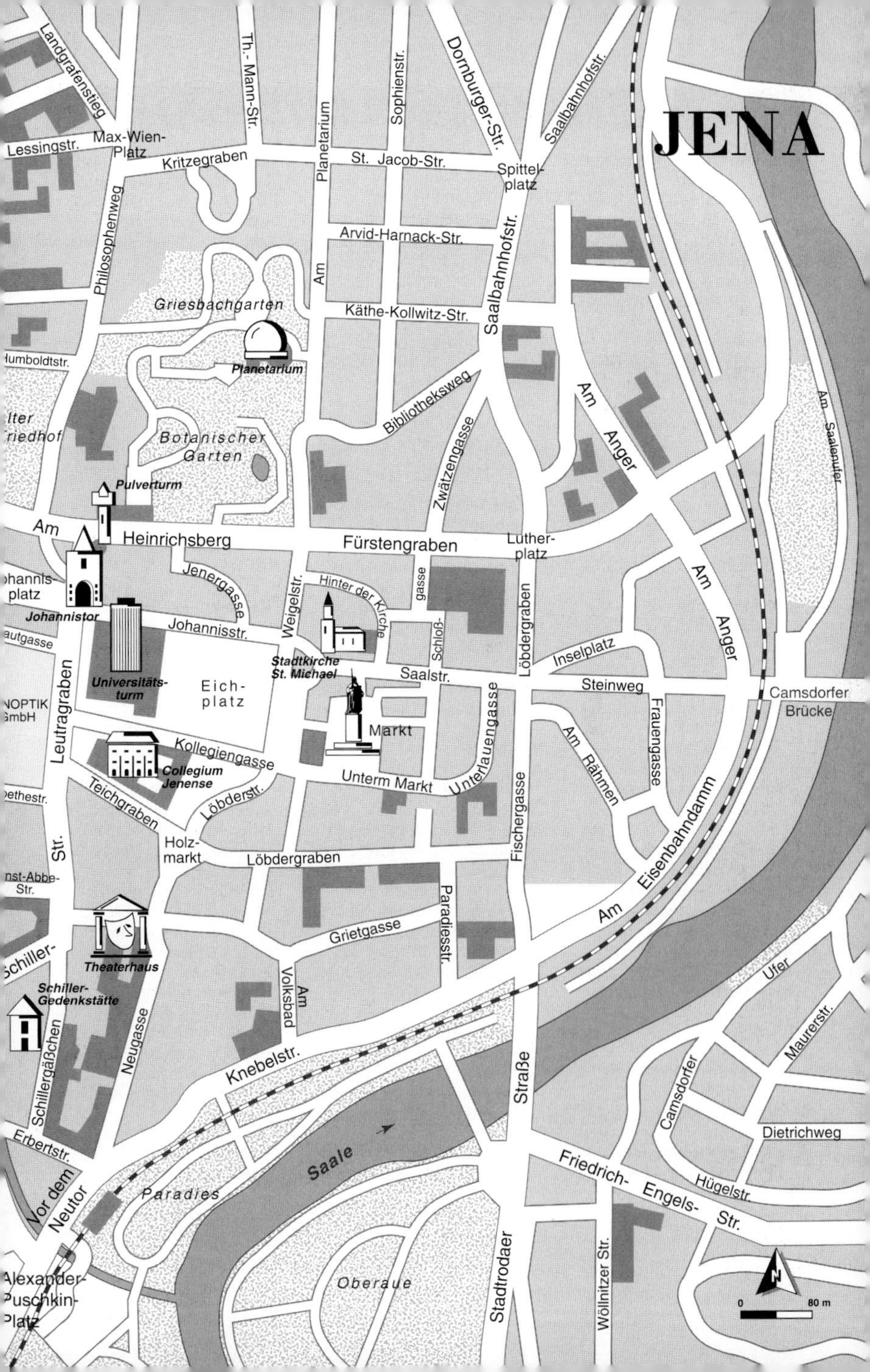
JENA
Landgrafenstieg
Lessingstr.
Max-Wien-Platz
Kritzegraben
Th.-Mann-Str.
Planetarium
Sophienstr.
Dornburger-Str.
Saalbahnhofstr.
St. Jacob-Str.
Spittelplatz
Philosophenweg
Arvid-Harnack-Str.
Am
Griesbachgarten
Käthe-Kollwitz-Str.
Saalbahnhofstr.
Planetarium
Humboldtstr.
Bibliotheksweg
Am Anger
Am Saaleufer
Zwätzengasse
Botanischer Garten
Pulverturm
Am Heinrichsberg
Fürstengraben
Lutherplatz
Jenergasse
Hinter der Kirche
Schloßgasse
Löbdergraben
Am Anger
Johannistor
Johannisstr.
Weigelstr.
Universitätsturm
Eichplatz
Stadtkirche St. Michael
Saalstr.
Inselplatz
Steinweg
Camsdorfer Brücke
Leutragraben
Markt
Unterlauengasse
Frauengasse
Am Rähmen
Kollegiengasse
Collegium Jenense
Unterm Markt
Teichgraben
Löbderstr.
Fischergasse
Am Eisenbahndamm
Holzmarkt
Löbdergraben
Str.
Paradiesstr.
Grietgasse
Theaterhaus
Schiller-
Schiller-Gedenkstätte
Am Volksbad
Neugasse
Schillergäßchen
Knebelstr.
Straße
Ufer
Maurerstr.
Camsdorfer
Dietrichweg
Saale
Erbertstr.
Vor dem Neutor
Paradies
Friedrich-Engels-Str.
Hügelstr.
Oberaue
Stadtrodaer
Wöllnitzer Str.
Alexander-Puschkin-Platz
N
0
80 m

Zur Noll, Oberlauengasse 19, 07743 Jena, Tel. / Fax 22704, Tel. 53069. Szenekneipe und Galerie mit Übernachtungsmöglichkeit. Das Chelsea-Hotel von Jena. Sonntags mit Jazzfrühstück. Fahrradverleih.

Jugendherberge **Leuchtenburg**, 07768 Seitenroda, Tel. 036424 / 23216. Zwanzig Kilometer außerhalb von Jena. Vier Kilometer bis zum nächsten Bahnhof (Kahla). Mittelalterliche Ritterburg mitten in einem großen Naturschutzgebiet.

Plinz-Mühle, Gisa und Jochen Bach, 07751 Groß-kröbnitz-Plinz, Tel. 036422 / 22438. «Kleine Galerie, Töpferei und Beherbergung» mit sechs Betten und kleiner Küche zur Selbstversorgung, zu Hause bei einem Künstlerehepaar, drei Kilometer Holperweg bis zum nächsten Dorf, inmitten paradiesischer Natur.

Campingpark Rabeninsel, 07778 Porstendorf, Tel. 036427 / 22256, Fax 22568. Etwa acht Kilometer nördlich von Jena in der Saaleaue mit vierzehn Bungalows für drei bis vier Personen. Relativ komfortabel.

Essen / Trinken / Treffs

Ali Alster, Krautgasse 22, Tel. 53031. Schmalzstullen, Kleinkunstbühne mit Kabarett und Live-Musik von Folk Rock bis Heavy Metal bis 3 Uhr früh: «Arbeitslos und Spaß dabei».

Burgschänke Leuchtenburg, 07768 Seitenroda, Tel. 036424 / 23316. An jedem dritten Samstag im Monat werden hier mittelalterliche Gelage mit Lauten- und Zimbelnmusik veranstaltet.

Café Immergrün, Fürstengraben 30, Tel. 25470. Die alternative Szenekneipe mit großer Teeauswahl, preiswerter Imbißküche, Müsli und selbstgebackenem Kuchen.

Café Wagner im Studentenhaus, Wagnergasse 26, Tel. 636324 oder -27. Literarisches Café mit Lesungen und Live-Musik, TheaterOFFensive, progressives studentisches Laientheater.

Diskothek B-88, Brückenstraße 10, Tel. 426002. Am Wochenende bis fünf Uhr früh abrocken.

Fuchsturm, Tel. 22417. Montags und dienstags Ruhetag. Eines der «Sieben Wunder Jenas», mit tollem Blick auf die Stadt.

Gay's Innung Jena, Ebertstraße 7. Man trifft sich donnerstags um sieben Uhr abends: Männer unter sich.

Im Sommer locken zahlreiche ländliche Gaststätten und Biergärten, besonders etwas außerhalb Jenas auf den umliegenden Bergen:

Jenzighaus, Auf dem Jenzig, Tel. 22774. Montags und dienstags Ruhetage. Das Bergrestaurant auf dem Jenenser Hausberg.

Kassablanca, Zentrum für Soziokultur, Villengang 2. Tel. 0172 / 3601083. Die wochentägliche Beschallung, von Grufti bis Grunge. Tagsüber quatschen im Alcafé.

Mensa im Universitätshochhaus. Im 26. Stock des runden Turmhochhauses befindet sich eine studentische Caféteria.

Quergasse, Quergasse 1, Tel. 24038. Gemütliche «Antiquitätenkneipe» mit guter Küche auf drei Etagen in einem kleinen Eckhäuschen. Nicht gerade billig.

Rosenkeller, Johannisstraße 13, Tel. 632461. Live-Musik im ältesten Studentenlokal Jenas, seit über dreihundert Jahren in Betrieb. Live-Musik im Keller, freitags Disco, total verraucht.

Volkshaus, Karl-Zeiß-Platz 2, Tel. 590014. Kultur und Bildung für die werktätigen Massen, im Foyer ab 21 Uhr auch mal kubanische und brasilianische Musik und Kabarett. Hier sind die Jenenser Symphoniker zu Hause.

Zur Noll, Kneipengalerie, Oberlauengasse, Tel. 22704. Thüringer Spezialitäten auf der Freiluftterrasse. Wechselnde Ausstellungen lokaler Künstler.

Sehen und Erleben

Collegium Jenensae, Kollegiengasse. Das ehemalige

Dominikanerkloster stand in den achtziger Jahren des sechzehnten Jahrhunderts leer. Ein Glück für Jena, denn die Räumlichkeiten dienten der neugegründeten Unversität als Heimstatt. Das romantische Herz der Friedrich-Schiller-Universität Jena mit einer wunderschönen alten Linde im Innenhof.

Ernst-Haeckel-Haus, Berggasse 7, Tel. 632129. Einlaßzeiten: Di–Fr 8.30 Uhr, 10 Uhr, 11.30 Uhr, 14 Uhr und 15.30 Uhr. Neben der Dokumentation des naturgeschichtlichen Wirkens Haeckels finden sich zahlreiche Zeichnungen und Gemälde, die erkennen lassen, daß Haeckel ein mindestens ebenso begabter Künstler wie Naturwissenschaftler war.

Goethe-Gedenkstätte, Fürstengraben 26, Tel. 630304. Di–So 9 – 13 Uhr. Das Inspektorhaus des sehr sehenswerten Botanischen Gartens (Tel. 632626) beherbergt zwei Räume, die an das über vierzig Jahre währende naturwissenschaftliche Engagement Goethes in Jena erinnern. Einen Eindruck von der Natur seiner Studien verschafft die ständige Ausstellung. Einen besonderen Bezug zu Goethe hat auch die ständige Ausstellung im Botanischen Garten: «Gingko – ein Wahrzeichen der Ewigkeit».

Optisches Museum, Ernst-Abbe-Stiftung Jena, Carl-Zeiss-Platz 12, Tel. 55106. Brillen, Guckkästen, Laterna magicas, Werkstatt und Laden von Carl Zeiss und nicht zu vergessen eine Sammlung seltener und alter Fernrohre vom 17. Jahrhundert bis in die Gegenwart.

Romantikerhaus, Städtische Museen, Unterm Markt 12a, Tel. 23521. Klassik? Romantik? Was unterscheidet Ludwig Tieck, Novalis und Johann Gottlieb Fichte von Goethe, und wie stellten sich die Romantiker eine ideale Gesellschaft vor? Im gleichen Haus befindet sich die reiche Kunstsammlung des Städtischen Museums, die eine der besten expressionistischen Sammlungen wäre, wenn die Nazis diesen Teil nicht zerschlagen hätten.

Schiller-Gedenkstätte, Schillergäßchen, Tel. 630304. Täglich außer sonntags und montags von 10 bis 16 Uhr geöffnet, mit einer Stunde Mittagspause von 12 bis 13 Uhr. Samstags erst ab 11 Uhr. Hier hatte Schiller, als er in Jena außerordentlicher Professor für Universalgeschichte war, sein kleines, aber freundliches Domizil. Im Dachstübchen, mit Blick zum Garten, schrieb er ungestört am «Wallenstein».

Stadtmuseum Göhre, Städtisches Museum, Markt 7, Tel. 23147, Di–So 10 – 13 Uhr und 14 – 17 Uhr (mittwochs bis 18 Uhr). Wer immer noch nicht weiß, was die Sieben Wunder Jenas sind und wonach der Schnapphans seit über vierhundert Jahren schnappt, hier findet er die Lösung. Ein scharfes Museum, hier gibt es viel zu entdecken.

Zeiss-Planetarium, Am Planetarium 5, Tel. 27315, Fax 24632, Vorführungen 11 oder 15 Uhr, und mittwochs abends 20 Uhr geht die Lasershow los. Das älteste Planetarium der Welt, jedoch auf den neuesten Stand der Technik gebracht. Planetarien zählten schon immer zu den begehrtesten Produkten der Carl-Zeiss-Werke, heute Jenoptik GmbH. Tägliche Programme zwischen Astrologie und interplanetarischem Kurzreiseverkehr.

Einkaufen

Jenaer Glas, Werksverkauf, Otto-Schott-Straße 13, Tel. 681694. Das berühmte feuerfeste Glas aus Jena, Auflaufformen und Kochtöpfe zum Reingucken.

Buchhandlung Blechtrommel, Wagnergasse 14, Tel. 24501

Thomas-Mann-Buchhandlung, Eichplatz 1, Tel. 22853, Fax 23558. Gut sortierte Buchhandlung unter dem Universitätshochhaus.

Jenaer Bücherstube, Johannisplatz 28, Tel. 22002. Anthroposophische Bücher, Goetheana

Trödelstube, Mittelstraße 35, Tel. 51146

Fahrradservice

Dieter Müller, Jena-Lobeda, Martin-Niemöller-Straße 8, Tel. 331020

Mietfahrräder im Fahrradhaus Kemter, Löbdergraben 24, Tel. 22401 und an der Gepäckabfertigung im Saalbahnhof, Spitzweidenweg 28, Tel. 417361. Wenn niemand an der Gepäckabfertigung ist, bei der Zugaufsicht auf Bahnsteig 2 nachfragen.

Galerien / Literaturhäuser

Galerie am Johannisplatz, Johannisplatz 10, Tel. 14923

Galerie im Stadthaus, Unterm Markt 14, Tel. 24604. Die rege Galerie ist im kommerziellen Kunstbetrieb tätig und verfügt über gute Kontakte zur Künstler- und Kunsthandwerkerszene in den neuen Bundesländern.

Galerie Zwätzengasse, Jenaer Kunstverein, Tel. 24950. Di–Sa 14–18 Uhr. Neben Vernissagen zeitgenössischer Kunst veranstaltet der Kunstverein auch Vorträge, Gespräche und literarisch-musikalische Gesellschaften.

Kneipengalerie Zur Noll (siehe Kneipen)

Im Rundgang und Foyer des **Planetariums** (Tel. 27315) gibt es traditionell wechselnde Ausstellungen lokaler Künstler.

Romantikerhaus, Unterm Markt 12a, Tel. 23521. Historische Ausstellungen heimischer Künstler mit Schwerpunkt Romantik.

Stadtmuseum Göhre, Ausstellungsetage, Markt 7, Tel. 21347. Interessante zeitgenössische Kunst, nicht kommerziell.

Im September findet alljährlich das große **Altstadtfest** statt.

Schöngleina Verkehrslandeplatz, Tel. 036428/40669, 8–20 Uhr. Der kleine Flugplatz von Jena dient neben einigen Geschäftsreisenden hauptsächlich Rundflügen (täglich mit Motorflugzeugen, am Wochenende auch mit Segelflugzeugen).

Sport

Allgemeiner Deutscher Fahrradclub ADFC, Kreisverband Jena **Grünes Haus**, Fürstengraben 30, Tel. 23920. Der Radlerclub informiert über Radwandern, Sternfahrten, Radsport und alles ums Fahrrad.

Insgesamt 430 Kilometer **Wanderwege** führen durch die Umgebung von Jena: ein hundert Kilometer langer Rundwanderweg auf den Horizontalwegen auf halber Höhe, der «Burgenweg» von Bad Frankenhausen über Jena nach Saalfeld, und der «Richard-Wagner-Fluchtweg» von Jena nach Eisenach. Das Fremdenverkehrsamt veranstaltet im Mai / Juni geführte Wanderungen, so die «Orchideenwanderungen» durch die abwechslungsreiche Kalksteinlandschaft.

Die Berge rund um Jena sind ideal zum **Drachenfliegen**. Infos beim **Drachenfliegerclub** Jena, Paul-Schneider-Straße 2, Tel. 426434

Jenaer Fallschirmsportclub, Trüperweg 2, Tel. 52766. Die ganz Mutigen können sich in einen alten Antonow-Doppeldecker setzen und den Absprung wagen.

Fuchsturm Gesellschaft, Fischergasse 5, Tel. 24109. Die engagierte Naturfreundegruppe veranstaltet ökologische Wanderungen, Vorträge und kümmert sich aktiv um Umweltschutz.

Volksbad, Am Volksbad 10, Tel. 22060. Die Schwimmhalle hat unregelmäßige Öffnungszeiten. Mit Sauna und Solarium.

Konzert

Volkshaus, Carl-Zeiss-Platz 2, Tel. 590014

Theater

Das experimentierfreudigste Theater Thüringens begann als Provisorium und ist mittlerweile eine wichtige Institution: **Theaterhaus Jena**, Schillergäßchen 1, 07745 Jena, Tel. 23133, Fax 24533, Kartenvorverkauf auch in der

Jena-Information Löbderstraße 9.

Kino

Kino **Capitol**, Löbdergraben 26, Tel. 3311596

Film e. V. Jena, Karl-Liebknecht-Straße 55, Tel./Fax 22524. Das andere Kino.

Kinder

Kinderkino «Wunderlampe» im Kinder- und Jugendfreizeitzentrum «Klex», Fragestraße 3, Tel. 33 44 16. Ein Kino für Kinder von drei bis zwölf, das mehr als Konsum bietet.

Mädchenprojekt Jena, Grietgasse 2. Täglich von 11 bis 17 Uhr geöffnet, Tel./Fax 56349. Tolles Projekt für Mädchen ab zwölf mit vielfältigen Aktivitäten (Töpfern, Holzgestaltung, Seidenmalerei, Yoga), Beratung und Gesprächsrunden.

Märchenstunden im Romantikerhaus, Unterm Markt 12a, Tel. 23521

Kindervorführungen im Planetarium, donnerstags und sonntags 10 Uhr.

Ausflüge

Wasserburg Kapellendorf, Am Burgplatz 1, 99510 Kapellendorf, Tel. 036425/22485, Mi–So 9–12 Uhr und 13–17 Uhr, am Wochenende erst ab 10 Uhr. Burgfeste und Konzerte bringen frischen Wind in das Gemäuer aus dem 12. Jahrhundert, und in einer Kemenate führt eine Dauerausstellung «Burgen in Thüringen» in die Rolle und Funktion thüringischer Burgen ein.

Camburg. Einige Kilometer nördlich der Dornburger Schlösser bewachte die Camburg die Grenze des Fränkischen Reiches. Im Stöbener Wald, etwas außerhalb Camburgs, findet man die Cyriaksburg mit den Resten einer romanischen Pfeilerbasilika.

Grüner Baum zur Nachtigall in Cospeda, Tel. 03 64 25/2 22 57 51, Di–So 9–12 Uhr und 13–17 Uhr. In dem historischen Gasthaus gibt es eine Ausstellung über den Verlauf der Schlacht bei Jena und Auerstädt, in der Napoleon die Preußen besiegte.

Dornburger Schlösser, 07778 Dornburg an der Saale, Tel. 036427/22291, Mi–So 9–12 und 13–16 Uhr. Drei Schlösser unterschiedlicher Epochen kühn am Abgrund der Muschelkalkfelsen hoch über dem Saaletal. Wenn es Goethe und Carl August in Weimar zuviel wurde, kamen sie hierher und spannten sich aus. Stilvolles Schloßcafé im Renaissanceschloß. Ende Juni findet im Rosengarten das Rosenfest statt.

Schloß und Park Kochberg, 07407 Großkochberg, Tel. 036743/22428, Mi–So 9–12 Uhr und 13–17 Uhr. Das Wasserschloß war der Landsitz von Charlotte von Stein, der intimsten Freundin Goethes. Im Liebhabertheater finden von Karfreitag bis Silvester regelmäßig Theateraufführungen statt.

Die **Kalkhänge um Jena** sind ein Paradies für vom Aussterben bedrohte Tiere und Pflanzen. Die einzigartige Trockenrasenlandschaft beherbergt über vierhundert Nachtfalterarten, seltene Schnecken und Spinnen. Küchenschellen und Orchideen gedeihen an den sonnigen Geröllfeldern.

Töpferdorf Bürgel, Information: Fremdenverkehrsbüro Bürgel, Markt, 07161 Bürgel, Tel. 036692/22362. Sechs Töpfereien zeigen ihr traditionelles Bürgeler Blau, aber auch interessante Variationen: Bürgeler Kunsthandwerk, Hintergasse 13, Tel. 22219 und Badergasse 32, Tel. 22202; Alt Bürgeler blau-weiß, Bahnhofstraße 4, Tel. 22375; Töpferei Freigang, An der Stadtmauer 1, Tel. 22262; Töpferei Reichmann, Töpfergasse 24, Tel. 22267; Töpferei Philler (Werkstatt der Hochschule für Kunst und Design Halle/Burg Giebichenstein) Am Nordgraben 4, Tel. 22679, Töpferei Neubert, Werkstatt Taupadel, Nr. 10, Tel. 22559. Ende Juni gehen alle Töpfer auf den Markt und präsentieren ihr Geschirr auf dem Volksfest «Töpfermarkt».

Klosterkirche Thalbürgel, April–Oktober: Mo–So 10–18 Uhr, Tel. 036692/739. Der Thalbürgeler Konzertsommer bringt hochkarätige Musiker aus aller Welt in die imposante dreischiffige romanische Pfeilerbasilika der Hirsauer Schule. Das Wissen, welches die Baumeister der Romantik um die Raumakustik besaßen, ist bis heute unerreicht.

Weinstraße an Saale und Unstrut. Vierzig Kilometer durch Deutschlands nördlichstes Weinanbaugebiet: Bad Kösen, Schulpforte, Naumburg, Roßbach, Kleinjena, Großjena, Freyburg, Zscheiplitz, Weichütz, Laucha, Kirchscheinungen, Tröbsdorf, Wennungen, Wetzendorf, Karsdorf, Steigra, Vitzenburg, Reinsdorf, Nebra – größtenteils in Sachsen-Anhalt. Zu Fuß, mit dem Wanderkajak, mit der Unstruttalbahn entlang der Kalksteinhänge mit ihren Burgen und romantischen Weinberghäuschen. Information: **Regionaler Fremdenverkehrsverband Mitteldeutsche Burgen- und Weinregion**, Jägerstraße 3, 06618 Naumburg, Tel. 03445/60243, Fax 2154. Jedes Jahr im September wird in Freyburg zum Winzerfest die «Gebietsweinkönigin Saale-Unstrut» gekürt.
Winzervereinigung Freyburg, Querfurter Straße 10, 06632 Freyburg, Tel. 034464/384 bis 386, Fax 387. Probierstube 9–18 Uhr, donnerstags 10–20 Uhr. Auf Wunsch kann der Keller mit den Eichenfässern besichtigt werden.
Landesweingut Naumburg, Saalhäuser, 06628 Bad Kösen, Tel. 034463/273, Fax 319. «Vinum-Center» täglich 9–20 Uhr.
Weinanbau & Vertrieb Uwe Lützkendorf, Saalberge 31, Bad Kösen, Tel. 034463/772.
Böttcherei & Weinhandel Günther Mehner, Wendenplan 6, Naumburg, Tel. 03445/2975

Weimar

Vorwahl

03643

Informationen

Weimar-Information, Markt 10, 99423 Weimar, März bis Oktober Mo–Fr 9–19 Uhr, Sa 9–16 Uhr, So 10–16 Uhr, November bis Februar, Mo–Fr 9–18 Uhr, Sa 9–16 Uhr, Tel. 24000; Fax 61240

Das **Informationsbüro des Fremdenverkehrsamtes** vermittelt auch sehr preiswerte Privatzimmer und hat eine Reihe von günstigen Wochenendarrangements zusammengestellt, einschließlich Übernachtungen mit Frühstück, Stadtführung, Info-Paket, Schlemmerdiner und Eintrittskarten.

Kartenvorverkauf für das Weimarer Kunstfest und allgemeine Informationen im Auftrag der Stiftung Weimarer Klassik liefert das **Weimar-Touristbüro Scholz KG**, Herderplatz 1, 99423 Weimar. Tel. 541819, Fax 541899

Täglich 11 und 14 Uhr finden öffentliche Stadtführungen statt.

Übernachten

Wer spontan nach Weimar reist, dem kann es während der Hauptsaison an Wochenenden passieren, daß er keine Unterkunft in der Stadt mehr findet. Die Zimmervermittlung der Weimar-Information hat dann alle Hände voll zu tun, die Gäste in der Nähe der Klassikerstadt unterzubringen. Preiswerte Privatzimmer sind rar, aber in den Luxusherbergen ist meistens noch Platz. Im Zweifelsfall gibt es noch immer Ausweichquartiere in der Umgebung.

Weimar Hilton, Belvederer Allee 25, 99425 Weimar, Tel. 722-0, Fax 722741. Direkt am Park gelegenes Grandhotel. Der Hilton-übliche Standard, plus Fahrradverleih für die umweltschonende Erkundung der Klassikerstadt. Schnäppchen für Familienwochenenden und touristische Paketangebote.

Hotel Elephant, Markt 19, 99423 Weimar, Tel. 61471, Fax 65310.
1938 komplett für Hitler umgebaut, einschließlich des «Führerbalkons» über dem Haupteingang, von dem der Diktator die Weimarer grüßte. Die Inneneinrichtung ist fast vollständig im Stil der späten

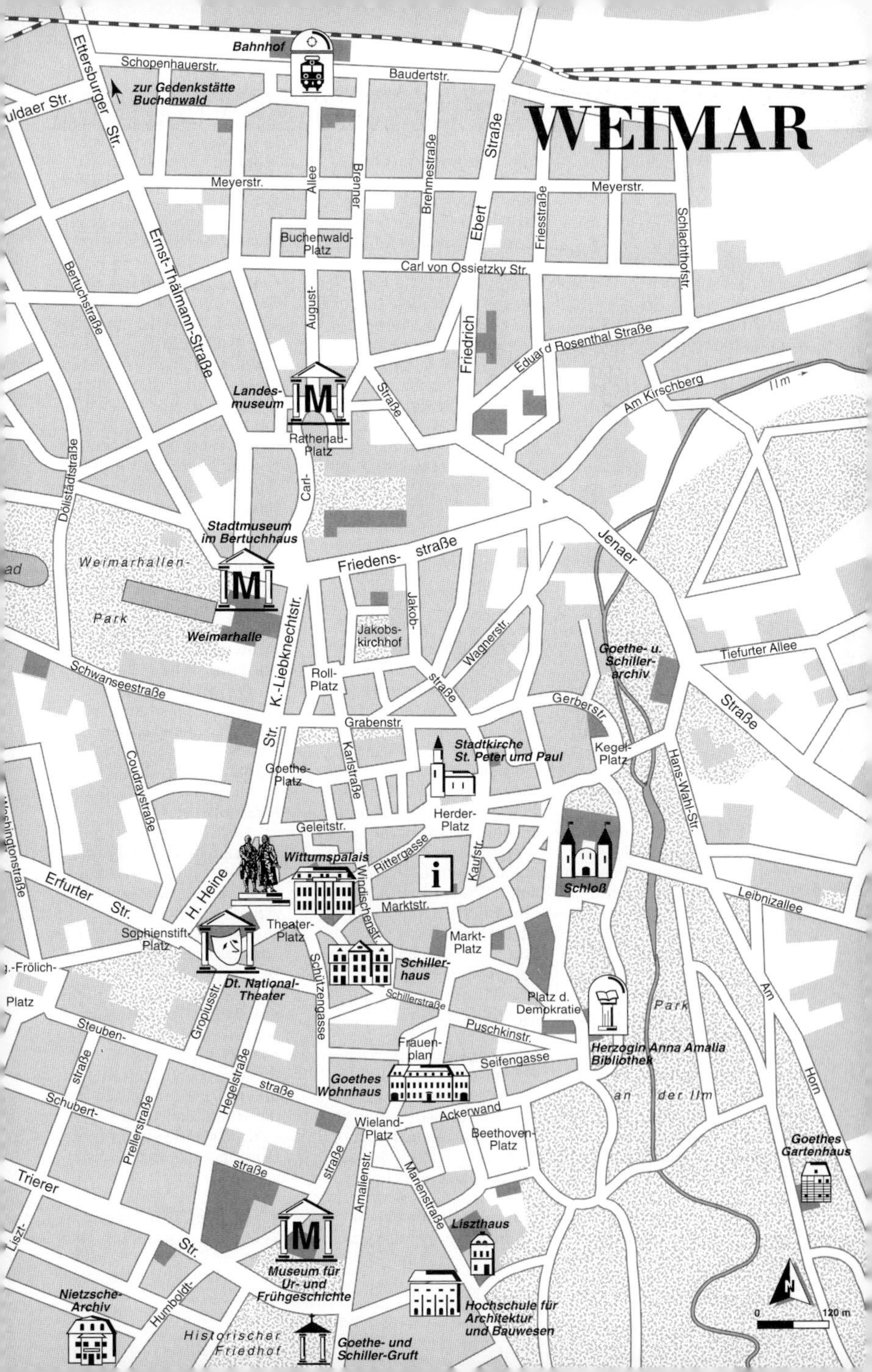
WEIMAR
Bahnhof
Schopenhauerstr.
Baudertstr.
zur Gedenkstätte Buchenwald
Ettersburger Str.
Fuldaer Str.
Meyerstr.
Allee
Brenner
Brehmestraße
Straße
Ebert
Friesstraße
Schlachthofstr.
Buchenwald-Platz
Carl von Ossietzky Str.
Ernst-Thälmann-Straße
Bertuchstraße
August-
Friedrich
Eduard Rosenthal Straße
Am Kirschberg
Ilm
Landes-museum
Rathenau-Platz
Carl-
Dölistädtstraße
Stadtmuseum im Bertuchhaus
Weimarhallen-
Park
Weimarhalle
Friedens-
straße
Jenaer
Straße
Jakob-
Jakobskirchhof
K.-Liebknechtstr.
Wagnerstr.
Goethe- u. Schiller-archiv
Tiefurter Allee
Schwanseestraße
Roll-Platz
straße
Gerberstr.
Grabenstr.
Str.
Karlstraße
Stadtkirche St. Peter und Paul
Kegel-Platz
Hans-Wahl-Str.
Goethe-Platz
Coudraystraße
Herder-Platz
Geleitstr.
Rittergasse
Kaufstr.
Washingtonstraße
Erfurter Str.
H. Heine
Wittumspalais
Windischenstr.
Schloß
Leibnizallee
Marktstr.
Theater-Platz
Sophienstift-Platz
Markt-Platz
Schützengasse
Schiller-haus
Dt. National-Theater
Schillerstraße
Platz d. Demokratie
Park
Am
Gropiusstr.
Puschkinstr.
Steuben-
straße
Frauen-plan
Seifengasse
Herzogin Anna Amalia Bibliothek
Horn
Hegelstraße
straße
Goethes Wohnhaus
an der Ilm
Schubert-
Prellerstraße
Wieland-Platz
Ackerwand
Beethoven-Platz
Goethes Gartenhaus
Trierer
straße
straße
Amalienstr.
Marienstraße
Str.
Liszthaus
Liszt-
Museum für Ur- und Frühgeschichte
N
Nietzsche-Archiv
Humboldt-
Hochschule für Architektur und Bauwesen
0
120 m
Historischer Friedhof
Goethe- und Schiller-Gruft

dreißiger Jahre erhalten. Teuer.

Wer im Besitz eines Jugendherbergsausweises ist, kann auch in einer der DJHs übernachten:

Am Poseckschen Garten, Humboldtstraße 17, 99423 Weimar, Tel. 64021
Germania, Carl-August-Allee 13, 99423 Weimar, Tel. / Fax 202076
Jugendgästehaus Maxim Gorki, Zum Wilden Graben 12, 99425 Weimar, Tel. / Fax 3471

Essen / Trinken / Treffs

Café Gratis, Asbachstraße 1, 661984. Umsonst gibt es hier vieles: gute Gesellschaft, wechselnde Ausstellungen lokaler Künstler, im Sommer auch mal Live-Musik – und nach Mitternacht den Kaffee.

Residenz-Café, Haus Resi, Grüner Markt 4, Tel. 59408. Im 19. Jahrhundert trafen sich hier die Künstler der Weimarer Malerschule, in den goldenen Zwanzigern war das Resi Treffpunkt der Avantgarde des Bauhauses. 1922 beobachtete Ilja Ehrenburg «ehrwürdige Bürger mit hohen Stehkragen und die Trottel der hiesigen Akademie in irgend so etwas wie ‹konstruktivistischen Blusen›».

Gasthaus zum weißen Schwan, Am Frauenplan, Tel. 61715, Fax 202575. Hier brachte weiland Goethe zu Weihnachten aus seinem eigenen Keller selbst eingelagerte Teltower Rübchen mit, um sie vom Koch zubereiten zu lassen. Die Küche läßt nichts zu wünschen übrig, deshalb kam auch die dänische Königin bei ihrem Besuch im März 1994 hierher, um zu speisen. Herbert Frauenberger, der Inhaber und Küchenchef, hat die Thüringer Küche in ungeahnte Dimensionen verfeinert, bietet sowohl Deftiges als auch Raffiniertes. Zum Dessert ein weißer Baiser-Schwan in einem Meer aus blauer Curaçao-Götterspeise. Ohne Reservierung – mehrere Wochen im voraus – nichts zu machen. Gut und teuer.

Sehen und Erleben

Albert-Schweitzer-Begegnungsstätte, Kegelplatz 4, Tel. 202739, 10 – 17 Uhr, im Winter nur bis 16 Uhr, montags nur nach Vereinbarung. Im Haus des Fürstenerziehers und Märchendichters Johann Carl August Musäus kann man sich über das Leben des guten Mannes von Lambarene informieren und herausfinden, daß der Urwaldarzt auch noch ein bedeutender Musikwissenschaftler, Philosoph und Theologe war.

Fürstengruft, Historischer Friedhof, 9 – 13 und 14 – 17 Uhr. Nicht nur Gruftis verspüren hier den kühlen Hauch aus dem Jenseits. Im Streit um den besten Liegeplatz haben schließlich die Dichterfürsten gesiegt, obwohl die Umbenennung nach der «Wende» etwas anderes suggerieren möchte. Gleich dahinter Maria Pawlownas russisch-orthodoxes, goldglänzendes Mausoleum.

Goethes Gartenhaus an der Ilm, 9 – 12 und 13 – 17 Uhr. «Hab ein liebes Gärtgen vorm Thore an der Ilm schönen Wiesen in einem Thale. Ist ein altes Häusgen drinne, das ich mir repariren lasse. Alles blüht, alle Vögel singen. Es ist eine herrliche Empfindung dahausen im Felde zu sizzen. Alles ist so still. Ich höre nur meine Uhr dakken, und den Wind und das Wehr von fern», so Goethe am 21. April 1776.

Goethes Wohnhaus am Frauenplan und **Goethemuseum**, Tel. 5450, 9 – 17 Uhr, montags geschlossen. Das Labyrinth des Universalgelehrten ist zum Mekka der deutschen Bildungsbürgerlichkeit geworden. Seit Goethes Ableben unverändert.

Herzogin-Anna-Amalia-Bibliothek, Platz der Demokratie, **Rokokosaal**, April bis Oktober 11 – 12.30 Uhr, sonntags geschlossen, November bis März geschlossen. Anna Amalia machte mit Hilfe des Baumeisters Straßburger aus dem Grünen Schloß die schönste aller Rokoko-Bibliotheken, und Goethe setzte sich dafür ein, daß sie zur «Pflanzschule vielseitiger Bildung in weiten Kreisen werde».

Kirms-Krackow-Haus, Jakobstraße, vorläufig wegen

umfangreicher Baumaßnahmen geschlossen.

Kunstgewerbeschule, Geschwister-Scholl-Straße 8. In dem Haus von Henry van de Velde mit der schönen Treppe und der Rodin-Skulptur im Foyer befindet sich heute die Hochschule für Architektur und Bauwesen.

Kunsthalle am Theaterplatz, 10 – 18 Uhr, donnerstags bis 20 Uhr, montags geschlossen. Alle zwei bis drei Monate finden in der klassizistischen Remise des Weimarer Hofarchitekten Coudray wechselnde zeitgenössische und historische Kunstausstellungen von überregionaler Bedeutung statt, Schwerpunkt Bauhaus.

Kunstkabinett am Goetheplatz, So–Do 10 – 13 Uhr und 14 – 17 Uhr. Freitags und samstags geschlossen. In der Ausstellung des Museums für Kunst und Kunstgewerbe mit der venezianisch anmutenden Fassade machte Anfang des Jahrhunderts die Avantgarde Furore. Heute werden in der schönen Oberlichthalle wechselnde Ausstellungen lokaler und internationaler Künstler gezeigt.

Liszthaus, Marienstraße 17, Tel. 202945 oder 202946, 9 – 13 und 14 – 17 Uhr, montags geschlossen. Dem Tastenakrobat erwies man ebenfalls die Ehre, seine Wohnstatt so zu konservieren, wie er sie nach seinem Tode verließ. Auf Wunsch gibt's im Salon Liszt von der Konserve.

Museum für Ur- und Frühgeschichte, Humboldtstraße 11, Tel. 3324, täglich 9 – 17 Uhr, am Wochenende erst ab 10 Uhr mit einer Stunde Mittagspause von eins bis zwei. Schon vor dreihunderttausend Jahren gab es Horden von Jägern und Sammlern im Nordthüringischen. Wir können es ihnen gleichtun und uns im Museum an ihren Werkzeugen und Überlebenstechniken üben.

Nietzsche-Archiv, Humboldtstraße 36, Tel. 202974, 13 – 17 Uhr, montags geschlossen. Unbeschadet hat die komplette von Henry van de Velde entworfene Jugendstilinneneinrichtung im Erdgeschoß 40 Jahre DDR-Schlaf überstanden und erstrahlt nun, frisch gewachst und geweißt, in ihrem originalen Glanz.

Römisches Haus im Park an der Ilm, Tel. 5450, 9 – 12 und 13 – 17 Uhr, dienstags geschlossen. Wie römische Cäsaren mögen sich die Weimarer Großherzöge vorgekommen sein, wenn sie ihre Sommer in diesem unter Goethes Leitung erbauten klassizistischen Tempietto verbracht haben.

Schillerhaus und **Schillermuseum**, Schillerstraße 12, Tel. 5450, 9 – 17 Uhr, dienstags geschlossen. Nur die letzten drei Jahre seines Lebens war es dem kranken Friedrich Schiller vergönnt, mit seiner Familie in diesem schönen Haus zu leben. Mitte der achtziger Jahre sorgfältig rekonstruiert und mit einem informativen Museum verbunden.

Schloß und Park Belvedere, Rokokomuseum, Sammlung historischer Kutschen, 10 – 18 Uhr, montags und dienstags geschlossen, November bis März geschlossen. In dem Rokoko-Jagdschloß drei Kilometer außerhalb der Stadt befindet sich eine bedeutende kunsthandwerkliche Sammlung des 17. und 18. Jahrhunderts. In der Orangerie kann man prunkvolle historische Kutschen bewundern.

Schloß und Park Tiefurt, Tel. 3038, 9 – 13 und 14 – 17 Uhr, montags geschlossen, November bis März montags und dienstags geschlossen. Anna Amalia war der gute Geist in diesem Haus. Ihre Tafelrunden versammelten im Schloßpark alles, was Rang und Namen hatte.

Stadtmuseum Weimar, Bertuchhaus, Karl-Liebknecht-Straße, Tel. 3868, 10 – 13 und 14 – 17 Uhr, freitags und samstags geschlossen.

Stadtkirche St. Peter und Paul, Herderplatz, Mo–Sa 10 – 12 Uhr und 14 – 16 Uhr, sonntags eine Stunde später geöffnet und eine Stunde früher geschlossen, ebenso im Winter. Der Flügelaltar Lukas Cranachs d. Ä. ist in seiner Symbolik ein protestantisches Glaubensbekenntnis.

Stadtschloß, Burgplatz 4, Tel. 61831, Kunstsammlung zu Weimar, Schloßmuseum, Galerie im Schloß, Juni bis August 10–18 Uhr, September bis Mai 9–17 Uhr, montags geschlossen. Mehrmals brannte das Schloß in der Geschichte ab, auch 1774, samt des Schloßtheaters, dessen Schauspielertruppe deshalb nach Gotha ans Ekhoftheater abwanderte. Wechselnde interessante Ausstellungen im Foyer der Stiftung Weimarer Klassik.

Wittumspalais mit Wielandmuseum, Theaterplatz, 9–12 und 13–17 Uhr, montags geschlossen.

Alle Museen der Stiftung Weimarer Klassik schließen im Winter schon um 16 Uhr. Zentrale Rufnummer: 5450

Märkte / Feste

Zwiebelmarkt. Seit dem 17. Jahrhundert wird in Weimar alljährlich im Oktober der «Viehe und Zippelmarckt» begangen. Goethe, der keine Zwiebeln mochte, schrieb 1806 an Caroline Sartorius: «Daß die vegetabilischen Späße ihre gute Wirkung gethan haben, freut uns recht sehr. Versäumen Sie nur nicht jährlich dergleichen bey uns von dem famosen Markte abzuholen.»

Kunstfest Weimar. Das kulturelle Glanzlicht im Jahreslauf, veranstaltet von der Stiftung Weimarer Klassik, inszeniert die Klassiker etwas anders: experimentell, innovativ, mit Ecken und Kanten; Veranstaltungen, die aus dem musealen Rahmen fallen.

Galerien / Literaturhäuser

Stiftung Weimarer Klassik, Burgplatz 4, 99423 Weimar, Tel. 545102, Fax 545101, Besucherinformation, Eintrittskarten: Frauentorstraße 4, 99423 Weimar, Tel. 64386, 64387, Fax 419816. Die Stiftung ist nicht nur damit beschäftigt, ihre Bestände zu pflegen, sondern veranstaltet das ganze Jahr über interessante Symposien über literarisch-zeitgeschichtliche Themen, akademische Frühstücke, Workshops, Autorenlesungen und kontroverse Ausstellungen nach dem Motto: «Was haben uns die Klassiker heute zu sagen?»

Galerie Hebecker, Marienstraße 1 (am Wielandplatz), Tel. / Fax 510526, 10–18 Uhr, sonntags geschlossen. Expressiver Realismus, postmoderner Realismus, aber auch sehr interessante gegenstandslose Malerei auf 300 Quadratmetern. Beim alljährlichen «Bildermarkt» hängen Hunderte von Bildern an den Wänden wie in einem Bilderhaus des 18. Jahrhunderts.

Einkaufen

Antiquariat «Suleika», Schillerstraße 10, Tel. 3895

Buch- und Kunsthandlung Ludwig Thelemann, Rittergasse 21, Tel. 65303

Hoffmanns Buchhandlung, Schillerstraße. Eine der ältesten Buchhandlungen Deutschlands mit dem besten Sortiment über die Weimarer Klassik.

Fahrradservice

Fahrrad-Service Hilbig, Erfurter Straße 11, Tel. 62195

Konzert

Jedes Jahr im Frühjahr finden die **Thüringer Bach-Wochen** statt mit hochkarätigen Interpreten. Infos und Karten beim Verein Weimarer Bachfreunde, Humboldtstraße 58, Tel. 62431

Theater

Deutsches Nationaltheater, Theaterplatz 1, Tel. 7550, Fax 755218. Das konservative Vorzeigetheater der Goethestadt geht neuerdings in seinen Inszenierungen auch einmal erfreuliche Risiken ein.

Ausflüge

Gedenkstätte Buchenwald, Tel. 42 11 23, Mai bis September 9.30–17.45, Oktober bis April 8.45–16.45, Einlaß bis eine halbe Stunde vor Schließung, montags geschlossen

Hohenfeldener Stausee. Der 38 Hektar große Stausee ist ideal für eine sommerliche Abkühlung. In den Gaststätten «Seeblick»

(Tel. 036450/2397) und «Zur Bootsstelle» (Tel. 2081) gibt's mehr als eine Bockwurst, und im «See-Eck» ein Eis. Senioren sind eingeladen, mittwochs nachmittags eine Kremserfahrt rund um den See zu unternehmen. Außerdem ist hier der größte Campingplatz Thüringens (Tel. 2081, Fax 2082) mit kinderfreundlichen Ferienhäusern.

Goethe-Wanderweg. Die 28 Kilometer von Weimar nach Großkochberg zu seiner verehrten Charlotte von Stein hat Johann Wolfgang Goethe nach eigenem Bekunden in nur vier Stunden zu Fuß zurückgelegt. Entweder er war neben seinen vielen anderen Talenten auch noch ein topfitter Jogger, oder er kannte eine gute Abkürzung, denn einen ganzen Tag sollte man sich für die Wanderung auf dem Pfad mit dem großen weißen «G» unbedingt Zeit nehmen. Über Vollersroda, Buchfart, Saalborn, Schwarza, Hochdorf, Neckeroda nach Großkochberg, mit acht Gaststätten, schönen Ausblicken und einigen Sehenswürdigkeiten unterwegs wird der Weg nicht lang. Zurück kann man auch mit dem Bus fahren. Abfahrtszeiten: Tel. 61731 (ÖPNV Weimar) oder 03672/22612 (Omnibusverkehr Saale-Orla).

Nordthüringen

Informationen

Tourismusverband Region Nordhausen, Wolfstraße 11, 99734 Nordhausen, Tel. 03631/80695

Kyffhäuser Fremdenverkehrsverband, Anger 14, 06567 Bad Frankenhausen, Tel. 036471/3037 oder 3186, Fax 4126

Touristik-Verband-Sondershausen, Markt 8, 99706 Sondershausen, Tel. 03632/41319

Heimat- und Verkehrsverband Eichsfeld (HVE), Rathaus Marktstraße 66, 37115 Duderstadt, Tel. 05527/73774, Fax 05527/73775

Verkehrsverband Heiligenstadt, Ägidienstraße 11 a, 37308 Heilbad Heiligenstadt, Tel. 03606/2538

Bad Frankenhausen

Vorwahl

034671

Informationen

Kyffhäuser Fremdenverkehrsverband, Anger 14, 06562 Bad Frankenhausen, Tel. 3037, 3186, Fax 4126

Info-Magazin, kleines Stadtmagazin, das überall ausliegt, mit nützlichen Informationen, Hinweisen auf Sehenswürdigkeiten und Veranstaltungen.

Verkehrsmittel

Bei der Kyffhäuser-Information kann man eine Fahrt im Kremser zu den Sehenswürdigkeiten der Gegend buchen.

Übernachten

Landsitz Thomas Müntzer, Kyffhäuser, 06567 Bad Frankenhausen, Tel. 2381, 2382. Hotel im Stil einer Luxusdatscha direkt unter dem Kyffhäuserdenkmal, früheres exklusives Freizeitheim der Stasi-Führungskader, in Stil passend zum Bauernkriegspanorama. Gehobene Preisklasse.

Jugendherberge, Bahnhofstraße 6, Bad Frankenhausen, Tel. 2018. Solide Juhe mit Voll- und Halbpension.

Camping siehe: Ausflüge

Essen / Trinken / Treffs

Weinlokal & Café **Zum Schwan**, Erfurter Straße 9, Tel. 2432, täglich außer montags geöffnet. Nette Weinstube nicht nur mit Thüringer Weinen.

Café Restaurant Straube, Erfurter Straße 20, Tel. 2916. Kaffee und Kuchen hausgemacht, verschiedene Kaffeespezialitäten.

Schloßcafé im Kreisheimatmuseum. Tel. 2086. Hinter dem Schloß erstreckt sich ein weitläufiger Park mit interessanten sozialistisch-realistischen Bronzeskulpturen. Ebenso wie das Museum montags geschlossen.

Schäferhof, Am Dorfplatz, 06567 Esperstedt, Tel. 2559. Dorfgasthof mit «echter Thüringer Hausmannskost».

Westernsaloon Charly's Tante & Jet-Disco. Tel. 4188. Am Barbarossagarten. Bar und Schwof, am Wochenende bis in die Puppen.

Sehen und Erleben

Bauernkriegspanorama auf dem Schlachtberg. Tel. 8214. Geöffnet täglich außer montags von 10–18 Uhr, in der Wintersaison von 10–17 Uhr. Im Juli und August auch zusätzlich montags von 13–18 Uhr. Stündliche Führungen. Die «größte bemalte Leinwand der Welt», 1722 Quadratmeter voller eklektizistischer Allegorien, altmeisterlich gemalt.

Kinder

Bad Frankenhausen war in der DDR der wichtigste Kindererholungsort mit 2000 kleinen Besuchern jährlich. Das ehemalige «Pionierlager Thomas Müntzer» hat mittlerweile nach langen juristischen Umwegen einen neuen Träger, und es ist geplant, das Feriendorf für Familien wieder zugänglich zu machen.

Ausflüge

Stausee Kelbra. Paradies für Windsurfer. Schönes Strandbad mit FKK-Sektion, Campingplatz, Bootsverleih, Seglerklub, Kinderspielplatz. Campingplatz, Lange Straße 150, 06537 Kelbra / Kyffhäuser, Tel. 034651/6310, Fax 034651/6312

Kyffhäuserdenkmal. Geöffnet 1. Mai bis 30. September von 9–19 Uhr, sonst nur bis 17 Uhr. Tel. 2780. Auf den Ruinen der alten Kaiserburg wurde 1890–96 nach Entwürfen von Bruno Schmitz, dem Schöpfer des Völkerschlachtdenkmals und des Hermannsdenkmals bei Porta Westfalica sowie des Deutschen Ecks bei Koblenz, das Epitaph für den 1888 verstorbenen Kaiser Wilhelm I erbaut. Die alte Burg wurde dabei größtenteils zerstört. Einstmals Sammlungsort progressiver Studenten, wurde der Berg zur Nazizeit und nach dem Krieg zum Kultberg deutschtümelnder Burschenschafter und Soldatenkameradschaften. Nach der Wiedervereinigung gab es einen Streit um den Besitz des Denkmals, das der westdeutsche Kyffhäuserbund der Kriegervereine gern für sich reklamiert hätte.

Barbarossahöhle in Rottleben. Führungen regelmäßig von 9–18 Uhr, in der Wintersaison nur bis 17 Uhr. Tel. 2481. Auf der Wanderung durch die 800 Meter lange Gipshöhle mit ihren interessanten unterirdischen Seen und zackigen Naturgewölben kann man den «echten» Thron von Kaiser Barbarossa bewundern, wo ihm der Bart durch den Tisch wächst und er darauf wartet, daß die Raben nicht mehr um den Berg fliegen. Noch fliegen sie...

Königspfalz Tilleda. Freiluftmuseum. Tel. 2923. Montag bis Freitag 10–17 Uhr, in der Wintersaison nur bis 16 Uhr. Bei Tilleda kann man das Ausgrabungsfeld der ehemaligen Kaiserpfalz besichtigen. Ein Museum ist in Arbeit. Anhand der Überreste der Grundmauern kann man sich ein Bild von Lage und Größe der Kaiserpfalz machen. Mehr kann man bei den Überresten der romanischen Burgruine Rothenburg sehen, die schon Goethe begeisterte, sowie bei der Burgruine der Reichsburg Kyffhausen, direkt beim Kyffhäuserdenkmal.

Wasserburg Heldrungen, Schloß 13, 06577 Heldrungen. Tel. 034673/91836. Täglich 9–12 und 13–16 Uhr, montags geschlossen. Eine Gedenkstätte erinnert an den Bauernkrieg. In der Burg befindet sich auch eine **Jugendherberge**.

Heilbad Heiligenstadt

Vorwahl

03606

Informationen

Heiligenstadt-Information, Wilhelmstraße 105 (Alte Torwache), 37308 Heiligenstadt, Mo–Fr 8.30 – 12 Uhr und 13 – 16 Uhr, Tel. 2063

Von April bis Oktober jeden Mittwoch 11 Uhr **Stadtführung**. Treffpunkt vor dem Rathaus.

Übernachten

Hotel & Restaurant **Zur Traube**, Bahnhofstraße 2, Tel. 2253. Mäßig preiswertes Hotel, 3 Wochen vorher reservieren.

Hotel Restaurant **Alte Burg**, Alte Burg 1, Tel./Fax 2873. Hinter dem Hotel gibt es eine Reihe von Ferienhäuschen, einstmals Ferienheim des Tabakkombinats Nordhausen, in denen man mit maximal sechs Personen für hundert Mark übernachten kann. Der Küchenchef und Inhaber, Herr Bartel, stammt aus Berlin und kocht gut bürgerlich.

Jugendherberge Martinfeld, Bernteröder Straße 140, 37308 Martinfeld, Tel. 036082/9339, Fax 289. Übernachten auf der Burg im Obereichsfeld, elf Kilometer von Heiligenstadt und fünfzehn von Mühlhausen.

Essen/Trinken/Treffs

Restaurant Exotik, Paradiesweg 8, Tel. 3105. Gibt es ein Leben nach dem Hawaii-Toast? Interessantes kleines Restaurant inmitten einer DDR-Einfamilienhaussiedlung, mit stilvollem Séparée und dezenter Küche.

Kur-Café, Am Jüdenhof 6, Tel. 2137. Das Café im alten Kurzentrum.

St. Martin, Wilhelmstraße 22, Tel. 602859

Zum Roten Zwehl, Wilhelmstraße 19 – 21, Tel. 603314

Sehen und Erleben

Literaturmuseum «Theodor Storm», Kasseler Tor 2, Tel. 3794. Dienstag bis Freitag von 9 – 12 und von 13 – 16 Uhr, sonntags von 14 – 16 Uhr. Ein beschauliches Museum im Mainzer Haus, einem Fachwerkbau aus dem 15. Jahrhundert, mit lehrreicher Ausstellung zu Theodor Storm und wechselnden Ausstellungen zeitgenössischer Kunst.

Eichsfelder Heimatmuseum, Kollegiengasse 10, Tel. 2618. Di–Fr 9 – 12.30 Uhr, Sa, So 14 – 16 Uhr. Im ehemaligen Jesuitenkolleg, von dem aus das Eichsfeld rekatholisiert wurde, findet sich unter anderem eine interessante Sammlung von Kopien nach Tilman Riemenschneider.

Einkaufen

Wochenmarkt. Am Neptunbrunnen ist ein kleiner Wochenmarkt mit kleinen Buden, bei denen der Bratwurstgrill nicht kalt wird.

Galerien/Literaturhäuser

Im gemütlichen **Literaturkeller des Literaturmuseums «Theodor Storm»**, Tel. 3794, und im Sommer in der lauschigen Laube im Hinterhof finden gelegentliche Autorenlesungen statt.

Konzert

Eichsfelder Kulturorchester

Kirchenchortreffen

Theater

Das bewegendste Freilufttheater der Gegend ist auch gleichzeitig typisch für das katholische Eichsfeld: die **Heiligenstädter Leidensprozession zum Palmsonntag**. Die größte szenische Prozession Deutschlands stellt das Leiden Christi in großen Holzfiguren nach, die mit Pomp durch die Stadt getragen werden. Seit 1581 ist diese Prozession Brauch in Heiligenstadt, auch während vierzig Jahren DDR.

Kinder

Märchenstunde im Theodor-Storm-Museum

Ausflüge

Das Eichsfeld ist das Mekka der katholischen Wallfahrer: Frauenwallfahrt zum Kerbschen Berg, Männerwallfahrt zum Klüschen Hagis (Christi Himmelfahrt), Heilig-Kreuz-Wallfahrt nach Rüdershausen, Vierzehn-Nothelfer-Wallfahrt zum Höherberg bei Wollbrandshausen, Marienwallfahrten nach Breitenholz (Mariä Heimsuchung), Beberstedt, Bischofferode und Dingelstädt (Mariä Geburt), Pferdewallfahrt zum Etzelsbacher Gnadenbild, Wallfahrten zum Hülfenskreuz auf dem Hülfensberg (Bittsonntag, Dreifaltigkeitssonntag, Johannis und Michaelis), Lichterprozession zur Dingelstädter Marienkirche (Mariä Geburt), Cyriakuswallfahrt zur Werdigshäuser Kirche, Ignatiuswallfahrt nach Wingerode, um nur die wichtigsten zu nennen.

Mühlhausen

Vorwahl

03601

Informationen

Fremdenverkehrsamt Mühlhausen, Tourist-Information, Ratsstraße 20, 99974 Mühlhausen, Mo–Fr 9–17 Uhr, Sa 10–12 Uhr (Mai bis Oktober), Tel. 452335, Fax 452316, Stadtführungen Tel. 452337, Zimmervermittlung und Vorverkauf Tel. 452321

Verkehrsmittel

Fahrrad am Bahnhof, Bahnhof, Tel. 2442, App. 367

Übernachten

Best Western Sporthotel, Kasseler Straße, Tel. 4980, Fax 498250. Hauseigener Sporttrainer, Squash, Sauna und Fitneßcenter sowie marmorne Bäder zum Fitmachen für den Überlebenskampf im neubundesländischen Managementdschungel. Teuer.

Hotel Stadt Mühlhausen, Untermarkt 18, Tel. 4550. Hotel mit Tradition, Tanzbar bis vier Uhr früh, im Altbau mäßig, im Neubau ziemlich teuer.

Jugendherberge Schwanenteich, nur von Mai bis Oktober geöffnet, Popperöder Gasse, Tel. 71137. Sieben kleine rote Bungalows mit jeweils sechs Betten, direkt am Schwanenteich, in dem man auch schwimmen kann.

Jugendherberge, Auf dem Tonberg, am Stadtrand in Richtung Worbis, Auf dem Tonberg 1, Tel. 3318.

Essen / Trinken / Treffs

Weinrestaurant Postkeller, Steinweg 6, 99974 Mühlhausen, Tel. 03601/3916. Gemütliches Lokal mit authentischer Küche.

Ausflugsgaststätte Schwanenteich, November bis April und dienstags geschlossen. Schwanenteichallee 33, Tel. 74759. Auf der Terrasse spielen an Sommerabenden die Musikanten auf. Bürgerliche Küche, preiswert.

Zum Luftbad, Goetheweg 90, Tel. 2355, Thüringer Spezialitäten direkt am Park.

Café Schikore, Untermarkt, Tel. 2797. Kaffee und Kuchen und mehr, mit Nichtraucherecke.

Pizzeria Zum Öfchen, Ammerstraße 68, Tel. 73065, am Wochenende geschlossen. Kinderfreundliche Pizzeria mit hausgemachten Pasta.

Waldschänke Peterhof, an der B 249, Tel. 2585. Etwas außerhalb von Mühlhausen, die gehobene Küche der Thüringer Art.

Sehen und Erleben

Bauernkriegsmuseum Kornmarktkirche. Geöffnet von 10 Uhr bis 16.30 Uhr, außer montags. Die fünf Mark Eintritt lohnen sich gewiß, denn dieses Museum ist gleichzeitig ein Museum für die Museumskultur der DDR. Bis auf zwei Schautafeln ist bisher alles unversehrt erhalten geblieben. Eine Lektion in dialektischem Materialismus.

Pfarrkiche Divi Blasii. Führungen durch Pfarrer Schmidt, Bei der Marienkirche 9, Tel. 2901. An der Orgel der dreischiffigen gotischen Hallenkirche spielte Johann Sebastian Bach 1707/1708 die Orgel.

Hauptpfarrkirche St. Marien, Am Obermarkt, Sa–Do 10 – 16.30 Uhr, freitags nach Vereinbarung, Tel. 70021. Die fünfschiffige gotische Hallenkirche ist nach dem Erfurter Dom die zweitgrößte Kirche Thüringens. Thomas Müntzer predigte von hier aus seine aufrührerischen Thesen. An der Brüstung des «Kaiseraltans» grüßt Karl IV. den Besucher.

Rathaus, Ratsstraße, Mo–Fr während der Dienstzeit, am Wochenende 10 – 17 Uhr. In der Ratsstube mit den gotischen Wandmalereien tagte einst der «Ewige Rat» Thomas Müntzers. Im Südflügel befindet sich das Stadtarchiv (Mo, Di, Do 11 – 12 Uhr und 15 – 16 Uhr, Führungen nach Vereinbarung, Tel. 452141) mit der schriftlichen Kündigung J. S. Bachs an den Rat der Stadt.

Brunnenhaus Popperode, Tel. 70022. Daß Nordthüringen geologisch keineswegs so stabil ist, wie es gegenwärtig den Anschein hat, beweist diese Quelle, die 1199 bei einem großen Erdbeben entstanden sein soll.

In der **Röblingstraße 5** steht das Geburtshaus des Erbauers der Brooklyn Bridge, Johann August Röbling.

Die mittelalterliche **Wehranlage** und fast vollständig erhaltene Stadtmauer macht Mühlhausen zum Rothenburg Thüringens.

Im Juni beginnen die seit dem siebzehnten Jahrhundert begangenen **Mühlhäuser Brunnenfeste**, bei denen die Bürger mit Blumen, Musik und Tanz ihre alten, lebenswichtigen Wasserquellen ehren.

Fahrradservice

Herolds Radladen, Weinbergstraße 68, Tel. 5671

Konzert

Die **Thüringer Bach-Wochen** jeden März finden natürlich auch in Mühlhausen statt, der Stadt, in der Johann Sebastian Bach immerhin ein Jahr lang Organist war. Infos und Karten beim Kulturamt, Ratsstraße 19, Tel. 52132

Kinder

Kinderbibliothek, Feldstraße Tel. 6213, Mo 15 – 18 Uhr, Di, Do und Fr 14 – 17 Uhr.

Ausflüge

Am vermeintlichen geographischen Mittelpunkt Deutschlands in dem Dörfchen Diederdorla, einige Kilometer südlich von Mühlhausen, findet rund um die noch recht zarte Linde, die auf dem Marktplatz gepflanzt wurde, ein sommerliches «Mittelpunktsfest» mit Volksmusik und Tanz statt. Einen weiteren Mittelpunkt Deutschlands hat man allerdings dreißig Kilometer nordöstlich in dem Dorf Flinsberg südlich von Heiligenstadt lokalisiert.

Nordhausen

Vorwahl

03631

Informationen

Nordhausen-Information, Am Markt 15, 99734 Nordhausen, Tel. 57540

Verkehrsmittel

Fahrrad am Bahnhof, Bahnhofsplatz 5, Tel. 3415

Übernachten

Jugendherberge, Johannes-Kleinspehn-Straße 1, Tel. 8587. Kleine Jugendherberge am Stadtrand.

Sehen und Erleben

Schmalspurbahnen. Information: Landratsamt Nordhausen, Grimmelallee 23, Tel. 546292, Fax 57241. Die Harzquerbahn, die Selketalbahn und die Brockenbahn sind die letzten unter Denkmalschutz stehenden Schmalspurbahnen im Harz. 25 Dampflokomotiven ziehen die Traditionszüge fahrplanmäßig über Brücken, Berge und Tunnel bis hinauf auf den 1025 Meter hohen Brocken.

Roland. Der Roland an der Westseite des Rathauses ist im Gegensatz zum Erfurter «Roland» ein echter, denn Mühlhausen zählte im Mittelalter zu den reichsfreien Städten. So ganz echt ist er jedoch nicht, denn das Original steht im Meyenburg-Museum.

Gedenkstätte Dora-Mittelbau, Kohnstein, Tel. 03631/3636, Oktober bis März 10–16 Uhr, April bis September 10–18 Uhr. Als Außenstelle des Konzentrationslagers Buchenwald wurde noch im Oktober 1944 das KZ «Dora-Mittelbau» eingerichtet. «Vernichtung durch Arbeit» war die Strategie, die die SS den Lagerinsassen gegenüber verfolgte, und die Arbeit bestand unter anderem in der unterirdischen Serienfertigung der «V2-Rakete».

Fahrradservice

Fahrradhaus Steffen Bula, Freiherr-vom-Stein-Straße 49, Tel. 3642

Sondershausen

Vorwahl

03632

Informationen

Sondershausen-Information, «Alte Wache» Markt 9, 99706 Sondershausen, Tel. 6220, Mo–Fr 9–12.30 Uhr und 13.30–17 Uhr, Sa 9–11 Uhr.

Übernachten

Hotel Thüringer Hof, Hauptstraße 30/32, Tel. 8051, Fax 2474

Gasthof Zur Sonne, Conrad-Röntgen-Straße 11, Tel. 602486

Essen/Trinken/Treffs

Schloßrestaurant, Tel. 2209, im Westflügel des Schlosses der Fürsten von Schwarzburg-Sondershausen

Ratskeller, Markt 7, Tel. 2476

Diskothek Way Up, Kyffhäuserstraße 21, Tel. 2655

Sehen und Erleben

Schaubergwerk, Tel. 41319. 700 Meter unter der einstigen Residenzstadt werden die Besucher durch die älteste noch befahrene Kaligrube Europas geführt. Die Fahrt durch das achtzehn Kilometer lange Streckenlabyrinth unter fachkundiger Führung endet in dem 1910 erbauten Festsaal.

Schloßmuseum, Regionalmuseum, Galerie im Schloß. Staatliche Museen Sondershausen, Postfach 83, Tel. 602503, Fax 602505, Di–So 10–17 Uhr, Oktober bis Februar eine Stunde früher geschlossen. Das alte Schloß aus dem 13. Jahrhundert ist immer wieder umgebaut worden und läßt Stilelemente aus allen Jahrhunderten erkennen, einschließlich der sozialistischen Ära. Das Museum ist das sehenswerteste in ganz Nordthüringen. Der Lustgarten lädt zum Wandeln ein. Im kleinen Liebhabertheater gibt der «Freundeskreis Liebhabertheater» Laientheater zum besten.

Bergbau live, Kali-Südharz AG, Tel. 520601, Di–Fr. 650 Meter tief in den Bauch der Erde kann man in den Kalischacht einfahren und anschließend den traditionsreichen Festsaal bewundern.

Fahrradservice

Fahrrad-Haus Wüstemann, Kyffhäuserstraße 3, Tel. 58638

Galerien/Literaturhäuser

Galerie im Schloß (siehe dort). Zeitgenössische Kunst aus der Region.

Foyer im Rathaus, Markt 7

Konzert

Orgelkonzerte in der Schloßkirche. Tel. 8152

Theater

Liebhabertheater Sondershausen im Schloß, Tel. 8152. Regelmäßige Theatervorstellungen und kleine literarisch-musikalische Veranstaltungen.

Ausflüge

Zum Possen, Auf dem Possen, Tel. 2884. Das Ausflugslokal mit der schönen Sicht.

Sommerrodelbahn Straußberg, Ferienpark Feuerkuppe, Tel. 036334/261. Ein Thriller für große und kleine Kinder ist die 760 Meter lange Rutsche.

Worbis

Vorwahl

036074

Informationen

Eichsfeld-Information, Lange Straße 81, 37339 Worbis, Tel. 2011

Essen / Trinken / Treffs

Glashaus Center Worbis, Duderstädter Straße, Tel. 2201. Do–Sa ab 21 Uhr Disco. Mit der Schwalbe zum Schwoof. Neuerdings auch mehr mit'm Manta.

Jugendklub «Am Stadion» Worbis (beim Hallenbad), Di–Sa 14 – 22 Uhr

Jugendklub «Süd» Leinefelde, Neubaugebiet, Händelstraße 4, Tel. 03605/2935, Mo, Di, Do 13 – 22 Uhr, Fr–Sa bis 24 Uhr. «Reichhaltiges Freizeitangebot für alle Altersgruppen, Abendveranstaltungen.»

Jugendklub «D» Dingelstädt, Bahnhofstraße 81 (an der B 247), Tel. 036075/2926, Di–Fr 15 – 22 Uhr, Sa–So 16 – 22 Uhr, dienstags, donnerstags und samstags Disco. «Gestaltete Abendveranstaltungen unterschiedlicher Genres.»

Sehen und Erleben

Museum «Gülden Creutz», Kirchstraße 19, Tel. 2307, Di–Do 9 – 12 Uhr und 14 – 16.30 Uhr, Fr 9 – 12 Uhr, So 14 – 16.30 Uhr, November bis April geschlossen. Im schönsten Fachwerkbau von Worbis, fein herausgeputzt, das Heimatmuseum.

Konzert

Schloßkapelle Burg Bodenstein, Wintzigerode, Tel. 2701. Kammermusikalische Abende. Ein Hauch von Klassik in der kulturellen Einöde des Eichsfeldes.

Kino

Kino-Club Worbis, Dr.-August-Hübenthal-Straße, Tel. 2385. Kommunales Kino mit Bar (nur auf Vorbestellung für Gruppen).

Ausflüge

Burg Scharfenstein bei Beuren. Sonnige, mittelalterliche Höhenburg mit Spielplatz vor dem verschlossenen Tor. Gaststätte nach fünf Jahren immer noch nicht geöffnet.

Auf der **Burg Gleichenstein,** Tel. 036082/253, bei Wachstedt gibt es eine Falknerei mit täglichen Vorführungen 11.30 Uhr und 15.30 Uhr. Einen phantastischen Blick ins Unstruttal, der wegen des weiten Horizonts das «Blaue Wunder» genannt wird.

Burg Bodenstein bei Wintzingerode. Die spätmittelalterliche Herrenburg ist die besterhaltene Burg des Eichsfeldes. Sie beherbergt ein Erholungsheim und Schulungszentrum der evangelischen Kirche und kann nach Vereinbarung besichtigt werden (Tel. 036074/2701).

Kernland Thüringen

Informationen

Fremdenverkehrsverband Thüringer Kernland, Geschäftsstelle, Bahnhofstraße 9, 99610 Sömmerda, Tel. 03643/354407

Apolda

Vorwahl

03644

Informationen

Apolda-Information, Markt 16, 99510 Apolda, Tel./Fax 2642

Übernachten

Hotel und Gaststätte **Zum Schlachthof**, Buttstädter Straße 28, 99510 Apolda, Tel. 619549

Hotel und Gaststätte **Weimarer Berg**, Buttstädter Straße 56, 99510 Apolda, Tel. 619563

Hotel und Gaststätte **Zur Post**, Bahnhofstraße 35, 99510 Apolda, Tel. 2208

Pension und Gaststätte **Bubeck**, Herderstraße 15, 99510 Apolda, Tel. 2693

Pension und Gaststätte **Zum Backstübl**, Alexanderstraße 39, 99510 Apolda, Tel. 619356

Jugendherberge Bad Sulza, August-Bebel-Straße 27, 99518 Bad Sulza, Tel./Fax 036461/567. Fünfzehn Kilometer nördlich von Apolda in der Salinenstadt.

Essen/Trinken/Treffs

Gaststätte und Weinstube Parkidyll, Promenadenstraße 26, Tel. 619706

Brunos Milch-Eis-Bar, Ernst-Thälmann-Ring 99, Tel. 4423. Die einstige Eisbar «Pinguin» glänzt jetzt mit Bananensplit und Amarenobecher.

Sehen und Erleben

Glockenmuseum, Wirker- und Strickermuseum, Bahnhofstraße 41, 99510 Apolda, Tel. 650331, Öffnungszeiten täglich außer montags 10–13 und 14–17 Uhr, sonntags nur vormittags. Die Stadt, in der seit dem frühen achtzehnten Jahrhundert die Kunst des Glockengießens gepflegt wird, leistet sich ein tönendes Museum. Fast alle Glocken dürfen angeschlagen werden. Im selben Haus ist auch das Wirker- und Strickermuseum mit alten Maschinen der ortsansässigen Strumpfmacher. Freier Eintritt am Donnerstagnachmittag (Familiennachmittag).

Zwiebelmarkt im September. Nicht nur in Weimar ist der Zwiebelmarkt ein vergnügliches Volks- und Traditionsfest.

Ausflüge

Wielandgut, Oßmannstedt, 99510 Oßmannstedt, Tel. 034362/280, März bis Oktober 10–16 Uhr, montags und dienstags geschlossen. Nur sechs Jahre lang konnte der Autor und Übersetzer Christoph Martin Wieland mit seiner Familie das Landleben genießen, bevor er das Gut wieder verkaufte und zurück nach Weimar ging. Erst nach seinem Tode kehrte er zurück und liegt nun Seite an Seite mit Sophie Brentano in dem schönen Park begraben.

Arnstadt

Vorwahl

03628

Informationen

Arnstadt-Information, Fremdenverkehrsamt, Markt 1, 99310 Arnstadt, Mo–Fr 9–12 Uhr und 12.30–18 Uhr, Sa 9–12 Uhr, Tel. 602049 oder 745748, Fax 602858

Ab Mitte Mai trifft man sich samstags 14 Uhr an der Arnstadt-Information zu einem **Stadtrundgang** durch die älteste Stadt Thüringens.

Rundreisen

Thüringen Anders, Norbert Dagg, Tel. 036922/20555. Der Volkskundler, Geschichtenerzähler und Fremdenführer führt am Wochenende kleine Gruppen auf wenig begangenen Pfaden auf spannende «volkskundliche Erlebnistouren».

Übernachten

Mon Plaisir, Lessingstraße 21, Tel. 739111. Hotelneubau mit allem Komfort. Teuer.

Hotel und Restaurant Veste Wachsenburg, 99310 Holzhausen, Tel. 03628/74240, Fax 742488. Stilvoll schlafen und essen auf der Burg. Wenn die Touristenschwärme sich verzogen haben, kehrt eine herrliche Ruhe auf der Burg ein. Mäßig teuer.

Hotel Goldene Sonne, Ried 3, Tel. 602776. Traditionelles Mittelklassehotel, zentral, preiswert. Als das Gasthaus noch «Zu den nackenden Kindlein» hieß, feierte hier die Familie Bach ihre Parties.

Riedschenke, Vor dem Riedtor 6, Tel./Fax 602374. Gasthaus mit Fremdenzimmern. Preiswert.

Wer in einer Gruppe anreist, kann nach vorheriger Anmeldung in einem **historischen Schlafwagen der Reichsbahn** übernachten: Bahnbetriebswerk Arnstadt, Rehestädter Weg, Tel. 602395 App. 371

Essen/Trinken/Treffs

Alteburg, Alteburg 3, Tel. 3424. Das beliebteste Ausflugslokal an der Alteburg südlich der Innenstadt. Bekannt für die freundliche Bewirtung und den schönen Blick über Arnstadt vom Aussichtsturm. Ausgangspunkt für einen kleinen Spaziergang über einen Naturlehrpfad (auch für Rollstühle befahrbar).

Ratsklause, Marktplatz, Tel. 8073. Gemütlicher Gasthof mit Übernachtungsmöglichkeit.

Tanzcafé Black and White, Stadtpark, Tel. 3490. Die Disco von Arnstadt bis vier Uhr früh.

Fasanerie, An der Eremitage, Tel. 8469. Kleines Ausflugslokal am Tierpark.

Kulisse, Am Kohlenmarkt 8, Tel. 78288. Café mit «Kultur-Töpferei». Hier trifft sich die Jugend Arnstadts, und auf der Kleinkunstbühne gibt es was zu sehen.

Sehen und Erleben

Villa Marlitt in der Marlittstraße. Das ehemalige Wolkenkuckucksheim der vielschreibenden Autorin ist bewohnt und kann nur von außen betrachtet werden.

Schloßmuseum Arnstadt, Schloßplatz 1, Tel. 602932. Oktober bis April 9.30–16 Uhr, Mai bis Oktober 8.30–16.30 Uhr, montags geschlossen. Hauptattraktion im «Neuen Palais» ist die Puppenstadt «Mon plaisir», das Lebenswerk der Fürstin Auguste Dorothea von Schwarzburg-Arnstadt. Mit 400 prächtig gekleideten Wachspuppen wird in 82 Puppenstuben das höfische Leben in der ersten Hälfte des 18. Jahrhunderts nachgestellt.

Museum für Stadtgeschichte, Bachgedenkstätte, Literatenkabinett, Markt 3, Tel. 602978, Mo–Fr 8.30–12 Uhr und 13–16.30, am Wochenende nur von 13–16 Uhr. Im «Haus zum Palmbaum» kann man den Originalspieltisch bestaunen, den Johann Sebastian Bach persönlich über fünf Jahre in Arnstadt geschlagen hat. Eine Überraschung ist der labyrinthische Keller mit Exponaten zur Ur- und Frühgeschichte der Region.

Bachkirche, Mo–Sa 11–12 Uhr und 14.45–15.30 Uhr, sonntags nur nachmittags. In der einschiffigen Hallenkirche aus dem siebzehnten Jahrhundert war Johann Sebastian Bach von 1703 bis 1707 als Kirchenmusiker tätig, machte «viele wunderliche Variationes» und mischte «viele frembde Thone» ein, so daß die «Gemeind drüber confundiret» wurde.

Bachdenkmal auf dem Marktplatz. Das erfrischend respektlose Denkmal von Bernd Göbel (1985) zeigt den Meister als jugendlichen, lässig ausgestreckten jungen Mann.

Die **Liebfrauenkirche** ist neben dem Naumburger Dom das bedeutendste Baudenkmal des Übergangsstils von Romanik und Gotik aus dem zwölften bis dreizehnten Jahrhundert.

Das **Traditionsbahnbetriebwerk der Deutschen Bahn AG**, Rehestädter Weg, Tel. 602395, App. 354, hält eine stattliche Anzahl museumsreifer Dampfloks neun verschiedener Baureihen samt Abteilwagen aus Kaisers Zeiten unter Dampf und veranstaltet Rundfahrten entlang der landschaftlich reizvollsten Bahnstrecken durch den Thüringer Wald. Die alten Dampfloks können täglich von 7–20 Uhr besichtigt werden. Zum Einlaß wird um eine Spende von sieben Mark zum Erhalt des Museums gebeten.

Arnstädter Wollmarkt im Juni

Einkaufen

Schloßbuchhandlung Fiedler, Schloßstraße 1 a, Tel. / Fax 602201

Fahrradservice

Zobels Zweiradshop, Zimmerstraße 17, Tel. 602432

Fahrrad-Böttner, Langwitzer Straße 13, Tel. 602447

Galerien / Literaturhäuser

Museumscafé Haus zum Palmbaum, Markt, Tel. 602978. Im «Marlitt-Bechstein-Alexis-Hey-Kabinett» werden die Arnstädter Literaten gewürdigt. Vielleicht merkt man hier über einer Tasse Kaffee, warum eine Eugenie John alias Marlitt sich ausgerechnet in Arnstadt zu Werken wie «Reichsgräfin Gisela» und «Geheimnis der alten Mamsell» verstieg.

Sport

Gestüt Käfernburg, Dornheimer Weg 16, Tel. 3167. Hoch zu Roß durch Arnstadts waldreiche Umgebung.

Fahrradverleih am Hauptbahnhof, Tel. 602395 App. 377

Konzert

Jedes Jahr im März finden die **Thüringer Bach-Wochen** statt. Infos und Karten beim Kulturamt, Markt 1, Tel. 745770

Thüringer Orgelsommer, Geschäftsstelle Schulplan 2, Tel. 602842. Im Juni und Juli erklingen nicht nur die prachtvollen Orgeln Arnstadts und 55 anderer Thüringer Städte von Allstedt bis Zella-Mehlis, sondern auch die Stimmen berühmter Solisten und Ensembles für alte und neue Musik sowie Flöten, Oboen, Hörner, Zimbeln und allerlei Schlagwerk.

Theater

Das **Stadttheater** im Schloßpark wird gerade langfristig saniert.

Kino

Filmtheater Merkur, Bahnhofstraße 32, Tel. 602955

Ausflüge

Drei Gleichen, Information: Fremdenverkehrsamt Drei Gleichen, Markt 15, 99869 Mühlberg, Tel. 036256 / 525 oder 410. Gleich drei Burgen auf einmal, zwei Ruinen und eine als Hotel-Restaurant ausgebaute.

Bio-Hof des Verbandes für Naturschutz und biologischen Landbau Thüringen, Hof Nr. 9, Hausen, Tel. 03628 / 77912. Naturschutz und ökologischer Landbau. Besucher und Übernachtungsgäste sind willkommen, auch wenn sie nicht an einem der Öko-Seminare teilnehmen. In der Gaststube wird liebevoll zubereitete Vollwertküche gereicht.

Tobiashammer Ohrdruf, Suhler Straße 34, 99885 Ohrdruf, täglich 9–17 Uhr, Tel. 03624 / 2792. In Ohrdruf gründete nicht nur Bonifatius das erste Kloster in Thüringen, sondern mit dem mächtigen Tobiashammer aus dem 15. Jahrhundert und der Großdampfmaschine aus der Maxhütte in Unterwellenborn, einer der größten Dampfmaschinen der Welt, setzten sich die thüringischen Eisenschmiede mächtige Denkmale.

Heimatmuseum im Schloß Ehrenstein, Ohrdruf, So–Fr 9–16 Uhr, Tel. 602329. In dem Renaissanceschloß sang der junge Johann Sebastian Bach als Kurrendesänger vor, denn er war im Chor seiner Lateinschule, die er in Ohrdruf besuchte.

Das **Tal der Wilden Gera** ist eines der schönsten Wandergebiete in Thüringen. Vom Gundermanns-Haus (Tel. 036922/20555) übers Raubschloß nach Gehlberg und weiter zum Schneekopf.

Von Schierholzsche Porzellanmanufaktur, Am Spring 1, 99338 Plaue, Tel. 036207/241, Mo–Fr 8–17 Uhr, Anmeldung erwünscht. Eine der feinsten Manufakturen.

Museumsbrauerei Schmitt in Singen, Tel. 03629/2556

Rundflüge über den Thüringer Wald in einer kleinen Cessna vom Flugplatz Alkersleben / Wülfershausen aus veranstaltet die Sky-Fun-Fallschirmsport GmbH (Tel. 03628/3620). Wer es sich zutraut, kann sich auch über einer besonders schönen Stelle mit dem Fallschirm abwerfen lassen.

Bad Langensalza

Vorwahl

03603

Informationen

Bad Langensalza-Stadtverwaltung Fremdenverkehrsbüro, Marktstr. 1, 99947 Bad Langensalza, Tel. 8590, Mo–Fr 9–13 Uhr und 14–17 Uhr. Stadtrundgänge samstags 14 Uhr und sonntags 10 Uhr, Treffpunkt vor dem Rathaus.

Verkehrsmittel

Ein vor einigen Jahren als Experiment eingesetzter Citybus, der im Halbstundentakt Bad Langensalza durchkreuzt, hat sich bewährt und wurde zur Institution.

Übernachten

Hotel zur Weinstube, Töpfermarkt 4, Tel. 842639. Kleines, kinderfreundliches Hotel mit Weinstube und Restaurant direkt am Markt. Preiswert.

Bergstube, Gaststätte und Logis, Bergstraße 7, Tel. 6980. Ruhiger kleiner Gasthof mitten in der Altstadt an der Stephanikirche mit Biergarten im Hinterhof. Preiswert.

Essen / Trinken / Treffs

Turm, Jahnstraße 10, Tel. 842710. In einem Pulverturm an der Stadtmauer hat sich ein Szenelokal eingerichtet mit Live Jazz und Folkmusik am Wochenende.

Sehen und Erleben

Heimatmuseum, Wiebeckplatz 7, Tel. 813002, Di–Do 9–12 Uhr und 13–16 Uhr, So 14–17 Uhr. Der 27. Juni 1866 gilt für Bad Langensalza als wichtiges Datum, denn an diesem Tag schlugen die preußischen Truppen die des Königreichs Hannover im «Bruderkrieg», dem letzten Krieg, in dem Deutsche gegeneinander kämpften. Eine Ausstellung im Heimatmuseum und ein Denkmalensemble auf dem Jüdenhügel und dem umliegenden Schlachtfeld erinnern an die Schlacht, in der zum erstenmal das Rote Kreuz zum Einsatz kam.

Stadtmauer. Mit ihren 17 Wehrtürmen besitzt Bad Langensalza eine fast komplett erhaltene Stadtmauer.

Galerien / Literaturhäuser

Galerie im Rathaus. Die kommunale Galerie mit wechselnden Ausstellungen.

Konzert

Konzerte im Friederikenschlößchen, Kurpromenade 5, Tel. 8590. Junge Talente und internationale Stars mit kammermusikalischen Darbietungen in monatlicher Folge.

Kino

Burgtheater, Tel. 6206. In der ehemaligen Reiterhalle am Schloß Dryburg ist jetzt ein Kino.

Kinder

Evangelischer Kindergarten, Tel. (84) 2769. Die Kindergärten Bad Langensalzas freuen sich über kleine Besucher von außerhalb.

Ausflüge

«Fixe Idee». Wenn es den Bad Langensalzaern in den Sinn kommt, wandern sie etwa acht Kilometer nach Südosten zu den Fahrnerschen Höhen. In dem hellen Travertingestein der umliegenden Hügel kann man schöne Versteinerungen finden.

Groß Fargula. Auf einer Wanderung durch das Naturschutzgebiet entlang des Unstruttales nach Nordosten gelangt man über Negelstedt mit seiner Komturei in das nördlichste Weinanbaugebiet Thüringens.

Zum Böhmen, Tel. 813266. Alte Gaststätte in einem ehemaligen Kloster am Teich. Nördlich der Stadt Richtung Mühlhausen.

Sömmerda und Umgebung

Vorwahl

03634

Informationen

Sömmerda-Information, Postfach 50, 99610 Sömmerda, Tel. 03634/354407

Fremdenverkehrsverband des Landkreises Sömmerda, Fischhof 3, 99631 Weißensee, Tel. 036374/240

Übernachten

Hotel Erfurter Tor, Kölledaer Straße 33, Tel. 3320, Fax 332299. Der Neubau des dezent-postmodernen Busineß-Hotels liegt direkt an der Stadtmauer. Eine halbe Autostunde von Weimar entfernt, ist es auch eine Alternative für den Fall, daß in der Klassikerstraße kein Platz mehr ist. Mäßig teuer, Wochenend-Sonderpreise.

Hoffmanns Hoteletage, Straße der Einheit 17, Tel. 22043

Sehen und Erleben

Stadtmauer, seit dem sechzehnten Jahrhundert schützt die eher zierliche Stadtmauer mit ihren sechs Wehrtürmen, die noch sehr gut erhalten sind, die Altstadt Sömmerdas.

Das alte **Pfarrhaus** von 1589 ist ein schönes Beispiel thüringischer Fachwerkarchitektur. Der Pädagoge Ch. G. Salzmann wurde hier geboren.

Ausflüge

Schloß Beichlingen, Förderverein Beichlingen, 99625 Beichlingen, Tel. 03635/2344. Die überwiegend zur Renaissancezeit erbaute Burg geht auf eine mittelalterliche Befestigung zurück, die 1014 erstmals erwähnt wurde. Der Verein versucht, die bedrohte Substanz zu retten.

Weißensee, Runneburg, Verein zur Rettung der Runneburg, 99631 Weißensee, Tel. 036374/785, Mo–Fr 8–16 Uhr, am Wochenende 15.30–17 Uhr. Weißensee mit einem der ältesten Rathäuser Deutschlands, dem schönen Marktplatz und der vom Verfall bedrohten Runneburg ist einen Besuch wert. Auf dem Mittelalterfest Ende Juli erscheinen die Weißenseer als Hofnarren, Burgfräulein, Ritter und Hufschmiede.

«Campo Santo» in Buttstädt. Ein Gang über den Friedhof der mittelalterlichen Stadt ist wie ein kleiner Ausflug nach Pisa.

Thüringer Wald und Werratal

Informationen

Fremdenverkehrsverband Thüringer Wald, August-Bebel-Straße 16, 98527 Suhl, Tel./Fax 03681/22179

Fremdenverkehrsverband Thüringer Wald/Gothaer Land, Blumenbachstraße 1–3, 99867 Gotha, Tel. 03621/54036 oder 53738

Das Netz der **Jugendherbergen** im Thüringer Wald ist sehr dicht. Es ist möglich, auf einer mehrtägigen Wanderung von einer zur nächsten zu wandern:

JH Eisenach, Bornstraße 7, 99817 Eisenach, Tel. 03691/732012, und: Mariental 24, 99817 Eisenach, Tel. 203613

JH Inselsberg, Großer Inselsberg, 98599 Großer Inselsberg, Tel. 036259/2329

JH Brotterode, Am Zainhammer 4, 98599 Brotterode, Tel. 036840/2544

JH Friedrichroda, Waldstraße 25, 99894 Friedrichroda, Tel. 03623/4410

JH Tambach-Dietharz, Oberhofer Straße 3, 99897 Tambach-Dietharz, Tel. 036252/6149, Fax 6545

JH Gräfenroda, Waldstraße 134, 99330 Gräfenroda, Tel. 036205/290 oder 95562

JH Ilmenau, Waldstraße 22, 98693 Ilmenau, Tel. 03677/2413

JH Schwarzburg, Am Buschbach 2, 07427 Schwarzburg, Tel. 036730/223 oder 674

JH Bad Blankenburg, Am Kesselberg 1, 07422 Bad Blankenburg, Tel. 036741/2528

JH Katzhütte, Bahnhofstraße 82, 98746 Katzhütte, Tel. 036781/37785

JH Neuhaus, Appelsbergstraße 54, 98724 Neuhaus, Tel. 036799/2862

JH Lauscha, Oberland 69, 98724 Lauscha, Tel. 036702/558

Der Rennsteig

Der traditionelle Wanderweg von Hörschel bei Eisenach bis Blankenstein an der Saale ist 168 Kilometer lang. Der Name hat nichts mit rastlosen Joggern zu tun, sondern mit dem Wort «Rain» für Grenze. Der bis zu 900 Meter hohe Kamm, ein alter Handelsweg, bildet auch die Wasserscheide zwischen Elbe und Weser.

Informationen

Fremdenverkehrsverband Thüringer Wald, August-Bebel-Straße 16, 98527 Suhl, Tel./Fax 03681/22179

Städtisches Fremdenverkehrsamt Neuhaus am Rennweg, Am Marktplatz, 98724 Neuhaus am Rennweg, Tel. 03679/2061

Fremdenverkehrsamt Neustadt am Rennsteig, Rennsteigstraße 52, 98701 Neustadt am Rennsteig, Tel./Fax 036781/9833

Verkehrsmittel

Den Rennsteig erschließt man sich am besten per pedes, aber auch rücksichtsvolle Radfahrer sind gern gesehen.
Wanderungen ohne Gepäck mit Übernachtungen in Gasthöfen, Hotels oder Privatpensionen von Mai bis Oktober arrangiert unter anderem Horst Wirthwein vom **Gothaer Reisebüro**, Bahnhof Hauptgebäude, 99867 Gotha, Tel. 03621/56761, Tel. 56661. Das **Fremdenverkehrsamt Brotterode**, Hagenplatz 5, 98599 Brotterode, Tel. 036840/2215, Fax 2548 organisiert siebentägige Rennsteigwanderungen mit preiswerten Übernachtungen in den Finn-Hütten, wobei man jedoch einen Schlafsack mitnehmen sollte.
aktiv reisen Runkel, Friedrich-Ebert-Straße 3, 74172 Neckarsulm, Tel. 07132/37604, Fax 37864 bietet eine ganze Reihe von Wanderungen über den Rennsteig an, von der Viertagewanderung durch die schönsten Abschnitte bis zur vier-

zehntägigen Rennsteig-Komplettwanderung.

Fahrrad am Bahnhof: Blankenstein / Saale, Absanger Straße 70, Tel. 036642 / 610

Übernachten

Gasthof Schmücke, Tel. 036842 / 20244. Das historische, wegen seines skurrilen Wirtes Joël so viel zitierte Gasthaus an der Kreuzung der Straße von Suhl nach Ilmenau mit dem Rennsteig ist lange nicht mehr das, was es einmal war, und trotzdem immer ausgebucht.

Entlang des Rennsteiges gibt es eine Kette von **Jugendherbergen**, die teilweise etwa einen Tagesmarsch voneinander entfernt sind.

Essen / Trinken / Treffs

Neuhaus am Rennweg: Zum Hirsch, Sonneberger Straße 132, Tel. 03679 / 2036. Zünftiges Gasthaus direkt am Rennsteig.
An der alten Porzelline, Eisfelder Straße 16, Tel. 51041, Fax 51044. In dem Hotel garni befindet sich ein «Erlebnisrestaurant» im Ambiente einer Porzellanwerkstatt mit einem alten Brennofen. Am Wochenende mit Live-Musik.
Rennsteigbaude, Bernhardstal, Tel. 2078. Große Gaststätte, in der man sich nach dem Aufstieg nach Neuhaus erfrischen und stärken kann. In Bernhardstal ist auch das Waldbad, ein klarer Waldsee im Grünen mit Kinderspielplatz.

Hoheneiche: Zum Roten Hirsch im Grünen Wald, Tel. 036736 / 248. Renovierter alter Gasthof mit gemütlichen Zimmern und guter, sehr preiswerter Küche. Für Übernachtungen langfristig reservieren.

Fahrradservice

Radsport Amberg, Schmalenbuche 37, Neuhaus am Rennweg, Tel. 4849, und: Straße des Friedens 16, Lauscha

Sehen und Erleben

Bunker-Museum, Am Roten Berg 1, 98711 Frauenwald, Tel. 036782 / 202, Fax 415. Das Waldhotel «Rennsteighöhe» war lange Zeit nicht der Öffentlichkeit zugänglich, sondern diente als Treffpunkt der Staatssicherheit. Neben dem Hotel gibt es eine unterirdische «Nachrichten- und Befehlsbunkeranlage» der Stasi, die man heute als grauenhaftes Kuriosum bestaunen kann.

Hasky-Hatz in Masserberg, Information: Kurverwaltung, Hauptstraße 64, Tel. 036870 / 425, Fax 453. Seit 1993 hetzen immer zur Jahreswende die Schlittenhunde dreißig Kilometer durch die Wälder rund um den Masserberger Sportplatz. Auch in Oehrenstock-Langewiesen finden alljährlich Hundeschlittenrennen statt. Information: Fremdenverkehrsamt Langewiesen, Ratsstraße 5, Tel. 03677 / 61622.

Museum für Glaskunst Lauscha, Oberlandstraße 10, täglich 8 – 16.30 Uhr, Tel. 036702 / 724. Viel mehr als die obligatorische gläserne Elefantenfamilie, die kleinen Flaschenteufel und zierliche kunstfertig vor der Lampe geblasene Souvenirs ist in diesem Museum zu sehen. Die Geschichte der Glasaugenmacher, der Christbaumschmuckaufbläser, aber auch des Lauschaer Hüttenglases anhand von wahrhaft museumsreifen Exponaten.

Sport

GutsMuths-Rennsteiglauf, Anmeldung und Information: Geschäftsstelle, Andreas Kilian, Postfach 14, 98561 Schmalkalden, Tel. 88212. Ende Mai, wenn der Frühling auch in den Höhenlagen des Thüringer Waldes Einzug gehalten hat, wird der Rennsteig wirklich zum Rennweg. Die Kleinen laufen zwei bis vier Kilometer, und die Profijogger treten über die Gesamtlänge von 66,5 Kilometern zum Europacup im Supermarathon an.

Bad Salzungen

Vorwahl

03695

Informationen

Amt für Tourismus und Fremdenverkehr, Andreasstraße 11, 36433 Bad Salzungen, Tel. 622509, Fax 2479

Verkehrsbüro, Bahnhofstraße 23, Tel./Fax 622509

Kurverwaltungsgesellschaft mbH, An den Gradierhäusern 2, Tel. 03695/622517, Fax 3151

Verkehrsmittel

Feldabahn. Mit zwölf Zwischenstationen fährt die kleine Lokalbahn, teilweise noch unter Dampf, über Dorndorf nach Kaltennordheim in die thüringische Rhön. Auskunft bei den Fremdenverkehrsbüros.

Übernachten

Jugendherberge, Kaltenborner Straße 70, Tel. 2208. Neben dem Freibad, kleine Bungalows.

Sehen und Erleben

Heimatstube Empfertshausen, Tel. 036964/8112. Kleines privates Museum zur Entwicklungsgeschichte der Rhönschnitzerei, insbesondere in Empfertshausen, dem Ort der einzigen Fachschule für das Kunsthandwerk des Schnitzens.

Fahrradservice

H. Kompe, Kaltenborner Straße 64, Tel. 603121

Ausflüge

Großer Inselsberg mit Sommerrodelbahn, Information:
Fremdenverkehrsamt Brotterode, Hagenplatz 5, 98599 Brotterode, Tel. 036840/2215

Erlebnisbergwerk Merkers, 36460 Merkers, Tel. 03695/614101, Fax 612472. In dem unterirdischen Labyrinth von der Größe Leipzigs befindet sich in 750 Meter Tiefe die einzige bekannte Salzkristallgrotte der Welt. Die Schächte wurden 1945 von General Eisenhower inspiziert, weil die Nazis hier ihre Goldreserven und die Kunstschätze der Berliner Museen gehortet hatten. Die Führung dauert drei Stunden.

Brücke der Einheit in Vacha. Die Euphorie und Freude über den Wegfall der innerdeutschen Grenze ist mittlerweile vielerorts verflogen, aber der Name der «Glienicker Brücke Thüringens» erinnert an die glücklichen Umarmungen nach vierzig Jahren Trennung, die im November 1989 hier stattfanden.

Hildburghausen

Vorwahl

03685

Informationen

Tourist-Information Hildburghausen, Markt 2, 98646 Hildburghausen, Tel. 709727, Fax 2381

Übernachten

Am Schwanenteich, Gerhardsgereuth, Tel./Fax 03685/700744. Vier Kilometer von Hildburghausen, neues erschwingliches Hotel.

Hotel Verde, Obere Allee 13, Tel. 3703. Neues, modernes Hotel mit gutem Restaurant mit Thüringer Spezialitäten, alles in Grün. Teuer.

S.-M. Gästehaus im Park, Villa Steinsburg, Römhild-Waldhaus, Tel. 036948/234, Fax 03693/41849. 15 Kilometer von Hildburghausen in der Nähe des Steinsburgmuseums liegt dieses um die Jahrhundertwende gebaute Gästehaus in einem kleinen Park.

Hotel Waldhaus, Am Sandbrunnen, Römhild, Tel. 036948/80147 Fax 80148. Hotel-Restaurant in ruhiger, waldreicher Umgebung. Preiswert.

Pension am Weinberg, Am Gries 37, Tel. 3710. Freundliche Pension in Häselrieth, einem Ortsteil von Hildburghausen.

Gasthof Zur Grünen Aue, Dorfstraße 14, Siegritz, Tel. 036873/20763. Der schöne alte Gasthof mit der Linde vor dem Tor liegt direkt an der B 89 zwischen Themar und Hildburghausen. Zum Einkehren oder Übernachten. Sehr preiswert.

Essen / Trinken / Treffs

Stadtcafé, Marktplatz 3, Tel. 2690. Im Winkel des Marktplatzes das kleine Café mit gutem Käsekuchen.

Thüringer Hof, Untere Braugasse 15, Tel. 2126. Über Omas Sofa die Gewerbeanmeldung von 1893. Hier gibt es die «echte» Thüringer Küche, wie bei Muttern, und das extrem preiswert. Deshalb trifft man die Feinschmecker aus dem Kreisamt zu Mittag auch hier und nicht in der amtlichen Kantine.

Sehen und Erleben

Stadtmuseum Hildburghausen, Alte Post in der Apothekergasse, Tel. 3689. «Beginnend mit der ersten urkundlichen Erwähnung 1234 führt der Rundgang den Besucher bis zu den Ereignissen des Herbstes 1989.» Darüber hinaus erfährt man etwas über Hildburghausens bildungsbeflissenen Datensammler Joseph Meyer, den Urheber von «Meyers Konversationslexikon», und lüftet ein wenig den Schleier der geheimnisumwitterten «Dunkelgräfin».

Fahrradservice

Ulrich Bartsch, Rosengasse 6, Tel. 2805

Theater

Stadttheater-Laienschauspiel, Tel. 709727 (Frau Roscher). Die Amateurbühne bringt nicht nur Märcheninszenierungen (Frau Holle), sondern auch engagiertes Laientheater auf die Bühne.

Naturtheater Steinbach-Langenbach, Informationen und Karten: Tel. 03685/709727. Die Waldbühne Thüringens mit Musik und Theater an lauen Sommerabenden.

Kinder

Freibad Schönbrunn, Tel. 036874/368. Das idyllisch gelegene Bad hat von Juni bis September geöffnet. Die Super-Attraktion ist die Wasserrutsche, 41 Meter pures Vergnügen.

Ausflüge

Schloß Bertholdsburg Schleusingen, Burgstraße 6, Postfach 44, 98553 Schleusingen, Tel. 036841/7961, Di–Fr 9–17 Uhr, Sa–So 10–18 Uhr, Oktober bis April öffnet und schließt das Museum eine Stunde früher. Schon von weit her sieht man das mächtige Schloß der Henneberger, die hier bereits im 13. Jahrhundert residierten. Das Schloß beherbergt eine beachtliche naturgeschichtliche Sammlung, samt Vivarien mit seltenen Amphibien und Fußabdrücken von Sauriern. In Schleusingen: Fahrrad am Bahnhof, Tel. 7619

Gemauerte Teiche. Ein kleiner Spaziergang führt zu dem beliebtesten Naherholungsgebiet der Hildburghäuser, den gemauerten Teichen mit Schwänen, Enten und Rallen. Gleich nebenan liegt ein weitläufiges Tiergehege mit Rot-, Reh- und Damwild. In der Gaststätte «Erdbeere» (Tel. 2920) gibt es dann Kaffee und Kuchen.

Hennebergisches Museum, Museum für Regionale Geschichte, 98660 Kloster Veßra, Tel. 036873/452, Fax 7425, Mai bis September 10–18 Uhr, Oktober bis April 9–17 Uhr, montags geschlossen. Die Ruinen des Hausklosters der Grafen von Henneberg, einer großen romanischen Klosteranlage, beherbergen heute auf sechs Hektar eine umfangreiche kulturgeschichtlich-volkskundliche Ausstellung über die Region: ein nach mittelalterlichen Regeln gepflegter Heilkräuter- und Gewürzgarten, ländliche Handwerksbetriebe, alte Feuerwehren und Leiterwagen, und nicht zuletzt das Museumscafé im ehemaligen «Wohnhaus für Wanderarbeiter».

Veste Heldburg. Förderverein Veste Heldburg, 98663, Tel. 036871/9210. Die frühmittelalterliche Burg erhielt ihr festungsartiges Renaissancegesicht, das nun in restauriertem Glanz erstrahlt, im 16. Jahrhundert. Die «Fränkische Leuchte» gab bei Gefahr Feuerzeichen, die man von der 403 Meter hohen Anhöhe bis weit ins Land sehen konnte. An jedem letzten Sonntag im Monat gibt es in der historisch ausgestatteten Freifraukemenate ein festliches Nachmittagskonzert.

Steinsburgmuseum, Waldhaussiedlung 19, 98631 Römhild, Tel. 036948/561, Di–Sa 9–17 Uhr. Nahe der Grabfeldstadt Römhild, am Fuß der beiden Gleichberge, liegt das Steinsbergmuseum. Vom 6. bis zum 1. Jahrhundert v. Chr. war die Steinsburg eine befestigte Großsiedlung der Kelten. Ausgrabungen im 19. Jahrhundert brachten Werkzeug, Geräte, Keramiken, Waffen und Schmucksachen zutage.

Bergsee Ratscher, Schleusingen, 036841/40015. Drei Kilometer von Schleusingen, lädt eine der vielen Talsperren Thüringens zum Bade: Bootsverleih, Waterslide, Sandstrand und am dritten Juliwochenende Deutschlands größtes Country & Western Open-air-Festival.

Schloßmuseum Eisfeld, Markt 2, 98673 Eisfeld, Tel. 03686/2117, Di–Fr 10–17 Uhr, Sa 13–17 Uhr, So 10–12 Uhr und 13–17 Uhr. In 21 Räumen wird eine Ausstellung zur Geschichte des Porzellans im südlichen Thüringen präsentiert, in der alten Schnitzerwerkstatt kann man sehen, wie die wunderbaren hölzernen Schaukelpferde einst hergestellt wurden, und in der Märbelmühle lernt man, daß Murmeln einstmals mehr als Kinderspielzeug waren.

Kiliankirche in Bedheim, Tel. 03685/67250. Die «Schwalbennestorgel» von 1721 ist nicht nur besonders wohlklingend, sondern gilt auch als einzigartig, weil sie zwei Prospekte hat, eines auf der Westempore über dem Eingang, wo normalerweise die Orgeln stehen, und eines über dem Triumphbogen, wie ein Schwalbennest unter die bemalte Holzdecke geduckt.

Ilmenau

Vorwahl

03677

Informationen

Ilmenau-Information, Lindenstraße 12, 98693 Ilmenau, Mo–Fr 9–18 Uhr, Sa 9–12 Uhr, Tel. 2358 oder 62132; Fax 2502

Verkehrsmittel

Fahrrad am Bahnhof, Bahndamm, Tel. 2244, App. 35

Mitfahrzentrale, Tel. 4711

Übernachten

Schülerfreizeitheim, Am großen Teich, Tel. 2846. Hier ist immer etwas los, und übernachten kann man auch.

Berg- und Jagdhotel Gabelbach, Waldstraße 23a, Tel. 566, Fax 3106. Etwa zwei Kilometer außerhalb des Stadtzentrums im Wald gelegenes, komfortables Hotel. Sonntags mittags Familienbuffet. Mäßig teuer.

Hotel Moosbach, Schmücker Straße 113, Manebach, Tel. 61979, Fax 4272. Großzügige Pension mit allem Komfort. Guter Ausgangspunkt zum Wandern und Langlaufski. Teuer.

Pension Risch, Ilmenauer Straße 42, 98693 Bücheloh, Tel. 03677/62855. Auf dem Bauernhof im Bilderbuchdorf. Preiswert.

Internationaler Camping- und Bungalowferienpark Großbreitenbach, 98701 Großbreitenbach, Tel./Fax 036781/398. 667 Meter hoch gelegener Großcampingplatz.

Essen/Trinken/Treffs

Arche, Lesecafé, Eine-Welt-Laden, Mitfahrzentrale, Straße des Friedens 28, Tel. 4711, Fax 62155. Das alternative Café in der Fußgängerzone in einem bunten Laden mit selbstgebackenem Vollkornkuchen.

Gaststätte Posthof, Straße des Friedens 4, Tel. 2862. Das preiswerteste Restaurant in Ilmenau, aber lange nicht das schlechteste.

Kartoffel, Weimarer Straße 9a, Tel. 62880. Gemischtes Publikum ab 20 Uhr in der urigen Kneipe an der belebten Weimarer Straße, die zwischendurch einmal völlig abgebrannt war, aber nun wieder im originellen Rahmen die verschiedensten Kartoffelgerichte präsentiert.

Ratskeller, Am Markt, Tel. 2001. Wie immer ist der Ratskeller ein sicherer Tip. Nichts Aufregendes, aber gut.

Studentenclubs, auf dem Campus, im Keller der Wohnheime, Info: Ilmenauer Studentenclub, Am Ehrenberg (Nähe Mensa), Tel. 69133/4/5/6, Café 12–17 Uhr, Clubs 20–24 Uhr, am Wochenende bis 1 Uhr früh. Die ehemaligen FDJ-Studentenclubs waren bereits vor der Wende autonom. Im bc- und BD-Club gibt's Live-Rock, im BH-Club eher Disco. Das bc-café hat auch tagsüber geöffnet.

Zum Schwan, Marktstraße 15, Tel. 4465. Handfeste Thüringer Hausmannskost.

Zur Glocke, Karl-Zink-Straße 7, Tel. 3666. Das pseudoungarische Restaurant hat seinen Balkantouch schon früher erhalten.

Zur Post, Am Mühltor 6, Tel. 2048. Preiswert und gut.

Sehen und Erleben

Goethe-Gedenkstätte im Amtshaus, Am Markt, Tel. 2667 oder 63112. Die Stadt, in der Goethe als Bergbauinspektor häufig zu tun hatte, einnert an seine 28 dokumentierten Aufenthalte.

Jagdhaus Gabelbach, Goethe-Waldstraße 24, Postfach 14–48, Tel. 2626. Im Jagdhaus des Herzogs Carl August von Sachsen-Weimar-Eisenach wird nicht nur daran erinnert, daß Goethe in der Gegend nicht nur dichtete, sondern auch naturwissenschaftlich tätig war.

Galerien/Literaturhäuser

Bürgerhaus «Alte Försterei» mit Kleiner Galerie, August-Bebel-Straße 2, Tel. 2445. In monatlichem Turnus werden in der kleinen Galerie im Bürgerhaus zeitgenössische Künstler aus Ost- und Westdeutschland vorgestellt.

Sport

Sommerrodelbahn, Steinstraße, Tel. 2726. Schlittenabfahrt, nicht nur zur Winterszeit.

In der Umgebung von Ilmenau gibt es ausgezeichnete **Wintersportmöglichkeiten**. Im Gegensatz zu Oberhof hier eher etwas für Individualisten.

Konzert

Jazz-Tage der Technischen Universität Ilmenau. Tel. 2358. Im April geht an der TU die Post ab. Gespielt wird in der Mensa, in der Alten Försterei, sogar in der Jakobuskirche und natürlich umsonst und draußen.

Folk-Tage der Technischen Universität Ilmenau. Tel. 2358. Im Oktober wird's besinnlicher, mit Folk und Bardengesängen, aber auch Weltmusik und Ethno-Pop.

Multikulturelle Tage, Eine-Welt-Verein, Tel. 4711. Die Kulturen aller Länder vereinigen sich zu den multikulturellen Tagen mit Ohren-, Augen- und Gaumenschmaus für Studenten und ältere Semester.

Kickelhahnfest, August. Die Ilmenauer feiern ihr Stadtfest auf ihrem Hausberg, dem Kickelhahn: «Zufrieden jauchzet groß und klein, hier bin ich Mensch, ich darf ich's sein.»

Und zum **Thüringer Herbst** kommt wieder Gotthilf Fischer, stellt sich auf einen Stuhl, und alle fangen an zu singen.

Philharmoniekonzerte in der Festhalle, Naumannstraße 22, Tel. 2902. Die Philharmonie der nur dreißig Kilometer entfernten Stadt Suhl gibt seit alters her regelmäßig ihr philharmonisches Gastspiel in Ilmenau.

Kirchenmusik. Ilmenau ist ein Zentrum der Kirchenmusik. Jeden Monat gibt es in der Kreuzkirche oder in der Jakobuskirche mit ihrer Walcker-Orgel Konzerte.

Kino

Linden-Lichtspiele, Lindenstraße 20, Tel. 3051. Neues Kino-Center mit mehreren kleinen Kinos.

Kinder

Schülerfreizeitheim, Am Großen Teich, Tel. 2846. Am Nachmittag ab 14 Uhr gibt es für Kinder und Jugendliche tolle Freizeitangebote, vom Computer-Schnupperkurs bis zu Ponykutschfahrten und Streichelzoo.

Ausflüge

Goethehaus Stützerbach, Johann-Sebastian-Kneipp-Straße 18, 98714 Stützerbach, Tel. 036784/277, Di–So 9–12 Uhr und 13–17 Uhr, von November bis April nur bis 16 Uhr, montags und dienstags geschlossen. Hier war Johann Wolfgang Goethe oft zu Gast, mal allein, mal in Begleitung seines Dienstherrn Carl August. Die Gedenkstätte hat sich zum kulturellen Mittelpunkt des Kneipp-Bades entwickelt.

Kickelhahn. Der Berg, auf dem Johann Wolfgang Goethe sein unsterbliches Gedicht über alles Sterbliche gedichtet hat: «Über allen Gipfeln…»

Goethe-Wanderweg. Die Kultwanderung für Goethe-Fans führt über 18 gut ausgeschilderte und ausführlich erläuterte Kilometer vom Amtshaus Ilmenau zum Grab der von Goethe verehrten Schauspielerin Corona Schröter auf dem Städtischen Friedhof, dann Richtung Manebach zum Schwalbenstein, über die Marienwiese nach Manebach, dann bis hinauf zur Jagdhütte auf den 861 Meter hohen Kickelhahn, zum Jagdhaus Gabelbach, über die Hirtenwiese ins Schortetal, über das «Finstere Loch» und die Gaststätte «Auerhahn» und schließlich zum Goethehaus Stützerbach, zurück mit Bahn oder Bus.

Meiningen

Vorwahl

03693

Informationen

Tourist-Information Meiningen, Bernhardstraße 6, 98617 Meiningen, April bis Oktober Mo–Fr 9–18 Uhr, Sa 10–15 Uhr, November bis März Mo–Fr 9–17 Uhr, Tel./Fax 2770

Verkehrsmittel

Fahrrad am Bahnhof, Lindenallee 1, Tel. 2617, App. 364

Übernachten

Sächsischer Hof, Georgstraße 1, Tel. 4570, Fax 2820. Für diejenigen, die lieber in der Stadt wohnen, aber ebenso stilvoll: die zweihundert Jahre alte Herberge, ihre Küche und ihr Service lassen keine Wünsche offen. Mäßig teuer.

An der Kapelle, Anton-Ulrich-Straße 19, Tel. 470021, Fax 470174. Zentral gelegenes kleines Hotel in der Fußgängerzone mit Weinstube im gotischen Gewölbe, Mäßig teuer.

Zum Thüringer Wald, Dolmarstraße 44, Tel./Fax 6301. Ruhige Privatpension im Ortsteil Helba, preiswert.

Jugendheim Untermaßfeld, Jugendfreizeit- und Bildungsstätte, Tel./Fax 634. Statt einer Jugendherberge bietet das Jugendheim eine sehr preiswerte, einfache Übernachtungsmöglichkeit.

Schloß Landsberg, Landsberger Straße 150, Tel. 2352, Fax 2353. Meiningens Nobelhotel, von Friedrich Ernst von Sachsen-Meiningen wieder in Besitz genommen und umfassend renoviert. Feine fränkisch-thüringische Küche, Frühstück im Rittersaal oder auf der Schloßterrasse. Und am Abend tönt es gelegentlich wohlklingend, denn auf der Terrasse gibt es ein klassisches Konzert. Wochenendarrangements mit Theaterbesuch. Teuer.

Essen / Trinken / Treffs

Henneberger Haus, Georgstraße, Tel. 41116. Gaststätte, Café, Bistro und Biergarten. Auf Vorbestellung gibt es das passende Menü zur Theateraufführung. Die junge Chefin macht entsprechende Vorschläge.

Gasthof Schlundhaus, Schlundgasse 4, Tel. 42776. Essen und Trinken, «da, wo die Hütes zu Hause sind».

Turmcafé Schloß Elisabethenburg, im barocken Hessensaal hat «Europas schönstes Barockcafé» seinen Platz gefunden.

Café Weingartental, Weingartental 12, Tel. 2819. Zehn Minuten zu Fuß vom Markt zum Biergarten. Wer seine Vesperbrote vergessen hat, kann sich auch eine Kleinigkeit zum Essen bestellen.

Subway, Schweizer Gasse 9, Tel. 3658. Nach dem Theater in die Nachtbar, bis fünf Uhr früh, am Wochenende Erotisches, alltags Disco. Mit Cocktailbar und Nachtküche.

Götzhöhle am Dietrich, Rustikal, einfach und preiswert.

Sehen und Erleben

Schloß Elisabethenburg, Schloßplatz 1, Tel. 3641, Fax 3644, Mai–September: Di–So 10 – 18 Uhr, Oktober–April: Di–So 9 – 16.45 Uhr. Die 50000 Bände der einstmals von dem Märchendichter Ludwig Bechstein gepflegten Bibliothek und die Waffensammlung des herzoglichen Schlosses wurden von der sowjetischen Besatzungsmacht «ausgelagert», aber die Kunstsammlungen der Meininger Herzöge sowie die einzigartige theater- und musikgeschichtliche Sammlung blieben unangetastet. Seit etwa fünfzehn Jahren wird auch verstärkt zeitgenössische Kunst gesammelt, eine beachtliche DDR-Kunstsammlung ist zu bewundern.

Literaturmuseum Baumbachhaus, Burggasse 22, Tel. 2848, Mai bis September: 10 – 17.45 außer freitags, Oktober–April: 9 – 16.30 Uhr. C. G. Cramer, Jean Paul, Ludwig Bechstein und Friedrich Schiller zählen zu den Literaten, die in der Meininger Gegend gelebt haben. Im Haus des Dichters Rudolf Baumbach, dem wir das Lied «Hoch auf dem gelben Wagen» zu verdanken haben, erinnert ein Museum an das literarische Meiningen.

Einkaufen

Antiquariat und Galerie Dietzel, Ludwig-Chronegk-Straße 14, Tel. 2615

Fahrradservice

Fahrradservice Vietsch, Fischergasse 3, Tel. 42922

Galerien / Literaturhäuser

Galerie ADA im Künstlerhaus, Wintergasse 8, Tel. 2004. Monatlich wechselnde Verkaufsausstellungen in der kommunalen Galerie mit «ganzheitlich-ökologischer / sozial-therapeutischer / experimentell-interdisziplinärer Orientierung». Gut für Überraschungen.

Konzert

Schloß Elisabethenburg, Schloßplatz 1, Tel. 3641. In der ehemaligen Schloßkirche, im Konzertsaal «Johannes Brahms», finden Orgel- und Kammermusikkonzerte in historischem Ambiente statt.

Theater

Dorftheater «Friedrich Schiller» Bauerbach, 98617 Bauerbach, Tel. 036945 / 400 oder 404. Das Freiluft-Amateurtheater besticht seit 35 Jahren durch schauspielerisches und komödiantisches Können. Im Sommer gibt es auf der Naturbühne auch gelegentlich ein Rockspektakel. Vorverkauf beim Theater oder über die Meiningen-Information.

Die Erbarmungslosen, Kabarett im Jugendclub «Rudolf Baumbach», Georgstraße 2 a, Tel. 2913. Das junge Kabarett, das nie um eine freche Antwort auf die brennenden Fragen der Zeit verlegen ist.

Meininger Theater, das südthüringische Staatstheater. Bernhardstraße 5, Tel. 451-222, Fax 2810. Vorverkauf auch unter 451-137. Spätestens seit August Everdings «Meistersinger»-Inszenierung hat das Meininger Theater wieder eine Spitzenstellung in Deutschland. Die Klassiker im Großen Haus, die Avantgarde im Georgie's Off und das Spektakel für die Kleinen auf der Hofbühne im Freien, häufig ausgebucht.

Ausflüge

Kelten-Erlebnisweg. Info bei der Tourist-Information. Die 200 Kilometer von Meiningen nach Bad Windsheim in Franken können entlang frühgeschichtlicher Kultstätten, Relikte und Museen erwandert werden. Höhepunkt ist das Steinsburgmuseum bei Römhild (Tel. 036948/561) mit einem Ausflug in die Frühgeschichte.

Götzhöhle, größte Kluften- und Spaltenhöhle Europas, steht zum Verkauf, wegen Baufälligkeit zur Zeit geschlossen.

Dolmar (739 Meter), der Hausberg Meiningens. Vom Gipfel des «Rigi Südthüringens» hat man eine Panoramasicht auf den Thüringer Wald und die Rhön. Nach vierzig Jahren Sperrgebiet fliegen jetzt zwar keine Segelflugzeuge, doch zumindest Drachenflieger. Hier endet der Keltenweg.

Schillerhaus in Bauerbach, Hauptstraße, 98617 Bauerbach, Tel. 036945/301. April bis Oktober Di–So 9–12 Uhr und 13–17 Uhr, November bis März ab 16 Uhr geschlossen. «Das Haus meiner Wolzogen ist ein recht hübsches und artiges Gebäude... Ich habe alle Bequemlichkeit, Kost, Bedienung, Feurung...», schrieb Friedrich Schiller, der mit 23 Jahren unter dem Pseudonym «Dr. Ritter» ein halbes Jahr hier verbrachte.

Jüdischer Friedhof in Bauerbach. Ein «Guter Ort» ist dieser Friedhof, trotz seiner traurigen Geschichte. 1936 fand hier das letzte Begräbnis statt.

Märchenhöhle Walldorf, 9–17 Uhr, Juni bis August bis 18 Uhr, Tel. 03693/77196 und 77192. Vor einigen Jahren waren es noch 130000 Kinder und Erwachsene, die das riesige unterirdische Labyrinth der Märchenhöhlen, aus denen das Sandmännchen seinen feinen Sand holt, besuchten. Heute sind es nur noch die Hälfte.

Für ambitionierte Radwanderer beginnt in Meiningen der **Main-Werra-Radwanderweg** in Richtung Würzburg.

Oberhof

Vorwahl

036842

Informationen

Fremdenverkehrsamt, Crawinkeler Straße 2, 98559 Oberhof, Tel. 5143, Fax 332 Mo–Fr 9–17 Uhr, Sa 9–15 Uhr.

Übernachten

Hotel Panorama, Theodor-Neubauer-Straße 29, Tel. 500, Fax 5554. Die Bettenburg hat sich mächtig ins Zeug gelegt, um den Standard eines Tophotels zu bekommen. Die achthundert Betten sind trotzdem nur zu einem Viertel ausgebucht, Tendenz steigend. Mäßig teuer.

Japan-Hotel Sakura, Am Schloßberg 2, Tel. 5232, Fax 20379. Das frühere Ferienheim beherbergt jetzt ein Hotel und ein traditionelles japanisches Restaurant, der Koch ist zwar deutsch, aber versteht sich auf Sushi und Tempura. Mäßig teuer.

Die Rennsteig-Meile, Poststraße 17, Tel. 21091, Fax 344. Das preiswerteste Hotel Oberhofs, mitten im Ort.

Wandersruh, Tambacher Straße 16, Tel. 5249. Jugendherberge hat Oberhof keine, dafür aber die ebenso preiswerte und einfache Wanderherberge.

Wohnmobilparkplatz (Tel. 5521) mit Frischwasser und Entsorgung.

Campingplatz Lütschetalsperre, Hauptstraße 20, 99887 Frankenhain, Tel. / Fax 036205 / 366. 650 Meter hoch direkt am Stausee, herrliche Wandermöglichkeiten.

Essen / Trinken / Treffs

Rondellbar im Panorama, Tel. 500. Zum Après-Ski in die schicke Bar mit Weltniveau.

Tanzcafé am Schützenberg, Tambacher Straße 4, Tel. 5581. Täglich Tanz bis in die Puppen, gelegentlich auch Damenwahl.

Bierbar im Sporthotel, Am Harzwald 1, Tel. 21033. Keine Erfurter Schlunze, sondern ein gepflegtes Köstritzer vom Faß.

Café Vergißmeinnicht, Crawinkler Str. 10, Tel. 346. Ab 9 Uhr zum Frühstück und abends bis Mitternacht zum informellen Dinner.

Wandersruh, Tambacher Straße 16, Tel. 5249. Preiswerte Gaststätte in der Wandererherberge. Sonntags Ruhetag.

Sehen und Erleben

Rennsteiggarten. Mai–Oktober. Alpenedelweiß, Stengelloser Enzian und Alpenglockenblume, vom Frühjahrsblüher bis zur Herbstzeitlose. Während der Hauptblütezeit Ende Juni wird im Rennsteiggarten ein Blütenfest gefeiert, auf dem man die annähernd viertausend Gebirgspflanzenarten aus aller Welt in voller Blüte duftend erleben kann.

Großer Beerberg (982 m) und **Schneekopf** (978 m) sind die höchsten Erhebungen im Thüringer Wald. Hier oben weht selbst im Hochsommer ein frischer Wind, und die Aussicht ist spektakulär.

Skifasching. Alljährlich am Faschingssamstagnachmittag bevölkern sich die Pisten zu einer Riesengaudi mit Narren auf Brettern.

Sport

Oberhof ist eines der größten Zentren des Wintersports im Thüringer Wald. Die Partnerstadt von Lillehammer hat alles, was Wintersportler sich wünschen, und sämtliche Wintersportarten werden hier gepflegt. Trainiert wird hier das ganze Jahr über. Auskunft über Trainingsmöglichkeiten gibt die Kurverwaltung, Tel. 5143. Und für Anfänger gibt es zahlreiche «Idiotenhügel», teilweise auch mit Lift.

Schanzen im Kanzlersgrund: K 120 (die größte Mattenschanze der Welt) und K 90 mit drei Anlaufspuren (Keramik, Matte, Eis). Alle Schanzen können auch im Sommer genutzt werden.

Das **Biathlonstadion** (Tel. 20069) am Grenzadler wurde 1992 modernisiert und war Austragungsort der Weltmeisterschaften.

Rollerstrecken, Rollerstrecke am Grenzadler. Damit Langläufer im Sommer nicht einrosten, können sie hier auf Asphaltpisten durch den Wald rollern – sogar nachts, denn die Piste ist teilweise beleuchtet. Leihroller gibt's am Eingang.

Rennschlittenbahn. Startbereich Tambacher Straße. 1113 Meter für unerschrockene Abfahrer werden von November bis Februar spiegelglatt gehalten. Wer Angst hat und trotzdem fahren will, setzt sich in den «Oberhofer Hirsch», einen gut gepolsterten Schaumstoffbob.

Ski- und Schlittenausleihe: auf der Skiwiese am Christlichen Jugenddorf (alte Golfwiese), Zellaer Straße, im Servicecenter am Grenzadler und im Hotel Panorama.

Konzert

An den Wochenenden spielt auf der Terrasse im Kurpark die Kurkapelle auf, wie sich das für einen Kurort gehört. Bei Regen in der Kurparkklause.

Kinder

In der Kurverwaltung gibt es eine **Kinderbibliothek**, in der regelmäßig Märchenstunden für Kinder veranstaltet werden.

Wenn die Eltern mal allein loswandern wollen, können die Kleinen im **Gästekindergarten** (Tel. 4 79) bleiben.

Ausflüge

Lütschetalsperre und **Ohratalsperre** sind nur zehn Kilometer von Oberhof entfernt und können auf Wanderwegen erreicht werden.

Der Ausgebrannte Stein. In dieser Höhle am Hohen Stein könnte gut der Ötzi des Thüringer Waldes gelebt haben. Tatsache ist jedoch, daß das große Loch in dem Porphyrfelsen in mühsamer Fronarbeit Ende des 17. Jahrhunderts von Menschenhand geschaffen wurde, um einen künstlichen Floßgraben am Nordhang des Kehltals anzulegen, weil das Kehltal selbst den benachbarten Landesherren der Schwarzburger gehörte.

Schmalkalden

Vorwahl

0 36 83

Informationen

Schmalkalden-Information, Mohrengasse 2, 98574 Schmalkalden, Mo–Fr 9 – 13 Uhr und 14 – 17 Uhr, Sa 10 – 13 Uhr und 14 – 16 Uhr, November bis März samstags nachmittags geschlossen, Tel. / Fax 31 82. Jeden Samstag von April bis Oktober trifft man sich 15 Uhr zum Stadtrundgang an der Schmalkalden-Information.

Übernachten

Waldhotel Ehrental, Im Ehrental, Tel. 8 82 94, Fax 8 82 96. Mitten im Wald gelegenes Hotel mit Wanderwegen direkt vorm Haus. Mäßig teuer.

Henneberger Haus, Sport & Tagungshotel, Notstraße, Tel. 60 40 41, Fax 60 40 46. Großzügiges Busineß-Hotel für gestreßte Manager, die selbst auf dem Mountainbike noch am D-Netz hängen. Teuer.

Stadthotel Patrizier, Weidebrunner Gasse 9, Tel. / Fax 60 45 14. Luxushotel mit exzellenter Küche und gemütlichem Weinkeller mitten in der Stadt. Teuer.

Gasthof Jägerklause, Pfaffenbach 45, Tel. 60 01 43. Neuer Gasthof etwas außerhalb, kinderfreundlich, nur 15 Minuten Fußweg zum Rennsteig.

Sehen und Erleben

Hochofenanlage «Neue Hütte», Mi–So 10 – 17 Uhr, Tel. 30 18. Die «Neue Hütte» ist in Wirklichkeit eine der ältesten, Baujahr 1835. Die Eisenverhüttung geht in Schmalkalden bis ins Mittelalter zurück. Einmal im Monat kann man beim Schauschmieden zuschauen, und Ende Juli gibt es das große Hüttenfest.

Schaubergwerk Finstertal, Mi–So 10 – 17 Ihr. In den Wintermonaten (November bis März) geschlossen, Tel. 8 80 37. Das Eisen wurde hier schon zu vorgeschichtlichen Zeiten aus dem Berg geholt und die Kupfererzvorkommen schon im 16. Jahrhundert. Alte Arbeitsgeräte der Bergleute zeigen, wie schwer diese Arbeit war.

Schloß Wilhelmsburg, Di–So 9 – 17 Uhr, in den Wintermonaten 10 – 16 Uhr, Tel. 31 86. Eine kunsthistorische Kostbarkeit allerersten Ranges ist die komplett im Renaissancestil erhaltene vierflügelige Schloßanlage hoch über der Stadt. Die hölzerne Orgel von 1589 wird den Sommer über gelegentlich anläßlich kleiner, aber feiner Konzerte zum Leben erweckt.

Bartholomäusmarkt. Am letzten Wochenende im August wird seit 1379 von den Schmalkaldenern an der Stadtkirche ein ganzer Hirsch aufgespießt, gegrillt und genüßlich verspeist. Früher war es eine wohlwollende Geste des Landgrafen an seine Untertanen, heute ist es kulinarische Folklore.

Fahrradservice

Fahrrad-Anschütz, Stiller Gasse 17, Tel. 39 09

Galerien

Sonderausstellungen im Museum, Tel./Fax 3186. Zeitgenössische Tafelmalerei, Grafik, Plastik und Kunsthandwerk im zweimonatlichen Wechsel in stilvollem Rahmen.

Konzert

Konzerte im Museum Schloß Wilhelmsburg, Schloßberg 9, Tel./Fax 3186. Das ganze Jahr über finden fast an jedem Wochenende Konzerte mit kleiner Besetzung in der Kapelle, im Riesensaal, im Tafelgemach oder auch im Schloßhof statt. Gelegentlich ertönt auch die hölzerne Renaissanceorgel. Sommerkonzerte in der romanischen Basilika Breitungen.

Ausflüge

Wallfahrtskirche in Christes. Am Fuße des Christes steht die kleinste dreischiffige Basilika der Welt, die 1443 dort erbaut wurde, weil dem Brunnen des Ortes wundertätige Wirkungen zugeschrieben wurden.

Sonneberg

Vorwahl

03675

Informationen

Fremdenverkehrsbüro Sonneberg, Bahnhofstraße (direkt am Bahnhof), 96515 Sonneberg, Tel. 2711, 24002, Fax 3128

Verkehrsmittel

Fahrrad am Bahnhof, Bahnhofsvorplatz, Tel. 2997

Übernachten

Park-Hotel Sonne, Dammstraße 3, Tel. 8203 Neues, citynahes Hotel in ruhiger Lage in der Nähe des Hauptbahnhofs. Teuer.

Hotel «Schöne Aussicht», Schöne Aussicht 24, Tel. 804040. Renoviertes Hotel in alter Villa am Schießhausplatz. Teuer.

Hotel-Gasthof Waldblick, Mönchsberger Straße 13, Sonneberg-Steinbach, Tel. 44749. Gemütliches neues Gasthaus im Vorort von Sonneberg, mit Sauna. Mäßig teuer.

Essen/Trinken/Treffs

Stern Radio, Neuhäuser Straße 12, Tel. 2933. Die berühmt-berüchtigte Disco.

Lachtaube, Gustav-König-Straße 12, Tel. 806600. Kleinkunst, Kabarett, Folk und Schmalzbrote.

Baccara, Markt 8, Tel. 42742. Café und Bistro mit Livemusik, besonders zu den Jazztagen.

«Lutherhaus», Lutherhausweg, Tel. 3958. Uraltes Holzhaus, aus Judenbach hierher verfrachtet, das mit Luther so gut wie nichts zu tun hat, außer daß es angeblich fast so alt ist, mit gemütlicher Gaststätte oberhalb Sonnebergs im Grünen mit kleinem Biergarten.

Gasthof Steiner, Föritz, Ortsstraße 17, Tel. 44469. Biergarten mit schöner Aussicht und fränkische Küche auf dem Dorfe.

Sehen und Erleben

Deutsches Spielzeugmuseum, Beethovenstraße 10, Tel. 2856, Fax 42817. «Reiterlein auf Pferdlein mit Pfeiflein im Ärschlein» lautet die offizielle Bezeichnung des ersten Sonneberger Spielzeuges von 1784. Reiterlein und Pfeiflein fehlen bei dem Exponat im Museum, aber der Urtyp des Holzspielzeugs ist zum Symbol für die Sonneberger Spielzeugindustrie geworden. Ein Augenschmaus nicht nur für Kinder. Im Kuppelsaal Sonderausstellungen.

Sonneberger Jazztage. Anfang November lädt die Stadt zu den internationalen Jazztagen. Europäische und amerikanische Jazzer und Gospelchöre bringen Sonneberg zum Swingen.

Spielzeugbörse, Tel. 2008. Was wäre die Welthauptstadt des Spielzeugs ohne eine Spielzeugbörse? Alte Teddies, Puppen alt und neu, Lokales und Kurioses zum Liebhaben und Mitnehmen, jedes Jahr Mitte September.

Sonneberger Sternwarte, Sternwartenstraße 32, Tel. 702586. Wie lange es die nach der Sammlung der Harvard University zweitgrößte Kollektion fotografischer Platten von veränderlichen Sternen in einer der ältesten Sternwarten Thüringens noch geben wird, ist nicht gewiß.

Einkaufen

Die **Bahnhofstraße** rauf und runter.

Konzert

Sonneberger Rathauskonzerte. Das ganze Jahr über Klassik, im Wechsel mit Schloß Rosenau, Rathaus Neustadt und Schloß Mitwitz, dem «Musikalischen Dreieck» zwischen Steinach und Röden.

Kino

Kammerlichtspiele, Gustav-König-Straße 22, Tel. 6651

Kinder

Schülerfreizeitzentrum, Coburger Straße 31, Tel. 2329. Von der Nonsens-Olympiade bis zum Backkursus, Basteln, Spielen, Wandern, von montags bis freitags 13 – 18 Uhr, in den Ferien ab 10 Uhr.

Modellrennsportanlage Raceway. Die einzige ungefährliche und umweltschonende Art, Autorennen zu veranstalten. Die Weltmeisterschaft für «Pro-10»-Modellflitzer (elektrisch im Maßstab 1:10) wird hier ausgetragen. Da wird es ernst mit dem Spiel.

Ausflüge

Schiefergriffelmuseum, täglich 14 – 17 Uhr, Tel. 036762/2746. Das einzige Schiefergriffelmuseum überhaupt.

Grenzinformationsstelle in der Thüringisch-Fränkischen Begegnungsstätte Neustadt, Tel. 09568/81126. Mi, Sa und an Feiertagen 14 – 16 Uhr, So 14 – 17 Uhr. Im September 1989 wurde die Grenzinformationsstelle eröffnet, drei Monate später war nichts mehr so, wie es einmal war. Die Gefängnismauern der DDR wurden geöffnet, und an der Gebrannten Brücke zwischen Neustadt und Sonneberg lagen sich Thüringer und Franken in den Armen. Eigentlich war die Informationsstelle dann überflüssig geworden, aber man ließ sie stehen, ebenso wie die Reste der Mauer einige Kilometer entfernt in Heinersdorf, die das Dorf zu einem «kleinen Berlin» machte.

Lindenfest in Effelder. Mitten im Juni ist Tanz auf dem Tanzboden, der wie in vielen südthüringischen Orten mitten in die alte Dorflinde hineingebaut wurde. Dieser Tanzboden ist besonders schön, und schon vor zweihundert Jahren tanzte Herzog Georg von Meiningen mit der Platzjungfer Johanna in den Himmel hinein.

Suhl / Zella-Mehlis

Vorwahl

Suhl: 03681

Zella-Mehlis: 03682

Informationen

Stadtverwaltung Suhl, Amt für Tourismus und Sport, Gothaer Straße 1, 98527 Suhl, Tel. 27546, Fax 27524 und
Tourist Information Suhl, Gothaer Straße 1, 98527 Suhl, Mo–Fr 9 – 18 Uhr, Sa 9 – 12 Uhr, Tel. 20052 oder 27502, Fax 27524

Verkehrsmittel

Die Städte Suhl und Zella-Mehlis sind nicht nur geographisch zusammengewachsen, sondern auch durch ein gemeinsames Bus-Nahverkehrssystem verbunden. Tel. 24202

Übernachten

Hotel Stadt Suhl, Zella-Mehlis, Bahnhofstraße 7, Tel./Fax 2379. Kleines Stadthotel im Jugendstil. Ehemals die einzige Privatpension Südthüringens. Jetzt ein liebevoll restauriertes Hotel mit allem, was nötig ist. Preiswert.

Hotel Thüringen, Platz der deutschen Einheit 2, Tel. 03681/303890. Das «4-Sterne-Hotel» für Geschäftsleute, wenn die Firma zahlt. Extrem teuer.

Zur Guten Quelle, Goldbachstraße 11, 98529 Albrechts, Tel. 03681/304323, Fax 303690. Ländliches modernes Hotel in einem Vorort von Suhl. Erschwinglich.

Suhler Hütte, Suhl-Goldlauter, Tel. 036845/50418

Azur Campingplatz, Am Waldbad, 98553 Breitenbach, Tel. 036841/8180. Terrassencampingplatz am Südhang des Thüringer Waldes.

Campingplatz Erlau am Waldbad, 98553 Erlau, Tel. 036681/8228. Neben dem Zeltplatz gibt es 18 kleine Häuschen für jeweils vier Personen, unweit des Biosphärenreservats Vessertal.

Essen/Trinken/Treffs

Forellenhof Vessertal, 98711 Vesser, Tel. 036782/468. Die Forellen aus der Vesser sind besonders zart, und die drei Kilometer, die der Ort Vesser vom Rennsteig entfernt liegt, sind einen Abstecher in das Naturparadies des Biosphärenreservats Vessertal ohnehin wert. Übernachtungsmöglichkeit, preiswert und gut.

Spinne Fax, Gothaer Straße 10, Tel. 21022. Witzige Kneipe, immer total voll, verschiedene kleine Gerichte. *Der* Treffpunkt für junge Leute in Suhl.

Gastmahl des Meeres, Heimweg 15, Tel. 23820. «Ham wa nich…» ist nicht mehr. Statt dessen: feiner Fisch, frisch zubereitet, eine interessante Fischsoljanka und trockener Unstrutwein im Glas. Preiswert.

Diana-Keller, Wildspezialitätenrestaurant, Friedrich-König-Straße 16, Tel. 24186. Wildschwein und Rehrücken, klein, erschwinglich und gut.

Stutenhaus Berghotel, 98711 Vesser, Tel./Fax 036782/409. Altes Berghotel in 770 Meter Höhe, mit Reitmöglichkeit. Erschwinglich.

Sehen und Erleben

Tierpark, 9–18 Uhr, am Wochenende bis 17 Uhr. In den Wintermonaten nur bis 16.30 Uhr. Die Besonderheit des landschaftlich reizvollen Tierparks ist die Rückzüchtung fast ausgestorbener Nutztierrassen wie der Thüringer Waldziege, Streichelzoo für Kinder.

Heimatmuseum Zella-Mehlis, Hauptstraße 2, 98544 Zella-Mehlis, Tel. 03682/3471, Mo–Fr 9–12 Uhr und 13–16 Uhr, So 9–12 Uhr und 14–16 Uhr, November bis Mai geschlossen. Das Heimatmuseum ist mehr als ein Museum. Es beherbergt nicht nur das gesamte Anwesen der Maria Schmidt samt einer komplett eingerichteten Schusterwerkstatt aus dem 19. Jahrhundert und zahlreichen alten Gerätschaften und Trachten, die die schlichte Schönheit des Thüringer Kunsthandwerks erkennen lassen, sondern auch die Hirtenbläser, die als lebendes Inventar bei ihren Auftritten das Publikum mit alten Liedern und Schwänken begeistern.

Waffenmuseum, Friedrich-König-Straße 19, Tel. 20698, April bis Oktober Di–So 9–17 Uhr, an Feiertagen 10–17 Uhr, November bis März eine Stunde früher geschlossen und sonntags erst ab 10 Uhr. Im Malzhaus, einem der ältesten Suhls, gibt es einen Einblick in fünf Jahrhunderte Kunst der Herstellung von Handfeuerwaffen in Suhl, die Ästhetik der Gewalt.

Einkaufen

Buchhaus Suhl, Friedrich-König-Straße 22, Tel. 21028, Fax 22160

Falke-Buchhandlung, Rimbachstraße 1, Tel. 21355

Annes Antiquitäten, Meininger Straße 46, Tel. 21467

Fahrradservice

Fahrrad Schlegelmilch, Suhl, Thälmannstraße 5, Tel. 23918

Radsport Kummer, Suhl, Friedrich-König-Straße 43, Tel. 301848, Fax 301958

Fahrrad Anschütz & Jehsert, Zella-Mehlis, Peter-Haseney-Straße 1, Tel. 3057

Galerien

Kunstkabinett im Haus Philharmonie, Bahnhofstraße 6/8, Tel. 39090, Fax 21508. Kunst und Kunsthandwerk aus der Region, aber auch gelegentlich internationale Ausstellungen, auch zum Verkauf.

Galerie im Rathaus, Marktplatz 1, wechselnde Ausstellungen lokaler und überregionaler Künstler.

Galerie im Bürgerhaus Zella-Mehlis, Louis-Anschütz-Straße 28, Tel. 2840 und 40317, Fax 7143, Mo–Fr 9–12 Uhr und 13–17 Uhr, Sa 9–12 Uhr Gemälde, Grafik und Skulpturen von Künstlern, überwiegend aus den neuen Bundesländern.

Sport

Schießsportzentrum Suhl-Friedberg, Schützenstraße 6, Tel. 5930, Fax 593414. Fr–Sa 9.30–17 Uhr. Sechs Kilometer vom Stadtzentrum liegt der Austragungsort der Europameisterschaften und Weltmeisterschaften im Sportschießen. Erfahrene Trainer stehen Gästen, die sich im Schießen üben möchten, zur Seite.

Konzert/Theater

Haus Philharmonie, Bahnhofstraße 6/8, Tel. 39090, Fax 21508. Hier ist die Thüringen-Philharmonie zu Hause. Regelmäßig werden Gastspiele fremder Ensembles gegeben: Kabarett, Personality-Shows von Jürgen von der Lippe bis Reinhold Messner, auch mal eine Rockband, Blues, Gospel und Jazz, und die «Gala der Volkssolidarität» für die Senioren.

Suhler Rathauskonzerte, Vorverkauf im Waffenmuseum, an der Vorverkaufskasse im Philharmoniegebäude und im Musikhaus Jacobs, Backstraße 3. Kammermusik im historischen Rahmen.

Orgelkonzerte in Zella St. Blasii. Tel. 03682/2523. Für die Freunde barocker Orgeln erklingt die Rommel-Orgel unter den Fingern meisterhafter Organisten allmonatlich zu einem Konzert, zu dem gelegentlich auch international renommierte Chöre und Orchesterensembles auftreten.

Räuchermännchenwerkstatt Bernd Albert, Colberger Straße 130 b, 98663 Ummerstadt, Tel. 036871/720. Wer Lust hat, bei der Entstehung eines Räuchermännchens dabeizusein, ist nach Voranmeldung beim Räuchermännchenmachermeister Albert willkommen.

Kino

Kino KIK, Platz der deutschen Einheit, Tel. 308030. Allabendlich Programm und sonntags die Matinee für Kinder.

Ausflüge

Vessertal, Auskunft: **Fremdenverkehrsverein Vessertal**, Hauptstraße 67, 98553 Breitenbach, Tel. 036841/8271. Eine Viertelstunde mit dem Bus nach Schmiedefeld, und schon ist man am Busen der Natur. Den Thüringer Wald, wie er einmal war, findet man nur noch selten. Artenreiche, teilweise schon Ende der dreißiger Jahre aus der Nutzung entlassene Wiesen mit seltenen Orchideen, wenig geschädigte Bergmischwälder und schnellfließende Gebirgsbäche erquicken den Wanderer. Seit 1971 ist das Vessertal Experimentierfeld der UNESCO im Rahmen des Projektes «Man and the Biosphere», in dem der Genpool bedrohter Arten bewahrt werden soll. Zu jeder Jahreszeit ein Paradies auf Erden. Informationszentrum in Breitenbach.

Suhler Hütte am Rosenkopf, Tel. 036845/50418, Information: Lothar Krume, Friedrich-König-Straße 11, Tel. 03681/26797. Ausflugsgaststätte und Wanderquartier.

Wettiner Eck, Johann-Sebastian-Bach-Straße 11, Tel. 313532. Hotelrestaurant mit Biergarten.

Ostthüringen

Zeulenroda-Information, Greizer Straße 19, 07937 Zeulenroda, Tel. 036628/82441

Landratsamt Schmölln, Amt für Kultur und Tourismus, Eisenbahnstraße 10, 04626 Schmölln, Tel. 034491/83132

Altenburg

Vorwahl

03447

Informationen

Altenburg-Information, Weibermarkt 17, 04600 Altenburg, Mo 9–15 Uhr, Di, Mi, Fr 9–17 Uhr, Do 9–18 Uhr, Sa 9–13 Uhr, Tel. 311145 oder 502023

Übernachten

Altenburger Hof, Schmöllnsche Landstraße 8, Tel. 5840, Fax 584499. …und für die «Fitnis» das «Fitarium».

Bed & Breakfast im «Dubliner» Irish Pub, Rosa-Luxemburg-Straße 2, Tel. / Fax 500500

Europäischer Hof, Wettiner Straße 21 (am Bahnhof), Tel. 502676

Parkhotel Altenburg, August-Bebel-Straße 16, Tel. 371416, Fax 375078. Neue Besen kehren gut, besonders wenn sie sich mit vier Sternen schmücken können. Teuer.

Erholungspark Pahna, Kommunalverband, 04617 Pahna, Tel. 034343/9914. Ausgedehnter Platz an großem See mit behindertengerechten sanitären Anlagen. Textilfreier Badestrand und Lagerfeuerplätze.

Essen / Trinken / Treffs

Restaurant Ouvert im Hotel Altenburger Hof, Schmöllnsche Landstraße 8, Tel. 504710. Thüringer und französische Küche. Küchenmeister Uwe Uhlig glänzt mit seiner «Großen Salatvariation».

Ratskeller, Markt 1, Tel. 311226. Deftiges, wie die «Sülze nach Art des Küchenchefs».

Sehen und Erleben

Schloß- und Spielkartenmuseum, Schloß 2–4, Tel. 315193, 9–17 Uhr außer montags. Fünfhundert Jahre Spielkarten aus den Sammlungen des Schloßmuseums. Bei der Schloßführung fängt die herrliche Trost-Orgel wie von Zauberhand gespielt auf Anklicken mit der Fernbedienung an zu spielen.

Lindenau-Museum, Gabelentzstraße 5, Tel. 2519, Fax 2510, 10–18 Uhr außer montags. Samstags 15 Uhr gibt es Sonderführungen durch die Kostbarkeiten des reichen Museums. Die antike Vasensammlung würde selbst das Getty-Museum neidisch werden lassen, und die Sammlung frühitalienischer Tafelbilder ist außerhalb Italiens einzigartig. Sonderausstellungen zeitgenössischer Künstler.

Naturkundemuseum «Mauritianum», Parkstraße 1, Tel. 2589, Mo–Fr 8–12 Uhr und 13–17 Uhr, So 10–17 Uhr. Sobald die Vögel alle wieder da sind, lädt das Museum zur Vogelstimmenexkursion in die Umgebung ein. Im Winter muß man mit den ausgestopften Exemplaren vorliebnehmen, die Alfred Edmund Brehm in Afrika eingefangen und Christian Ludwig Brehm in Thüringen präpariert hat.

Skatbrunnenfest. Anstatt wie vierzig Jahre lang die diktierte Losung zur verordneten «Manifestation zum 1. Mai» zu Markte zu tragen, tanzt man nun lieber um das «einzige Denkmal der Welt, das einem Kartenspiel gewidmet ist».

Altstadtfest Anfang Oktober, Info: Kulturamt, Schloß 13, Tel. 315025

Galerien / Literaturhäuser

Galerie in der Altenburg-Information, Markt / Ecke Weibermarkt 17. Interessante lokale Soziokultur.

Frauenzentrum ERNA, Dr.-W.-Külz-Straße 10. Neben einem vielfältigen Angebot an berufstätige und arbeitslose Frauen gibt es eine Galerie mit Kunst von Frauen.

project-art: Galerie für Kinder und Jugendliche. Narrenschiff Altenburg, Tel. 501937 oder 313111. Der museumspädagogische Dienst des Schloßmuseums und die Kreativwerkstatt Narrenschiff arbeiten mit den Schulen zusammen, um anhand bestimmter historischer Projekte Ausstellungen von Schülerarbeiten zusammenzustellen.

Umweltbibliothek, Albert-Levy-Straße 59a, Mo 15–20 Uhr, Di 9–12 Uhr und 14–16 Uhr, Do 14–19 Uhr, Fr 9–12 Uhr, Tel. 834317

Konzert

Landestheater Altenburg, Theaterplatz 19, Tel. 51221, Fax 31592, Kartenvorverkauf Tel. 2626, Di–Fr 9–12 Uhr und 12.30–17 Uhr. Außer den eigenen Inszenierungen gibt es konzertante Opernaufführungen, Symphoniekonzerte und Gastspiele.

Konzerte im Schloß, Schloß 4, Tel. 314080, Fax 502839. In den Wintermonaten Kammermusik im neogotisch vertäfelten Bachsaal, von Mai bis Oktober Orgelkonzerte in der Schloßkirche an der Trost-Orgel.

Dubliner Irish Pub, Rosa-Luxemburg-Straße 2, Tel. 500500. Jeden Freitag und Samstag Live-Musik von Folk über Rock bis zum Country Blues.

Theater

Landestheater Altenburg. Oper, Schauspiel, Ballett sowie ein ausgewachsenes Symphonieorchester, die Landeskapelle Altenburg, machen Altenburg zur Kulturmetropole Ostthüringens.

Kino

Capitol, Teichplan, Tel. 311365

Kinder

Narrenschiff Altenburg, Tel. 501937 oder 313111. Vielfältige Angebote in Schulen und im Museum: Basteln, Malen, Theaterspielen, Kostümschneidern, Straßentheater, Schreiben für Kinder und Jugendliche.

Greiz

Vorwahl

03661

Informationen

Greiz-Information, Burgplatz, Unteres Schloß, 07973 Greiz, Tel. 703292, Fax 703291, Mo–Fr 9–18 Uhr, Sa 9–12 Uhr.

Verkehrsmittel

Fahrrad am Bahnhof, Poststraße 10, Tel. 3051, App. 373, 377

Übernachten

Jugendherberge Langenwetzendorf, Greizer Straße, 07957 Langenwetzendorf, Tel. 036625/305. Mitten im Wald zwischen Greiz und Zeulenroda.

Jugendherberge «Juri Gagarin» Greiz, Amselstieg 12, Tel. / Fax 2176. Zwanzig Minuten zu Fuß vom Bahnhof wunderschön im Wald gelegen.

Ambiente, Bahnhofstraße 7, Tel. 03661/672054. Kleinsthotel in Bahnhofsnähe.

Am Wald garni, Untergrochlitzer Straße 8, Tel. 03661/670804, Fax 670805. Ruhiges Hotel im Stadtteil Untergrochlitz.

Landhotel Am Fuchsbach, Dorfstraße 62, 07980 Woltersdorf, Tel./Fax 036623/836

Essen/Trinken/Treffs

Schloßkeller, Oberes Schloß, Tel. 3895. Mittagstisch und am Wochenende Kaffee und Kuchen. Bei schönem Wetter sitzt man auf der Schloßterrasse, freitags und sonnabends geht's ab 21 Uhr zum Tanz.

Schloßcafé Lebensart, Im Unteren Schloß, Burgplatz 12. *Der* Treffpunkt in Greiz, leckere, preiswerte Kleinigkeiten zum Essen und abends Folk oder Klezmer.

Nachtcafé Schiller, Papiermühlenweg

Sehen und Erleben

Sommerpalais, Staatliche Bücher- und Kupferstichsammlung, Tel. 03661/2283. Inmitten des Landschaftsparks, der von einem Meisterschüler des Fürsten Pückler gestaltet wurde, steht das frühklassizistische Palais des reußischen Fürsten Heinrich XI., sein «maison de la belle retraite», Haus der wohligen Zurückgezogenheit. Neben der zweitgrößten Sammlung von Kupferstichen und Schabkunst auf dem europäischen Festland und der kostbaren Bibliothek findet sich hier eine originelle Sammlung historischer Karikaturen, unter anderem aus der DDR, das Greizer «Satiricum».

Unteres Schloß, Burgplatz 12, Tel. 3666, 10–12.30 Uhr und 13–17 Uhr, freitags geschlossen. Einen Eindruck vom Reichtum der reußischen Fürsten bekommt man beim Durchgang durch die klassizistischen Repräsentationsräume des Unteren Schlosses mit ihren Sammlungen von Spielzeug, Porzellan, Zinn, Waffen, Münzen und allerlei Grafik und Gemälde.

Oberes Schloß. Erstrahlt das Untere Schloß in seinem renovierten klassizistischen Glanz, so sind die sechs prächtigen aneinandergereihten Renaissancegiebel des oberen Schlosses so brüchig-grau, wie man das von vielen, für die darumliegenden Orte viel zu großen Hinterlassenschaften der thüringischen Duodezfürstentümer nach Jahrzehnten langer kohlegeschwängerter Winter gewohnt ist. Ein Teil des Schlosses über Greiz ist bewohnt, ein Teil beherbergt das reußische Staatsarchiv.

Göltzschtal- und Elstertalbrücke. Die beiden für die Bahnstrecke Leipzig–Nürnberg 1846 bis 1851 erbauten Ziegelsteinviadukte sind die größten Ziegelbrücken der Welt. So manch eine ICE-Brücke könnte sich an der Ästhetik dieser alten Schmuckstücke industrieller Architektur eine Scheibe abschneiden.

Fahrradservice

Alles fürs Rad, Ziegeleistraße 3, Tel. 3130

Ökologie

BUND-Kreisverband Greiz, Stavenhagenstraße 3/4, Tel. 03661/3041 App. 20

Bündnis 90/Die Grünen, Kreisverband Greiz, Breuningstraße 12, Tel. 671185, Fax 671186

Galerien/Literaturhäuser

Greizer Theater, Unteres Foyer. Die Stadtverwaltung (Tel. 703232) veranstaltet im Foyer des Theaters Ausstellungen zeitgenössischer Kunst.

Galerie Schulstube, Kühndorf Nr. 3, Tel. 036625/351, ab 14.30 Uhr geöffnet. Eine Region, die künstlerisch einiges zu bieten hat, findet ihre kleine Galerie.

Literatur in der Schule. Nur hier und in Weimar kommen Gymnasiasten in den Genuß, alljährlich Dichter vom Schlage eines Walter Kempowski, Tankred Dorst oder Martin Walser hautnah zu erleben. Die «heimliche Hauptstadt der Poesie» (Jürgen Serke) hat eine gute literarische Tradition und Gegenwart.

Konzert

Vogtland Philharmonie Greiz Reichenbach, Tel. 3225. Das philharmonische Orchester gibt monatliche Konzerte im Neuberinhaus Reichenbach (Tel. 03765/12188) und im Theater der Stadt Greiz mit regionalen und internationalen Solisten.

Freilichtbühne im Oberen Schloß. Im Sommer finden seit den dreißiger Jahren an Sommerabenden Konzerte und Theateraufführungen statt.

Theater

Greizer Theaterherbst, Information: Tel. 703291. Seit 1992 finden auf den Straßen und Plätzen, im prunkvollen Sommerpalais, im oberen und unteren Schloß, in alten, verlassenen Fabrikhallen und natürlich auch im Theater der Stadt die herbstlichen Theaterfestspiele statt, und für ein paar Tage wird Greiz zum Avignon Ostthüringens.

Theater der Stadt Greiz, Stavenhagenstraße 3–4, Tel. 03661/3041, Mo und Fr 9–14 Uhr, Di und Do 14–18 Uhr. Gastspiele fremder Bühnen – regelmäßig kommen die Bühnen der Stadt Gera –, Konzerte der Vogtland Philharmonie, aber auch Seniorentanz und Diskothek des Rehabilitationszentrums erfüllen das alte Theater mit Leben.

Ausflüge

Schloß Burgk, Tel. 036640/267, Di–So 10–12 Uhr und 14–16.30 Uhr, November bis März bis 16 Uhr. Die besterhaltene Schloßanlage im Ostthüringer Oberland, auf einem Bergrücken zwischen Bleiloch- und Wartetalsperre, war Jagdschloß und Sommersitz der Fürsten von Reuß ältere Linie. Die Konzerte auf Schloß Burgk sind unter Kennern wegen einer der kleinsten Orgeln des berühmten barocken Orgelbaumeisters Gottfried Silbermann besonders beliebt.

Osterburg zu Weida, Schloßberg 14, Tel. 036603/2775. Di–Sa 10–17 Uhr, März bis Oktober, im Winter nach Vereinbarung. Die alte Stammburg der Reußen besticht durch ihren seltsamen runden Turm, der mit seinen 54 Metern weithin sichtbar ist. Die Burg ist eine der ältesten in Deutschland, und der Blick von der Spitze ist spektakulär.

Hotel-Restaurant Schöne Aussicht, Aumaner Straße 12, Weida, Tel. 7295. Den Namen kann man wörtlich nehmen, denn von der Terrasse des reizvoll mitten im Wald gelegenen Gasthauses hat man einen wunderbaren Blick auf Weida mit seiner alten Osterburg mit dem eigenartigen grauen 3-Stufen-Turm. Bürgerliche Küche und erschwingliche Übernachtungspreise.

Saaleland / Thüringer Holzland

Informationen

Saaletal, Ostthüringer Heide, Holzland, Thüringer Schiefergebirge:

Fremdenverkehrsamt Obere Saale, «Alte Münze» am Neumarkt, 07907 Schleiz, Tel. 03663/2438 (**Fahrrad am Bahnhof**, Am Bahnhof, Tel. 2311)

Fremdenverkehrsverband Saaleland, Brüderstraße 12, 07318 Saalfeld, Tel./Fax 03671/35036

Fremdenverkehrsverband «Thüringer Schiefergebirge – Obere Saale», Parkstraße 1, 07356 Lobenstein, Tel. 036651/2339, Fax 2269

Regionaler Fremdenverkehrsverband Saaleland, Teichgraben 5, 07743 Jena, Tel. 03641/54310

Fremdenverkehrsverein Thüringer Holzland, Markt 3, 07639 Bad Klosterlausnitz, Tel. 036601/57131

Übernachten / Camping

Jugendherberge Plothen, 07907 Plothen, Tel. 036648/329. 25 Kilometer von Schleiz entfernt, mitten in der «Plothener Teichlandschaft» an einem See.

Campingplatz im Plothener Teichgebiet, 07806 Dreba, Tel. 036484/292. In der «ostthüringischen Seenplatte» unweit der Autobahn Berlin–Nürnberg.

Campingplatz Droschkau, 07338 Altenbeuthen, Tel. 036737/296, Mai bis September. Einfacher Campingplatz direkt am Hohenwartetal-Stausee.

Campingplatz Hopfenmühle, 07338 Drognitz, Tel. 036737/1222. Mit Bungalows für vier bis sechs Personen, ansonsten nur Kaltwasserdusche, direkt am Stausee.

Campingplatz Saalburg-Bad, 07929 Saalburg, Tel. 036647/457. An der Bleilochtalsperre mit Freilichtkino und Bootsverleih.

Campingplatz Saalburg-Kloster, 07929 Kloster, Tel. 036647/327. Einfacher, hundefreier Campingplatz direkt an der Bleilochtalsperre.

Campingplatz Saalthal-Alter, 07334 Großwitz-Bucha, Tel. 036732/267. Etwas komfortablerer Campingplatz am Strand des Hohenwartetalstausees.

Campingplatz Urlauberdorf Portenschmiede, 07389 Wilhelmsdorf, Tel. 03627/3811 oder 3906. Am Nordufer der Hohenwartetalsperre mit Dampferanlegeplatz.

Ausflüge

Mühltal. Neun Mühlen, vier davon als Gasthäuser oder Hotels und eine als Jugendherberge bewirtschaftet, reihen sich entlang des idyllischen Mühltales zwischen Bad Klosterlausnitz und Kursdorf bei Eisenberg auf: **Meuschkenmühle** (Biergarten und Grill); **Waldhaus** «Milo Barus» (Gaststätte und Pension), Tel. 036691/3405; **Naupoldsmühle** (Gaststätte und Pension), Tel. 2117; **Froschmühle** (Jugendherberge), Tel. 3462; **Pfarrmühle** (Hotel), Tel. 3609; **Walkmühle** (Hotel), Tel./Fax 3084; **Amtsschreibermühle** (privat); **Schlössermühle** (nur am Wochenende geöffnet); **Robertsmühle** (privat).

Rudolstadt / Bad Blankenburg / Schwarzatal

Vorwahl

Rudolstadt: 03672
Bad Blankenburg: 036741

Informationen

Rudolstadt-Information, Marktstraße 57, 07407 Rudolstadt, Tel. 24543, Mo–Fr 9–18 Uhr, Sa 10–14 Uhr

Fremdenverkehrsamt Bad Blankenburg, Magdeburger Gasse 1, Postfach 29, 07491 Bad Blankenburg, Tel. 2667, Mo–Fr 9–17 Uhr, außerhalb der Öffnungszeiten bis 22 Uhr.

Verkehrsmittel

Fahrrad am Bahnhof: Bad Blankenburg, Bahnhofstraße 40, Tel. 2408; Rudolstadt, OdF-Platz 2, Tel. 23783

Übernachten

Hotel Schweizerhaus, Schwarzatal, 07424 Schwarzburg, Tel. 036730/227. Das traditionelle Gasthaus direkt an der Straße durchs Schwarzatal. Teuer.

Hotel Weinhaus Eberitzsch, Schwarzenburger Straße 19, Bad Blankenburg, Tel. 036741/2353. Hotel am Kurpark, am Eingang zum Schwarzatal mit Kinderspielplatz hinter dem Haus. Erschwinglich.

Burghotel Edelhof, Hauptstraße 59, Großliebringen, Tel. 03692/2467. Die im 11. Jahrhundert erbaute Wasserburg macht ihrem Namen alle Ehre, denn sie beherbergt ein feines kleines Hotel und ein Restaurant mit einer der raffiniertesten Küchen Thüringens, in denen der Chef Peter Mehl seine Gäste verwöhnt. Gut und teuer.

Hotel Schloßberg, 07427 Schwarzburg, Tel. 036730/236. Kleines Hotel direkt unterhalb der Schloßruine Schwarzburg mit einem etwas debilen Charme. Mäßig teuer.

Pension und Gasthaus Friedrichsthal, Brückengasse 1, 07427 Schwarzburg, Tel. 036730/365. Freundliches altes Gasthaus im Schwarzatal.

Gast & Logierhaus «Zum Hirsch», 98744 Unterweißbach, Tel./Fax 036730/408. Komfortables Gasthaus mit guter Küche. Sonderangebote außerhalb der Saison. Mäßig teuer.

Gasthof und Pension Königsberg, Farrenbergweg, 98744 Cursdorf, Tel. 036705/2651. Neubau mit schönem Blick an der Endstation des Triebwagens der Oberweißbacher Bergbahn. Ausgangspunkt für herrliche Wanderungen oder Ausritte.

Jugendherberge Schwarzburg, Am Buschbach 2, 07427 Schwarzburg, Tel. 036730/223 oder 674

Jugendherberge Bad Blankenburg, Am Kesselberg, Tel. 2528. Drei Kilometer vom Zentrum am Rand der Stadt liegt die Jugendherberge mit Lagerfeuerplatz.

Essen / Trinken / Treffs

Mariental, Am Gänsebach 52, Tel. 23030. Das Ausflugslokal mit Biergarten und Thüringer Küche.

Marienturm, Marienturm 1, Tel. 23032. Terrassenrestaurant hoch über Rudolstadt mit wundervoller Aussicht.

Alte Garküche, Marktstraße 17, Tel. 22081. Preiswertes Speiselokal mit deftiger Thüringer Küche.

Restaurant Grey, Schloßstraße 40, Tel. 22755. Restaurant am Schloßberg, feine Küche, gehobene Preisklasse, aber noch erschwinglich.

Zum Brummochsen, Alte Straße 12, Tel. 24355, freitags und samstags geschlossen. Seit dem achtzehnten Jahrhundert steht per Gerichtsbeschluß des Rudolstädter Gerichtes fest, daß «Brummochse» keine Beleidigung, sondern eine durchaus liebevoll gemeinte Bezeichnung sein kann. Kleine, gemütliche Bierkneipe.

Zum Landsknecht, Ortsstraße 24, 07407 Zeigerheim, Tel. 31703. Dorfgasthaus mit Biergarten.

Eisdiele Keller, Hauptstraße 14, Schwarzburg, Tel. 036730/431. Wer auf einer Wanderung durchs Schwarzatal nach Schwarza kommt, sollte sich auf keinen Fall das Vanilleeis mit frischen Erdbeeren entgehen lassen.

Sehen und Erleben

Schloß Heidecksburg, Schloßbezirk 1, Tel./Fax 22145, Di–So 10–17 Uhr, November bis März eine Stunde früher geschlossen. Schloßmuseum montags geschlossen, Museum für schwarzburgische Geschichte freitags geschlossen. Die imposante Residenz derer zu Schwarzburg-Rudolstadt. Seit Oktober 1993 erstrahlt der Rokokosaal in altem Prunk. Die Wehrhaftigkeit der schwarzburgischen Grafen, aber auch das hohe handwerkliche Können der thüringischen und süddeutschen Waffenschmiede wird deutlich, wenn man sich die umfangreiche Waffensammlung aus dem 15. bis ins 19. Jahrhundert betrachtet.

Volkskundemuseum Thüringer Bauernhäuser, Große Wiese 2, Tel. 22465, Mi–So 9 – 12 Uhr und 13 – 17 Uhr. Das älteste deutsche Freilichtmuseum. Bereits 1914 fing man hier an, nach Art der Museumsdörfer besonders erhaltenswerte Fachwerkhäuser umzusetzen und zu sammeln. In dem Wohnstallhaus aus dem siebzehnten Jahrhundert gewinnt man einen Einblick in die Lebensweise und Ästhetik der wohlhabenden Mittelbauern, und im Birkenheider Haus sieht man, wie die armen «Wäldler» gehaust haben.

Friedrich-Fröbel-Museum Bad Blankenburg, Johannisgasse 4, Bad Blankenburg, Tel. 036741/2565, täglich außer montags 9 – 12 Uhr und 13 – 17 Uhr. Hier können nicht nur Kinder sich in den Techniken des «Faltens, Flechtens, Schneidens, Formens und Prickelns», die der Erfinder des Kindergartens, Friedrich Fröbel, entwickelt hat, üben. Das Spiel als kindliches Mittel zur Weltaneignung.

Theaterfestspiele. Alljährlich im Juni wird Rudolstadt zur thüringischen Theaterhauptstadt, wenn sich Ensembles aus ganz Deutschland treffen. Ob die Institution der Rudolstädter Theaterfestspiele über 1995 hinaus erhalten bleiben wird, ist jedoch ungewiß.

Tanz & Folkfest Rudolstadt, Tel. 03672/24543. Wer dieses Fest, das seit 1991 ganz Rudolstadt zum klingenden und tanzenden Musenpark macht, versäumt, ist selbst schuld. Freilichtbühnen auf allen Plätzen, im Heinrich-Heine-Park und Musik in allen Sälen des Schlosses, Tausende Besucher, die auf improvisierten Campingplätzen und in Turnhallen untergebracht werden, die besten Folk- und Weltmusik-Gruppen Europas und ein Rahmenprogramm mit Workshops und Seminaren machen das Fest zu einem Schmaus für alle, die etwas für akustische zeitgenössische Musik übrighaben.

Einkaufen

Auktionshaus Wendl, Saalgasse 4, Tel. 24350. Viermal jährlich ausgezeichnet bestückte Antiquitätenauktion.

Älteste Volkstedter Porzellanmanufaktur, Breitscheidstraße 7, Rudolstadt, Tel. 32012, Fax 32056. Mo–Do 6.30 – 15.30 Uhr, Fr 6.30 – 12 Uhr. Feines Porzellan auch für Frühaufsteher. Besonders interessant sind die Neuauflagen der expressionistischen Formen der Schwarzburger Werkstätten von Ernst Barlach, Gerhard Marcks und Alfons Biermann.

Rudolf Kämmer Porzellanmanufaktur, Breitscheidstraße 98, Rudolstadt, Tel. 32920, Fax 32941, Mo–Fr 8.30 – 18 Uhr. Porzellanformer, -gießer, -maler bei der Arbeit.

Galerien

KulTour DIELE in der Rudolstadt-Information, Marktstraße 57, 07407 Rudolstadt, Tel. 24543, Mo–Fr 9 – 18 Uhr, Sa 10 – 14 Uhr. In dem genial restaurierten Stadthaus der Tourist-Information befindet sich im Mezzanzingeschoß eine Galerie mit wechselnden lokalen, überregionalen und internationalen Ausstellungen.

Konzert

Konzerte in der Porzellangalerie und im Barocksaal des Schlosses Heidecksburg

Theater

Thüringer Landestheater, Trennung von Schauspiel (Rudolstadt) und Musiktheater (Eisenach) trotz langer Tradition in Rudolstadt (Hofkapelle seit 1635)

Kinder

Spielhaus Richtersche Villa, Information: Elke Pätzold, Burgstraße 1,

Tel. 860 oder 411575. In der Villa des ehemaligen Rudolstädter Unternehmers Friedrich Adolph Richter beschäftigt sich der Verein «Spielhaus Richtersche Villa» unter anderem mit den legendären Anker-Steinbaukästen und entwickelt neuartige und ungewöhnliche Spielformen, die an verschiedene Spielgaben und -techniken des Pädagogen und Kindergartenbegründers Friedrich Fröbel anknüpfen.

Ausflüge

Memorialmuseum Friedrich Fröbel Oberweißbach, Markt 10, Tel. 036705/2249, Di–Fr 9–16.30 Uhr, Sa 13–16.30 Uhr, So 10–12 Uhr und 13–16 Uhr. Im Geburtshaus Fröbels kann man sich einen Eindruck vom Leben des kinderfreundlichen Pädagogen machen.

Burg Greifenstein, die Ruine auf dem Plateau des Hausberges von Bad Blankenburg, mit phantastischem Rundblick über Schwarza, Unterwellenborn, Saalfeld und Thüringer Schiefergebirge, war einstmals eine der größten Burgen in Deutschland, wurde im 17. Jahrhundert jedoch von der Heidecksburg in Rudolstadt abgelöst.

Thüringer Porzellanstraße. Im Lichte- und Schwarzatal, an Saale und Ilm wird die Tradition der Porzellanmacher von einigen Manufakturen fortgeführt, die es geschafft haben, im harten Konkurrenzkampf zu bestehen. Die Porzellanstraße verbindet Porzellanfabriken, -museen und -verkaufsstellen, an denen man neben einem guten Einblick in die Problematik einer alten, um ihr Überleben ringenden Industrie auch noch interessante Sammlerstücke von hohem kunsthandwerklichem Niveau erstehen kann. Information über Routen und komplette Liste aller Thüringer Porzellanhersteller: Förderverein Porzellanstraße, Landratsamt Rudolstadt, Schwarzburger Chaussee 12, Tel. 64300.

Porzellanmuseum Reichmannsdorf (Tel. 036703/216) Direkt an der Straße von Kahla nach Rudolstadt befindet sich dieses kleine Porzellanmuseum, in dem man in einen kohlebefeuerten riesigen Brennofen hineingehen und sich einen Überblick über die Technik der Porzellanherstellung verschaffen kann. Im zweiten Stock stehen die feinen Zierporzellanfiguren der Gräfenthaler Manufaktur zum Verkauf.

Sitzendorfer Porzellanmanufaktur, Hauptstraße 26, 07429 Sitzendorf, Tel. 036730/231, 232, Fax 036730/233, 10–18 Uhr, am Wochenende bis 17 Uhr. Im Winter (Neujahr bis Ostern) sonntags geschlossen. Hier kann man Porzellanmalerinnen und -gestalterinnen bei der Arbeit zuschauen und auch selbst mit Hand anlegen. Café, Antiquitätenladen und ein Verkaufsraum mit einer Auswahl des Programms der Manufaktur.

Die **Oberweißbacher Bergbahn**, die steilste Normalspur-Bergbahn der Welt, 1914 eröffnet, klettert im Schneckentempo auf einer Strecke von 1400 Metern über 300 Meter in die Höhe durch einen märchenhaften Wald, zwischen Obstfelderschmiede und Lichtenhain. An der Talstation kann man in den gewöhnlichen Nahverkehrszug, an der Bergstation in den alten E-Triebwagen nach Cursdorf umsteigen. Die Waggons des Triebwagens sind fast dieselben wie die der Berliner S-Bahn, nur sauberer. Im Mai feiert man das Bergbahnfest mit Rock- und Blasmusik.

Schloßruine Schwarzburg, Tel. Kurverwaltung Schwarzburg, Hauptstraße 2, 07427 Schwarzburg, Tel./Fax 036730/305. Im restaurierten Kaisersaal der Ruine hängen die Porträts von 48 deutschen Kaisern, darunter Günther XXI. von Schwarzburg-Blankenburg, 1349 für einige Monate deutscher Kaiser. Außerdem kann man eine Sammlung des künstlerisch wertvollen Porzellans der Schwarzburger Werkstätten besichtigen. Die ehemalige Sommerresidenz der Schwarzburger sollte nach dem Willen der nationalsozialistischen Machthaber 1940 zum «Gästehaus des Reiches» umgebaut werden. Mehr als den Abriß des bis dahin intakten

Architekturensembles brachte man jedoch nicht zustande.

Ohratalsperre Luisenthal, Information: Fremdenverkehrsbüro Luisenthal, Friedrich-Engels-Straße 80, Tel. 036257/322, Fahrradausleihe Tel. 239. Aus diesem klaren Gewässer trinken die Gothaer, die Erfurter und die Weimarer. Wer will, radelt die vierzehn Kilometer rund um den See (auch für Rollstuhlfahrer geeignet), und Forellenangeln darf man auch.

Schloß und Park Kochberg, Großkochberg, Tel. 036743/532 und 428, 9–12 Uhr und 13–17 Uhr, letzter Einlaß eine halbe Stunde vor Schließung, montags geschlossen, September–April montags und dienstags geschlossen. Im Wasserschloß Kochberg, Landsitz der Familie von Stein, gingen die Protagonisten der Weimarer Klassik ein und aus. Das Liebhabertheater wurde zum Mittelpunkt der Gesellschaft, und seit der Rekonstruktion 1975 finden wieder Theateraufführungen darin statt. Bei rechtzeitiger Anmeldung ist es sogar möglich, im «Künstlerheim» des Schlosses zu übernachten. Darüber hinaus finden regelmäßig Konzerte statt.

Klosterruine und Zinsbodengebäude Paulinzella, Gemeindeverwaltung Paulinzella, 07422 Paulinzella, Tel. 036739/304. Noch vor wenigen Jahren balzten in den Wäldern der Umgebung der eindrucksvollen romanischen Klosterruine, von der schon Goethe schwärmte, im Frühjahr die Auerhähne. Jetzt haben sich die sensiblen Tiere wegen des Lärms verzogen. Im alten Zinshaus informiert eine Ausstellung der lokalen Förster über die einzigartige Wildnis der Region.

Flößerfest in Uhlstädt. Bevor die Saale durch zahlreiche Staustufen gezähmt wurde, brachten die Flößer das Bauholz aus dem Holzland in die Städte. Heute macht man sich aus der Flußfahrt mit Tradition eine Riesengaudi.

Stadtroda. In der romantischen Kleinstadt inmitten tiefer Täler und schroffer roter Buntsandsteinfelsen wurde der Sage nach Dr. Faustus geboren.

Orlamünde. Info: Fremdenverkehr Orlamünde, Burgstraße 5, Tel. 036423/262, Fax 345. Das «thüringische Bethlehem» auf halber Strecke zwischen Jena und Rudolstadt ist eine der kleinsten, aber auch der reizvollsten Städte Thüringens mit einem mittelalterlichen Stadtkern, der gewaltigen Kemenate, dem Wilhelmiterkloster und einer Kirche aus dem zwölften Jahrhundert. Vorsicht ist bei der Besichtigung der Kemenate geboten, denn die «Weiße Frau», die Gräfin von Orlamünde, die ihre beiden Kinder ermordete, spukt seither durchs Gemäuer.

Hängebrücke Großeutersdorf. Ein Schmuckstück früher Hängebrückenarchitektur ist die 90 Meter lange Stahlseilhängebrücke nur für Fußgänger über die Saale zwischen Großeutersdorf und Kleineutersdorf. Grund genug, jedes Jahr mit einem Brückenfest der Errichtung der Brücke im Jahre 1908 zu gedenken.

Saalfeld / Saaletalsperren

Vorwahl

03671

Informationen

Fremdenverkehrsamt Saalfeld-Information, Blankenburger Straße 4, 07318 Saalfeld, April–September Mo–Fr 9–18 Uhr, Sa 9–13 Uhr, Oktober bis März eine Stunde früher geschlossen, Tel. / Fax 33950

Verkehrsmittel

Fahrrad am Bahnhof, Bahnhofsvorplatz, Saalfeld, Tel. 829352. Vom Intercity Berlin–München aufs Fahrrad.

Übernachten

Jugendherberge Neidenberga, Schloß, 07338 Neidenberga, Tel. 036737/262. Direkt an der Hohenwartetalsperre gelegen, in einem klassizistischen Schloß.

Jugendherberge Saalfeld, Am Schieferhof 4, Tel. 2802. Im Ortsteil Graba, zehn Minuten vom Zentrum.

Hotel Am Hohen Schwarm, Schwarmgasse 18, 07318 Saalfeld, Tel. 2884, Fax 510185. Kleines Hotel mit großen Zimmern am Rand der Innenstadt mit Blick auf das Wahrzeichen Saalfelds, den Hohen Schwarm. Von 1939 bis 1945 wohnte hier der Bürgermeister der Stadt, danach war das Haus Kinderklinik, Kindergarten, Arbeiterwohnheim und zuletzt Ferienheim der Maxhütte. Erschwinglich.

Hotel Anker, Am Markt 25, Tel. 520468. Neues Hotel in altem Gebäude direkt am Marktplatz. Mäßig teuer.

Campingplatz Saalthal Alter, 07334 Goßwitz-Bucha, Tel. 036732/267 oder: Gemeindeverwaltung Goßwitz-Bucha, Am Anger, 07334 Großwitz-Bucha, Tel. 03671/45315

Essen / Trinken / Treffs

Das Loch, Blankenburger Straße 8 – 10, Tel. 2103. Im Keller eine verrauchte Cocktailbar mit Schwarzlichteffekt, im Parterre das traditionelle Restaurant mit routinierter thüringischer Allerweltsküche und im ersten Stock der obligatorische Chinese.

Zur güldenen Gans, im Hotel Anker, Am Markt 25, Tel. 520468. Kein Gasthaus in Deutschland ist älter als dieses. Die herrlichen romanischen Gewölbekeller haben bis vor kurzem noch als Kohlenkeller gedient.

Zum Roten Hirsch, Am Markt, Tel. 2285. Vom Philatelistenclub bis zum Fotoamateurclub treffen sich hier gern die lokalen Vereine, und die Einheimischen gehen hier essen, während die Touristen das Loch bevölkern.

Die Zwetsche, im Meininger Hof, Alte Freiheit 1, Tel. 2277. In der ehemaligen Garderobe der Mitropa hat sich das kleine Szenelokal Saalfelds etabliert.

Café zur Stadtmauer, Münzplatz 3, Tel. 35336. Mittagstisch und Kaffee und Kuchen im alten Gemäuer gegenüber dem Stadtmuseum.

Klubhaus Saalfeld, Breitscheidstraße, Tel. 2229. Der Veranstaltungsort für Popkonzerte. Samstags Disco.

Feengrottengarten, Feengrottenweg, Tel. 513798

Sehen und Erleben

Thüringer Heimatmuseum, Münzplatz 5, Tel. 35010, Di–Fr 8 – 12 Uhr und 13 – 16 Uhr, Sa–So 9.30 – 12 Uhr und 13 – 17 Uhr

Johanniskirche. Die Ende des 14. Jahrhunderts erbaute Hallenkirche ist die größte Thüringens.

Hof- und Marktapotheke. Das romanische Turmhaus von 1180 ist der älteste erhaltene romanische Profanbau Deutschlands.

Burgruine Hoher Schwarm. Die Ruine aus dem 13. Jahrhundert war einmal eine Wohnturmburg, die nicht von den Landesherren, den Grafen von Schwarzburg, sondern von ihrem Verwalter, dem Landvogt, bewohnt wurde. Daher hieß sie auch früher «Alte Vogtei».

Bleilochtalsperre. Die obere Saaletalsperre hat die Größe eines kleinen Binnenmeeres, daher nennt man sie das «Thüringer Meer». Ausflugsdampfer durchqueren ihn im Sommer, nur Badestellen sind rar, man muß schon auf einen der Campingplätze gehen, um zu schwimmen.

Hohenwartetalsperre. Die untere Saaletalsperre ist nicht ganz so groß wie die obere, aber ebenso eindrucksvoll. Im Dampfer über den klaren See (Fahrgastschiffahrt Hohenwarte, Tel. 036733/528). Eine der Glanzleistungen ökologischer Energieerzeugung in der DDR ist das Pumpspeicherwerk «Amalienhöhe» bei Hohenwarte.

Tropfsteinhöhlen Feengrotten Saalfeld. Februar bis Oktober 9 – 17 Uhr, Tel. 2351, 9 – 17 Uhr, Mitte November bis 31. Januar geschlossen. Für die Freunde der Stalaktiten und Stalagmiten eine der dekorativsten Höhlen.

Kulturhaus Unterwellenborn. Nur noch donnerstags von 13 bis 17 Uhr hat man heute Gelegenheit, das Prachtstück stalinistisch-klassizistischer Architektur von innen zu bewundern, weil die Bibliothek dann geöffnet hat. Ein Jammer, daß das einstige kulturelle Zentrum der Region mit vier Kinos, Theatersaal, Tanz- und Festsälen, in denen immer etwas los war, jetzt allmählich verfällt. Vielleicht findet sich ja ein mutiger Investor.

Wasserkraftmuseum Ziegenrück, Lobensteiner Straße 6, Tel. 036483/254, Di–So 10–12 Uhr und 13–17 Uhr, im Winter sonntags geschlossen. Bevor die größte Talsperre Deutschlands, die Bleilochtalsperre, und ihre nur wenig kleinere Schwester, die Hohenwartetalsperre gleich dahinter, in den dreißiger Jahren erbaut wurden, gab es an dieser Stelle schon seit 1899 ein elektrisches Wasserkraftwerk. Wenn der riesige Treibriemen in Gang gesetzt wird, dann fängt es noch heute im Maschinenraum an zu knistern. In Ziegenrück: Fahrrad am Bahnhof, Tel. 211

Einkaufen

Buchhandlung Gondrom, Markt 7, Tel. 33074

Töpferei Kleinschmidt, Fleischgasse 2, Tel. 2873

Fahrradservice

Winora-Fahrräder, Auf dem Graben 6, Tel. 33983

Galerien / Literaturhäuser

Saale-Galerie, Brudergasse 9, Tel. 510176. Malerei, Grafik, Kunsthandwerk aus der Region, aber auch aus dem «Westen», mit großem Geschmack ausgewählt.

Konzert

Meininger Hof, Alte Freiheit 1, Tel. 2277. Gastspiele des Rudolstädter Theaters und der Thüringer Symphoniker. Samstags ist Singletanz im Großen Saal.

Schloßkapellenkonzerte in der Schloßkapelle Saalfeld. Karten bei der Saalfeld-Information.

Abendmotetten in der Johanniskirche. Mittwochs abends lädt die Gemeinde zur Abendmusik mit Solisten, Chören und Organisten an der hundertjährigen Sauer-Orgel.

Kino

Capitol, Blankenburger Straße

Ausflüge

Goldwaschen in Reichmannsdorf. Informationen und Zimmervermittlung bei der Gemeindeverwaltung: Tel. 036701/30560. In dem kleinen Ort an der Bundesstraße nach Neuhaus am Rennsteig ist das Goldfieber ausgebrochen. Der engagierte Bürgermeister Bernd Weißbrodt plant, den Ort zum Goldgräberzentrum Europas zu machen. Am Goldberg, wo im Mittelalter in dem Stollen namens «Mit Gebeth und Arbeit» Gold geschürft wurde, kann man sich eine Goldwäscherausrüstung leihen und im Schlagebach unter fachkundiger Anleitung des Geologen Dr. Markus Schade unter die Goldwäscher gehen.

Morassina-Schaugrotten in Schmiedefeld, Tel. 036701/9577, täglich 9–16 Uhr. Das 1990 der Öffentlichkeit zugänglich gemachte Schaubergwerk hat Tropfsteinhöhlen, die den Feengrotten ebenbürtig sind.

Thüringer Heilbäder

Bad Berka. Information: Kurverwaltung Bad Berka, Pfarrgasse 6, 99438 Bad Berka, Tel. 036458/22101 oder Fax 21079, Fax 036458/21070 oder 21010. Solequelle, Kalzium-Sulfat. Fahrrad am Bahnhof.

Bad Colberg. Information: Bad Colberg Thermengesellschaft, Parkallee 2, 98663 Bad Colberg, Tel. 036871/708, Fax 708252. Schwefelige und salzige Thermalquellen von 34 bis 39 Grad.

Bad Frankenhausen. Information: Kyffhäuser Fremdenverkehrsverband, Anger 14, 06567 Bad Frankenhausen, Tel. 034671 / 3037, Fax 4126. Solequellen und artesische Brunnen.

Bad Klosterlausnitz. Information: Kurverwaltung im Rathaus, Markt 3, 07639 Bad Klosterlausnitz, Tel. 036601 / 57131 oder 57132, Fax 57122. Moorbad. Das alte Thüringer Kurbad inmitten ausgedehnter Mischwälder zählt zu den neuerdings stark geförderten Bädern und ist auf dem besten Wege, seinem Ruf wieder gerecht zu werden.

Bad Langensalza. Information: Kurverwaltung Schwefelbad Bad Langensalza, Gothaer Straße 1, 99947 Bad Langensalza, Tel. 03603 / 842231, Fax 842232. Solequelle und schwefelhaltiges Calzium-Sulfat-Hydrogencarbonat-Wasser.

Bad Liebenstein. Information: Kurverwaltungsgesellschaft Bad Liebenstein, Herzog-Georg-Straße 39, 36448 Bad Liebenstein, Tel. 036961 / 6112, Fax 6101. Solequelle und «Säuerling».

Bad Salzungen. Information: Kurverwaltungsgesellschaft, An den Grenadierhäusern 2, 36433 Bad Salzungen, Tel. 03695 / 62259. Solequellen von 1 % bis 27 %.

Bad Sulza. Information: Kur- und Fremdenverkehrsamt Stadt Bad Sulza, Markt 1, 99516 Bad Sulza, Tel. 036461 / 321 oder 322, Fax 321. Solequelle und artesische Brunnen.

Bad Tennstedt. Information: Stadtverwaltung Bad Tennstedt, Rathaus Markt 1, 99955 Bad Tennstedt, Tel. 036041 / 7154, Fax 7109. Schwefelquellen.

Friedrichroda. Information: Kurverwaltung, Marktstraße 13 / 15, 99892 Friedrichroda, Tel. 03623 / 4575 oder 200993, Fax 200694. Heilklima. **Fahrrad am Bahnhof**, Am Bahnhof 3, Tel. 4236 oder 6227

Heiligenstadt. Information: Kurgesellschaft Heilbad Heiligenstadt, Aegidienstraße 13, 37308 Heiligenstadt, Tel. 03606 / 67070, Fax 670799. Thermalsolequelle.

Lobenstein. Information: Fremdenverkehrsamt, Parkstraße 2, 07356 Lobenstein, Tel. / Fax 036651 / 37121. Moorbäder und Solequellen. **Fahrrad am Bahnhof**, Poststraße 4, Tel. 2595

Masserberg. Information: Kurverwaltung und Tourist-Information, Hauptstraße 64, 98666 Masserberg, Tel. 036870 / 50425, Fax 50453. Heilklima, staubfreie Mittelgebirgsluft.

Stützerbach. Information: Kurverwaltung Stützerbach, Bahnhofstraße 1, 98714 Stützerbach, Tel. 036784 / 50213, Fax 50217

Tabarz. Information: Kurgesellschaft Tabarz, Zimmerbergstraße 4, 99891 Tabarz, Tel. / Fax 036259 / 2218. Terrainkuren, Heilklima.

Geschichte auf einen Blick

300000 v. Chr.
Homo erectus bewohnt die Gegend im Wipper-Tal.

100000 v. Chr.
Homo erectus bilzingslebensis treibt sich in der Waldsteppe des Unstruttals bei dem heutigen Bilzingsleben herum.

12000 v. Chr.
Das gesamte Thüringer Becken ist bewohnt, wie zahlreiche Funde von Steingeräten bezeugen.

2000 v. Chr.
Thüringen entwickelt sich in der Bronzezeit zu einem «vorgeschichtlichen Industrieland».

Um 800 v. Chr.
Der sich herausbildende Gentiladel macht sich in zahlreichen Fluchtburgen seßhaft.

Bis zum 1. Jh. n. Chr.
Die Kelten siedeln bis nach Nordthüringen.

Ende des 4. Jh. n. Chr.
Der Name «Thüringen» taucht zum erstenmal in der «Mulomedicina», einer Tierheilkunde des Römers Vegetius, auf. Das Thüringer Reich erstreckt sich von der Werra bis an die Elbe, von der Donau bis zum Harz, mit Zentrum um Erfurt und Arnstadt.

Um 531
Die Franken und die Sachsen schlagen den Thüringerkönig Herminafried bei Burgscheidungen an der Unstrut und beenden damit das Thüringische Königreich.

742
Bonifatius gründet das Bistum Erfurt unter dem Schutz des Papstes Gregor II. und des karolingischen Kaisers und begründet damit die tausendjährige Herrschaft der Mainzer Bischöfe in Erfurt.

Um 1130
Ludwig der Springer aus dem mittelmainischen Geschlecht der Ludowinger gründet die Wartburg, die Neuenburg bei Freyburg und das Kloster Reinhardsbrunn. Der Reichstag zu Goslar macht ihn zum Landgrafen, worauf er das thüringische Herrschaftsgebiet durch eine Vielzahl von Burgen ausbaut.

12. bis 13. Jahrhundert
Die Wartburg entwickelt sich zu einem der ersten großen mittelalterlichen Kunst- und Kulturzentren. Die Frau des Kurfürsten Ludwig IV., die heilige Elisabeth von Thüringen, macht sich einen Namen durch ihre vielfältigen wohltätigen Aktivitäten.

1243
Der Neffe Ludwigs IV., Heinrich der Erlauchte von Meißen aus dem Hause der Wettiner, gelangt in Thüringen an die Macht. Sechzig Jahre lang toben in Thüringen handfeste Besitzstreitigkeiten zwischen Territorialherren, Wettinern und Habsburgern. Erfurt erkauft sich seine Selbstverwaltungsrechte.

1307
In der Schlacht von Lucka erringt der Wettiner Friedrich der Freidige die Vormacht über Thüringen, und Kaiser Heinrich VII. erkennt die Wettiner 1310 im Vertrag von Prag als Landgrafen von Thüringen an. Erfurt, Nordhausen und Mühlhausen machen sich daraufhin selbständig und verweigern den neuen Herren ihre Gefolgschaft. Schwarzburg, Reuß und Henneberg in Südthüringen machen sich ebenfalls selbständig und verteidigen in der Grafenfehde ihre Eigenständigkeit.

1335
Landgraf Friedrich der Ernsthafte nimmt Erfurt ein und beendet die kurze Phase der Reichsfreiheit der Stadt.

1392
In Erfurt wird eine Universität gegründet.

Anfang des 15. Jahrhunderts
Die Wettiner weiten ihre Herrschaft über Thüringen durch geschickte Heiratspolitik aus.

1485
In der «Leipziger Teilung» wird der Norden der wettinischen Lande albertinisch, der Süden ernestinisch – nach den beiden Söhnen Friedrichs des Sanftmütigen, Ernst und Albrecht.

1486
Friedrich der Weise wird Nachfolger des Kurfürsten Ernst. Er gründet 1502 die Universität Wittenberg. Die Renaissance ist das Paradigma des gesellschaftlichen und wissenschaftlichen Diskurses. Martin Luther beendet sein Studium der Rechte und der Theologie in Erfurt, erhält die Priesterweihe und geht als Professor nach Wittenberg, wo auch Philipp Melanchthon lehrt.

Anfang des 16. Jahrhunderts
Bauernaufstände, Reformation, soziale Auseinandersetzungen, dynastische Streitereien. Thomas Müntzer predigt in Mühlhausen und versammelt die entflammten Bauern unter seiner Regenbogenfahne. Heinrich Pfeiffer verkündet die Abschaffung der katholischen Lehre.

1530
Kurfürst Johann der Beständige und der hessische Landgraf Philipp der Großmütige schließen mit anderen norddeutschen Fürsten und den Vertretern Bremens und Magdeburgs den Schmalkaldischen Bund als Schutzvereinigung gegen die Machtinteressen des katholischen Kaisers Karl V.

1546 bis 1547
Im Schmalkaldischen Krieg verlieren die Ernestiner die Kurwürde und Sachsen – und damit auch die Universität Wittenberg. Johann Friedrich der Großmütige gründet in einem stillgelegten Kloster die Universität Jena. Es entstehen zahlreiche kleine Herzogtümer, und die Thüringer Kleinstaaterei nimmt ihren Lauf.

Ab 1570
Das Eichsfeld wird von Kurmainz rekatholisiert. Das Heiligenstädter Jesuitenkolleg wird zum Zentrum des Katholizismus.

1618 bis 1648
Söldnerhaufen brennen und plündern das Land, Belagerungen, Städteverwüstungen, Brandschatzungen von Dörfern, der Dreißigjährige Krieg überzieht Europa mit Gewalt.

Ab 1648
Ernst der Fromme macht Gotha zu einem Zentrum des neuen absolutistischen Staatswesens. Er organisiert das Schulwesen nach den neuen pädagogischen Prinzipien der Universitäten Wittenberg und Jena, gründet das Gothaer Gymnasium und fördert die Jenaer Universität. Schloß Friedenstein ist das einzige herrschaftliche Schloß, das noch während des Dreißigjährigen Krieges in Thüringen gebaut wird. In Altenburg bildet sich unter Friedrich II. von Sachsen-Gotha-Altenburg eine handwerkliche Infrastruktur, Bergbau und Metallhandwerk, Textil- und Glasherstellung.

Ab 1670
Die 18 Kinder Ernsts des Frommen gründen in Meiningen, Römhild, Hildburghausen, Saalfeld und Eisenberg mit teilweise recht aufwendigen Schlössern ihre herzoglichen Residenzen. An den Höfen zu Gotha und Altenburg zählt das Theaterspiel zu den Lustbarkeiten. Unter Ernst II. von Sachsen-Gotha-Altenburg wird das Bildungswerk Ernsts des Frommen fortgesetzt: Christian Gotthilf Salzmann gründet in Schnepfenthal eine Schule, Justus Perthes in Gotha seinen Verlag. In Weimar regiert der barock-absolutistische Herzog Ernst August I. Das Belvedere-Schloß und Schloß Ettersberg werden gebaut.

1775
Carl August, Freund Johann Wolfgang Goethes, übernimmt in Weimar die Regentschaft und holt diesen an den Hof, an dem schon Christoph Martin Wieland als Erzieher arbeitet. Johann Gottfried Herder kommt 1776 und Friedrich Schiller 1787 nach Weimar. Goethe übernimmt unter anderem die Bergbau- und Kriegskommission, verwaltet die Finanzen des Hofes und leitet das Hoftheater.

Ende des 18. Jahrhunderts
Es bilden sich Textilfabriken in Gera, Greiz und Apolda, und in der Happelshütte Schmalkalden wird die industrielle Eisengießerei eingeführt. Die industrielle Revolution setzt ein, und in Frankreich kommt Napoleon an die Macht. Zwölf Jahre nach dem Tode Goethes fährt 1846 die erste Eisenbahn durch Weimar.

1803
Erfurt, das Eichsfeld, Nordhausen und Mühlhausen kommen zu Preußen.

1806
Die preußische Armee unterliegt Napoleon bei Jena.

1813
Im Befreiungskrieg leidet die Innenstadt von Erfurt großen Schaden.

1817
Die Burschenschaften ziehen mit der schwarzrotgoldenen Fahne auf die Wartburg zum Wartburgfest.

1869
In Eisenach wird die Sozialdemokratische Arbeiterpartei, 1875 in Gotha die Sozialistische Arbeiterpartei Deutschlands gegründet. 1891 findet in Erfurt der Parteitag der Sozialdemokratischen Partei statt.

1919
In Weimar treffen sich die Abgeordneten der Nationalversammlung. Walter Gropius gründet das Bauhaus.

1920
Die letzten vier ernestinisch-sächsischen Herzogtümer, die Fürstentümer Schwarzburg, Rudolstadt und Sonderhausen, Reuß jüngere und ältere Linie sowie das Großherzogtum Sachsen-Weimar schließen einen Einigungsvertrag mit dem Reich und bilden gemeinsam das Land Thüringen mit der Hauptstadt Weimar.

1933
Machtergreifung der Nationalsozialisten. Thüringen wird zum «Trutzgau des Führers», der Elephant in Weimar zur Absteige Hitlers.

1945
Das Konzentrationslager Buchenwald wird von amerikanischen Truppen befreit, und Thüringen kommt erst unter amerikanische, dann unter sowjetische Verwaltung.

1952
Im Zuge der Verwaltungsreform der DDR wird Thüringen als Land aufgehoben und in die Bezirke Erfurt, Gera und Suhl geteilt.

1990
Im Zuge der Erfüllung des Einigungsvertrages beschließt der erste gesamtdeutsche Bundestag die Gründung des Freistaates Thüringen, der sich 1993 eine neue Verfassung gibt.

Bildnachweis

Archiv der Autoren: 42/43, 47
Till Bartels: 15, 16/17, 28, 49, 62/63, 65, 139, 158, 180/181, 185, 194/195, 197, 199, 201, 202, 203, 221
Dr. Brodbeck & Maier: 58, 93, 154/155, 161, 198, 204/205
Horst Ihling: 130/131
Andreas Kämper: 82/83
Suzanna Lauterbach: 2/3, 8/9, 12/13, 18/19, 21, 40, 50/51, 76/77, 86/87, 88/89, 91, 95, 102/103, 106/107, 122, 128/129, 132/133, 136, 140/141, 144/145, 149, 150/151, 152, 156/157, 159, 166, 170/171, 174/175, 179, 187
Opel Eisenach GmbH: 75
Verlag Dietrich Phaehler: 34/35
Udo Scheer: 118/119
Matthias Schossig: 6, 31, 37, 64, 70. 71. 72, 73, 79, 97, 100/101, 114/115, 117, 169, 208, 210/211, 214/215, 218/219, 224/225
Rolf Schulten: 4/5, 134/135

Für die Seiten mit den literarischen Zitaten wurden bearbeitete Ausschnitte eines Gemäldes von O. Knille als Hintergrund verwendet, das Dichter und Denker in Weimar zu Beginn des 19. Jahrhunderts darstellt (vgl. S. 42/43).

Register

Fette Ziffern verweisen auf den Haupteintrag, kursive auf den Serviceteil beziehungsweise auf Abbildungen